贻芳译丛

赋身以性——性别政治和性的建构

Sexing the Body — Gender Politics and the Construction of Sexuality

安妮·福斯托-斯特林 著

秦海花 秦文 叶红 译

江蘇鳳凰教育出版社

图书在版编目（C I P）数据

赋身以性：性别政治和性的建构/斯特林著
.一南京：江苏凤凰教育出版社，2015.12
（贻芳译丛）
ISBN 978-7-5499-5402-5

Ⅰ.①赋… Ⅱ.①斯… Ⅲ.①妇女学一社会学一研究
Ⅳ.①C913.68

中国版本图书馆 CIP 数据核字(2015)第 211588 号

书　　名　赋身以性——性别政治和性的建构
著　　者　安妮·福斯托—斯特林
译　　者　秦海花　秦　文　叶　红
责任编辑　陈爱芳　刘　芳
装帧设计　李广发
出版发行　凤凰出版传媒股份有限公司
　　　　　　江苏凤凰教育出版社（南京市湖南路 1 号 A 楼　邮编 210009）
苏教网址　http：//www.1088.com.cn
照　　排　南京紫藤制版印务中心
印　　刷　江苏凤凰通达印刷有限公司（电话 025-57572508）
厂　　址　南京市六合区冶山镇（邮编 211523）
开　　本　787 毫米×1092 毫米　1/16
印　　张　22.5
版　　次　2015 年 12 月第 1 版　2015 年 12 月第 1 次印刷
书　　号　ISBN 978-7-5499-5402-5
定　　价　56.00 元
网店地址　http://jsfhjycbs.tmall.com
新浪微博　http://e.weibo.com/jsfhjy
邮购电话　025-85406265，85400774 短信 02585420909
盗版举报　025-83658579

苏教版图书若有印装错误可向承印厂调换
提供盗版线索者给予重奖

目 录

序

在我的上一部论著《性别的神话：关于男人和女人的生物学理论》(*Myths of Gender*：*Biological Theories About Women and Men*)中，我曾劝谏学者们审视他们学术观点中的私人因素和政治因素。科学家们之所以倾向于接受关于生物学的某一种论断，部分源于科学证据，部分则是看这一论断是否印证了他们所熟悉的生活的某个方面。以我本人为例，在我的生命历程中，我曾是个毫不掩饰的异性恋者，后来又成为直言不讳的同性恋者，当中还有从前者到后者的过渡时期。因此，对于那些认可灵活性，认为即使在成年阶段也可能形成新的行为模式的性别理论，我当然乐于接受。不过，某个始终觉得自己是异性恋或同性恋的人或许更加愿意接受那些认为性别由生物学决定，并随着人进入成年期而逐渐显露的理论，对于这一点我也并不感到惊讶。

无论个人倾向如何，任何人如果想要在他有限的知识范围之外得出概括性的论点，都必须以一种在他人看来讲得通的方式收集、整合证据。我希望我自己在这一点上已经做得够好，足以让读者相信我们需要那些理论，那些能考虑到人类巨大的差异性，并将生物和社会分析能力融入人类发展的系统分析中去的理论。

作为一部为普通读者而写的著述，本书有着非同寻常的大量注释。这是因为，从本质上来说，我是在将两本书——一本面向普通读者的叙事书籍和一本旨在学术圈内推动讨论和争鸣的学术著作——合二为一。学术讨论有时可能会过于艰深，或者转向一些细枝末节的问题，从而使注意力偏离主要叙事。我使用注释的方式之一就是在不分散普通读者的注意力的情况下进行学术讨论。虽然大家并不一定需要阅读注释以便理解我总体的观点，不过我还是希望大家去读一读这些注释，因为这些注释使文本更具深度和多样性。

此外，本书是部极具综合性的著作，因而对大多数读者来说，无论他们是学者还是普通读者，都会对本书所涉及的某些领域感到陌生，并且心怀疑虑。同样是出于这一原因，我在书中用了大量的脚注，表明即便是那些我一带而过的论点也有着充分的依据。

本书还包含了相当数量的艺术作品，而这对于此类著作来说同样颇不寻常。书中一些插图由文本描述中所讨论事件的漫画或幽默画组成。我之所以这样做，是受到了其他用漫画传递科学理念的作者的启发。很多人都认为科学研究是个一本正经的职业，女性主义者也总是被人批评缺乏幽默感。我这个女性主义科学家却发现幽默无处不在。我希望书中的一些插图可以让那些对科学家和女性主义者的修养心存疑虑的读者认识到，在严肃认真地对待事业的同时也完全可以保持一种幽默感。

只要扫一眼现在的生物课本就足以让我们认识到生物学本身是一个非常视觉化的领域。因此，本书有些插图旨在通过视觉（而非文字）的方式传递信息。在这一点上我只不过是在忠实于自己的学术传统。无论如何，如果读者觉得好笑尽可笑一笑，如果想研究图表就尽管去研究图表，或者如果乐意的话，也可以选择跳过插图只关注文本。

致 谢

这本书的创作历时六年多。在此期间，我自始至终都得到了家人和朋友们的支持，他们容忍我的执拗，容忍我每次为了赶截稿期限而不能陪伴在他们左右。我对他们中的每一位表示感谢。你们每个人（你们知道你们是谁）都为我提供了立足的基石。

在我需要回顾和统合我自己专业领域之外的材料时，我依靠的是高校科研人员和独立学者们的慷慨支持，他们阅读本书的草稿，在我弄错了某个基本概念或漏掉了一些重要的研究时，他们指出我的疏漏。下面这个长长名单中的每一位都工作繁忙，有他们自己的研究著作要完成，但是他们还是花时间阅读、评论本书的一个或多个章节的早期版本，或者帮助我明确地阐述其中的一些想法。他们中也有一些人与我分享他们自己著作的早期版本，让我能够迅速地获得最新的信息。如果我在下列名单中遗漏了任何人，我在此先表示抱歉。当然，这些学者不需要为本书的最终版本负责。

Elizabeth Adkins-Regan，Pepe Amory Vasquez，Mary Arnold，Evan Balaban，Marc Breedlove，Laura Briggs，Bill Byne，Cheryl Chase，Adele Clarke，Donald Dewesbury，Milton Diamond，Alice Dreger，Joseph Dumit，Julia Epstein，Leslie Feinberg，Thalia Field，Cynthia García-Coll，Elizabeth Grosz，Philip Gruppuso，Evelynn Hammonds，Sandra Harding，Ann Harrington，Bernice L. Hausman，Morgan Holmes，Gail Hornstein，Ruth Hubbard，Lily Kay，Suzanne Kessler，Ursula Klein，Hannah Landecker，James McIlwain，Cindy Meyers-Seifer，Diana Miller，John Modell，Susan Oyama，Katherine Park，

Mary Poovey, Karen Romer, Hilary Rose, Steven Rose, Londa Schiebinger, Chandak Sengoopta, Roger Smith, Lynn Smitley, Linda Snelling, Peter Taylor, Douglas Wahlsten, Kim Wallen.

"爱维网"(Loveweb)的参与者们也和我分享了参考资料和复印资料,愿意和我进行辩论、表达不同的意见,并在此过程中帮助我更加明确我的观点。辩论,无论是知识上的辩论还是其他的辩论,都可能激发并形成更好的思想。

原先和如今在基础书籍出版社(Basic Books)工作的编辑们对书稿最后的成形以及写作都起了很重要的作用。尤其要感谢 Steven Fraser, Jo Ann Miller 以及 Libby Garland。Steven 在一开始就对本书充满信心,并且对前面几章提出了颇有见地的评论意见。Jo Ann 和 Libby 对全书进行了缜密细致的编辑,使本书得到进一步的完善。本书的一部分内容是我在布朗大学休假时完成的。感谢我的同事们容忍我的失踪,感谢布朗大学行政管理层为我的休假提供方便,感谢为我提供帮助的布朗大学的行政助理和秘书们。布朗大学图书馆的图书管理员们也为我提供了慷慨的帮助。他们帮助我查找到了甚至是最不起眼的资料,对我有时候的紧急请求立即做出回应,提供支持。如果没有图书管理员的帮助,没有学者能够做好自己的研究。尤其要感谢我的研究助理 Veronica Gross, Vino Subramanian, Sonali Ruder, Miriam Reumann 以及 Erica Warp。

本书的一部分内容是我在洛克菲勒基金会于意大利贝拉吉奥的疗养居住时完成的。另外一部分的完成得到了美国学术团体委员会的资助,还有一部分是我在麻省理工大学迪博纳科学技术史研究所任研究员时完成的。感谢所有这些机构中相关人员在经费以及实践上的支持。

两位富有才华的插图绘画家 Diane DiMassa 和 Alyce Jacquet 为本书增色不少。感谢他们细致的工作。Erica Warp 也在最后一刻对本书提供了艺术上的帮助。

最后但同样也是很重要的一点是,我要感谢我的终身伴侣 Paula Vogel 给我始终如一的支持。她从一开始就对本书抱有极大的热忱。她阅读了每章的两稿,并为我提供思想上的启发和情感上的支持。如果没有她为我所做的这一切,我或许无法完成本书。我谨将《赋身以性》一书献给她。

1　反对二元主义

男性抑或女性？

动身参加 1988 年奥运会前，由于处于忙乱和兴奋之中，西班牙顶尖的女子跨栏运动员玛丽亚·帕蒂诺(Maria Patino)忘了按照要求开具一份医生证明，证明她是个女性。这份证明纯粹是为奥运会官员们而开的——对于任何一个看到她的人来说，帕蒂诺(Patino)的性别一目了然。但国际奥委会(IOC)已经预料到会有参赛运动员忘记她们的女性身份证明，因此帕蒂诺(Patino)只需要到“女性控制中心”报到，从脸颊上刮些细胞，一切就办妥了——或者说她以为如此。

在刮过脸颊几个小时之后，她接到一个电话。检查结果出了点问题。她又接受了第二次检查，但医生们三缄其口，什么都没说。接着，在她坐车去奥林匹克体育场参加第一场比赛时，径赛工作人员公布了消息：她没有通过性别测试。或许她看上去像个女人，有着女性的体力，也从来没有理由怀疑她不是一个女人，但测试结果表明帕蒂诺(Patino)的细胞中有一条变异 Y 染色体，她的阴唇内包裹着睾丸。此外，她既没有卵巢，也没有子宫。根据国际奥委会的定义，帕蒂诺(Patino)不是女性。她被取消了代表西班牙参加奥运会的资格。

西班牙体育官员授意帕蒂诺(Patino)假装因受伤而退出比赛，以免将这样令人尴尬的事实公之于众。但她拒绝这样做。之后，欧洲媒体获悉了此事，秘密泄露了出去。回到西班牙后的几个月内，帕蒂诺(Patino)的生活变得支离破碎。西班牙官员剥夺了她以往获得的冠军称号，并取消了她今后参赛的资格。男友弃她而去。她被逐出国家队运动员居所，奖学金也被取消。忽然间她必须为谋生而挣扎。西班牙媒体则对她大肆嘲笑。正如她后来所说：“我被完全遗忘了，就像我从未存在过。而我把十二年大好的时光给了体育。”

虽然潦倒，但帕蒂诺(Patino)并未就此放弃。她花了大笔的钱向医生咨询自己的情况。他们解释说她患有先天“雄性激素不敏感症”。这意味着虽然她有一条Y染色体，她的睾丸也分泌大量的睾酮，但是她的细胞察觉不到这种让人男性化的激素，因此她的身体也就没有形成男性特征。然而到了青春期，她的睾丸(和所有男性的睾丸一样)产生了雌性激素，由于她的身体无法对睾丸激素做出反应，因此这种雌性激素使她的乳房发育，腰部变细，髋部变宽。尽管有着Y染色体和睾丸，她却成长为一名女性，拥有女性的体态。

帕蒂诺(Patino)下决心与国际奥委会的裁决进行抗争。“我知道我是个女人，”她曾向一位记者坚称，“从医学的角度、在上帝的眼中，并且，最重要的是在我自己的眼中。”[①] 她得到了艾莉森·卡尔森(Alison Carlson)的帮助。卡尔森(Carlson)是斯坦福大学前网球运动员、生物学家，反对性别测试，她们俩一起开始搜集证据进行申诉。帕蒂诺(Patino)接受一系列检查，由医生对她的骨盆结构以及肩膀进行检查，以判断她是否足够女性化、可以参加女子项目比赛。两年半后，国际业余田径联合会(IAAF)恢复了她的比赛资格，到了1992年，帕蒂诺(Patino)重新加入了西班牙奥运队，作为第一个对女运动员性别测试提出质疑的女性而被载入史册。虽然国际业余田径联合会善于变通，但是国际奥委会依旧态度坚决：就算Y染色体并不是最科学的性别测试手段，但测试必须进行。

国际奥委会成员仍然坚信一种更为科学、先进的测试方法可以揭示每个运动员的真实性别。可是国际奥委会为什么如此操心性别测试的事？国际奥委会的规定部分地反映了冷战时期的政治焦虑。比如，在1968年奥运会期间，有谣言称一些东欧运动员试着通过欺骗的手段——通过男扮女装取得不公平的优势——为共产主义事业争光，国际奥委会实施了所谓“科学”的性别测试对这些谣言做出反应。事实上，唯一一桩为世人所知的男扮女装蒙混进女子项目比赛的事件发生在1936年，纳粹青年团成员赫尔曼·拉杰恩(Hermann Ratjen)假借“朵拉”这个名字参加了女子跳高比赛。但是作为男性并未给他带来多大的优势：他进入了决

① 描述帕蒂诺症状的术语是雄性激素不敏感综合征。这是导致人体同时具有男性和女性器官的一系列症状之一。如今，我们将这类身体称为“间性”。

赛，但只得了第四名，名列三位女性之后。

尽管出于国际政治形势考虑，国际奥委会直到1968年才开始要求进行现代染色体筛查，但是对奥运会参赛选手的性别进行监督这一举措由来已久。当时有人担心参与体育运动可能会导致妇女变得过于男子气，奥委会的性别监督举措正是为了安抚这些人的担忧。1912年，现代奥运会（妇女最初被禁止参加现代奥运会）的创始人皮埃尔·德·顾拜旦(Pierre de Coubertin)提出"女子体育完全违背自然法则"。如果妇女在本质上并非体育竞技者，那么人们又该如何去看待那些竭尽全力踏进奥运会赛场的女运动员们呢？奥委会官员们赶着给那些被他们让进门的女运动员签署女性证书，因为参赛这一行为本身似乎暗示着她们或许不是真正的女性。[1] 在性别政治语境中，采用性别监督措施不失为明智之举。[2]

---

① 这一矛盾困扰着所有级别的女子竞技。

② 女子运动普遍把各种性别差异当成其核心惯例，奥运会尤其如此。禁止妇女参加某些赛事，或者对男子比赛和女子比赛采用不同的规则，这些都是明显的例子。

生理性别(sex)抑或社会性别(gender)?

在1968年之前,奥运会女选手经常会被要求裸着身体从检查委员会面前走过接受检查,但许多女性抱怨说这一程序有辱人格。由于这类抱怨日益增多,国际奥委会决定采用现代"科学的"染色体测试。可是,问题在于这一测试,以及目前国际奥委会所采用的更为复杂的、检测与睾丸发育相关的DNA小区域的聚合酶链反应的测试手段,并不能达到国际奥委会的要求。人体的性别实在是太复杂了。性别并不是非此即彼两种,而是存在着多种细微的差别。在第二章至第四章中,我将讨论科学家、医学专业人士以及更为广泛的公众是如何(或者应该如何)看待那些表现出既非完全男性特征,又非完全女性特征的身体。我在本书中所提出的主要观点之一就是,给一个人贴上男人或女人的标签是个社会决定。我们可以运用科学知识来帮助我们做这个决定,但是只有我们关于性别的观念——而不是科学——能够界定我们的性别。此外,我们关于性别的观念本身也会对科学家们提出什么样的性别知识产生影响。

在过去的几十年里,男性特质和女性特质的社会表现和其身体结构之间的关系一直是科学和社会领域争论的热点。1972年,性学家约翰·莫尼(John Money)和安科·埃尔哈特(Anke Ehrhardt)大力宣扬生理性别和社会性别属于不同范畴这一理念。他们认为,生理性别指的是身体属性,由解剖学特征和生理学特征决定。社会性别在他们看来是对自我的心理转化——人们在内心认定自己是男性或者女性(社会性别身份),以及这一自我认定的行为表现。[①]

与此同时,20 世纪 70 年代第二波女性主义者也认为生理性别不同于社会性别——社会习俗造成了男女之间大部分差异,而这些社会习俗本身就旨在使性别不平等延续下去。[②] 女性主义者认为,尽管男人和女人的身体在繁殖后代的过程中有着不同的功能,但是几乎所有其他性别差异都不是必然的,都会随着生活的变化而变化。如果说女孩学数学不像男孩那样轻松,问题也不在于她们大脑本身。困难源自性别规范——对于男孩和女孩的不同期望和不同机会。性器官不同是生理性别差异,在数学考试中男孩比女孩表现更出色则是社会性别差异。即便前者无法改变,但后者很有可能改变。

按照莫尼(Money)、埃尔哈特(Ehrhardt)以及女性主义者所设定的术语,"生理性别"表现的是人体的结构及生理学运行机制,而"社会性别"表现的则是那些规约行为的社会力量。[③] 女性主义者对生理性别范畴并无异议,分歧主要在于这些生理性别差异所蕴含的心理及文化寓意,也就是社会性别。但是,女性主义对于生理性别和社会性别的定义还保留着一种可能性,即男女在认知功能和行为上[④]的差异有可能恰恰源自生理性别差异,因此,在某些圈子里,生理性别与社会性别之争变成了一场关于人脑中智力和各种行为的关系有多密切的争论,[⑤]而对

---

① 莫尼(Money)和埃尔哈特(Ehrhardt)将"性别角色"定义为"一个人在向他人或自我表明自己是男性、女性或模糊性别的程度时所说、所做的一切"。他们将"性别身份"定义为"一个人作为男性、女性或模糊性别的个人特征的同一性、统一性和持续性……性别身份是性别角色的私人体验,而性别角色则是性别身份的公共经验"。莫尼和埃尔哈特对染色体性别、胎儿性腺性别、胎儿激素性别、生殖器二态性、大脑二态性、成年人对婴儿性别的反应、身体形象、青少年性别身份、青春期激素性别、青春期性欲、青春期形态以及成人性别身份加以区别。他们认为,所有这些因素共同作用,决定一个人的成年性别身份。

② 鲁宾(Rubin)也同样质疑同性恋和异性恋的生物学依据。请注意女性主义者对社会性别的定义不仅仅适用于个人或心理上的差异,也同样适用于风俗习惯。

③ 生理性别/社会性别二分法经常成为先天与后天或心智与身体之间论争的代名词。菲格里奥(Figlio)对如何利用作为理解社会观念体系和科学观念体系之间错综复杂关系的辅助手段的备受争论的二分法进行了讨论。

④ 许多科学家和他们的追随者声称,男性更好胜,更具攻击性,更独断,更有性需求,更容易出轨,等等。

⑤ 在女性主义者看来,这个辩论很有问题,因为它将科学(尤其是生物学)的权威性和社会科学的权威性对立起来——在任何这类战斗中,社会科学注定会失败。在我们的文化中,科学在真理性方面总是享有特殊优待:因为科学声称自己拥有客观性。

于另一些圈子里的人来说，似乎除了忽略当代神经生物学的研究结果之外别无选择。

由于放弃了生理性别这一阵地，女性主义者一再受到他人以生物差异为依据所发起的抨击。[①] 事实上，女性主义遇到了来自生物学界、医学界以及社会科学的诸多重要领域的巨大阻力。20 世纪 70 年代曾有过一种乐观的观点，认为只要在社会范围内解决了性别不平等问题，女性就可以获得完全的经济和社会平等。尽管发生了许多积极的社会变化，但在似乎无法克服的不平等面前，这种乐观情绪已经消退。所有这一切促使女性主义学者一方面对生理性别这一概念本身提出质疑，[②]另一方面也对所谓性别、文化以及经验这些词的意义进行进一步探究。比如，人类学家亨丽埃塔 · A.穆尔（Henrietta A. Moore）反对将对性别、文化和经验的描述简化、等同于它们的“语言和认知因素”。在本书中（尤其在第九章里），我和穆尔（Moore）一样认为“问题的关键在于身份和经验所具有的象征特质。经验……不是个体的、一成不变的，而具有极大的社会性，是一个变化的过程”。

我们的身体过于复杂，无法就性别差异提供明确的答案。我们越是希望为“性别”寻找一个简单的生理依据，我们就会越发清楚“性别”不是一个单纯的生理

---

① 斯佩尔曼（Spelman）称女性主义者对身体的恐惧为“身体恐惧症”（somatophobia）。最近一位同事对我说，我似乎害怕各种生物行为理论。这使他困惑不解，因为与此同时他也看到我致力于生物学研究，把它作为一种获得世界有趣、有用信息的方式。他的观察是对的。和许多女性主义者一样，我有充分的理由害怕将生物学牵扯进来。这不仅是因为我知道在几个世纪的争论中，人们是如何利用身体来为权力的不平等进行辩解的。在我的一生中，我也在个人层面上听到过这种论调。在小学时，有个老师告诉我女性可以成为护士，但不能成为医生（在我宣布我打算成为后者之后）。当我作为一名年轻的助教获得布朗大学的教职时，一位历史系教授很和善，但颇权威地告诉我，历史表明，不管是在科学还是在文学领域，从来就没有过女性天才。我们似乎天生平庸。更有甚者，我参加完科学会议回来，为未能闯入由真正科学交流产生的、清一色男性参加的秘密会议（在社交、吃饭时的闲聊）而心烦意乱时，我读到“扎堆的男人”是从史前狩猎行为演变而来的男性亲密关系的自然结果。我们对此真的无能为力。我现在明白我当时所经历的是科学的政治力量。这种“权力的行使（与公开的国家或机构权力相比）没那么引人注目，没那么显眼，不是作用于而是借助于科学中占支配地位的体制结构、优先权、实践和语言”。因此，也难怪我和其他女性主义者曾经（现在也还是一样）对将身体本质作为心理发育的基础心存疑虑。我们是在对后来被称为“本质主义”的理论做出回应。一个世纪前以及现在，女性主义本质主义论者都认为，女性确实天生就不同，并且这种差异成为社会平等或优势的基础。

② 见本书第一章至第四章。最近一个关于性别表现问题的社会学理论认为，当代社会围绕着身体所做的“最前沿的”理论化实际上很可能就发生在女性主义自身内部（Williams and Bendelow 1998）。

范畴。被我们定义为男性或女性的身体表征和功能本身就和我们关于性别的观念之间有着千丝万缕的联系。以国际奥委会所面临的问题为例。奥委会成员想要肯定地判断谁是男性、谁是女性。但怎样来判断呢？如果皮埃尔·德·顾拜旦(Pierre de Coubertin)还在世，答案会简单：根据定义，任何想要参加比赛的人都不可能是女性。但是那样的时代已经成为过去。国际奥委会能用肌肉力量来作为判断性别的标准吗？在有些情况下可以。但是男性和女性——尤其是那些受过大量训练的运动员——的力量会部分相同。尽管玛丽亚·帕蒂诺(Maria Patino)在外表和力量上符合对女性的一般定义，但是她有睾丸和一条Y染色体。不过，凭什么这些就应该作为决定性因素呢？

国际奥委会或许可以用染色体或DNA测试，或者通过检查乳房和生殖器官来判断参赛选手的性别，但当医生们难以判断一个孩子的性别时，他们会采用不同的标准。他们主要关注生殖能力(在可能是女孩的情况下)，或者阴茎的大小(在可能是男孩的情况下)。比如，如果有一个孩子生下来体内有两条X染色体、输卵管、卵巢和子宫，但是体外有阴茎和阴囊，那么这个孩子是男孩还是女孩？大部分医生都会认为这是个女孩，因为她具有孕育能力，尽管这孩子有阴茎。他们会用外科手术和激素等手段进行干预来实现这一判断，使她成为女孩。在判断性别时采用何种标准，或者是否进行性别判断这一决定本身，都是社会性决定，科学家们对此无法提供绝对的指导准则。

真实的抑或建构的？

我是以生物学家和社会活动家的身份加入这场关于生物性别和社会性别的辩论中去的。[①] 日复一日，我的生活陷入性别政治和创造、运用人类行为的生物学知识之间的重重矛盾之中。本书的核心观念认为学者，尤其是生物学家，所创造的关于人类性别的真理是围绕文化和经济所进行的政治、社会及伦理斗争的一个组成部分。[②] 与此同时，可以毫不夸张地说，我们的政治、社会和伦理斗争的组成部分又被包含和纳入我们的生理存在本身。本书将探讨科学家如何通过他们的日常生活、实验和医学实践创造出这些关于性别的原理，我们的身体是如何体现并进一步证实这些原理的，以及这些原理的形成一开始受生物学家在进行专业研究时所处的社会环境的影响，又如何反过来影响我们的文化环境的。本书通过探讨这些问题，揭示这些相互依存的主张如何运作。

我之所以选择这个问题，原因比较特殊，理由也很充分。在学术和智力上，我兼属于三个看似互不兼容的世界。在我所工作的部门，我所接触的是分子生物学家，即从构成生物的分子的角度对生物进行研究的科学家。他们描述的是一个显微镜下的微观世界，大部分因果关系都存在于某一细胞之内。分子生物学家很少考虑某一个体体内相互作用的器官，更不会去考虑皮肤下的身体与皮肤之外的世

---

① 我的社会活动包括参加一些组织，为所有人（不论种族、性别或性取向）而工作。我还曾为一些传统的女性主义问题而工作，如受虐妇女、女性的生育权利以及妇女获得高等教育的平等权利等。

② 我真的愿意扩大这一论断的范围，以包括所有的科学知识，但在本书中，我只是针对生物学提出这个观点——这是我了解得最透彻的科学事业。

界是如何相互作用的。他们对于某一生物之所以成为跳蚤的看法绝对是自下而上、从小到大、由里而外的。

我所交往的还有一个虚拟的社区——一群因为对性别问题感兴趣而聚集在一起的学者通过电邮名录(listserve)相互联系。在电邮名录上,人们可以提问,可以随时记录自己的想法,对相关的新闻进行评论,就人类性别理论进行争论,也可以汇报最新的研究结果。一群通过电子邮件被联系在一起的人会阅读这些评论。我的电邮名录(我称之为"爱维网")是由不同的学者组成,其中包括心理学家、动物行为学家、内分泌生物学家、社会学家、人类学家以及哲学家等。虽然在这一群组里并存着多种观点,但多数人赞同以身体为依据对人类性别行为进行生物学解释。他们用专门的技术称谓来命名那些他们认为无法改变的取向。比如,除同性恋、异性恋和双性恋外,他们还会谈到"恋少女癖"(hebephilia,主要被青春期女孩所吸引)、"恋少男癖"(ephebephilia,对十八九岁至二十出头的少男产生冲动)、"恋童癖"(pedophilia,对儿童产生冲动)、"恋妇女癖"(gynephilia,对成年妇女产生冲动)、"恋男癖"(androphilia,为成年男子所吸引)。许多爱维网成员认为我们在出生之前就已经获取了我们的性别本质,这一性别本质随着我们的成长和发育而逐渐显现出来。[①]

与分子生物学家和爱维网成员不同,女性主义理论家认为身体并不是根本要素,而只是个基础框架,话语和行为在这一框架之上构建出一个完全被同化的个体。女性主义理论家著书立说,论述文化是如何规约并有效地创造身体的,这些论述很有说服力,并常常富有想象力。此外,女性主义理论家还关注政治(这一点显而易见),而分子生物学家和爱维网成员则不问政治。大多数女性主义学者都很关注现实世界中的权力关系,他们常常为了理解(并改变)社会、政治及经济不

---

① 有些人指出,尽管面临强大的社会阻力,甚至面临人身伤害的威胁,人们仍然会表达极不受欢迎的性行为。他们认为,虽然环境中没有鼓励这类行为形成的因素,但身体仍然会袒露其真实性。其他人则认为一定存在出生前就已决定的特性,在与未知的环境因素相互作用中产生一种根深蒂固的、不可改变的成年期性行为。后者可能大多数都是爱维网成员,他们称自己为"相互作用论者"(interactionists)。不过他们所说的相互作用(指身体与环境相互作用产生行为模式)考虑了大量的身体因素,却只是极少量地涉及环境。"真正的问题,"一位最立场坚定、最善于表达的相互作用论者写道,"在于身体如何产生行为。"

平等而从事理论研究。和我另外两个世界里的居民不同，女性主义理论家反对学者以高高在上的姿态、脱离自身在这个问题众多的现实世界中所处的位置而去炮制知识，而这种脱离现实的做法被一位重要的女性主义理论家唐娜·哈拉维(Donna Haraway)称为“上帝的把戏”。相反，在他们看来，所有的学术研究都是在编织一个网，这个网在具有种族特性的身体、生理性别、社会性别以及个人偏好等之间建立起关联。新的、以不同的方式编织的线可以改变人们之间的关系，改变人们在这个世界里的存在方式。[①]

穿梭于这些不同的思想领域之间让我感到颇不自在。当我潜伏在爱维网上时，我得忍受对女性主义的无端抨击，这些抨击针对的是那些对生物学大加嘲弄、显然不明白世界如何运转的不可理喻的女性主义者。当我参加女权主义会议时，爱维网上所辩论的那些观点让与会者开怀大笑，让他们觉得难以置信。而分子生物学家则对这另外两个世界评价都不高，他们认为女权主义者和爱维网成员所提出的问题似乎过于复杂，从细菌或酵母中研究性别是唯一可行的方法。

鉴于此，我想对我那些分子生物学、爱维网以及女性主义同行们说以下的话：作为一个生物学家，我相信物质世界；作为一名科学家，我相信通过实验来创造具体的知识。但作为一名女性主义见证者(witness，这个词用的是教友会教义中的见证者的含义)，以及近些年作为一名历史学家，我也相信我们关于现实世界的那些所谓“事实”并非普遍真理。相反，正如哈拉维(Haraway)所言，它们“根植于特定的历史、习俗、语言和民族”。自从19世纪初生物学领域在美国和欧洲出现之后，它就一直和关于性别、种族以及国家政治的争论密切相关。随着我们的社会观点产生了变化，关于身体的科学也同样产生了变化。[②]

---

① 学术研究并不是产生变化的唯一作用力，它与其他作用力(如投票及形成消费偏好群等传统手段)合力产生变化。

② 历史学家洛兰·达斯顿(Lorraine Daston)指出，在18世纪和19世纪关于身体的辩论中所援引的本质或自然的理念是有所不同的：“在现代初期，关于自然的理念无法提供‘确凿的事实’……而现代关于自然的理念则满是对伦理和社会改革幻想的尖锐揭露，因为自然是无情的、没有是非观念的。”

许多历史学家认为17、18世纪是人们对于性和性别的概念产生极大转变的时期。[①] 在这一时期,法律平等的观念取代了原先封建社会所奉行的神权所赋予的专断、暴力权力。在历史学家米歇尔·福柯(Michel Foucault)看来,社会仍然需要某种形式的规训。日益壮大的资本主义需要新的方式来对"将身体纳入生产机制以及让人口现象适应经济进程的过程"加以控制。福柯(Foucault)将存活的身体所拥有的权力(即生物权力)分为两种形式。第一种集中体现在个人身体上。许多科学领域(包括所谓人类科学——心理学、社会学和经济学)的专业人士所扮演的角色变成如何去优化和规范身体功能。[②] 在欧洲以及北美,福柯(Foucault)所谓的标准化身体按照传统来说指的是男性和白种人。虽然本书的重点是性别问题,但我会经常讨论种族和性别观念是如何从那些关于身体自然属性的基本假设发展而来的。[③] 了解种族和性别的运作方式(其中既包括它们共同作用的方式,也包括它们各自单独运作的方式)可以帮助我们更多地了解那些社会属性是如何被具象化的。

福柯(Foucault)所说的第二种生物权力形式——"人口生物政治学"——出现在19世纪初期,当时社会科学家中的先驱已经开始逐步完善调查和统计方法,以满足监督和管理"出生和死亡率、健康水平、预期寿命和长寿"的需要。[④] 福柯(Foucault)认为规训/学科(discipline)有双重含义。一方面,它意味着某种形式的控制或惩罚,而另一方面,它指的是一套学术知识体系——历史学科或生物学科。在胚胎学、内分泌学、外科学、心理学以及生物化学等领域里,其学科知识鼓励医生对身体的性别本身——包括其"能力、姿势、动作、地点和行为"——进行控制。

通过使符合规范的东西比符合本性的东西更享有优先权,医生也对人口生物

① 福柯(Foucault)认为,在这一时期,从封建主义向资本主义的转变需要一种新的身体概念。封建领主直接运用他们的权力,农民和奴隶被迫服从,因为上帝以及他们的最高统治者叫他们服从(当然他们反抗时除外,而他们也的确发起了一次又一次的反抗)。对不服从的惩罚在现代人看来是暴力而残酷的:开膛或肢解。

② 这些努力制造了"一种人类身体的解剖政治学"。

③ 由于一些关于生理性别和社会性别的争论是原来的先天/后天之争在现代的体现,这些问题的解决(或者,在我看来,这些问题的消散)与种族差异的争论是相关的。

④ 在第五章中我将讨论统计学的兴起,让20世纪的科学家能够对人脑的性别差异做出论断。

政治学有所影响。正如福柯(Foucault)写道:“我们已成为‘一个被规范化的社会’。”20世纪中期一位重要的性学家甚至在他的解剖教材中将男性和女性模特命名为诺玛(Norma)和诺曼(Normman)。如今我们看到病理学概念被运用在多种情景之中——从那些病态的、罹疾的或与他人不同的身体,[①]到那些住在城市贫民窟里的单亲家庭。[②] 但是一种性别规范的实施,其幕后推手是社会,而非科学。一方面是由于缺乏对生殖器解剖正态分布的研究,另一方面是在这些研究确实存在的情况下,许多外科医生没有兴趣运用这类数据(这一点将在第三章、第四章中讨论),这两种情况清楚地说明了我的上述主张。从医学工作者的角度来看,在处理间性问题方面的进步就是与维护规范相关。因此就应该只有两个方框:男性和女性。医学领域里所形成的知识让医生有权改变那些间性身体,让他们尽可能贴切地被分配到其中一个或另一个范畴之中,以维持关于规范的神话。

然而,一些人眼中的医学进步有可能是对另一些人的规训和控制。像玛丽亚·帕蒂诺(Maria Patino)这样的间性人有着不守规矩——甚至是离经叛道——的身体。这些身体无法顺其自然地归属于二元分类之中,只有手术能硬把它们纳入这样的分类之中。可是,我们为什么要在乎有些个体“天生的生物装备”使他们能够“自然地”和男人和女人都发生性行为?我们为什么必须得切除或通过手术隐藏一个“违反常规”的器官呢?答案就是:为了保持性别的划分,我们必须对这些不守规矩、会模糊性别界线的身体加以控制。可以说间性者表现出男女两种性别,因此他们会削弱有关性别差异的观念。

本书反映了不断变化中的科学政治和身体政治。现代同性恋运动和妇女解放运动认为,人们对于性别以及性别身份的传统认识方式在延续性别不平等的同时也限制了生活的可能性。我是这一理念忠诚的拥趸者。为了改变身体政治,我们必须改变科学政治本身。那些研究科学家如何创造实证知识的女性主义者(以及其他人)已经开始对科学过程的本质重新认识。这些学者认识到,如同其他社会领域一样,实验、实证知识中也处处渗透着它所处的那个时代的社会及政治问

① 作为人体解剖政治学的例子。

② 作为人口生物政治学的例子。

题。我站在这诸多传统的交汇之处。一方面，科学界和普通大众关于间性者和同性恋者——这些抗拒我们二元性别体系规范的身体——所进行的争论盘根错节，密不可分；另一方面，在关于这些身体意味着什么、我们应该如何对待他们的争论背后，还有关于科学知识的客观性和永恒性究竟意味着什么这一问题的斗争。

或许最能体现这些斗争的是关于（用如今的术语称为）性取向或性偏好的生物学解释。比如，让我们用一段报道已婚妇女（常常在四十多岁时）“发现”自己是同性恋的电视新闻节目为例。这一报道的讨论围绕的是这样一个理念：一个和男人发生性关系的女人一定是异性恋，而爱上另一个女人的女人必然是女同性恋。在这个节目里似乎只有这两种可能性。即使那些接受采访的女性和她们的丈夫曾有过十分活跃、和谐的性生活，并且一起生育、抚养过子女，但是她们一旦发现自己被女人所吸引，她们立刻就知道自己一定“是”个女同性恋者。此外，她们会觉得很可能她们一直都是女同性恋者，只是自己不知道而已。

这个节目将性别身份描绘成一种最根本的现实：一个女人要么天生是个异性恋者，要么天生是个同性恋者。承认自己是个女同性恋者这一做法能够将其一生的异性恋行为一笔勾销！如果这么来看，那么这档节目对性别的描述简直是简单化到了荒谬的地步。然而，它反映了我们一些最根深蒂固的观念。事实上这些观念是如此根深蒂固，以至于大量的（在动物以及人类身上所进行的）科学研究都是围绕这个二分法公式而设计的（我将在第六章至第八章对此进行较为详细的讨论）。①

很多学者都认为阿尔弗雷德·C. 金西（Alfred C. Kinsey）及其合作者 1948 年发表的研究标志着现代人类同性恋科学研究的开始。他们对男性和女性性行

① 此外，这类研究所得出的理论深深地影响了人们的生活方式。例如，近年来一个将同性恋者变“直”的运动被大肆宣传。同性恋者自己以及其他人认为他们能够改变，还是认为同性恋欲望是永久性的、不可改变的，这对于同性恋者个人来说是很重要的（Leland and Miller 1998；Duberman 1991）。社会学家布鲁诺·拉图尔（Bruno Latour）认为当一项科学研究结果得到如此彻底的承认，以至于我们抬高它，将它称为事实，将它不带任何质疑地放进教科书和科学词典中时，它便会淡出我们的视线，而躲到一个被他称为“黑盒子”的面纱背后。将一个事实放到拉图尔式的黑匣子中，人们就不再关注、审视它。没人会问它在源起之时是否在社会或政治舞台上起着意识形态方面的作用，它是否体现了特定的文化习俗或看待世界的方式。

为的调查为现代性别研究人员提供了一套可用于测量和分析性行为的类型模式。[①] 他们对于男性和女性都运用一个从 0～6 的测量标尺，0 表示百分之百异性恋，而 6 则表示百分之百同性恋（在标尺上还有第八个被标志为“X”的类别，适用于那些从来没有经历过性吸引或性行为的人）。虽然金西（Kinsey）和他的合作者们设计的是一个有着具体分类的标尺，但是他们强调“现实中包括各种属于中间类型的个体，连续分布在标尺的两端之间以及标尺上各个类型之间”。[②]

金西（Kinsey）的研究提供了新的性别类型模式，以性冲动——尤其是性高潮——作为界定的依据，而不是以爱慕、婚姻或者恋爱关系等作为定义人类性别的主要因素。[③] 性别保留了其个体特点，而不是在某个特定社会环境中各种关系的产物。我认为通过测量本身，科学家就可能改变他们原本想要量化的社会现实，金西（Kinsey）的类型模式就证明了我的这一主张，而我也注意到如今金西（Kinsey）的类型模式呈现出它们自身的生命力。不仅那些见多识广的男同性恋者和女同性恋者偶尔会用金西等级来指代自己，许多科学研究也会使用金西标尺

---

① 金西（Kinsey）的八个类别——0：所有心理反应和所有公开的性活动都指向异性个体；1：心理性反应以及公开经验都几乎完全指向异性个体；2：他们心理性反应以及公开经验以异性恋为主，尽管他们对同性恋刺激的反应不同；3：那些“处在异性恋—同性恋标尺中间”的个体；4：那些“心理反应更经常指向同性的其他个体”的个体；5：“在心理反应以及公开的活动方面几乎完全是同性恋的；6：完全同性恋；X：不管对异性恋或同性恋刺激都没有性欲反应，并且没有公开的身体接触。

② 在审视从青春期到四十岁期间累计的同性恋经历后，他们的结论是，对女性来说同性恋反应达到 28%，而对男性来说几乎达到 50%。当被问及引发性高潮的接触时，比例依旧很高：女性 13%，男性 37%。金西（Kinsey）并不支持同性恋是一种自然类别这一观念。很显然，他的系统没有在接合处对自然进行切割（即没有进行清晰的分类——译者注）。

③ 当然，他确实也研究了这些人类性别状况中其他的方面，但是它们并不很明确地属于 0～6 级，而在随后的讨论中往往也无法体现金西（Kinsey）所做分析的复杂和微妙之处。1989 年，一些研究者认为金西标尺不够完善，并提出更为复杂的网格状模型。其中一个研究者创建了一个由七个纵向变量（性吸引力、性行为、性幻想、情感偏向、社会喜好、自我认同、异性恋/同性恋生活方式）和横向时间（过去、现在、将来）构成的标尺（Klein 1990）。

来定义他们所研究的人群。[①]

虽然许多社会科学家认识到仅“同性恋”这一个词不足以描述同性欲望、身份和性行为，但线性的金西标尺在研究工作中仍占有至高无上的地位。比如，在寻找与同性恋相关的基因的研究中，金西标尺的中间部分消失了，研究人员设法对标尺的两端进行比较，希望尽可能得到一些有意思的发现。[②] 也存在着同性恋多维模式。比如弗里茨·克莱因(Fritz Klein)创建了一个网格状模式，在时间横坐标(过去、现在、将来)之上叠加七个纵向变量(性吸引力、性行为、性幻想、情感倾向、社会喜好、自我认同、异性恋/同性恋生活方式)。然而，有一个研究小组对《同性恋学刊》(*Journal of Homosexuality*)1974 年～1993 年期间所发表的一百四十四例性取向研究进行了统计，发现其中只有 10%采用了多维标尺来评估同性恋。大约 13%使用单一标尺，通常是某个版本的金西数值，而其余的研究使用的方法包括自我认同(33%)、性偏好(4%)、行为(9%)，有些甚至根本没有清楚地描述其

---

① 从一开始金西(Kinsey)就受到来自政治领域和科学领域的抨击。在一些议员被激怒后，他失去了研究资助。科学家(尤其是统计学家)对他的方法进行了抨击。金西的数据来自数量庞大的男人和女人，但是他收集数据的对象主要以中产阶级、白人、中西部人口为样本，使用的是社会学家现在称为“滚雪球抽样”的方法。他一开始以学生作为源头，扩大到他们的朋友和家人，以及他们朋友的朋友和家人，等等。关于这项研究的消息传开后(例如，通过他的公共演讲)，他网罗到更多的人，有一些人在听过他的演讲后自愿加入研究。虽然他积极寻求来自不同环境的人，但有一点似乎毋庸置疑，即他选择的人群十分愿意(在有些情况下甚至是迫切地想要)谈论性。这是否也可能是为什么他的报告中同性恋经历高频出现的原因？从积极的方面来看，所有的面谈都是由金西和一小群训练有素的同事(鉴于当时的种族主义和性别主义，金西的采访者必须是男性、白人、欧裔美国人)亲自做的。他们所使用的不是预先设计好的问卷，而是遵循记忆的过程，因此可以顺着某些线索进一步提问，以确保得到完整的答案。更为现代的调查方法放弃了这种更加灵活但也更加独特的面谈过程，而是采用一定程度的标准化方式，可以在调查中用一些不那么训练有素的采访者。我们很难知道这样做的结果是否会导致重要数据的丢失。这一观点来自詹姆斯·温里克(James Weinrich)。

② 这是(针对任何多因素性状所做的)分子关联研究的一个必然特征，因为分辨率实在太低。如果不大大缩小这种性状的范围，就很难得到具有统计学意义的关联。但如果缩小这种性状的范围，就不合适将此研究结果推广以适用于普通人群(Pattatucci 1998)。

研究方法(31%),这对于一本学术刊物来说实在令人吃惊。[①]

当代社会学的这些例子表明,用来定义、评估和分析人类性行为的类别随着时间的推移而变化。同样,近年来对人类性别社会史的大量研究也表明人类性别行为的社会管理和表达既不是永恒的,也不具有普适性。历史学家刚刚开始从历史记录中挖掘出零星的信息,并且新的概述必然会各不相同,不过尽管如此,我还是想用图 1.1 中的漫画对历史学家所做的一些研究进行总结。[②]

在收集信息时,历史学家也在争论历史本身的性质。历史学家戴维·霍尔珀林(David Halperin)写道:“所有研究古代的文化历史学家以及所有当代文化批评家所面临的真正的问题……在于如何还原那些属于过去社会的个体经验被建构的方式。”女性主义历史学家琼·斯科特(Joan Scott)也提出了类似的观点,指出历史学家不应该想当然地认为“经验”一词的意思不证自明。相反,“身份的确定、抵制或接受”是复杂而不断变化的过程,历史学家应该试着去了解这些过程的运行机制,“并且去‘留意’哪些过程本身没有被标注,这些过程之所以能产生影响,恰恰是因为它们没有被注意到”。

例如,科学历史学家芭芭拉·杜登(Barbara Duden)在她的著作《皮肤下的女

---

① 在美国近年最重要的一项人类性行为方式调查中,爱德华·O. 劳曼(Edward O. Laumann)、约翰·H. 加尼翁(John H. Gagnon)、罗伯特·T. 迈克尔(Robert T. Michael)和斯图尔特·迈克尔斯(Stuart Michaels)将他们的研究结果沿着三条轴线进行分类:同性性行为、欲望和身份。例如,劳曼和他的同事发现,在至少有一些同性恋兴趣的女性中,有 59%表现出同性欲望,但没有其他的行为;有 15%称自己有同性欲望、行为以及女同性恋者自我身份认同;有 13%的人称有过同性性行为(性接触),但没有强烈的同性欲望,也不认为自己是女同性恋。虽然在男性中的准确分布有所不同,但大致的结论同样有效。“同性恋不同要素在人口中的分布方式”有着一种“高度的可变性。这种可变性与同性恋作为一系列行为、做法和经验是如何主观地实施的方式有关,它也提出了一些引发关于同性恋定义的争议性问题”。这些研究的样本包括三千四百三十二人,年龄范围从十八岁到五十九岁。数据中存在矛盾之处,作者们注意到了这一点并且也加以讨论。其中 22%的女性称曾被迫进行某种性行为,但只有 3%的男性说他们曾迫使女性进行性行为。男性称,与女性相比,他们有更多的性伴侣,那么男性是和谁进行这么多性行为的?

② 我经常听到生物学领域的同行说其他领域的同胞们日子比我们好过,因为科学知识在不断变化,而其他领域则是静止的。因此,我们需要不断地修正我们的路线,而历史学家或莎士比亚研究者则可以理所当然地做同样内容的讲座,年复一年。事实上,实际情况远非如此。随着新的分析理论和新的语言哲学成为学术工具的一部分,文学领域也一直在变化。一个英语教授如果不能定期更新他的讲座或开设新课程来反映处于变化的领域,会和讲课时直接读教科书的生化教授一样备受批评。我同行的态度代表着一种维护界线的努力——他们试图使科学研究显得特别。然而,当前科学分析的要旨表明,它并没有什么大的不同。赫斯(Hess)对科学的社会性研究进行了概述。

图 1.1　卡通版性与性别史(Diane DiMassa)

人》(*The Woman Beneath the Skin*)一书中描述了她偶然读到一部八卷本医学文本的经历。这部作品由一位执业医师写于 18 世纪，描述了一千多个妇女疾病的病例。杜登(Duden)发现自己无法用 20 世纪的医学术语来重构这些妇女所患的病症。相反，她注意到了“当时可能盛行的医学理论的零星片段，中间掺杂着来自大众文化的元素。与那些不言而喻的身体感觉同时出现，这是(在她)看来完全不可能的事情”。杜登(Duden)日益坚定地想要以这些 18 世纪德国女性的方式去理解她们的身体，在此过程中她经历了心智上的痛苦，她是这样描述这种痛苦的：

> 要想真正触及这些患病女子内在的、看不见的身体存在，我不得不试着去跨越那道隔离……皮肤下内在的身体与其周围的世界……的界线，身体和它所处的环境被置于相互对立的领域：一边是身体、自然属性和生物学这些稳定而不变的现象，而另一边则是社会环境和历史这些在不断变化的领域。通过画这样一道界线，身体被逐出历史。

与杜登(Duden)的痛苦形成鲜明对比的是很多性历史学家十分热切地投身于他们的新领域，在仔细查阅新发现的资源时进行争论。他们乐此不疲地用些耸人听闻的句子，如"1992年标志着异性恋在美国诞生一百周年"以及"在1700年～1900年间，伦敦市民完成了从三种性别到四种性别的过渡"。历史学家用这类语句是想表达什么意思？他们最根本的观点是，从有可供收集的历史证据(从原始艺术品到书面文字)之时起，人类就已参与了各种性别习俗，但这种性别行为是和历史语境密不可分的。也就是说，在不同的文化环境以及不同的时代背景下，性别活动以及社会对这些性别活动的理解都会有所不同。

社会科学家玛丽·麦金托什(Mary McIntosh)1968年的文章《同性恋角色》(*The Homosexual Role*)提供了试金石，促使学者们将性别作为一种历史现象来看待。她指出，大多数西方人都想当然地认为人的性别可以分为两类或三类：同性恋、异性恋者和双性恋。① 麦金托什(McIntosh)认为这一观点并不能提供很多有用的信息。比如，将同性恋看成一种永恒的、生理性的特质这种静态的观念并不能让我们了解，为什么不同的文化对同性恋的定义不同，为什么同性恋在有些

① 哲学通常从"自然种类"这一方面来讨论如何对人类性行为进行分类。哲学家约翰·杜普雷(John Dupré)在书中更为宽泛地谈到生物分类所面临的困难："没有一种上帝赐予的、独特的方式来将进化过程中那些不计其数、形形色色的产物进行分类。有很多貌似有理、站得住脚的分类方式，而最好的方式取决于分类的目的以及所需分类生物的特殊性。"即使是现在，我们中仍有许多人花很多空闲时间猜测某某人是否"真的"是异性恋或者"真的"是同性恋，就像我们"可能会问某种疼痛是否预示着癌症"(McIntosh 1968)。

时候、有些地方，比在其他时候、其他地方更容易为人们所接受。[①] 麦金托什(McIntosh)坚持认为同性恋有着一段历史，这一观点的一个重要的推论便是，异性恋，事实上所有形式的人类性别，都有着一段历史。

麦金托什(McIntosh)试图赋予人类性别表达以一段历史，对于这种努力，许多学者大力支持。但关于这段历史的含义存在很多不同意见。《同性恋美国史》(*Gay American History*)以及《超越男性之爱》(*Surpassing the Love of Men*)等书的作者热切地从历史中搜寻可供效仿的榜样，以便为新兴的同性恋解放运动成员提供心理支持。正如妇女运动起初的念头是寻找值得效仿的女英雄，早期"同性恋"历史试图将目光投向过去，以便为当下的社会变革提供充分的理由。他们指出，同性恋现象一直伴随着我们，我们应该最终将它引入主流文化之中。

关于同性恋有着历史的这一发现，给这些学者所带来的兴奋很快就因为关于历史意义和功能的激烈讨论而变得复杂。我们当下的性别分类是否不适用于对不同时期和不同地点进行分析？如果当今意义上所说的同性恋者一直都存在，这是否意味着同性恋这种性状会在一部分人中遗传？性历史学家在他们所研究的任何时代都发现存在同性恋，这一事实是否可以证明同性恋是一种由生物性决定的特质？是否历史只能告诉我们文化是如何在特定的时期、特定的地点以不同的方式组织性别的表现方式？有些人觉得后一种可能性能够让人解放思想。他们认为那些看起来恒定不变的行为实际上在不同时间、不同地点有着完全不同的含义。在古希腊，年长男性和年轻男性之间的爱是自由男性公民成长过程中的必经阶段，这一明显的事实是否意味着生物性与人类性毫无关系？[②] 如果历史有助于

---

① 拉图尔(Latour)认为，人们只有穿梭时空才能了解某个特定的科学事实的社会建构性。感兴趣的人必须回到所讨论的事实在地球上出现之前的那段时间，跟踪早期时候人们参与它的"发现"，讨论其真实性，并最终同意将其放入真实性这个黑匣子之中的整个过程。因此要想了解人类性别结构的现代科学公式，我们必须穿越时空，回到这些公式起源的年代。

② 雅典有时候被誉为现代民主的中心，但事实上它是由一小群精英男性公民统治的。其他人——奴隶、妇女、外来者和儿童——处于从属地位。这种政治结构为生理性别和社会性别提供了基本框架。例如，当时没有特别的规定禁止男子与男子发生性关系。关键在于人们所进行的是什么种类的性关系。一个公民可以与一个男孩或男性奴隶发生关系，只要是他主动，而另一方被动接受。这种性行为不违背政治结构，也不会对性伙伴中主动一方的男性气质带来质疑。性行为宣告了一个人的社会和政治地位。"社会地位优越者和社会地位低下者之间的性关系是一种分化的微型剧，起着衡量和界定两者之间社会差距的作用(Halperin 1990)。"

证明性别是一种社会建构，那么它同样能够揭示我们是如何达成我们目前的安排。更为最重要的是，它可以为实现同性恋解放运动为之奋斗的社会和政治变革提供真知灼见。

许多历史学家认为我们关于性别和欲望的现代概念首次出现在19世纪。有些人象征性地指向1869年，在那一年，一位试图改变反鸡奸法的德国法律改革家第一次公开使用“同性恋”(homosexuality)这个词(Katz 1990)。[①] 仅靠杜撰一个新的术语并没有神奇般的创建20世纪的性别类型，但这一时刻似乎确实标志着这些性别类型开始逐渐形成。正是在那些年，医生开始发表同性恋病例报告——第一例于1869年发表在一本专门研究精神病及神经系统疾病的德国刊物上。[②] 随着科学文献不断增多，出现了专门收集和整理这些案例的专家。克拉夫特—埃宾(Krafft-Ebing)以及哈夫洛克·埃利斯(Havelock Ellis)的著作如今已成为经典，正是这些著作完成了同性恋行为从原本一种公众可以理解的行为成为一种至少需要部分接受医学处理的行为的转变。[③]

正在逐渐形成的同性恋和异性恋定义是建立在男性/女性这一两性模式之上的。[④] 例如，维多利亚时期的人们将在性方面主动的男性与性冷淡的女性进行对比。但这就制造了一个让人难以理解的谜。如果只有男性才能感受到主动的欲望，那么两个女性之间又如何能相互产生性趣呢？答案是：这两个女性中的一个必定是个性倒错者，具有显著的男性特征。这一逻辑也同样被用在男同性恋者身

---

① 其他作者指出是匈牙利人K. M. 本克特(K. M. Benkert)在1869年第一次在书面上使用这个词。有些东西当时肯定能感觉得到。

② 法国、意大利和美国的病例描述很快也接踵而至。

③ 许多历史学家指出，医学专业人士参与人类性行为类型的定义只是事情来龙去脉的一部分而已。达根(Duggan)写道：“世纪之交的性学家们并非创造或制作了新的女同性恋身份，而是将女性自己的故事和报纸对这些故事的复述以及法国小说和色情小说作为他们理论的‘经验’基础，从中获取他们的‘病例’。”

④ 在早些年，男性和女性被认为位于一个从热到冷的连续体之上(Laqueur 1990)。

上，人们认为同性恋男性比异性恋男性更女人气。[1] 在第八章我们会看到，在20世纪后期对啮齿类动物同性恋行为的研究中，这些概念依然存在。同性恋雌鼠是那只喜欢主动的雌鼠，而同性恋雄鼠是那只被动做出反应的雄鼠。[2]

在古希腊，参与同性性行为的男子随着年龄的增长从女性角色转变为男性角色。[3] 相比之下，到了20世纪初期，从事同性恋行为的人，就像前面所提到的关于女同性恋的电视新闻节目中已婚的女同性恋者一样，就是个同性恋，即一个在本质上有着同性恋倾向的人。历史学家将这种新的同性恋身体的出现归因于19世纪所发生的极为普遍的社会、人口和经济变化。在美国，很多前几代一直待在家庭农场上的男性以及后来的一些女性发现了可以聚集的城市空间。远离家庭视线的他们可以更加自由地展露他们的性兴趣。寻求同性交往的男性聚集在酒吧里或特定的室外场所，随着他们的存在变得愈加引人注目，对其行为进行控制的企图也愈加明显。在对警察和道德改造者做出反应的过程中，关于性别行为的自我意识出现了——这是身份意识的萌芽。[4]

---

① 这一时期真正的性倒错者穿着异性服装，并且如果可能的话，会从事男性工作。埃利斯(Ellis)在1928年的著述中这样描述性倒错的女同性恋者："唐突、充满活力的举动、手臂的姿势、直接的说话方式……具有男性特有的坦率和荣誉感……对敏锐的观察者来说这些都意味着潜在的心理异常……常常宣称喜欢抽烟……但同样也明显能容忍雪茄。不喜欢，有时也不擅长针线活和其他家务活计，而往往具有某些竞技体育能力。"

② 虽然性倒错的观念深深地影响着世纪之交的性学专家(后来被称为性学家)，但这一观念是不稳定的，随着严格的性别角色被弱化以及男性和女性开始更为经常地出现在同一个公共空间而变化。埃利斯(Ellis)以及随后的弗洛伊德(Freud)开始注意到，我们在男性身上可以将男性化的行为和角色与同性性爱欲望区分开来。因而对象的选择(或者我们今天通常所说的性偏好)作为一个划分性别的分类方法而变得更为重要。对于女性来说，类似的划分来得更慢些，也许直到20世纪70年代的女性主义革命将僵化的性别角色击碎后才完全出现。

③ 虽然男性之间的性行为并不让希腊人感到不安，但他们认识到了有两类人存在，一类是molles，即那些缺乏男子气的被动的男性，以及tribades，即那些虽然同男子发生性关系，但更喜欢女人的女性。他们认为这两个群体心理上都有问题。但异常不在于同性之间的性欲。事实上，希腊医生所担心的是，molles和tribades是社会性别反常者。他们要么让人不可思议地希望成为性伙伴关系中的被动方而放弃男性权力，要么让人无法容忍地企图通过成为性伙伴中的主动方而获取男性政治地位。Molle和tribade都不同于正常人，原本一种好的东西他们拥有得太多。他们被认为是过于性别化。戴维·霍尔珀林(David Halperin)写道："这些性别反常者和大多数人一样渴望获得性快感，但他们的欲望是如此强烈，以至于他们想出一些与众不同的、为人所不齿的手段来满足这些欲望。"

④ 历史学家伯特·汉森(Bert Hansen)写道："一种不确定的身份意识助长了更多的交往，而这又反过来促使更多的个体形成同性恋身份。"

这一逐渐形成的身份也促成了它自身在医学上的表现。自称是同性恋的男性(以及后来的女性)开始寻求医学帮助和认识。随着医学报告数量激增,同性恋者用这些报告来对自己进行自我描述。“通过给予为数众多的人一种身份和一个名称,医学也在塑造这些人的经验并改变他们的行为,医学所创造的不仅仅是一种新的疾病,还有一个新的人种:‘现代同性恋者’。”①

同性恋或许产生于1869年,但现代异性恋则需要另一个十年的孕育。1880年,“异性恋”这个词在德国的一项捍卫同性恋的研究中首次公开亮相。② 1892年,“异性恋”这个词越过重洋来到美国,在这里,在经过一段时间的辩论后,医学界人士达成共识,认为“异性恋指的是一种正常的、‘对另一性别’的爱欲。(医生们)宣布了一种新的异性恋分裂主义——一种性欲上的隔离政策,强硬地将性正常者与性变态者分开”。③

在整个20世纪30年代,异性恋这一概念奋力跻身于公共意识之中,到了“二战”时期,异性恋似乎成为性别景观中一个永久的特征。如今,这一概念受到了猛烈抨击。女性主义者日复一日地对两性模式提出质疑,而坚定地自认为是男同性恋和女同性恋的团体则要求得到作为完全正常人的权利。变性人、跨性别者以

---

① 历史学家乔治·昌西(George Chauncey)提供了客观的证据,证明在20世纪的前几十年内,城市男同性恋者有着一个相当公开、为大家所接受的社交界。他认为,与这一时期相反,从20世纪30年代至20世纪50年代期间,同性恋文化遭到了很大的抑制。艾伦·贝鲁布(Allan Bérubé)记录了男同性恋者和女同性恋者参加“二战”的历史。他提出,现代同性恋运动是他们在军队服役期进行斗争所遗留影响的一部分。

② 随着1889年克拉夫特—艾宾(Krafft-Ebing)的《性心理疾病》(*Psychopathia Sexualis*)一书被译成英语,“同性恋”这个词开始在英语中出现。

③ 如今异性恋这个概念在我们看来无比自然。但是,它到了20世纪30年代之后才在美国站稳脚跟。1901年,“异性恋”(heterosexual)和“同性恋”(homosexual)这两个词在《牛津英语词典》(*Oxford English Dictionary*)中都不曾出现。在20世纪的前二十年间,小说家、剧作家和性教育家与审查制度和公众的反对做斗争,以便为异性情爱创造一个公共空间。直到1939年,“异性恋”这个词才最终摆脱医学上的不良名声,获得了最高荣誉,出现在《纽约时报》(*The New York Times*)上。而从那时到后来在百老汇音乐剧《朋友乔伊》(*Pal Joey*)的歌词中出现,又花了十年时间。卡茨(Katz)对异性恋的现代概念的历史进行了更为详细的叙述。1929年性教育家玛丽·韦尔·丹尼特(Mary Ware Dennett)因为在邮件中发送淫秽材料——一本儿童性教育小册子——而获罪。她有罪的文字公开宣扬性激情的乐趣(当然,是在爱情和婚姻范围之内)。作家玛格丽特·杰克逊(Margaret Jackson)指出,性学研究的发展“声明男性性别和异性恋事实上是自然的,并在此基础上建构一种‘科学的’性别模式”,而这动摇了那个时期女性主义者的地位。

及,正如我们在下面三章将会读到的,日益蓬勃发展的间性人组织都已经形成社会运动,试图将各种性别的人纳入正常人的范畴之中。

我刚才所讲述的历史学家的研究强调不连续性。他们相信寻找"关于性别及其历史演变的一般规律的这一做法,仅凭过去思想和行为的多样性这一点就足以使之无功而返"。但是也有人不同意这种观点。例如,历史学家约翰·博斯韦尔(John Boswell)将金西(Kinsey)的类型设计运用到对古希腊的研究中。在博斯韦尔(Boswell)看来,古希腊如何理解 molle(具有女性气质的男子)或 tribade(具有男性气质的女子)并不重要。博斯韦尔(Boswell)认为这两种类型属于金西六级,它们的存在表明同性恋身体或者本质的存在已跨越了数个世纪。博斯韦尔(Boswell)承认在不同的历史时期人类对性别行为有着不同的管理和理解方式。但他提出,不管是当时还是现在,一系列相似的、预先倾向于某些特定性别行为的身体一直都存在。他坚称,"建构和语境决定了性别的表达,但是性取向是一种潜在类别,这一点他们无法消除"。博斯韦尔(Boswell)认为性别是"真实的",而不是"由社会建构的"。霍尔珀林(Halperin)将欲望视为文化的产物,而博斯韦尔(Boswell)则暗示特定的性取向很可能在我们出生之际就已经植入我们的身体。他认为,生长、发育,以及文化的习得教我们如何表达我们与生俱来的欲望,但并不完全创造这些欲望。

性别有着自己的历史,这究竟有着什么意义?关于这一问题的辩论,学者尚未有定论。历史学家罗伯特·奈(Robert Nye)将历史学家比作人类学家。奈(Nye)写道:"这两个群体都记载了'令人好奇的习惯和信仰',并试着'在这些习惯和信仰中寻找某个共同的相似模式'。"不过,我们关于人类的经验所得出的结论在很大程度上取决于我们在多大程度上相信我们的分析类型超越时空。让我们不妨假设一下我们有几个穿越时空的克隆人——基因完全相同,但分别生活在古希腊、17 世纪的欧洲以及当代美国。博斯韦尔(Boswell)会说,如果某个克隆人在古希腊时期是个同性恋者,那么他在 17 世纪或者现在也将是个同性恋者(图 1.2,模型 A)。在不同时期、不同地点有着不同的性别结构这一事实或许会影响同性恋者的反抗形式,但不会创造它。霍尔珀林(Halperin)却认为我们无法保证古希腊异性恋者的现代克隆人一定是异性恋者(图 1.2,模型 B)。同样的身体在不同的时期可能会表现出不同形式的欲望。

我们无法决定谁的阐释是正确的。我们无从知道在以往的女同性恋中扮演男性角色的人(tribade)是否就是今日的布切(butch,也指女同性恋中具有男子气的一方),或者古希腊的中年男性爱人是否就是今日男同性恋中的男性一方(pedophile),尽管他们表面上看来有着相似之处。

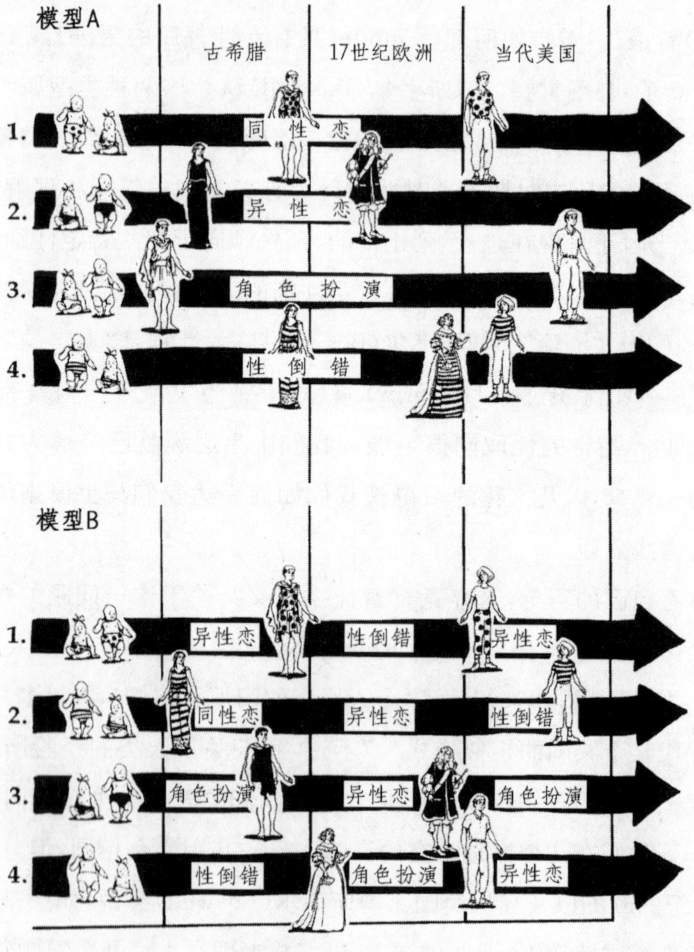

图 1.2(Alyce Santoro)

模型 A:从历史记录中看本质主义。一个天生有着同性恋倾向的人无论生活在什么历史时期都将是同性恋者。模型 B:从历史记录中看建构主义。一个有着某种特定的遗传基因的人可能成为一个同性恋者,也可能不会,这取决于其成长时所处的文化和历史时期。

先天还是后天？

人类性别行为是先天的还是社会建构的？为回答这一问题，历史学家试着从历史中寻求证据，而人类学家则对当今世界各地不同文化中的性别行为、性别角色以及性别表现等进行研究。一些学者对来自许多不同的非西方文化的数据进行研究，发现了两种普遍模式。[①] 有些文化和我们自己的文化一样，为那些从事同性恋活动的人界定了一个稳定不变的角色，用玛丽·麦金托什（Mary McIntosh）的术语来说，就是“制度化的同性恋”（institutionalized homosexuality）。

另外一些社会则与此相反。在这些文化中，所有青春期男孩都会和年纪大一些的男性发生性行为，以此作为 个必然的成长过程。这样的性关系有的可能持续时间很短，并具有极强的仪式性，也有的可能长达几年。在这里，两个男性之间的性接触并不意味着稳定不变的状况或某一特定类别。在这样的文化中，界定一个人的性别表现的因素不是其性伴侣的性别，而是其伴侣的年龄和地位。[②]

人类学家对各不相同的民族和文化进行研究的目标有两个。首先，他们想要了解人类的差异性——人类为了生存和繁衍而采取的不同的组织、管理社会的方式。其次，许多人类学家也试图寻找人类的共性。从某种文化中所获得的信息能让他们对另一种文化有多少了解？性别表现的内在差异是否比表面上的共同点

---

① 并非所有人类学家对模式的确切数目都意见一致。有人援引的模式多达六种。和本章所讨论的很多观点一样，随着新数据蜂拥而来，以及用来分析旧数据的新方法的激增，研究结论也在不断变化。

② 在麦金托什（McIntosh）这篇文章发表之后的数年间，针对这一话题所发表的学术研究的数量相当于几本著作。

更为重要？对于这些问题，人类学家和历史学家一样意见不一。然而，尽管有着诸多分歧，人类学的数据资料还是常常被用来讨论人类性别行为的本质问题。[①]

人类学家卡罗尔·万斯(Carol Vance)写道，如今的人类学领域反映了两种互相矛盾的观点。第一种她称之为“性别的文化影响模式”。尽管这一模式强调文化和学习对塑造性别行为的重要性，但是它依旧认为“性别的基石……具有普遍性，由生物学决定；在文献中它被称为‘性欲’或‘冲动’”。万斯(Vance)指出，第二种方法完全用社会建构理论来阐释性别。一个温和的社会建构论者可能会认为同样的身体行为在不同的文化中带有不同的社会意义，[②]而更为激进的建构主义者则会认为“性欲本身就是由文化和历史从人身体的能量和能力建构而来的”。[③]

一些社会建构论者热衷于揭示不同文化之间的相似之处。例如，人类学家、温和的建构主义者吉尔·赫特(Gil Herdt)记载了人类性别行为管理的四种主要文化方式。由年龄构造的同性恋行为，就如在古希腊时期见到的同性恋行为，也会出现在一些现代文化中。这种行为被认为是成长为成年异性恋者的正常过程的一部分。性别逆转的同性恋行为“则是一种逆转常规性别角色行为的同性恋活动：男性的装扮和举止像女性，而女性的装扮和举止则像男性”。赫特(Herdt)将那些认可某些有着特定社会角色的人(如萨满教僧)所进行的同性恋活动的文化称为由社会角色决定的同性恋。由社会角色决定的同性恋和我们自己的文化所特有的现代同性恋运动形成了鲜明的对比。在美国自称“同性恋”就意味着采纳了一种身份，并加入了一种社会(有时是政治的)运动。

赫特(Herdt)的研究为如何考量同性恋在欧洲和美国的地位提供了新的方式，许多学者对此大为支持。然而，也有其他人认为，尽管赫特(Herdt)为性别的

---

① 例如，我们可以看一下温里克(Weinrich)是如何运用人类共性的观念来推断行为特点的生物基础的。

② 请注意这种定义认可博斯韦尔(Boswell)是一个温和的社会建构论者，但它依旧认为同性欲望是与生俱来的，能跨越历史、跨越文化。事实上，“社会建构”这个词所指的并不是一套统一的思想。这个词的意思随时间而产生了变化。一般说来，更为现代的“建构主义者”比早期的建构主义者更加复杂。

③ 霍尔珀林(Halperin)显然属于更为激进的建构主义范畴。

跨文化研究提供了有用的新类型,但他也抱有反映他自身文化的主观臆断。[①] 比如,人类学家德博拉·埃利斯顿(Deborah Elliston)认为,用"同性恋"这一称谓来描述美拉尼西亚各群落中交换精液的习俗"是将一套建立在关于性别、爱欲以及人格的西方理念基础上的西方性别模式强加给美拉尼西亚文化,并最终遮蔽了这些习俗在美拉尼西亚当地的含义"。埃利斯顿(Elliston)指出,赫特(Herdt)提出的"由年龄构造的性别"这一概念模糊了"性别"这一范畴的构成,而这一范畴恰恰是我们原本需要明确的东西。[②]

当他们将注意力转向性别和社会权力体系之间的关系这一更具普遍性的问题时,人类学家遇到了如他们在研究其他文化中的"第三"性时所遇到的同样的学术难题。20 世纪 70 年代,欧洲和北美的女性主义活动家希望人类学家能提供实证数据来支持他们关于性别平等的政治观点。如果在世界某个地方存在着平等的社会,这不也就意味着我们自己的社会结构并不是必然的?又或者,如果人类已知的每个文化中女性都处于从属地位,那又该如何看呢?正如不止一个作家所言,文化之间的这种相似性是否意味着女性的次要地位是由生物性所决定?

女性主义人类学家周游世界,试图寻找高举平等旗帜的文化,但他们并没有带回令人高兴的消息。正如谢里·奥特纳(Sherry Ortner)所写的,大多数社会认

① 如果仔细阅读赫特(Herdt)关于美拉尼西亚各群落的描述,我们会发现三个根本的(西方)假设:同性恋是一种终身活动,它是一种"身份",以及这些关于同性恋的定义在世界各地都通用。

② 美国印第安人有一种被学者称为"berdache"(指北美洲印第安男性的异装癖者或同性恋者)的习俗——即一系列涉及文化认可的跨性别角色和行为的习俗。对于这些习俗的含义,人类学家同样无法取得一致意见。有些人认为"berdache"的存在证实了一种假设,即跨性别角色和行为是一种天生性别的普遍表现。但是其他人认为这些习俗在北美各文化之间、在历史上各不相同,上述关于这些习俗含义的观点不顾史实、过于简单化。例如,卡罗琳·埃普尔(Carolyn Epple)一直在研究当代纳瓦霍人的"nádleehí"(纳瓦霍语,意为 berdache),她注意到,纳瓦霍语对"nádleehí"的定义视情况不同而有所变化。这种变化是情有可原的,因为她所研究的纳瓦霍人的世界观"似乎更强调以情境为依据的定义,而不是固定的类别"。通过表明她所指的是其调查对象所讨论的那种世界观,埃普尔非常谨慎地对"纳瓦霍世界观"之类的词进行了限定。没有单一的世界观,因为世界观随着时间不同、地区不同而改变,最好把它看成相互交叉的信仰体系的合成体。这与欧美关于同性恋是一种固定的或自然的种类这一假设形成了鲜明对比。此外,埃普尔指出,纳瓦霍人并不见得一定把"nádleehí"看成性别越界。她所研究的纳瓦霍人认为每个人都既是男性又是女性,因此他们不会将一个言谈举止像女子的男子描述为女子气。"鉴于男性和女性都始终存在,"埃普尔谈道,"关于'男子气'还是'女子气'的性别评价一般所反映的是观察者的视角,而不是某种绝对的价值观念。"

为“从某种方面来看男性终究是‘第一性’”。不过，对于这些早期跨文化分析的批评日益增多，20 世纪 90 年代，一些著名的女性主义人类学家对这一问题重新进行了评估。在调查收集信息的过程中所遇到的问题，在社会结构的跨文化比较研究中也同样出现了。简言之，人类学家必须发明一些类别，以便对所收集的信息进行整理分类。不可避免地，他们所发明的类别中有一些与他们自己的某些未经质疑的生活理念相关，一些学者将这些理念称为“不可动摇的命题”。他们认为世上只有两个性别，这是个不可动摇的命题，[①]认为人类学家如果见到了性别平等就能明白，这同样是一个不可动摇的命题。

奥特纳(Ortner)认为，关于性别不平等具有普遍性这个论点已经存在了二十多年，这是因为人类学家认为每个社会从内部来说都是一致的，而人类学家的这一假定在她看来是不合理的：“没有任何社会或文化是完全一致的。每个社会或文化都有一些男性威望轴，一些女性威望轴。有一些威望轴对两性平等，而有一些(有时很多)威望轴则与性别无关。过去存在的问题是我们所有人……都试图将每一种情况进行归类。”现在她提出“对于任何一种情况来说，最有意思的事情恰恰在于起作用的逻辑、所说的话语，以及运作中的威望和权力习俗等所具有的多样性”。奥特纳(Ortner)认为，如果我们留意动态因素、矛盾之处以及次要的话题，很可能我们既能看到目前占主导地位的体系，同时也能看到次要的话题成为重要主题的可能性。[②]

不过，女性主义者也有着不可动摇的命题，而其中一个中心命题，正如尼日利亚人类学家欧耶朗科·欧耶乌米(Oyeronke Oyewumi)所言，所有文化都“通过将人体看成男性或女性来对世界进行组织和管理”。在就此命题对欧洲和北美女性主义者进行批评时，欧耶乌米(Oyewumi)揭示了某种性别体系的强行实施——在这里指的是先通过殖民主义，随后又通过学术帝国主义——是如何改变我们对民

---

① 虽然他们没有发明这一概念，凯斯勒(Kessler)和麦克纳(McKenna)在性别系统跨文化研究分析中运用这一概念的效果却极佳。

② 奥特纳(Ortner)写道：“霸权主义是强大的，我们的首要任务是了解他们如何运作。但是霸权主义不是永恒的，总是会有权力和权威场所存在于霸权之外(这既是好事也是坏事)，既可以作为非传统安排的象征，也可以作为其作用点。”

族、种族差异的认识的。在对约鲁巴文化的详细分析中，她发现相对年龄在社会的组织和管理中是一个更为重要的因素。比如，约鲁巴语中的代词并不表明性别，而是表明被指代者比说话者年长还是年幼。学者们对于世界运转方式的认识决定了他们创造何种关于世界的知识，而这些知识又反过来影响世界的运转。

欧耶乌米(Oyewumi)认为，假使最初的约鲁巴研究由约鲁巴族知识分子创建，“那么人们更看重的就会是年龄，而非性别”。从年龄而非性别的角度来看待约鲁巴社会有两点重要意义。第一，如果欧美学者是从约鲁巴人类学家那里了解尼日利亚，那么我们自己关于性别普遍性的信仰体系可能会有所改变，这种知识可能最终会改变我们自己的性别概念。第二，约鲁巴人以年龄为依据的社会组织理念如果能得以表达，很可能会强化这一社会结构。然而，欧耶乌米(Oyewumi)发现非洲的学术研究往往照搬欧洲的性别类别，“通过从性别化视角书写任何社会，学者必然将性别写入那个社会……因而学术研究与性别的形成过程密切相关”。[①]

因此历史学家和人类学家对如何理解不同文化和历史时期中人类的性别这一问题持不同意见。哲学家甚至对“同性恋”和“异性恋”这些讨论中所用术语的有效性提出异议。[②] 但是，不管他们在社会建构主义谱系中处于何种位置，多数人都认为在先天和后天之间、“真实的身体”和它们的文化阐释之间存在着根本性的鸿沟。福柯(Foucault)、哈拉维(Haraway)、斯科特(Scott)以及其他人认为，我们的身体经验是由我们在特定文化和历史时期的成长过程所形成的，我认为这些学者的观点很重要。不过，身为一个生物学家，我想要让这一论点变得更为明确。[③]随着我们的成长和发展，我们是在真正地——而不仅仅“从字面上”(换言之，通过语言和文化习俗)——构建我们的身体，将经验纳入我们的身体。要理解这种说法，我们必须消解生理身体和社会身体之间的区别。

---

① 欧耶乌米(Oyewumi)注意到性别划分在非洲各国制度中尤其明显，而这些制度最初来自殖民构成，也就是说，它们所代表的是经过转化得以实施的殖民主义，其中包括殖民者的性别观念。

② 很多当代生物学、心理学和人类学研究将同性恋作为一种真实的或自然的类别。

③ 另外一个女性主义生物学家琳达·伯克(Lynda Birke)已经在同一方向有所进展，但是因为她的书还未出版，我只读过早期的大纲以及一些先行宣传，因此我无法更为具体地加以引用。

二元主义之否定

“一个魔鬼，一个天生的魔鬼，教养也改不过他的天性来。”莎士比亚(Shakespeare)笔下的普洛斯彼罗(Prospero)在《暴风雨》(*The Tempest*)中如是痛斥凯列班(Caliban)。显然，关于先天和后天的问题困扰欧洲文化已经不是一天两天了。欧美在认识世界如何运作时极为依赖二元主义——一对对相反的概念、对象或信仰体系。本书特别注重其中的三对：生理性别/社会性别、先天/后天以及真实/建构。我们通常以某种形式的等级优劣观点来运用二元主义。普洛斯彼罗(Prospero)抱怨说先天本性控制着凯列班(Caliban)的行为，他[普洛斯彼罗(Prospero)]的[为教化凯列班(Calibon)]“出于好心所费的心思”全然无效。人类的后天养育无法制服魔鬼的天性。在后面的章节中我们会看到，对任何一组对立的二元概念中哪一个成分应该(或者被认为)占上风这个问题上一直存在着不断的学术斗争。但在几乎所有情况下，我的观点是，回归到普洛斯彼罗(Prospero)的抱怨无助于解决学术上的争端，也不可能取得社会进步。相反，在考量人类性别的生物学知识形成的那些互不相关的时刻时，我期望能够克服二元思维方式这个戈尔迪之结。我建议对霍尔珀林(Halperin)的妙语“性别不是身体事实，而是个文化效应”略加修正，提出性别确实是身体事实，是由文化效应创造的身体事实。

为什么我们要对用二元对立概念来分析世界的做法感到担忧？我同意哲学家瓦尔·普拉姆伍德(Val Plumwood)的观点，他认为使用二元对立概念会让我们看不到每一对概念之间的相互依存关系。这种关系使这一对对概念相互映射。让我们看一下普拉姆伍德(Plumwood)所列的一些二元对立概念：

理智	天性
男	女
思想	身体
主人	奴隶
自由	规律(自然)
人类	自然(非人类)
文明	原始
生产	繁衍
自我	他者

在日常使用中,列表两边各组概念的含义经常是相互关联的。"文化,"普拉姆伍德(Plumwood)写道,"将这些二元概念作为'可供开采、提炼和调遣的'武器储备而积累下来,被作为二元概念储存下来的旧的压迫为新的二元概念的形成提供便利、开辟道路。"[①]正是出于此原因,尽管我所关注的重点是性别问题,但是当关于性别的观念和意识形态与关于种族的观念和意识形态相互关联时,我还是会毫不犹豫地指出来。

从根本上说,生理性别/社会性别二元论限制了女性主义分析。在二分法中,"社会性别"这个字眼必然排除了生物性。正如女性主义理论家伊丽莎白·威尔逊(Elizabeth Wilson)写道:"女性主义对内脏或激素结构的批判……变得不可想象。"这样的批判之所以显得不可想象,是因为真实/建构之间的界线(有时被表述成自然和文化之间的差别),在真实/建构这一组二元观念中,许多人将关于真实的知识映射到科学领域(而将建构的东西和文化等同起来)。不管是女性主义者还是非女性主义者所采用的二分公式的共同作用,都让对身体的社会文化分析看

① 普拉姆伍德(Plumwood)还认为,二元论"是依赖于从属他者却加以否认而产生的结果。这种否认与一种支配和从属关系一起塑造了二元论中每一方的身份"。布鲁诺·拉图尔(Bruno Latour)采用一个不同的框架得出了类似的观点——自然和文化一直被人为地划分,以创造现代科学实践。

起来无法完成。

在过去的十年间，一些女性主义理论家，曾尝试对身体进行非二元主义的描述，并取得了不同程度的成功。例如，朱迪思·巴特勒(Judith Butler)尝试在女性主义思想中重新运用物质性的肉身。她质问，为什么物质性这一概念能表示最根本的、不可约简的东西，可以用来作为建构的证据，自身却不可以被建构呢？① 巴特勒(Butler)指出我们有必要讨论物质性的肉身(我对此表示同意)。我们可以用来区分男性和女性的激素、基因、前列腺、子宫以及其他身体部位和生理机能等确实存在，成为产生各种不同性体验和欲望的基础的一部分。此外，生理任何一方面发生变化，都会深刻影响个体的生理性别和社会性别体验。但是，每次当我们试着回到身体问题，把它当作一种先于社会化、先于关于男性和女性的话语而存在的东西时，巴特勒(Butler)说道："我们发现物质这个词满带着关于性和性别的话语，这些话语预示并约束着(物质)这个词的用法。"

巴特勒(Butler)认为，西方关于物质以及身体的物质性的观念是通过一个"被赋予性别的母体(matrix)"而建构起来的。古典哲学家将女性气质与物质性联系起来，这一点从"物质"这个词本身的起源中可见一斑。"物质"(matter)从"母亲"(mater)和"母体、子宫"(matrix)两个词衍生而来，指的是子宫以及繁衍问题。在巴特勒(Butler)看来，希腊语和拉丁语中的物质并非被认为是一块空白的石板，等待外部意义的应用。"母体是一种……形成原则，开创某些有机体或物体的发展过程并贯穿其中……对于亚里士多德(Aristotle)来说，'物质是可能性，而形式则是现实'…… 据说在繁衍中，女性提供物质，而男性提供形式。"正如巴特勒(Butler)所指出的，她著作的标题《至关重要的身体》(*Bodies That Matter*)是个构思精妙的双关语。考虑物质性其实就是讨论物质化的过程。如果关于性和性别的观点已经被嵌入我们关于物质是如何形成身体的哲学观念中，那么身体的物质就不可能形成一个能作为我们理解性别差异起源的、中立且预先存在的基础。

既然物质已经包含了社会性别和生理性别的概念，那么这个词就不可能成为

① 用她的话来说，她"想问一下'物质性'是如何以及为什么成为不可约简的标志。换言之，性别的物质性怎么就被当作一种只是承载着社会建构的东西，而本身不可能是一种社会建构的东西呢"？

一种中立的手段，作为科学的、客观的性别发展和分化理论的基础。同时，我们必须承认并运用物质性中“与身体相关”的方面。“生物学、解剖学、生理学、激素及化学成分、疾病、年龄、体重、代谢、生与死等领域”不能“被否认”。批评理论家伯尼斯·豪斯曼(Bernice Housman)在对从男性变成女性与从女性变成男性可以采用的变性手术进行比较时曾具体地谈到这一点。她写道：“阴道和阴茎之间的差异并不仅仅是思想上的。任何试图对性别符号进行处理和解码的尝试……都必须承认这些生理功能能够在现实世界中产生作用，而这些作用会脱离……它们在象征世界中的功能。”

要讨论人类的性别问题，必须用到物质性这一概念。但是物质性这一概念在来到我们跟前时已经不再纯粹，其中包含了一些预先存在的关于性别差异的观念。巴特勒(Butler)建议我们将身体看成一个既能产生社会意义，同时又产生于社会意义体系，正如任何生物有机体都是由先天与后天因素合力作用的结果。

女性主义哲学家伊丽莎白·格罗斯(Elizabeth Grosz)的观点与巴特勒(Butler)不同。她认为某些生物过程先于它们的意义而存在。在她看来，生物本能或冲动为性别的发展提供一种原材料。但是仅有原材料是不够的，还必须为这些原材料提供一系列意义、一张可以对孩子身体功能的意义和意识进行组织管理的“欲望之网”。如果我们关注所谓野孩子的故事，这样的观点会变得更加清晰：这些孩子成长时没有受到人类的约束，也没有得到意义的灌输，他们既没有习得语言，也没有习得性冲动。虽然他们的身体提供了原材料，但是缺少了人类社会环境，陶土就无法被塑型成可识别的心理形式。没有人类的社会性，人类的性别就不会形成。格罗斯(Grosz)试图弄清楚，人类的社会性和意义这些显然产生于身体之外的因素最终是如何被纳入身体的生理举止以及各种无意识和有意识的行为之中的。

一些具体的例子有助于说明这一点。一个九十几岁的瘦小的、头发花白的女人从镜子里端详着她满是皱纹的脸。“那个女人到底是谁?”她想。她脑海中自己身体的形象和镜子里的样子不同步。她那已经五十多岁的女儿试图记住，除非她使用腿部肌肉而不是膝关节，否则上下楼梯将会让她感到疼痛。这两名女子正在重新调整自己身体形象的视觉和运动构成，这种新的认识都是建立在过去信息的基础之上的，但总是比目前的身体滞后一些。[①] 这样的调整是如何发生的？我们对自己身体最早的认识又是如何形成的？这里我们需要心理这一概念：心理是思想与身体之间相互转化的场所，可以说是身体和经验的联合国。[②]

在《易变的身体》(*Volatile Bodies*)一书中，伊丽莎白·格罗斯(Elizabeth Grosz)思考身体和头脑是如何一同产生的。为了便于说明问题，她采用莫比乌斯带的意象来比喻人的心理。莫比乌斯带是一个难解的拓扑之谜(见图 1.3)，一条平面带子扭转一次后将两头连接，形成一个循环的扭转的面。我们可以通过想象一只蚂蚁沿着这个面爬行来描绘它表面的轨迹。在循环的旅程开始时，蚂蚁显然是这个带的外侧面，但是在横贯这个扭转的带子时，蚂蚁的腿在没有离开平面的情况下，最后到达了这个带的内侧面。格罗斯(Grosz)认为我们可以认为身体——大脑、肌肉、性器官、激素等——构成了莫比乌斯带的内侧面。文化和经验则将构成其外侧面，然而，如图片所示，内侧面和外侧面是连续的，我们脚不离地就可以从一个表面移动到另一个表面。

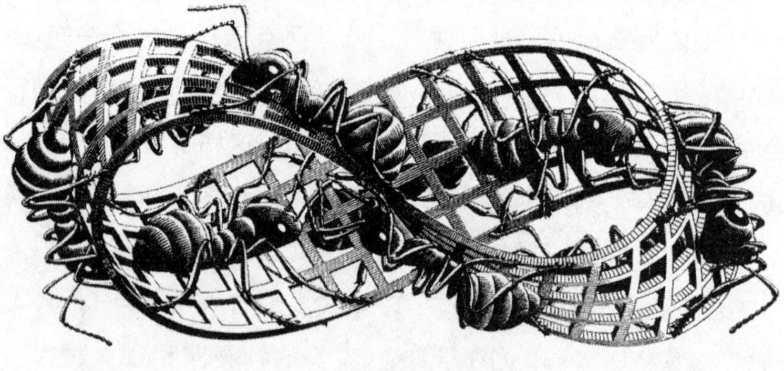

图 1.3　莫比乌斯带Ⅱ(M.C. Echer)

① “身体形象不能简单地与纯粹解剖结构上的身体所提供的感觉混为一谈。身体形象既是主体的解剖结构的功能，同样也是其心理和社会历史语境的功能(Grosz 1994)。”

② 哲学家艾丽斯·扬(Iris Young)在她同名的书和文章中也探讨了一系列类似的问题。

正如格罗斯(Grosz)所言,心理分析师和现象学家从情感方面来描述身体。[①]思维将生理转化为人们内心对自我的意识。比如说,口头性行为就是由孩子以及后来的成年人转化为性心理意义的一种身体感受。这种转化过程发生在莫比乌斯带的内侧面。但是,当我们沿着表面走向外侧面时,我们开始谈论与其他身体、其他物体的关系,而这些东西显然不属于自我的范畴。格罗斯(Grosz)写道:"人们在描述口头性冲动时并不描述这种行为是什么感觉……而是考虑它所起的作用:建立联系。比如,孩子的嘴唇可以……和母亲的乳房或奶瓶形成联系,或许同时手还摸着耳朵,每个系统都在不停地运转,并且相互关联。"

格罗斯(Grosz)继续沿用莫比乌斯带这一类比,设想身体用性欲作为记号笔,标记一条从生物过程到欲望的内在结构的路径,通过这种方式,身体创造了心理。对莫比乌斯带外侧面进行的研究属于一种不同的研究领域,这个外侧面是一个具有更加明显的社会性的表面,以"教育学、法律、医疗和经济学的文本、规律和惯例为标志,目的是为了雕琢出一个社会主体……能够劳动,或者会生产、操作,一个能担当起臣民职责的主体"。[②] 就这样,格罗斯(Grosz)也否定了人类发展的先天/后天模式。尽管她承认我们并不了解身体适应性的范围和极限,但她坚持认为我们不可能仅仅"减去环境、文化和历史",就能得到"本性或生物性"。

① 现象学是一个在研究中将身体作为创造自我的积极参与者的领域。扬(Young)写道:"通过将主体性定位于身体之中而非思维和意识之中,梅洛—庞蒂(Merleau-Ponty)使该研究的整个传统改变了方向。梅洛—庞蒂将萨特(Sartre)……原先只赋予意识的本体论地位给予了身体。"格罗斯(Grosz)在很大程度上依赖于对弗洛伊德、神经生理学家保罗·施尔德(Paul Shilder)以及现象学家梅洛—庞蒂的重读。

② 为理解外部标记和主体形成的过程,格罗斯(Grosz)借鉴了很多学者的观点。

超越二元主义

格罗斯(Grosz)认为身体经历将内在冲动规约成身体感受,而身体感受又被转化为我们所谓的情绪。然而,如果只是从表面来解读内在的东西,那么仍然会留给我们本性中一些难以解释的残余。[①] 人类具有生物性,因而从某些意义上来说,人类是自然生物,而同时人类又具有社会性,因而从某种意义上来说又是非天然的、人工的存在——或者,你也可以称之为被建构的个体。我们是否可以设计出一种方式,把历经从受精到年老这一过程的人类看作同时具有自然特质和非自然特质的个体?在过去的十年间出现了一种激动人心的观点,我将它大致归在发展系统理论(developmental system theory)或者说是 DST 的类别之下。[②] 我们选择 DST 作为分析框架有什么好处?

发展系统理论家否认从根本上来说存在着两种进程,其中一种进程受基因、激素和脑细胞(即先天因素)的影响,而另一个进程则由环境、经验、学识或早期社

① 我怀疑格罗斯(Grosz)明白这一点,但是她选择了"冲动"(饥饿、口渴等)这个定义不明的词作为出发点,因为她需要从某个地方开始她的分析。事实上,她是伊丽莎白·威尔逊(Elizabeth Wilson)的导师,威尔逊的研究提供了仔细分析冲动这一观点本身所需要的部分理论基础。

② 在讨论发展系统理论的过程中,我做了大量的"分类"。我发现在研究不同学科的思想家在探讨有机体(包括人类)发展时有着新的思维方式。他们相互之间并不一定阅读对方的研究成果,但我能看出一些将他们联系起来的共同点。或许对他们中的一人或多人的评价有失公允,但我还是将他们都统称为发展系统理论家。

会力量(即后天养育)所引导。[①] 系统理论的创始者、哲学家苏珊·小山(Susan Oyama)认为DST“更具清晰性、连贯性、一致性,将提供一种不同的数据阐释方式;另外,它提供了一种手段,将……那些在过去的几十年间一直朝着相反目标努力,或者至少相互间从未进行过对话的各个群体的概念和方法综合起来”。然而,发展系统理论并不是灵丹妙药。正如小山(Oyama)解释说,许多人会抵制这一理论的观点,因为“它对于基本真理提供的……指导较少”“对于什么是理想的、健康的、自然的或不可避免的这一问题所提供的结论也较少”。

具体而言,DST如何帮助我们打破二元思维过程?让我们看一个由系统理论家彼得·泰勒(Peter Taylor)所叙述的关于一只出生时没有前肢的山羊的例子。在这只山羊的一生中,它一直靠后肢跳着行走。解剖学家在山羊死后对其进行研究,发现它的脊柱呈S形(和人一样),“骨骼更粗壮,肌附着有所改变,还有其他一些跟直立行走相关的特征”。这只山羊(以及所有山羊)的骨骼系统是作为其走路方式的一部分而发育的。决定其解剖结构的既不是它的基因,也不是它所生活的环境,只有其一生的经历才具有决定性的力量。许多发展生理学家认识到了这一原理。[②] 正如一个生物学家所说的,“结构的形成发生在个体一生的历史过程中”。[③]

几年前,当神经学家西蒙·勒维(Simon LeVay)宣称同性恋和异性恋男性的大脑结构不同(而且这也反映了存在于异性恋男性和女性之间更为普遍的性别差

---

① 许多社会科学家和一些遗传学家把生物体看成基因和环境的总和。他们通过审视生物体的可变性来对生物体进行研究,并且探究可变性中有多少比例可以归因于基因,有多少比例可以归因于环境。他们还命名了基因—环境作用中的第三个术语,如果基因和环境因素还无法解释所有的差异,他们可以将这一术语加入这个简单的加法等式中去。这一方法曾不止一次受到过严厉的批评。有时候这类科学家称自己为相互作用论者(interactionists),因为他们认为基因和环境都涉及其中。他们的批评者则指出,这种差异分析方法将基因和环境描绘成可以单独衡量的实体。这些批评者中有一些也把自己称为相互作用论者,因为他们认为不可能将遗传与环境割裂开来。我更愿意采用发展系统理念,一是由于术语之间的这种混乱,另外也是因为系统这一理念必然意味着系统各部分之间相互依存的概念。

② 作为另一个例子,胚胎需要在子宫中移动,以使神经、肌肉和骨骼综合发育。还在蛋壳中的绿头鸭必须听到自己的叫声以便应答母鸭的叫声(小鸭需要听到其兄弟姐妹的叫声,以便培养认识妈妈的能力)。

③ 阿尔伯奇(Alberch)也表明了类似的观点,他写道:“我们无法断言是形式决定了功能,或是相反,因为它们在生成过程这一层面上是相互关联的。”

异)时,他成了一场风暴的中心。[①] 虽然勒维(LeVay)一下子成了许多同性恋男性的英雄,但是他和一个由不同派别组成的群体意见相左。一方面,女性主义者,比如我自己,不喜欢他不加质疑地采用性别两分法,在过去,性别两分法对推动女性平等从未有过任何帮助。另一方面,基督教右翼成员也讨厌他所做的研究,因为他们相信同性恋是一种人们可以进行选择、进行抵制的罪孽。[②] 勒维(LeVay)以及后来的遗传学家迪安·哈默(Dean Hamer)的研究却指出同性恋是天生的,或者说是与生俱来的。公共辩论的措辞很快就两极分化了。双方都在将"基因遗传的、生物性的、天生的、与生俱来的、恒定的"这些字眼与"环境的、习得的、建构的"以及"选择"这些词进行对比。[③]

这类辩论之所以如此容易地引起关于先天/后天的分歧,是由非系统方法(nonsystems approach)的不足所导致的。从政治角度来看,先天/后天这一框架包含着巨大的危害。尽管有些人希望认可事物具有先天本性这一观念会让人们更加宽容,但过去的历史表明,相反的情况也完全可能出现。就连天性论的理论建构者自己也认识到了其危害性。在《科学》(*Science*)这本刊物上的一篇非同寻常的文章中,迪安·哈默(Dean Hamer)和他的合作者们表达了他们的担忧:"用这类信息去评估或改变一个人目前的或将来的性取向从根本上来说是不道德的。相反,科学家、教育家、决策者以及公众应该共同努力,确保这类研究能用于造福所有的社会成员。"[④]

女性主义心理学家、批评理论家伊丽莎白·威尔逊(Elizabeth Wilson)利用勒

---

① 勒维(LeVay)的结果还有待确认,而在此期间这些结果一直在接受严格的审视。我认为该结果之所以目前尚无法确认,就是因为这是一项困难的研究,因为在性史中,明确的个体的尸检材料相对缺乏。即使他的结果能够确认,也并不能使我们对同性恋的发展或保持过程有更多了解,除非我们将信息置于一个发展系统之中。如果单独来看,他的研究成果既无法证明先天因素,也无法证明后天因素。

② 在和勒维(LeVay)进行公开辩论后,我接到了右翼基督教组织给我发的邮件、打的电话。他们认为我和勒维的辩论意味着我同情他们的同性恋主张。这让我感到很震惊。

③ 在对先天/后天、本质/建构、生物学/环境这些二分法所导致的问题进行了详细而精彩的分析之后,律师珍妮特·哈利(Janet Halley)呼吁发展一个争取个人平等、政治平等和社会平等的共同立场。

④ 这一声明之所以非同寻常,是因为用严格的科学报告来讨论自己的研究所具有的潜在社会影响,这是有违常规的做法。

维(LeVay)的研究所引起的骚动对系统理论提出了一些重要的观点。[①] 许多女性主义理论家、酷儿(queer)理论家以及批评理论家也有意识地替换掉生物性,从而认为身体有可能会受到社会及文化的影响。[②] 然而,这是一个错误的举措。威尔逊(Wilson)写道:"在勒维(LeVay)的假说中引起政治和批评理论争议的并不是神经病学和性别的结合本身,而是实施这一结合的那种特定方式。"威尔逊(Wilson)认为,有效的政治回应并不见得一定要将性别研究与神经科学分离开来。相反,本着发展一种关于思想和身体的理论——一种将性欲和身体结合起来的心理理论——的目的,她建议女性主义者将一种在广义上被称为联接主义(connectionism)的大脑工作原理纳入其世界观。

了解大脑的传统手段是解剖。功能可以被定位在大脑的特定部位。从根本上来说,功能和解剖是一体的。这一观念不仅仅是勒维(LeVay)的研究引起骚动的原因所在,也同样是关于胼胝体等讨论(参见第五章)的起因。许多科学家认为结构差异代表着我们所观察到的不同行为在大脑的位置。相比之下,联结主义模式[③]认为功能取决于许多同时作用的神经联结的复杂性和强度。[④] 这个系统有一些重要特征:反应往往是非线性的,通过"训练"可以让神经网以特定的方式做出

---

① 让威尔逊(Wilson)更感兴趣的是对勒维(LeVay)研究的批评意见中的哲学性质,而非技术上的批判。她很愿意认为这些技术上的批判很多是对的,事实上,勒维本人也持同样观点。

② 威尔逊(Wilson)列了一个对勒维(LeVay)的观点会产生下意识反生物学反应的女性主义者名单,其中也包括我。虽然我认为我从未用一种完全摈弃身体的方式来考量人类性别,但是我在将这类观点付诸印刷时一直很谨慎,因为我身陷本质主义/反本质主义的二元论之中。本质主义意识形态压迫妇女、同性恋者以及有色人种的历史在我的思考中一直占着很大的分量。只有在看到系统理论是如何提供一种摆脱这种困境的出路时,我才愿意在出版著述中参与讨论这些问题。

③ 我将针对那些把自己的观念运用于大脑功能的人以及那些用计算机神经网络模型来复制大脑功能的联结主义者进行讨论。

④ 心理学家埃丝特·西伦(Esther Thelen)写道:"现在有一种观点认为,在处理流中,多元模态信息常常在多个部位被绑定在一起,在大脑中并不存在知觉绑定所发生的唯一定位区域。"联结主义者假定存在被称为节点(nodes)或单位(units)(这些很可能是神经细胞)的处理元素。这些节点有很多联结,使它们能够接收信号并将信号发送到其他节点。不同的联结有不同的重量或强度。一些节点接收信号,而其他节点则发送信号。在这两种类型的节点之间有着一个或多个在信息发送时能对其加以转换的层面。这些转换按照基本规则发生。一种类型是 1∶1 (即线性)传输,另一种是阈值传输(即在输入超过某一水平时,会激活新的反应)。它是神经网络模型的非线性反应,和人类实际行为最为相似,激发了认知心理学家的想象力。

反应,反应的性质不容易预测,信息没有任何确定的位置——相反,它是许多不同的联结以及这些不同联结的不同强度所产生的最终结果。

一些联结主义理论的核心观念为认识人类的性别发展提供了有趣的基础。比如,由于联结网络通常是非线性的,小的改变可能会产生大的影响。这对于性别研究的意义在于:我们在研究环境中哪些方面决定人类的发展时很可能找错了地方、用错了标准。① 此外,同一行为可能有着很多深层原因。我怀疑我们所使用的同性恋、异性恋、双性恋和变性者这些标签事实上不是好的分类,充其量只能被看作在发育过程中对特定个体产生影响的独特事件而已。② 因此,我赞同这些联结主义者的观点,他们认为"发展过程本身是知识习得的核心所在。发展是一个出现的过程"。

在大多数的公众讨论及科学讨论中,生理性别和天性被认为是真实的,而社会性别和文化则被看作是被建构的。③ 然而,这些都是错误的二分法。在第二章至第四章中,我从性别最明显的外在标记——生殖器出发,来说明性别是如何在真正意义上被建构的。外科医生移除器官,用整形手术来为那些在出生时长着不易被识别为男性或女性的身体器官的人创造"恰当的"生殖器。医生相信他们的专业知识使他们能够"听见"自然在告诉他们这些病人的真实性别应该是什么。遗憾的是,他们的真实来自社会领域,而医学传统常常会隐匿那些生下来是双性人的现象,而这在某种程度上也巩固、强化了这所谓的真实。

---

① 老鼠行为研究最近就被证明属于这种情况。身处北美洲不同位置的三组研究人员对在基因上属于相同品种的老鼠进行研究,试图让它们表现出相同的行为。要做到这一点,他们在能想到的各个方面都对实验进行统一规范——同一天的同一时间、相同的仪器、相同的实验方案等,但是得出了明显不同的结果。显然不同的实验环境对这些老鼠的行为产生了影响,但实验无法确定哪些环境因素起着重要作用。他们建议研究者谨慎从事,并且要在多个地点进行测试后才能得出某一基因缺陷影响行为的结论(Crabbe et al. 1999)。

② 当研究者让同卵双胞胎来猜谜时,双胞胎们的答案比配对的陌生人的答案更为相似。但如果用 PET 扫描进行监测,双胞胎的大脑并不显示出相同的功能。"同卵双胞胎虽然有着相同的基因,但绝不会有相同的大脑。每一项指标都不一样。"这一结果用行为的发展系统理论可以解释,但是用基因"设定"行为的理论就不那么说得通(Sapolsky 1997)。

③ 藤村(Fujimura)写道:"某物是被建构的并不意味着它不是真实的。"哈拉维(Haraway)写道:"身体完全是'真实的'。关于'肉体化过程'(corporealization)没有什么'纯属虚构'。但肉体化过程具有向性特点,它的每一层组织都与特定的历史有关。"

我们的身体，跟我们所生活的世界一样，当然是由物质构成的，而我们经常用科学研究来了解这些物质的本质。但是这类科学研究与知识的建构过程相关。我将在第五章中对这一点进行较为详细的说明。第五章将让我们转移到身体的内部——不那么一目了然的大脑解剖结构。在这里我将重点关注一个科学争议：男人和女人是否有着形状不同的胼胝体(大脑中的一个特定区域)？在这一章中，我将展示科学家是如何通过选择特定的实验方法和工具来建构论点的。辩论的整个形式受社会因素限制，那些被选择用来进行辩论的特定工具(例如某种特定的数据分析方式，或者选择采用尸体的大脑而不是采用大脑核磁共振图像)本身就有着历史及技术局限性。①

然而，在适当的情况下，就连胼胝体也是肉眼可见的。那么，当我们更加深入一些——深入到人体内看不见的化学成分中去又会发生什么？在第六章和第七章，我将揭示1900年～1940年间，科学家是如何用特定的方式分割自然属性，创建性激素类别的。激素本身成了性别差异的标志。这样一来，只要发现一种性激素或者在身体的任何部位(例如在骨细胞中)发现其受体，就可以使原先不分性别的身体部位具有了性别。可是，只要大家跟我一样回顾一下历史，就会发现类固醇激素并不需要被归类为性激素和非性激素。② 比方说，它们完全可以被看成对包括生殖器官在内的大量组织产生影响的生长激素。

现在科学家对于被他们标记为性激素的类固醇的化学结构已达成共识，尽管这些类固醇分子无法用肉眼看见。第八章部分内容将关注科学家是如何运用性激素这一新发明的概念来加深对啮齿类动物生殖器发育的了解的，另一部分内容

---

① 哈拉维(Haraway)将胼胝体之类的物体想象成节点，从这些节点长出“具有黏性的丝线”，“可以通向世界的每一个角落和缝隙”(具体的例子参阅本书的最后两章)。生物学家、医生、心理学家和社会学家都采用一个“知识制作行为的结”，包括“商业、大众文化、社会斗争、身体历史、传承下来的叙事、新的故事”，以及神经生物学、遗传学和进化理论，来构建关于人类性别的观念。她将建构过程称为“物质—符号”(material-semiotic)行为，而这些物体本身则被称为“物质—符号”物体。她之所以用这个复杂的短语，就是为了绕过真实/建构这一组对立概念。人类的身体是真实的(即是物质的)，但是他们只能通过语言(即口头或其他类型符号的使用)而相互影响，因此用了符号这个词。

② 这是一个很好的例子，可以支持杜普雷(Dupré)关于划分自然属性时没有固定方式的论点，以及拉图尔(Latour)关于要审视运转中的科学的呼吁。

则将讨论他们如何将关于性激素的知识应用到与性别相关的行为上，这种行为是比身体化学成分更加无形的东西。不过，套用莎士比亚（Shakespeare）的话，真正的科学的道路从来都不是一帆风顺的。用来描述激素在啮齿类动物性行为发展中所起作用的实验和理论模式与关于男性和女性的角色以及能力的文化辩论之间有着惊人的巧合。看来我们很难避开这样一个观点，即我们对于激素、大脑发育以及性别行为真实、科学的认识仍然是在特定历史和社会语境之中建构起来的，并带着这些历史、社会语境的印记。

因此，这本书所讨论的是性别的建构，从人体外表面能看得见的结构开始，最后讨论的是行为和动机，即那些显然不可见的活动和因素，我们只能通过它们的结果来推断它们的存在，但可以推测它们位于身体内部深处。[①] 然而，行为通常都是社会活动，在与完全不同的物体或人的相互作用中得以表达。因此，当我们从外部的生殖器转向不可见的心理时，我们会突然发现自己是沿着莫比乌斯带的表面往回走的，甚至走出了身体的外部。在本书的最后一章，我将概述一些研究方法，这些方法或许可以展示我们是如何在脚没有离开莫比乌斯带表面的情况下由外而内，然后又回到外部的。

① 当然，联结主义者并不认为行为与动机在大脑中有着一个恒定的位置，相反，他们认为行为是一个动态过程产生的结果。

2 “占优势的性别”

1843年，在康涅狄格州赛尔斯贝利，二十三岁的居民利瓦伊·苏达姆(Levi Suydam)请求市行政委员会允许他以辉格党员的身份在竞争激烈的地方选举中投票。他的请求招来托利党员的纷纷反对，其原因在美国民主史上一定很罕见，那就是苏达姆(Suydam)“更像女人，而不像男人”，所以(既然只有男人才有选举权)不应该允许他投票。行政委员们请了医生威廉·巴里(William Barry)博士来给苏达姆(Suydam)体检，以解决争端。据推测，这位好心的医生在苏达姆(Suydam)身上发现了阴茎和睾丸，便宣布这位潜在选民为男性。结果因为苏达姆(Suydam)成功加入他们的选民队伍，辉格党以一票优势赢得了选举。

然而几天后，巴里(Barry)发现苏达姆(Suydam)定期来月经，而且长着阴道口。苏达姆(Suydam)肩窄臀宽，是典型的女性体形，但是“他”不时还会对“异性”(“他”所说的异性指的是女性)有身体上的冲动。另外，“他的女性倾向遭到很多人的指指点点，比如喜欢鲜艳的颜色，喜欢印花布料，讨厌且无法胜任体力劳动”。[①] 注意，这位19世纪的医生没有对“生理性别”和“社会性别”加以区分，于是觉得对印花布料的喜爱跟解剖、生理说明着一样的问题。后来没有人知道苏达姆(Suydam)是否失去了选举权。[②] 无论结果如何，这个故事都说明了我们的文化在确定“性”这件事情上所附加的政治分量，以及无法轻易鉴别时所引起的深深困惑。

欧洲文化和美国文化都深信世界上只有两种性。就连我们的语言也排斥其他可能。所以我在写到利瓦伊·苏达姆(Levi Suydam)(以及书里其他地方)时不得不发明两个说法——“他/她”和“他/她的”，来表示那些显然不男不女或既男又女，又或者两种情况兼而有之的人。这种语言上的方便绝不是出于无聊的遐想。一个人是否能被归入男人或女人的范畴，其意义相当具体。对苏达姆(Suydam)以及今天世界某些地区的女性来说，这意味着是否拥有选举权。这还可能意味着是否被纳为征兵对象，以及是否受制于关于家庭和婚姻的诸项法律。

但是如果州政府和法律体制有意维护只存在两种性别的事实，我们共有的生

① 爱泼斯坦(Epstein)和珍妮特·戈尔登(Janet Golden)发现了苏达姆(Suydam)的故事，并介绍给了其他学者。

② 《科学》(Sciences)杂志的一位核查员造访了位于康涅狄格州的苏达姆(Suydam)的家乡，核实故事的真实性。镇上的官员请他不要泄露苏达姆的姓氏，显然因为当地住着他的很多亲戚，一些当地居民仍然因此事而困扰。

物机体却不同意。尽管男性和女性占据了生物连续体的两端,可是还有许多如苏达姆(Suydam)那样的其他身体,那些明显将原本赋予男性和女性的生理器官混合于一体的身体。我提出性别连续体的概念意义深远。如果大自然的确赋予了我们两种以上的性别,那么我们对男性特征和女性特征的现有理解其实只是文化概念。重新定义的范畴对欧洲和美国社会结构所固有的观念提出了挑战。

事实上,我们对孩子开始男/女二分对立的时间已经越来越早,两性体制已经深深化为我们所设想的人类生活的一个部分,我们视它为与生俱来、自然而然。如今,婴儿脱离舒适的子宫之前的好几个月,羊膜腔穿刺术和超声检查就能辨明胎儿的性别。父母可以选择适合孩子性别的风格来装饰婴儿房,小男孩房间贴运动墙纸,蓝色的;小女孩则用花的图案,粉色的。研究者几乎已经开发了一种技术,能在受精那一刻选择孩子的性别。更有甚者,现代外科技术还帮助维护这个两性体制。如今往往见不到生来"既男又女—非男非女"的孩子了,因为医生会立刻用手术予以"矫正"。然而在过去,间性人(或者之前所称的雌雄同体人)①在文化上是得到承认的(图 2.1)。

图 2.1 睡梦中的雌雄同体者(罗马,公元前 2 世纪)(Erich Lessing)

① 当今间性运动的成员避免使用"雌雄同体"这个词。我会在符合历史的前提下使用它。因为"间性"(intersex)是个现代词汇,我在写到过去的时候不会使用这个词。

过去，雌雄同体的诞生及其被承认是如何对性的观念产生影响的呢？治疗间性人的现代医学技术是如何发展的呢？间性人和他们的支持者如何发起了一场政治运动来推动对不确定性别身份的开放态度？他们的挑战又取得了怎样的成功呢？以下是关于社会建构的最直白的故事——关于用外科手术来严格执行两性制的做法是如何出现的；随着我们进入 21 世纪，可能会衍生出多性格局的故事。

雌雄同体的历史

间性人的存在由来已久。“雌雄同体”(hermaphrodite)这个词出自希腊语，是由赫尔墨斯(Hermes)(宙斯之子，众神的信使，掌管音乐、梦和牲畜)和阿芙罗狄蒂(Aphrodite)(掌管性爱和美的希腊女神)这两个名字合并而成。至少有两个希腊神话解释了第一个雌雄同体者的来历。其中一个说，阿芙罗狄蒂(Aphrodite)和赫尔墨斯(Hermes)所生的孩子如此彻底地继承了父母双方的特质，以至于无法确定性别，所以就叫他赫尔墨芙罗狄特斯(Hermaphroditos)。在另一个故事里，他们的孩子是一个惊世俊男，一个水泽仙女爱上了他，在强烈欲望的驱使下，她的身体死死缠住他的身体，最终两个人合二为一。

如果说雌雄同体者因为身体的怪异而召来对其独特身世的猜测，其还被一些人看作先于性别二分时代的人类过去的体现。早期的《圣经》(*The Bible*)译者认为亚当(Adam)开始就是一个雌雄同体者，他只是在失去上帝恩宠之后才分成两个人，一个男人和一个女人。柏拉图(Plato)曾经写道：“世界上原本有三种性别——男性、女性和雌雄同体者，但是第三种性别后来渐渐消失了。”

不同的文化对待现实中的间性人的方式有所不同。犹太教文本，比如《塔木德经》(*The Talmud*)和《陀瑟他》(*Tosefta*)中对于混合性别的人群列举了烦琐的规定。比如《陀瑟他》(*Tosefta*)禁止雌雄同体者继承父亲的房产(和女儿一样)、与女性独处(和儿子一样)、剃须(和男人一样)；当他们月经来潮时必须(和女人一样)与男性隔离；他们(和女人一样)没有资格做证人或者牧师。犹太法典里还提供了将雌雄同体者融入主流文化的渠道，但罗马人就没有那么仁慈。在罗穆路斯时期(王政时期)，间性人被视为国家危机的先兆，常常被杀死。不过到了普林尼时期,雌雄同体者获得了结婚的权利。

追溯间性现象医学分析的历史,我们会更加宏观地了解性别社会史是怎样一直在变化,先是欧洲,然后是美国,而美国则继承了欧洲的医学传统。在这个过程中,我们可以了解到当今社会对间性人的医学处理绝非自然或必须。早期的医学从业者明白性和性别呈连续体分布,所以不会为雌雄同体现象而困扰,不像我们今天如此谨慎地对性别加以归类。他们认为性别差异存在量的不同。女性阴柔,男性阳刚,男性化的女性或者女性化的男性则热情。另外,那个时代的医师相信,人类对性别的区分并不停止于第三类。父母可以生出男性程度不同的儿子,也可以生出具有不等量女性特质的女儿。

在前现代时期,间性现象的生物研究有几种不同观点争议不休。例如,亚里士多德(Aristotle)把雌雄同体归类为一种孪生现象。他相信母体在受精时如果所贡献的卵子中物质充分,就可以生成两个完整的胚胎,这样就会发生完全的孪生。间性人的产生,是由于母体贡献的物质量多过生成一个胚胎,又不足以生成两个。他认为,多余的物质转化成了额外的生殖器。然而亚里士多德(Aristotle)并不相信生殖器决定婴儿的性别。其实心脏的热度才是男性或者女性的决定因素。他认为雌雄同体者虽然生理结构令人不解,但他们其实属于两种可能性别中的一种。到了公元1世纪,极具影响力的盖伦(Galen)提出异议,认为雌雄同体属于一种中间性别。他相信性的形成源自卵子和精子结合过程中女性素和男性素的对抗以及子宫左右两侧的相互作用。在子宫内胎儿的几种可能位置上面列出精子和卵子主导性的不同程度,这样就生成了含有三个到七个格位的表格。根据胚胎归于表格的哪个格位,就可判断它是完全男性、中间性别、完全女性的哪一类。所以,盖伦派的思想家们相信男性和女性之间没有固定的生物区分标准。

中世纪的医师继续坚持性别连续体的传统理论,虽然他们越来越倾向于更严格的性别种类区分。中世纪的医学文本支持传统的观念,认为子宫右侧的相对热度会产生男性,在子宫左侧发育的低温胚胎会成为女性,而在靠近子宫中部发育的胚胎则会成为男性化的女性或者女性化的男性。热度连续体的概念与子宫可分为七个独立腔室的观点并存。右侧的三个腔室会培育出男孩,左侧的三个腔室会生成女孩，而中间的那一个就会产生雌雄同体。①

然而，用科学理论来阐释雌雄同体的意愿并没有为社会所接纳。历史上，双性人头上总是顶着叛逆、破坏甚至欺骗的帽子。希尔德加德（Hildergard），德国著名的女修道院长和秘教幻视家，谴责对男女性别身份的任何混淆。正如历史学家琼·卡登（Joan Cadden）所说，希尔德加德（Hildergard）选择将她的谴责控制在“主张女性不应该做弥撒和对性倒错的警告之间”，并认为“两性中任何一方性别角色的混乱都会带来社会结构以及宗教秩序的混乱”。如此严厉的反对在她那个时代是不同寻常的。尽管对双性人社会角色的不确定非常普遍，对他们的否定态度还是相对比较温和的。中世纪的医学和科学文本反对负面的人格特质——女性化男双性人的好色和男性化女双性人的不诚实，但是直接的谴责似乎并不多见。

那个时代的生物学家和医师不像今天的同行那样拥有社会声望和权威，他们不是唯一对双性体进行定义和规范的群体。在文艺复兴时期的欧洲，科学和医学文本对于双性人的产生经常提出互相矛盾的理论。这些理论无法将性别固定为人身体内部某种真实、稳定的因素。相反，这些医师的理论在跟医学、教会、法律行业和政治家的宣讲唱反调。更复杂的是，欧洲的不同国家对双性人的来历、危险性、人权以及职责有着不同的观念。

例如，1601年，法国的玛丽/马林·勒·马西斯（Marie/Marin le Marcis）事件曾引起很大的争议。“玛丽”（Marie）自出生以来一直作为女性生活着，直到二十一岁那年，她决定开始穿男人的衣服，并且跟同居女友注册结婚。“玛丽”（Marie）被逮捕，经过一番严厉的审判——先是被判绑在柱子上烧死，后来“减”刑为绞死——其最终被释放，条件是二十五岁之前必须穿女人的衣服。依照法国的法律，玛丽/马林（Marie/Marin）犯了两种罪行：鸡奸罪和易装罪。

相反，英国的法律并没有特别禁止性别易装，但是对有人穿上他们并不属于某个社会阶层的服装还是持有异议的。1746年英国有个案子：一个女性由女名更改为男名后跟一个女人结了婚，司法部门确信她的行为有错，可是他们又无法确切说出她错在何处。最终他们判了她游荡罪，认为她虽然胆大过人，但仍然只是

① 此观点的一种变体认为子宫有五个腔室，同样，中间的腔室导致了雌雄同体。

个普通的骗子。

文艺复兴时期，对于双性人的处理没有一个集中的场所。有时候医师或者政府会加以干预，有时候教会又会出头。例如，1601年，也就是玛丽/马林(Marie/Marin)被捕的那一年，意大利的彼得拉有个年轻士兵生下一个健康的女婴，这震惊了整个军团。惊恐的妻子找来了他的上尉，在长官面前他承认自己其实半男半女。他从小被当成男孩受洗，在部队已经服役七年，而且还是铁匠学徒。他/她说女婴的父亲是个西班牙士兵。上尉不知如何处理此事，便求助于教会。教会决定先给孩子施洗，他们给孩子起名叫伊丽莎白(Elizabeth)。孩子断奶之后——年轻士兵用他/她的女性乳房给孩子哺乳——好几个镇争先恐后要领养她。教会宣布孩子的诞生是个奇迹，但准许这位士兵的妻子与其离婚，这意味着教会认为他/她生育孩子的能力与其丈夫的角色互不相容。

这三个人的故事说明了一个简单的道理：不同国家、不同司法、不同宗教体制对间性现象看法不同。意大利人对于性别界限的模糊相当困惑，法国人刻板地对此加以限制，而英国人虽然对此也不能接受，但是他们更为担心的是这突破了阶级界限。不过，男性和女性的清晰区分在整个欧洲都是法律和政治体制的核心。继承权、司法惩治的形式、选举权、参政权都在一定程度上由性别来决定。那么那些介于两性之间的人呢？司法专家承认双性人的存在，但是要求他们将自己定位于现存的性别体系之中。爱德华·科克(Edward Coke)爵士，现代英国早期的著名法理学家，这样写道：“雌雄同体的人要按其特征更明显的性别身份来买东西。”同样，17世纪上半叶，法国的双性人可以出庭作证，甚至还可以结婚，只要遵照“性格中更为主导的那个性别”所指定的角色就可以。

双性人个体与医学和司法专家一同享有对主导性别的决定权，但是一旦做出了选择，就不允许再做更改。对于违约的惩罚会很严厉，面临危机的是对社会秩序和男性权利的维护。因此，尽管很显然有些人性别跨界，但是社会和司法结构一直靠“两性”体制维持着稳定。[①]

---

① 几位历史学家注意到对同性恋的关注强化了对雌雄同体加以社会规范的意识。事实上，同性恋有时就是雌雄同体现象的一种表现形式。因此间性现象，虽然相对稀有，但曾经(总是)被归入一个医师、宗教和法律权威人士所关注的更大的性别差异范畴。

现代间性人的形成

18世纪末、19世纪初，随着生物学发展为一门系统的学科，它渐渐成为处理模糊性别体(disposition of ambiguous bodies)的权威。19世纪的科学家对自然差异的数据表现有了清楚的概念，但伴随该认知而来的还有权威的判断，认为某些身体不正常并且需要矫正。生物学家伊西多尔·杰弗里·圣—希莱尔(Isidore Georffoy Saint-Hilaire)对重建性别差异的科学概念起了特别关键的作用。他开创了一门新的科学，并将它命名为畸形学，专门研究如何对非正常新生儿进行分类。圣—希莱尔(Saint-Hilaire)和其他思想相似的生物学家着手研究所有解剖意义上的畸形人，他们制定了两个对自然分类的科学手段产生指导意义的重要原则。首先，圣—希莱尔(Saint-Hilaire)认为"大自然是一个完全整体"，也就是说，即使非正常或者被称为"妖魔"的新生儿仍然是自然的一个部分。其次，根据统计概念的最新进展，他声称双性人和其他畸形儿是非正常胚胎发育的结果。他认为要了解他们的根源，就必须了解正常发育。研究非正常异体可以反过来阐明正常过程。圣—希莱尔(Saint-Hilaire)相信解开双性人根源之谜会促进对性别差异发生过程的一般理解。一向披着神秘面纱的双性人转而得到科学的解释，直到今天它都还是一种原则，对性别角色和非双性人行为的生物学基础的科学研究起指导作用。

圣—希莱尔(Saint-Hilaire)的学说不仅对科学界很重要，而且还发挥了新的社会功能。前几百年里，异常的身体被认为不合自然、怪异，而新兴的畸形学为身体异常的新生儿提供了一个符合自然的解释。然而同时，它又将这样的身体重新定义为病态，定义为利用进步的医学知识可以治愈的不健康状况。具有讽刺意义的是，科学理解被作为一种工具，消除的恰恰是它所彰显的奇迹。到了20世纪中期，医学技术“进步”到了这样的程度，可以以“修正大自然的错误”为名让那些曾经引起敬畏、令人惊奇的身体从人们的视线中消失。

双性人的消失很大程度上依赖于标准的科学分类技术。圣一希莱尔(Saint-Hilaire)把人体分成六段，左侧三段，右侧三段。他把这些区域分别命名为深度区，包含卵巢、睾丸或相关构造；中间区，包含子宫和精囊之类的内生殖器官；外部区，包括外生殖器。他断定，如果所有六段都呈男性，那么整个身体也属男性。如果所有六段都呈女性，身体显然也属女性。但是如果在这六段中的任何一段出现了男女的混合，即可认为是双性人。所以，圣一希莱尔(Saint-Hilaire)的体系继续认可了性别多样化的合法性，但是将双性人又进一步分成了不同的类型，为后来的科学家区分“真假”双性人打下了基础。由于“真正”的双性人十分罕见，最终建立的是一个让间性现象几乎匿迹的分类系统。

19世纪30年代后期，一位名叫詹姆斯·扬·辛普森(James Young Simpson)的医师，在圣一希莱尔(Saint-Hilaire)学说的基础上，提出将双性人分为“假的”和“真的”两种。在假双性人身上，他写道：“一种性别的生殖器官和一般性别构造由于不完全或者异常的发育而与另一种性别的生殖器官和一般性别构造相似。”而在真双性人身上，“确实同时存在着更多或者更少的生殖器官”。根据辛普森(Simpson)的观点，生殖器官不仅包括卵巢或睾丸，也包括子宫或者精囊这样的构造。因此，一个真正的双性人可能同时长有睾丸和子宫，或者同时长有卵巢和精囊。

辛普森(Simpson)的理论预言了历史学家艾丽丝·德雷格(Alice Dreger)所命名的“睾丸时代”。赋予睾丸定义功能的，则是德国医师西奥多·阿尔布雷希特·克莱伯斯(Theodor Albrecht Klebs)。和辛普森(Simpson)一样，克莱伯斯(Klebs)也提出了与“真双性人”相对立的“伪双性人”。他认为“真双性人”限于那些身体上同时有卵巢组织和睾丸组织的人。所有其他有着混合构造的人，比如既有阴茎又有卵巢，或既有子宫又有胡须，或既有睾丸又有阴道的人，在克莱伯斯(Klebs)的体系中都不再被看作真正的双性人。然而如果他们不是双性人，他们又是什么人呢？克莱伯斯(Klebs)相信在每一个如此令人困惑的外表下面都潜伏着一个真正男性或者真正女性的身体。他坚持认为生殖腺是生理性别唯一的鉴定标准。长有两个卵巢的身体，哪怕有再多的男性特征，也仍然是女性的。即使一对睾丸没有功能，而且拥有这对睾丸的身体上还长着阴道和乳房，但是这对睾丸让所依附的身体成为男性。此种推断的最终结果，正如德雷格(Dreger)所指出的，就是"'真正'既男又女的人少了许多"。医药科学正在发挥它的魔力：双性人开始消失。

一旦生殖腺成为决定因素(图 2.2)，常识已经不足以辨明一个人的真实性别。科学工具变得至关重要。① 很快，双性人身体的图片从医学杂志上消失了，取而代之的是薄片状、小心着色的生殖腺组织的抽象图片。另外，如艾丽丝·德雷格(Alice Dreger)指出的，19 世纪末外科技术的原始状况，尤其是麻醉和消毒技术的欠缺，意味着医生只能在患者死后或者被阉割的情况下提取生殖腺组织，"人数少、死亡、丧失功能——真正的双性人变成了多么可悲的群体"！混合性别的人几乎消失，不是因为他们日渐稀少，而是因为科学手段通过分类让他们不复存在。

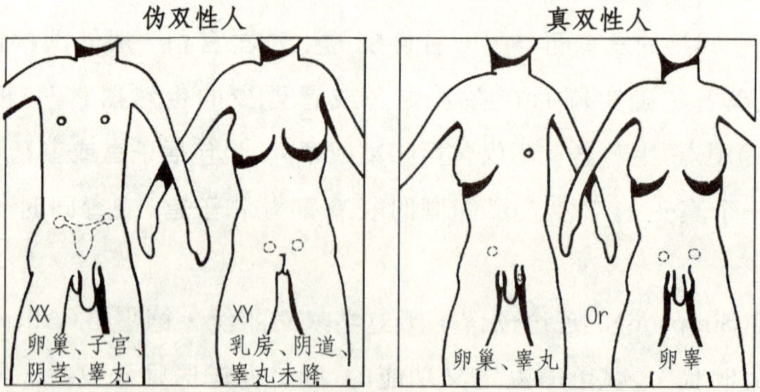

图 2.2(Alyce Santoro)

"伪双性人"长有卵巢或者睾丸以及"相反的"生殖器。"真双性人"长有卵巢和睾丸，或混杂的性腺，被称为卵睾。

① 显微镜并不是新工具，虽然它在 19 世纪得到不断的改进。与此同样重要的是技术发展，这些技术将组织切成细条，并将组织染色以使它们在显微镜下清晰可辨(Nyhart 1995)。

到了世纪交替之际(确切地说是 1896 年),英国医师乔治·F. 布莱克勒(George F. Blackler)和威廉·P. 劳伦斯(William P. Lawrence)写了一篇论文以审视前人对真正双性现象的论断。他们发现以前发表的二十八例个案研究中只有三例与新的标准相符合。他们采用奥威尔主义的方法,清除了过去对双性现象的医学记录,称其不符合现代科学标准,而只有极少数新案例符合显微镜认证男性和女性生殖腺组织同时存在的严格标准。

生理性别与社会性别之争

世纪之交的科学家看不到科学进步的表象背后科学的意识形态作用，就像国际奥委会显然没有看到要求女运动员接受聚合酶链反应性别测试这一做法所包含的意识形态作用一样（见第一章）。19世纪的间性理论——圣—希莱尔（Saint Hilaire）、辛普森（Simpson）、克莱伯斯（Klebs）、布莱克勒（Blackler）和劳伦斯（Lawrence）的分类体系，都符合关于差异的更加宽泛的一组生物学观念。科学家和医学界人士坚持男性和女性的身体、白人和有色人种的身体、犹太人和非犹太人的身体、中产阶级和劳动阶层的身体都存在深刻的差异。在一个声称人人平等、维护个人政治权利的时代，科学家们却认为某些身体比别的身体更好、更配得到权利。

虽然这看起来有些矛盾，但从另一个角度来看它又合情合理。宣称"所有人天生平等"的政治理论不仅仅为殖民地推翻暴君统治、建立独立共和国提供理由，它们还可能破坏基本社会经济体制背后的逻辑，比如婚姻、奴隶制或者将选举权仅限于有财产的白种男人。如此看来，关于生理差异的科学会被用来驳回人们对社会和政治解放的诉求也不足为奇。

比如在19世纪的美国，那些积极参与废除奴隶制运动的女性，很快就开始坚持她们当众发言的权利，到了世纪中期，美国和英国的女性都在要求得到更好的教育机会、经济权利和政治权利。她们的行动遭到专家的强烈抵制。一些医生认为允许女性攻读大学学位会损害她们的健康、导致不孕甚至最终使人类退化。受过教育的女性愤而组织反击，渐渐争取到了接受高等教育和选举的权利。

这样的社会斗争对于间性现象的科学分类有着深远的影响。政治比以往任何时候都需要两种性别，而且是只有两种性别。这超越了如选举权这样的具体法律权利的范畴。一个女人若是参与了某项被认为女性没有能力进行的活动，而她又以为自己是男性，那么该如何处理？假如她表现出色怎么办？认为女性的先天不足导致社会不公的观念又会发生怎样的变化？随着 20 世纪早期争取两性社会平等的斗争日益激烈，医师们对雌雄同体的定义也愈加严格。致力于消除男性和女性之间清晰界限的社会激进人士越多，坚持男性和女性之间绝对分界的医师也越多。

医学监控下的间性人

在19世纪之前，对于间性身份的主要裁决者一直是律师和法官，他们虽然也可能就具体案例咨询医生或牧师，但一般情况下他们都是依据自己对性别差异的理解。到了20世纪初，医生成为中间性别的主要监管者。尽管法律标准——只有两种性别，双性人要遵从其身体中的主导性别——一直得以保持，到了20世纪30年代，医学从业者开发了一个新的角度，即通过外科和激素手段对间性进行抑制。生殖腺时代让位于更加苛刻的转化时代，医学从业者们觉得必须在混合性别的人出生之际就立刻抓住，通过必要手段将其转化成男性或者女性(图2.3)。

然而那些患者，那些遇到麻烦同时又引起麻烦的患者，还是继续把自己直接放置到过于简单化的处理过程之中。即使在生殖腺时代，医学界人士有时也会根据患者身体的整体形态和患者自己的意向来进行性别身份评估。1915年，英国医师威廉·布莱尔·贝尔(William Blair Bell)公开提出，有时身体构造太混杂，光凭生殖腺无法做出判断。新的麻醉和无菌技术使得医生有可能从患者的生殖腺中提取小的组织样品(活组织检查)。贝尔(Bell)遇到过一个有着混合外部特征的病人——有胡须、乳房、阴蒂、粗粗的声音，没有月经期，活组织检查显示生殖腺是卵睾(同时能生成卵子和精子的混合组织)。

面对这样一个活生生的真正双性人，贝尔(Bell)写道："起主导作用的女性特点决定了所采用的性别。"他强调没必要完全依靠生殖腺来决定患者必须选择的性别，但是"拥有一种(单一的)性别是社会秩序所需，正常公民如此，双性人也同样如此"。但是贝尔(Bell)并没有摈弃真假双性的概念。事实上，现在大多数从业

图 2.3　对间性现象的处理——一个历史的视角(Diane DiMassa)

医师都理所当然地接受这一区分。但是面对实际身体和人格之间不一致的复杂性，贝尔(Bell)提倡灵活对待各个病例，间性患者的身体和行为所呈现的诸多不同表象都要予以考虑。

然而，这又将一个老问题带到了医生们的面前：哪些表象算数？以 1924 年“美国泌尿学之父”休·汉普顿·扬(Hugh Hampton Young)所报告的病例为例。扬(Young)为一个长着畸形阴茎、隐睾，腹股沟还有疼痛肿块的年轻人做手术，结果他发现肿块是一个与发育不全的子宫和输卵管相连的卵巢。扬(Young)对这一问题做了如下思考：

> 一个外表正常、具有男性冲动（爱运动、异性恋）的年轻人被发现左腹股沟那里长了一个……功能正常的卵巢。那么长在右侧的阴囊又是什么性质呢？如果这些也无疑是女性的，它们应不应该被允许留在外面的阴囊里呢？如果是男性的，那么患者应不应该被允许带着左侧腹部中功能正常的卵巢和输卵管继续生活呢？如果要选择去除一边的器官，应该选择哪边呢？

他发现年轻人长着睾丸，于是扬（Young）清除了卵巢。随着经验的增长，扬（Young）越来越多地根据患者的心理状况和社会处境来形成判断，把对身体复杂性的了解更多地视为对身体可能维度的启示，而不是对性别的必然指示。

1937年，时为约翰·霍普金斯大学泌尿学教授的扬（Young）出版了《生殖器异常、双性现象和相关肾上腺疾病》（*Genital Abnormalities, Hermaphroditism and Related Adrenal Diseases*）一书，这本书因其渊博的学识、科学的洞察力和开放的观念而著名。在这本书中，扬（Young）将间性的分类进一步系统化，收集并仔细整理了丰富的病例，以呈现和研究对这些"出生事故"的处理。他没有评判所描述的对象，其中几位以"力行双性人"（practicing hermaphrodite）的状态生活着，也就是说，他们同时有着男性和女性的性经验。[①] 他也没有尝试对他们进行强制治疗。

扬（Young）有一个病例是关于双性人埃玛（Emma）的。埃玛（Emma）作为女孩长大，他/她同时长有一个大大的阴蒂和阴道，跟男人和女人都可以进行"正常的"异性性交。十几岁的时候他/她跟数位心仪的女孩发生了关系，十九岁时他/她跟一个男人结了婚，但跟他几乎体验不到性满足。在这次和以后的婚姻中，埃玛（Emma）都另有女友，常常跟她们发生愉快的性关系。据扬（Young）描述，他/她看起来"非常满足，甚至很快活"。在跟埃玛（Emma）的对话中，扬（Young）博士

---

① "力行双性人"跟双性恋不同。双性恋是完全男性或者完全女性，但是不完全是异性恋。一个力行双性者，用扬（Young）的说法，指的是一个人既能用男性器官跟女性进行性交，又能用女性器官跟男性进行性交。

发现埃玛(Emma)偶尔流露出想做男人的愿望。他向其明示这个问题解决起来很简单,然而他/她的回答是:“你必须得把我的阴道去除吗?我也不知道该怎么办,因为那是我的饭票。如果你把它去掉,我就得离开我的丈夫,就得自己去工作。所以我觉得还是留着它、保持原样的好。我丈夫给我提供了优裕的生活,虽然我和他在一起没有多少性快感,但是我和我的女朋友在一起的确有很多快感。”扬(Young)没有做进一步评论或者表示出失望,而是接着举了另一位力行双性人的有趣案例。

扬(Young)的案例总结没有提及经济上的动机,只说埃玛(Emma)拒绝性别矫正是因为他/她“害怕必做的手术”,但是埃玛(Emma)不是唯一在选择性别时考虑经济和社会因素的人。通常情况下这意味着年轻的双性人如果有选择的机会,会选择变成男性。比如玛格丽特(Margaret),生于1915年,十四岁以前一直被当成女孩养大。当她的声音变成低沉的男声,畸形的阴茎开始发育并呈现出成人的功能时,玛格丽特(Margaret)要求被允许作为男性生活。在心理医师(后来对该案例发表过报告)的帮助下,他更换了住址,放弃了“绿色缎子上衣配喇叭裙,镶着莱茵石的红色丝绒帽,弓形鞋面的拖鞋,发梢垂落遮住脸颊的波波头”这种“超级女性”的打扮,变成了一个打棒球、踢足球的短发少年,被新同学称作大詹姆斯(James)。詹姆斯(James)对当男人的好处有独到之见。他告诉同父异母的妹妹:“当男人容易多了。你挣钱更多,而且不是非得结婚。如果你是女人而不结婚,人们就会笑话你。”

扬(Young)博士替患者着想的明智观念使人们对间性这一问题有了新的认识,然而他所做的事依旧是让间性身体重新遁形,并对之严厉刻板地加以处置的过程中的一部分。扬(Young)的书除了有认真收集的病案研究,它还是一本内容广泛的专著,对治疗那些寻求帮助的间性人的最现代的方法——包括外科手术和激素治疗——进行了研究。虽然对患者及患者父母的评判和控制减少了,然而他也没能为下一代医师的实践提供可依据的科学和技术基石。

正如19世纪所呈现的,对性别复杂性生物根源的更多了解为消除它们的迹象提供了便利。随着对间性现象生理基础的深入了解以及外科技术自1950年以来的日益改进，医师们得以在大多数间性人出生的第一时间把他们抓住。[①] 为他们矫正性别确实是出于很人道的目的：希望这些个体能够作为健康人在生理和心理两个层面上融入社会、正常生活。然而在这个愿望的背后潜藏着这些未经审视的臆断：第一，只应该存在两种性别；第二，只有异性恋才属正常；第三，心理健康的男人和女人是由他们特定的性别角色来决定的。这些臆断继续成为对间性新生儿的现代“医学矫正”的逻辑基础。

---

① 最新医学文献在推测子宫基因疗法的未来使用。从理论上看，这样的治疗可以防止许多以更普遍形式出现的雌雄间性形式。

3 关于性别和生殖器:对现代间性人的使用和滥用

面对间性新生儿

医　生

一个孩子出生在美国或西欧大城市的一家大医院里。主诊医师意识到新生儿的生殖器显示可能是男性，也可能是女性(either/or)，可能既不是男性，又不是女性，也可能既是男性，又是女性(neither/both)，便向儿科内分泌医生(儿童激素专家)以及外科医生咨询。他们宣布出现了一个医疗突发事件。① 根据时下的治疗规范，不能把时间浪费在安静的思考或与父母无限制的协商上。新生儿的家长没有时间去咨询那些以前曾生育过混合性别婴儿的父母，或者与成年间性人进行交谈。在二十四小时之内，孩子必须"作为男孩或女孩"离开医院，父母的决定必须态度明确。

为何要如此匆忙地做决断？在仅仅二十四小时之内我们怎么能肯定我们为新生儿做出了正确的性别选择？② 一旦做出这种决定，将如何实施？又将如何影

---

① 在美国医学院为外科实习生所制作的教学录影带的开场白中，外科医生理查德·S. 赫维茨(Richard S. Hurwitz)如是说："发现新生儿外生殖器性别不清是一种医疗和社会突发事件。"以下是对间性现象的典型说法：新生儿性别模糊是一种医疗突发事件；虽然现在公认生殖器性别模糊是一种医疗突发事件，十年前却并非如此；性别指定是一种新生儿外科突发事件。一位外科医生称"外生殖器性别模糊的孩子是新生儿外科突发事件"；还有一位外科医生的目标就是要在二十四小时之内做出性别指定，"孩子被送出来时是个男孩或女孩"。林克(Link)和亚当斯(Adams)写道："新生儿的父母可能会遭遇到的更具毁灭性的问题之一就是发现他们的孩子外生殖器性别不清。这真的是一种突发事件，需要由新生儿科专家、内分泌学家、遗传学家和小儿泌尿科医生所组成的团队一起提出方案。"

② 有一个医生认为"生殖器异常是发生在孩子身上的最严重的问题，仅次于死胎，因为它威胁到这个人的性格和生活的整个构造。很显然，与生下一个混合性别的孩子相比，智力迟钝、需要终身照顾的严重身体损伤、危及生命的疾病等都相形见绌"。

响孩子的未来?

从20世纪50年代开始,心理学家、性学专家和其他研究人员在性别差异的起源——尤其是性别身份、性别角色以及性取向等——的理论上一直争论不休。这些争论所牵涉的东西很多。尽管我们关于性别差异的本质的认识反映了我们构造社会制度和政治制度的方式,但它们也对后者产生影响。此外,这些认识也影响并反映了我们对于身体的理解。最能体现这一点的就是针对性别模糊的身体的结构(和重构)问题的争论。

令人奇怪的是,间性婴儿出生后立即进行"修理"这一当代举措产生于一些极为灵活的性别理论。在20世纪40年代,在对八十四例混合性别新生儿进行研究后,艾伯特·埃利斯(Albert Ellis)得出结论,认为"虽然人类性冲动的强弱或许很大程度上取决于生理因素……但是性冲动的方向似乎并不直接取决于构造因素"。换言之,在男性气质、女性气质以及同性恋或异性恋倾向形成的过程中,后天因素比先天因素重要得多。十年之后,约翰·霍普金斯大学心理学家约翰·莫尼(John Money)与他的同事、精神病学家约翰·汉普森(John Hampson)和琼·汉普森(Joan Hampson)开始对间性人进行研究,莫尼(Money)意识到间性人将"会为身体形态和生理、养育方式及心理性取向比较研究提供宝贵的材料"。在赞同埃利斯(Ellis)早年评估的情况下,莫尼(Money)和他的同事以他们自己的研究做出了一个极端的论断,完全否定了自然倾向的观念,这在当今是极不寻常的。他们得出结论,认为性腺、激素和染色体并不能自动地决定孩子的性别角色,"从所有关于雌雄同体的证据所得出的结论是,性别行为以及作为男性或女性的性别取向并没有一个内在的、本能的基础"。

那么他们是不是就此得出结论,认为男性和女性的分类没有任何生物学依据或必要性了呢?绝对不是。这些科学家通过研究雌雄同体证明自然属性几乎不起作用。但对于只有两种性别这一根本性假设,他们从未质疑过,因为他们研究间性人的目的是为了对"正常"的发育有更多的了解。[①] 在莫尼(Money)看来,雌

① 最近,在莫尼(Money)一本书的前言中,医学博士路易斯·古仁(Louis Gooren)写道:"性的正常是人的基本需求。男性和女性创造男性的他们。"

雄间性是由一些根本的异常过程所导致的。他们的病人需要医学治疗，因为他们原应成为男性或女性。治疗的目的是给间性幼童认定一个适当的性别，然后尽一切可能来确保孩子和他/她的父母接受、确信这一性别认定，从而确保恰当的性心理发育。①

到了1969年，当克里斯托弗·杜赫斯特(Christopher Dewhurst)(伦敦夏洛特女王妇产医院和切尔西女子医院妇产科教授)和罗纳德·R. 戈登(Ronald R. Gordon，谢菲尔德大学儿科顾问、儿童健康学讲师)撰写专著《间性紊乱》(*The Intersexual Disorders*)的时候，对于间性的医疗手段和外科手术方法几乎达到了一种前所未有的统一状态。如此一致的医学观点发生在一个见证了贝蒂·弗里丹(Betty Friedan)的"女性的奥秘"的年代里一点都不令人惊讶。"女性的奥秘"指的是"二战"后按照严格的性别角色分工所建构起来的理想的城郊家庭模式。人们并未能够完全遵从这一理想模式，这一点从杜赫斯特(Dewhurst)和戈登(Gorden)著作那几近歇斯底里的语气中可见一斑，他们的语气与扬(Young)奠基之作的平静和理性形成了鲜明的对比。

杜赫斯特(Dewhurst)和戈登(Gorden)著作的开篇描写了一个间性新生儿，并配了一张婴儿生殖器官的特写照片。他们用的是悲剧式的修辞："我们只能试着去想象孩子父母的痛苦。一个新生儿居然畸形……对孩子的性别这么根本性的问题有影响……这真是一个不幸的事情，立即让人眼前浮现出一个无望的心理另类，注定将作为一个性怪物，永远生活在寂寞和沮丧、绝望之中。"

他们警告说如果处理不当的话，成为一个怪物就真的会成为这孩子的命运，"但幸运的是，只要处理正确，前景比在情感上因为此事深受打击的可怜的家长或者其他缺乏专门知识的人所能想象的要好得多"。对这孩子来说幸运的是，一生下来我们就被请来仔细检查了其可爱的小生殖器(图3.1)，"当地儿科医生迅速而

① 凯斯勒(Kessler)注意到莫尼(Money)的研究中有以下假设未经审视：(1) 生殖器生来具有二相性，生殖器分类不是社会建构的；(2) 不是属于两者之一的生殖器官可以而且必须通过手术进行改变；(3) 性别一定是二分的，因为生殖器生来具有二相性；(4) 具有二相性的生殖器是性别二分法的基本标记；(5) 医生和心理学家具有法定的权威来界定性别和生殖器之间的关系。在这本很详细又容易看懂的书中，凯斯勒对这些未经确认的假设逐一进行了系统的剖析。

有效地去应对这个问题”。读者从书中了解到，最终父母被明确地告知，尽管外表看起来不像，但孩子“真的”是个女孩，因为胎儿时期雄性激素异常高，因此其外生殖器被男性化了。他们被告知，她（在接受打开阴道通道、缩短阴蒂的手术后）可以有正常的性关系，甚至可以生育孩子。

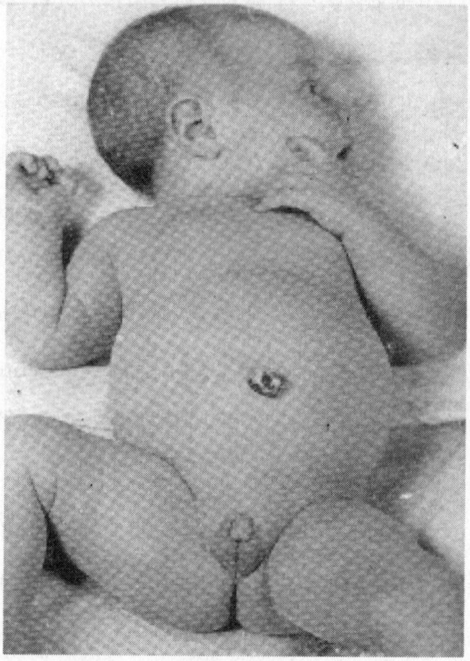

图 3.1　一个出生六天、基因为 XX、有着男性外生殖器的孩子（Lawson Wilkins）

杜赫斯特（Dewhurst）和戈登（Gorden）将这一美好结局与因治疗不当或出于医学上的无知而未采取措施所导致的结果进行了对比。他们描述了一个五十岁的间性人，其一直以一个女性的身份生活着。书中同样向读者展示了病人生殖器的近距离特写，[①]照片展示了一个很大、长得很像阴茎的阴蒂，没有阴囊，有单独的

① 这似乎已经成了这一类研究的常规做法；读者看到最私密的照片，这些照片如果是出现在《好色客》（*Hustler*）上而不是医学书籍上的话，会被当作色情照片。事实上，在为本书查资料做研究时，我经常发现医学文献中那些原本印着间性人或者他们的生殖器照片的地方都被前面的读者用刀子抠走了，页面上洞口大开。有意思的是，我们总是看到“之前”的照片，旨在说明性别模糊性，但是“之后”的照片，那些让我们认为差异的所有痕迹都被消除的照片就不常出现。因此读者可以判断“自然”的反复无常，但无法判断医生的手艺。图 3.1 是一张罕见的婴儿全身照。

尿道和阴道开口。医生记录道,在青少年时期,他/她对自己的生殖器,对自己没有乳房和月经深感疑虑,但他/她已经适应了“不幸的状况”。然而,到了五十二岁,疑虑又再次回来“折磨”他/她。杜赫斯特(Dewhurst)和戈登(Gorden)诊断他/她是个男性伪雌雄同体,因为不幸被认定为女性,其一直过得很不幸福。他们指出,这一病例说明了“处理不当可能导致的悲剧”。① 而他们写书的目的就是要为读者(极有可能是其他医务人员)提供如何正确处理这类事件的经验。

如今,尽管间性孩子应该立刻予以矫正已是一个普遍的共识,但是这些病例中所采用的医疗手段差别很大。没有国家标准或国际标准规定应该使用何种干预手段。许多医学院传授的是这本书里讨论的具体程序,但外科医生会根据他们自己的想法以及他们在接受培训时所常用的手段来做决定——这些可能与前沿医学期刊上发表的方法一致,也可能不一致。然而,医生对于性别观念、性别角色以及同性恋在正常的发育过程中的(不)恰当的位置等问题都有着自己根深蒂固的观念,无论他们选择了什么治疗方案,在决定如何处理间性现象时,医生都是根据这些观念而采取行动,并使这些观念得以延续。

父　母

当混合性别的孩子出生时,会有人(有时是外科医生,有时是儿科内分泌专家,少数时候是受过培训的性教育顾问)向父母解释这种情况。② 他们说,一个“正常”的男孩出生时会有阴茎(定义为一个中心有着纵贯其中的尿道,并在顶端有开口的交接器原基 phallus)。另外,这个男孩有一条 X 染色体和一条 Y 染色体(XY)、两个下降到阴囊中的睾丸、各种能在性成熟男性体内将精子以及精液中的其他成分输送到外面世界的管道(图 3.2 B)。

通常情况下,孩子有阴蒂(即没有尿道的交接器原基),阴蒂和阴茎一样有着充足的血供和神经。身体刺激可以使两者都勃起并经历一系列我们称之为性高

① 读者永远不会知道,这个“女子”从其“有限的适应”到新的折磨爆发之间的三十年都做了什么,是否结婚,如何谋生,都不清楚。

② 这种说法所依据的是我对病历、医师培训手册、访谈和期刊文章的阅读。

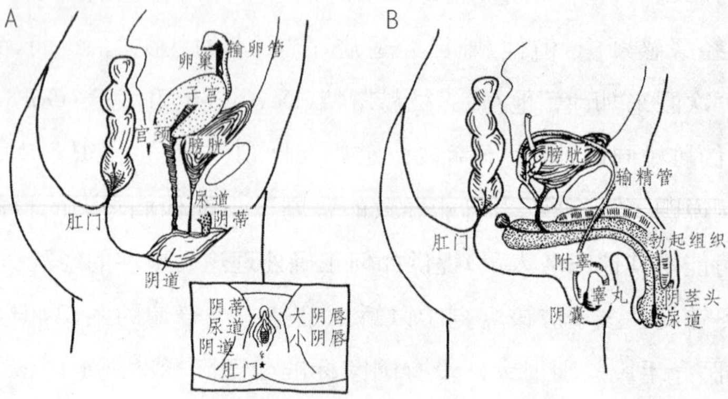

图 3.2(Alyce Santoro)

A:女性生殖解剖;B:男性生殖解剖。

潮的收缩。[①] 一个正常女孩的尿道口靠近阴道——开口处被两片肥厚的阴唇包围的大管道。阴道内壁连接到宫颈,而宫颈口又连接到子宫里面。附着于子宫的是输卵管,在青春期过后,输卵管将卵子从附近那对卵巢输送到子宫以及更远的地方(图 3.2 A)。如果这个孩子除了这些之外还有两条 X 染色体(XX),我们就说她是女性。

医生们还会向家长解释男性和女性胚胎始于一个共同的起点,沿着不同的进程发育(图 3.3)。胚胎性腺在发育早期会做出选择,是遵循男性还是女性发育进程,而在之后的发育中,交接器原基最终会成为阴茎或阴蒂。同样,胚胎的泌尿生殖道隆起部分要么一直敞开,成为阴唇;要么闭合,成为阴囊。最后,所有胚胎都有着会成为子宫和输卵管的组织,以及有可能会成为附睾和输精管的组织(附睾和输精管都是参与将精子从睾丸输送到体外的过程的管状结构)。当性别被选定后,适合的组织会发育,而其他的组织则会退化。

到目前为止一切正常。医生只是讲述了一些胚胎学基础知识。接下来棘手的部分就来了:跟这个没有遵循典型路径的孩子的父母说些什么呢?一般来说,

---

① 当然,性高潮是一种全身的体验,不限于阴茎或阴蒂,但大多数现代性学家同意交接器原基是这种愉悦的生理反应的起始点。

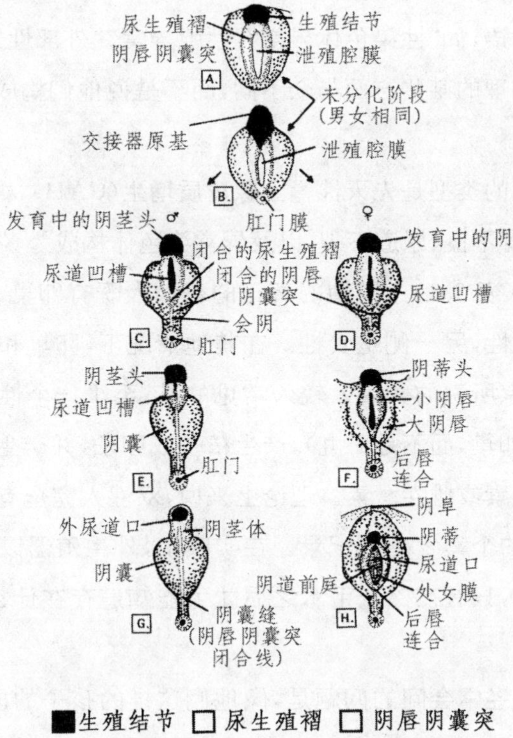

图 3.3(Alyce Santoro)

医生会告诉父母这个婴儿有着“生殖器未发育完全的先天性缺陷”，他们可能需要过些时候才能知道孩子是男孩还是女孩。[①] 他们向父母保证，医生可以，也一定会识别掩藏在表面混乱之下的“真实”性别。一旦他们识别“真实”性别，他们的激素和外科手术治疗就可以完成大自然的意图了。

现代医疗从业人员仍在使用“真正的双性人”以及“男性伪双性人”或“女性伪双性人”这些19世纪的分类。[②] 由于大多数间性人都可以归入假双性人这一类别，医生认为间性孩子是个“真正的”男孩或者女孩。莫尼(Money)以及接受同样

---

① 在贝克(Baker)看来，医生—父母交流的前三分钟很关键。

② 我认为应该取消真双性和假双性之间的区别，而用通用的“间性”一词来替代。有一部医学文本的作者在回顾性发育紊乱时采用了四种主要类别：性腺分化紊乱、女性假双性、男性假双性以及未经归类的性发育异常形式。他们将“真双性”这个词降为一个子类别，放在“性腺分化紊乱”这个类别之下。

方法训练的其他人明确禁止在与父母的对话中使用“双性人”这一字眼。医生会使用更具体的医学术语，如“性染色体异常”“性腺异常”“外部性器官异常”等来表明间性儿童只是在生理的某些方面与众不同，而不是说他们构成了男性和女性之外的另一个类别。

雌雄间性最常见的类型是先天性肾上腺皮质增生(CAH)、雄性激素不敏感综合征(AIS)、性腺发育不良、尿道下裂，以及异常染色体构成为 XXY(克氏综合征)或 XO(特纳综合征)(表 3.1)。所谓的真正的双性人既有卵巢，又有睾丸。有时候某个个体一侧是男性，另一侧是女性。在其他情况下，卵巢和睾丸长在同一个器官里，形成生物学家所说的卵睾。较为常见的是，至少一个性腺可以正常起作用(在多数情况下是卵巢，而不是睾丸)，产生精子或卵子，并产生起功效水平的所谓性激素——雄性激素或雌性激素。理论上来说，双性人完全有可能生育自己的孩子，但是没有这样的个案发生的记录。在实践中，外生殖器以及其伴生的生殖器管道如此混杂难辨，只有在探查手术之后才可能知道存在什么器官，哪个器官和哪个器官相连。①

间性孩子的父母经常会问的问题是，像他们这样的孩子的出生率是多少，是

① 这三种类型的间性中的每一种都可以进一步细分。医学研究者保罗·吉内特(Paul Guinet)和雅克·德库特(Jacques Decourt)将九十八例详细描述真双性畸形的案例分为四种主要类型。第一组成员(案例中的 16%)表现出“高度女性分化”。这些人有单独的阴道和尿道开口，有着由大小阴唇构成的阴户。在青春期，其乳房发育，通常来月经。其超大的、性敏感的阴蒂在青春期有时会有长成阴茎的危险，通常会促使这一组的成员寻求医疗关注。事实上，即使在整个 20 世纪 60 年代，一些被当作女孩抚养的间性人也会受到医学关注，因为这些人经常手淫，而这对女性来说是一种不体面的行为。第二组成员也有乳房、月经以及女性的身体类型。但其阴唇闭合，成为一个不完全阴囊。其交接器原基长 3 厘米～7 厘米，但是其通过位于阴道内或阴道周围的尿道排尿。在大多数情况下，真正的雌雄同体(55%)出现在更有男性特点的体格中。交接器原基看上去更像是阴茎，而不是阴蒂，而尿道纵穿交接器原基或位于其附近。经血定期在排尿时排出(这种现象被称为血尿)。(没有阴唇的)阴道的开口位于外表看上去正常的阴囊上方，阴道往往太浅，无法进行异性性交。尽管相比较而言生殖器看上去更像男性，但是在青春期乳房会发育，这和最后一组(13%)情况相似。最后一组成员的交接器原基和阴囊都完全正常，只有一个退化残留的阴道。从内部结构上来看，几乎所有的真雌雄同体者都有子宫以及至少一个与输精管构成不同组合的输卵管。关于染色体构成的数据并不完全可靠，但似乎在大多数情况下，真正的雌雄同体者有着两条 X 染色体。在极少见的情况下是 XY，偶尔会包含 XX 和 XY 组织的混合(或其他更为奇特的 X 染色体和 Y 染色体的组合方式)。这些数据之所以不可靠，是因为用有限的组织采样方式几乎不可能排除可能存在的基因混合，亦即嵌合体。在这一领域的最新研究采用分子生物学手段，这种手段可以证明是否存在某种特定的、因为太小而在显微镜下看不到的基因。然而，即使是这种手段也仍然有着组织采样的问题。

否有其他类似孩子的父母可以让他们去与之探讨商议。医生通常将间性孩子的出生看作一种紧急状况,因此他们自己都不知道有哪些可用资源。同时由于医学研究的缺乏,他们往往只是告诉父母这样的状况极为罕见,因而没有经历过类似情况的人可以让他们去咨询。这两个答案都与事实相去甚远。我将在下一章中回到为间性人以及他们的父母提供互助小组这一问题上。在这里我先讨论频率的问题。

表 3.1　一些常见的间性类型

名　称	起　因	基本临床特征
CAH	六种制造类固醇激素的酶中有一种或多种出现遗传性障碍	可能引起 XX 儿童在出生时或出生后出现外阴部轻度或严重男性化。若不治疗,可能在青春期或青春期早期出现男性化特征。有些情况会严重干扰盐的代谢,若不用可的松治疗会有生命危险
AIS	细胞表面睾酮受体产生遗传性变化	XY 儿童出生时外阴部女性化。身体“无视”睾酮的存在,因为细胞无法捕捉睾酮,并利用睾酮让身体向男性方向发育。在青春期这些儿童乳房发育,形成女性体形
性腺发育不全	起因很多,并非都是遗传性起因。是个包罗万象的类别	指那些性腺没有正常发育的个体(主要是 XY)。临床特征多种多样
尿道下裂	起因很多,包括睾酮代谢的改变	尿道没有通到阴茎的顶端。在症状较轻的情况下,尿道口离阴茎顶部只差一点。在中度情况下,尿道口开在阴茎上的某处。在严重情况下,尿道口开在阴茎的根部
特纳综合征	女性缺少第二条 X 染色体(XO)[a]	一种女性性腺发育不全的形式。卵巢不发育,身材矮小,没有第二性征,治疗包括雌性激素和生长激素刺激
克氏综合征	男性多一条 X 染色体(XXX)[b]	一种会导致不育的性腺发育不全。青春期后常会出现胸部增大。治疗包括睾酮治疗

a. 这一情况当然更为复杂。

b. 有很多染色体变异情况被归为克氏综合征(Conte and Grumbach 1989)。

间性婴儿的出生率是多少?我和一组布朗大学本科生一起搜索了关于不同类别间性人出生率估测的医学文献。对于有些类别(通常是那些最少见的类别),我们只找到了传闻轶事类的记录。但对于大多数类别来说,是有数据存在的。我们所得到的数字——占所有出生婴儿的 1.7%(表 3.2)——应被视为一个数量级的估计,而非精确的计数。

表 3.2 各种间性性别发育起因的发生频率

起因	估计频率/100 个存活婴儿
非 XX 或非 XY（不包括特纳综合征和克氏综合征）	0.063 9
特纳综合征	0.036 9
克氏综合征	0.092 2
AIS	0.007 6
局部 AIS	0.000 76
典型性 CAH(高发人群未统计在内）	0.007 79
迟发性 CAH	1.5
阴道发育不全	0.016 9
真正的双性人	0.001 2
突发性	0.000 9
总计	1.728

即使我们高估了两倍，这仍然意味着每年有大量的间性儿童出生。比如说，如果出生率为 1.7%，一个 30 万人口的城市会有 5100 个有着不同程度的间性发育的人。把间性与白化病——另外一种相对少见，但大多数读者都可能听说过的人类性状——进行比较，白化病的出生率远低于间性婴儿的出生率。①

1.7%这个数字是很多不同人群的平均数，这个数字并非全球通用。有很多间性种类是由基因状态的改变而引起的，而在某些人群中，与间性相关的基因十分常见。让我们以引起 CAH 的基因为例。当它以两倍量存在时(即当个体是该基因的同型接合体时)，会导致 XX 女性出生时外生殖器男性化(尽管其体内生殖器官仍是具有生育能力的女性器官)(表 3.1)。CAH 基因的出现频率在世界各地差别很大。一项研究发现每 1000 个优皮克爱斯基摩人中有 3.5 人生来具有双倍量的 CAH 基因。相比之下，每1000个新西兰人中只有 0.005 人表现这一特质。另

① 和所有遗传性状一样，不同人群有着不同的基因发生率。因此我关于白化病的叙述对于美国来说是对的，但并不一定适用于世界上某些白化病基因更为普遍的地方。对于“需要”手术的间性新生儿的估计接近于在白种人中囊性纤维化的发生率——2500 个患者中会有 1 个。

有一种相关的基因变化不会影响生殖器，但会导致儿童过早生长阴毛，并导致其他一些症状，如毛发生长异常、年轻女子出现男性型秃发。这一相关基因变化发生的频率在世界各地也大为不同。这些变化的基因会在3‰的意大利人身上出现症状。而在阿什肯纳兹犹太人中，这个数值则提高到37‰。

此外，间性婴儿的出生率很可能处于上升趋势。现在已有一例医学报道记录了一个通过体外受精的母亲生下了一个同时具有卵巢和睾丸的孩子。看来在三个胚胎植入她的子宫后，其中两个胚胎（一个XX和一个XY）合二为一了。一个XX胚胎和一个XY胚胎融合，所形成的胎儿除了长有卵巢外，是一个正常、健康的男孩！[①] 另外也有人担心，一些类似雌性激素的环境污染物的存在已经开始广泛导致一些间性类型（如尿道下裂）发病率的增加。

不过，如果说我们的技术促进了我们性别构成的转变，那么它也同时提供了否定这些转变的工具。直到最近，间性这一幽灵一直在促使我们去规约那些性别模糊的身体。我们日益复杂的医疗技术不是迫使我们承认我们关于性别的观点具有社会性，而是通过试图裁定这些身体为男性或女性的方式让我们坚信人们生来只能不是男性就是女性。即使是在间性婴儿出生率极高并可能在不断增加的情况下，这种坚信依旧存在。然而，这一推理中固有的悖论在不断困扰着主流医学界，在关于性别身份的学术辩论和民间激进主义运动中一再浮出水面。

---

① 这种所谓的嵌合体胚胎通常是科学家们在研究诸如小鼠等模型生物的发育情况时制造出来的。在这种情况下，嵌合体当然是个意外。但是鉴于体外受精数量的增加，此类事件必然会再次发生(Strain et al. 1998)。

“修理”间性

产前“修理”

为了生出性别正常的儿童，一些医学科学家已经采用产前治疗手段。生物技术已然改变了人类。比如，为了降低唐氏综合征婴儿的出生频率，人们采用了羊膜穿刺和选择性堕胎；在世界上某些地区，人们甚至通过对女性胎儿进行选择性堕胎而改变了性别比例。而如今对怀孕妇女进行超声波检查和羊水化验不仅可以检测各种发育问题，也可以检测出胎儿的性别。① 大多数类型的雌雄间性无法通过产前干预措施进行转变，但最常见的间性类型之一——CAH——可以。这是一件好事吗？这将会怎样影响我们对于“那些在文化可识度范畴内一劳永逸地对身体进行界定的因素”的理解？

引起 CAH 的基因的特点已经被描述得很清楚了，现在也有了几种检测胚胎中是否存在这类基因的手段。如果一个女人怀疑她可能怀了一个 CAH 胎儿（如果她或者她的家族中有人携带 CAH 基因），她可以接受治疗，然后进行检查。我之所以采用上述顺序，是因为要想防止一个 XX－CAH 孩子生殖器的男性化，必须在受孕四周时就开始用一种叫地塞米松的类固醇进行治疗。但是最早的诊断方法要到受孕第九周时才能实施。② 每八个接受 CAH 治疗的胎儿中只有一个是

① 了解孩子的染色体或外生殖器有时会在出生之前就启动一个性别界定过程。拉普（Rapp）坚持认为我们应该倾听女性的不同声音，而不应该想当然地认为我们始终是新的生殖技术的被动受害者。

② 最早检验标本取自绒毛膜（一种包围着胎儿的保护膜）的组织样本。

有着男性化生殖器的 XX 孩子。如果后来发现胎儿是男性(医生并不担心男性的男性化——显然一个男性是不会过于男性化的)，[1]或者并不带有 CAH 基因，那么治疗就会终止。不过，如果胎儿是 XX 且患有 CAH，母亲和胎儿在整个孕期将继续接受地塞米松治疗。[2]

或许这听起来像个好主意，但数据很少。有一项研究将七个未经治疗的(出生时长着男性化生殖器的)CAH 女孩和她们在产前接受过治疗的姐妹们进行比较。这七个 CAH 女孩中有三个出生时长着完全女性化的生殖器，而另外四个与她们的同胞姐妹相比也只是轻度男性化。另一项以五个 CAH 女孩为对象的研究则宣布生殖器发育明显更为女性化。然而，在医学中一切都是有代价的。诊断性检验[3]有着 1%～2%引起流产的几率，而治疗则会对母亲和孩子都产生副作用：母亲可能会出现液体潴留(retain fluid)，体重剧增，患上高血压和糖尿病，腹部拉伸线部位永久性疤痕增多，面部毛发增生，变得更加情绪化。"对于胎儿'新陈代谢'的效果尚属未知"，但最近的一份研究记录了一些负面影响，如体质羸弱，精神运动发育迟缓。另一研究小组则发现产前地塞米松治疗可能会导致各种行为问题，包括更为羞怯、不善交际以及更加情绪化。

如今许多人仍不主张采用这样的治疗方式，因为"这种实验性疗法的安全性尚未在严格的对照试验中得以确立"。[4] 然而，从另一方面来说，产前诊断会让医生意识到新陈代谢的变化，并在婴儿出生时就开始进行治疗。早期、连续的治疗可以预防可能发生的(会危及孩子生命的)严重盐分流失，可以处理其他与 CAH 相关的问题，例如过早停止生长、过早进入青春期等。这对 XY－CAH 的孩子们来说也有好处，因为即使他们的生殖器没有问题，但仍然会有代谢问题。最后一

① 出乎意料并且原因不明的是，一些患有 CAH 的 XY 儿童生殖器部分女性化(Pang 1994)。

② 关于治疗时机还存在不少不确定性。有一例研究曾记载过一个案例：地塞米松治疗直到胚胎发育第十六周才开始，孩子出生时有着女性生殖器(Quercia et al. 1998)。

③ 这些检验或是绒毛膜取样，或是更为人熟知的羊膜穿刺术。

④ 这些作者还写道："让八个可能患有 CAH 的胎儿中的七个毫无必要地接受一种长期后果尚且未知的实验性治疗，这样的做法是否道德，这一点还没有解决，长期的安全性和结果也尚未确定。因此，这种产前治疗仍然只是一种实验性疗法。"

点就是可以消除或尽量减少 XX-CAH 儿童的生殖器手术。

对于产前治疗,父母们的评价褒贬不一。在一项对一百七十六例怀孕妇女进行的调查研究中,有一百零一例父母在权衡利弊后同意接受产前治疗,而七十五例则拒绝接受治疗。在这七十五例中有十五例怀有 CAH 胎儿(八例 XX 和七例 XY),而在那些未经治疗的 XX 胎儿中,三对父母选择了终止妊娠。在另一项研究中,研究人员调查了三十八位接受了治疗的母亲的态度。虽然每个人都出现了严重的副作用,并对地塞米松对于孩子和她本人可能产生的短期及长期影响表示担心,但每一位母亲都说为了避免生下一个长着男性化生殖器的女孩,即使有重新选择的机会,她们还是会这样做。

产前诊断似乎有着正当的理由,因为患有 CAH 这一慢性疾病的婴儿需要尽早接受激素治疗,而产前诊断可以让医生和父母都做好准备。但是,产前治疗的时机是否已成熟又是另外一回事。说得直白一点,就为了减少一个男性化的女婴,让更多的母婴接受不必要的治疗,并承受伴随而来的副作用,值得吗?如果你认为女孩的男性化需要大量的再造手术,以避免对儿童的心理健康造成损害,答案很可能会是值得。可是,如果你认为很多 CAH 儿童所接受的手术是不必要的,那么,答案很可能是不值得。或许可以用折中的办法。如果我们可以仅在生殖器形成初期使用地塞米松进行治疗来减少其副作用,这可能会减轻诸如阴唇长合等最严重的生殖器问题,但可能无法阻止阴蒂的增大。涉及长合的阴唇以及再造泌尿生殖窦的手术很复杂,并且不能确保成功,但如果患者想要孕育孩子就必须接受这样的手术。在其他所有条件相同的情况下,似乎最好避免这类手术。然而,正如我在本章接下来的部分以及下一章中所认为的,将一个过大的阴蒂缩小完全没必要。

外科手术“修理”

如果产前没有“修理”,生下一个间性婴儿,医生必须决定(用他们自己的话来说)自然的意图。新生婴儿“本来应该”是个男孩还是个女孩?哈佛医学院外科学教授、在胚胎学和外科学领域都颇有建树的研究员帕特里夏·多纳霍(Patricia Donahoe)博士,创建了一个用于快速决定性别模糊新生儿的性别的步骤。她首先确定新生儿是否有两条X染色体(即染色质阳性)，然后查明婴儿是否有位置对称的性腺。她将有着对称性腺、染色质阳性的婴儿归入女性伪雌雄同体类别之中。与此相反，她很可能将有着不对称性腺的XX儿童归为真正的雌雄同体，因为这种不对称性通常都显示出身体一侧是睾丸，而另一侧是卵巢。

只有一条X染色体(即染色质阴性)的儿童也可以分为两类：一类有着对称的性腺，而另一类则有着不对称的性腺。有着对称性腺的染色质阴性婴儿被归为男性假雌雄同体，而性腺不对称的染色质阴性婴儿则被贴上混合性腺发育不全的标签，这是一个涵盖极广的类别，包括那些很可能长着男性生殖腺，但存在某种形式的发育异常的个体。这个指导医生逐步进行诊断的树形图所采用的是从性腺的对称性以及是否存在第二条X染色体所派生出来的不同排列，它使医师能够对间性新生儿进行快速分类。要对个体的具体情况进行更加全面、准确的评估可能需要几周或几个月的时间。

我们对于四个类别中每一个类别(真正的雌雄同体、男性假雌雄同体、女性假雌雄同体以及性腺发育不良)的了解已经足以让我们相当准确(虽然不是完全准确)地预测，随着孩子的成长，生殖器将如何发育，以及孩子在青春期是否会出现男性或女性特征。以此为基础，医疗管理人员采用了以下原则：有着女性基因的患者，无论其男性化程度有多高，都应该作为女性来养育，保留其生育能力。然而，对有着男性基因的婴儿的性别进行指定时依据的是婴儿的身体结构，主要是交接器原基的大小。

对于交接器原基是否足够大，医生坚持两个功能评估标准。男童应该能够站着小便，并且在小男孩撒尿比赛中“觉得正常”；而成年男子则需要一个足够大的阴茎，能够进行性交。交接器原基要多大才能够履行这些核心功能，从而符合“阴茎”的定义呢？一项对新生男婴所进行的研究表明，阴茎的长度从2.9厘米～4.5厘米不等。[①] 多纳霍(Donahoe)和她的合作者对于长2.0厘米的交接器原基表示关注，而如果交接器原基小于1.5厘米长、0.7厘米宽，则会被认定为女性。

---

① 最近出版了关于早产儿阴茎尺寸的标准。这是否意味着我们将开始见到早产儿生殖器手术了呢？重要的是能立刻识别与早产无关的阴茎过小情况，以免延误治疗或者性别的重新认定。

事实上，对于什么可以算是正常的阴茎，医生并不是很确定。比如，"理想的"阴茎的尿道口应该正好开在龟头的顶部。尿道开口偏下往往会被认为是一种异常状态，用医学术语可称之为尿道下裂。然而，在最近的一项研究中，一些泌尿学专家对住院的五百位男性进行了检查。这些男性住院的原因与尿道下裂无关，但如果依照理想的阴茎来评判，只有55%的男子是正常的。[①] 其他人都有着不同程度的轻度尿道下裂，尿道开口靠近但不在阴茎顶部。许多人都不知道一直以来他们排小便的地方不对！这项研究的作者得出以下结论：

> 儿科泌尿学专家应该对所观察到的尿道口位置的"正常分布"有所认识……因为再造整形手术的目的应该是让个体恢复正常。但是，单纯的美容手术则会试着超越正常……许多患尿道下裂症的病人就是这种情况，外科医生在治疗这些病人时所尝试的尿道口开口位置在45%的所谓正常男性身上是看不到的。[②]

男性性别选择中的忧虑与其说是医学性的，不如说是社会性的。尽管有些间性婴儿可能会出现尿路感染问题，如果情况非常严重，可损害肾脏，但一般来说，身体的健康并非问题的关键所在。相反，早期生殖器手术有着一系列心理目标。手术是否可以让间性儿童的父母、护理者和同龄伙伴们确信——并且通过这些人让孩子自己确信——他/她事实上是个男性？大多数间性男子是没有生育能力的，所以显得尤其重要的是阴茎在社会交往中所起的作用——它在其他男孩眼里是否"看上去正常"，是否能在性活动中"表现得让人满意"。将身体界定为男性的不是性器官对其所附着的身体所起的作用，而是它对他人身体所起的作用。[③] 甚

① 我用的这个词借鉴了利奥诺·蒂费尔(Leonore Tiefer)。她曾写过关于某些性功能类型要求的规范化问题，很有说服力。对伟哥需求的激增表明，对于阴茎功能的理想化并不能反映日常生活中的准则。

② 这些作者称他们的研究是第一例关于尿道口正常分布的研究，应该作为是否需要施行尿道下裂手术的依据(Fichtner et al. 1995)。

③ 纽曼(Newman)等人写道，重要的是"要有一个……尺寸够大的阴茎，能够作为男性泌尿管道，与同龄人相比能提供令人满意的外观，能在性活动中起令人满意的作用"。

至我们关于婴儿的阴茎需要多大才能确保其性别为男性的标准也是相当具有任意性。当多纳霍(Donahoe)指出“婴儿出生时交接器原基的大小与青春期它的大小和功能并不存在必然的相互联系”时，或许在无意间，她清楚地说明了性别决策过程的社会性。因此，医生可能会选择移除新生儿的小阴茎，创造出一个女孩子，即使这个小阴茎有可能会在青春期长到“正常”尺寸。[①]

由此可见，决定把一个孩子称为男孩还是女孩，所采用的是性别构成要素的社会定义。正如社会心理学家苏珊·凯斯勒(Susan Kessler)在《间性人的教训》(*Lessons from the Intersexed*)一书中指出，这样的定义主要是文化性的，而非生物性的。让我们看一下把欧美医疗方法介绍到有着不同性别机制的文化之中会产生什么样的问题。一组来自沙特阿拉伯的医生最近报告了几例患有CAH——协助制造类固醇激素的酶出现遗传性障碍——的XX儿童病例。尽管有两条X染色体，可一些CAH儿童出生时外生殖器极为男性化，于是一开始就被认定为男性。在美国和欧洲，这些儿童因为有着在今后的生活中孕育孩子的可能性，而通常被作为女孩养育。接受欧洲惯例培训的沙特医生向患CAH的XX儿童的沙特父母建议这一做法。然而，很多父母拒绝将他们最初被认定为儿子的孩子作为女儿来养育。他们也不想让他们的孩子接受女性化手术。医生在报告中写道：“拒绝将孩子作为女性来养育是出于社会原因……从根本上来说这体现了当地人们……更偏爱男性后代的态度。”[②]

如果说将间性儿童认定为男孩的做法与关于男性特质以及“恰当的阴茎功能”的文化构想紧密相关，那么将这样的儿童认定为女孩这一过程则与性别的社会定义有着更为错综复杂的联系。CAH是导致XX儿童成为间性儿童的最常见的原因之一。CAH儿童有可能在成年后成为具有生育能力的女性。医生往往遵循多纳霍(Donahoe)的规则，保留婴儿的生育功能，尽管据凯斯勒(Kessler)记载，曾有过一位医生选择将一个从基因上来看是女性、可能具有生育能力的婴儿重新

---

① 对尺寸的痴迷并不具有普遍性。希腊人就认为小一点的阴茎更有男人味、更性感。

② 关于这个例子一位评论家曾写道：“我们必须认识到，对于养育性别，尤其是对诊断较晚的CAH患者所采用的女性化生殖器整形术的态度，在中东地区和在欧洲是极为不同的。”

认定为男性，从而没有移除其发育良好的阴茎的案例。不过，大体来说，尺寸原则在男性性别认定中占主导地位，其原因之一纯粹是出于技术考虑。外科医生并不擅长制造他们要求男人具备的又大又壮的阴茎。医学文献表明，如果说制造一个男孩很难，那么制造一个女孩却很容易。制造一个女性，医生不需要创建什么，只要减去多余的男性特质。正如一位这一领域的知名外科医生曾打趣的："你可以挖个洞，但你不能造一根杆子。"

间性者权利运动的成员设计了一个"生殖器尺"(phall-o-meter)(图 3.4)，一把展现男女新生儿交接器原基尺寸允许范围的小标尺，作为教学工具，对改变婴儿生殖器手术的医疗实践进行抗争。

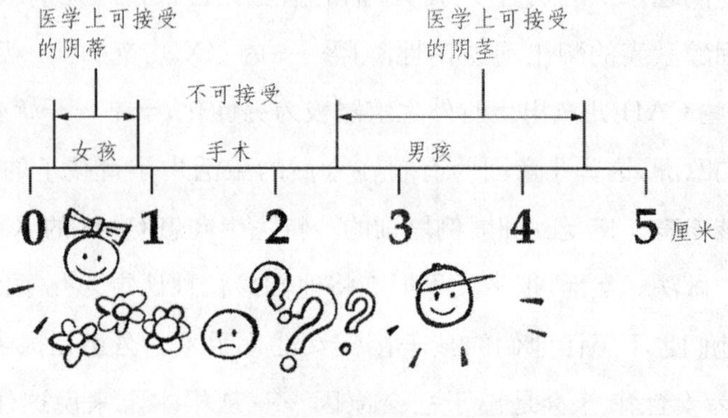

图 3.4　生殖器尺(Alyce Santoro)
尺上的数字指的是厘米(并非按比例)。

它为性别认定决策过程背后的逻辑提供了形象的概括。如果阴蒂"太大"，对女孩不合适，医生会想要缩小它的尺寸。但与阴茎的情况不同的是，医生在决定新生婴儿的性别时很少采用精确的阴蒂尺寸。然而，这类测量确实是存在的。自1980 年起我们就已经知道新生女婴的平均阴蒂尺寸是 0.345 厘米。更多近期研究表明，女婴出生时阴蒂的长度范围在 0.2 厘米～0.85 厘米之间。一位性别重塑手术领域中知名的外科医生在 1994 年接受采访时似乎并不知道有这类信息的存在。此外，他认为尺寸无关紧要，认为对女性来说关键是"整体外观"，而非尺寸。因此，尽管公开发布的医疗信息表明了初生女婴阴蒂的大小范围，但医生很可能只凭借他们的个人印象来判断一个婴儿的阴蒂对于女孩来说"太大"，必须缩小其尺寸，甚至在孩子并不符合任何间性定义的情况下也是如此。[①] 就这样，医生对于女性生殖器的适当尺寸和外观的看法有时会导致不必要的、对性有着破坏性的生殖器手术。

例如，让我们来看一下那些生殖器介于阴茎/阴蒂之间的婴儿：长度大于 0.85 厘米，但小于 2 厘米(图 3.4)。对从 1950 年至今的阴蒂手术临床文献进行的系统回顾表明，尽管这些年来医生始终将这类婴儿认定为女性，但他们对于女性性别特性的看法产生了巨大的变化，而对于什么才是适合女性间性婴儿的外科手术治疗的观念也随之产生了变化(表 3.3)。在早年的外科治疗中，医生会为被认定为女性的婴儿完全切除阴蒂(该过程如图 3.5 所示)，他们的理由是女性高潮发生的部位是阴道，而非阴蒂。

表 3.3 阴蒂手术近史

手术类型	公开报道的数量	发表年份	被报道患者总数
阴蒂切除	7	1955～1974	124
阴蒂缩小	8	1961～1993	51
阴蒂退隐	7	1974～1992	92
比较研究论文	2	1974，1982	93

在 20 世纪 60 年代，医生慢慢开始承认阴蒂是女性性高潮的基础，尽管现在仍有些外科医生坚持认为女性性高潮并不需要阴蒂。[②] 接着，在 60 年代，医生开始采用一些直到今天还以某种形式继续使用的步骤和做法。在被称为阴蒂缩小术的手术中，外科医生切除过长的阴蒂的茎部，将阴蒂头连同被保留的神经缝回残留的根部(图 3.6)。在不那么常用的阴蒂隐退术中，外科医生将阴蒂的茎部(一群外科医生称之为“违规的茎”)隐藏到皮肤的褶皱下，仅露出阴蒂头(图 3.7)。一些被认定为女性的儿童面临更多的手术，如阴道的构建或扩大，以及阴唇—阴囊缩小术，这取决于她们出生时生殖器的结构。

① 医生称这类病例为“特发性阴蒂肥大”，即阴蒂由于不明原因而增大。

② 在 1994 年的一次电话采访中，贾德森·伦道夫(Judson Randolf)博士告诉我，他的一个手术护士曾对是否需要完全切除阴蒂提出过质疑，后来他研发了一种不那么极端的阴蒂缩小术。

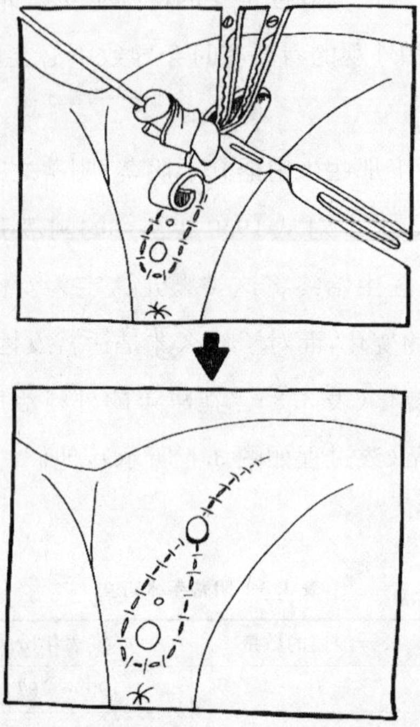

图 3.5　切除阴蒂(阴蒂切除术)(Alyce Santoro)

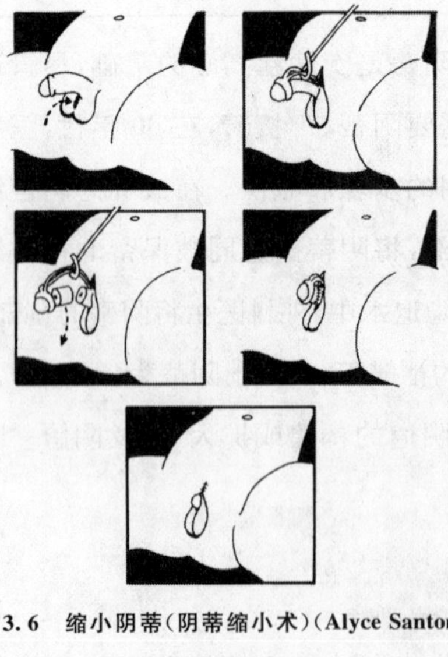

图 3.6　缩小阴蒂(阴蒂缩小术)(Alyce Santoro)

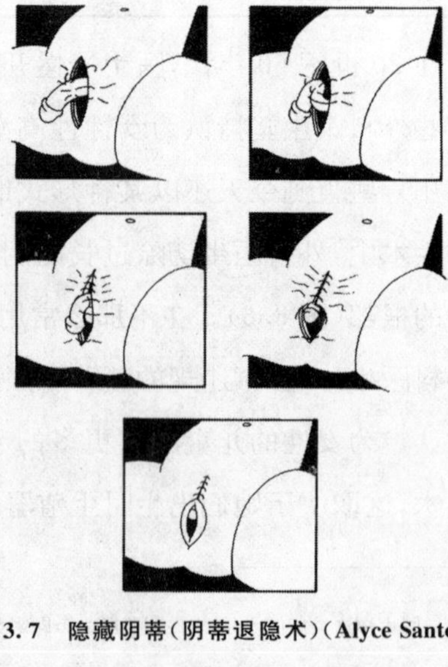

图 3.7　隐藏阴蒂(阴蒂退隐术)(Alyce Santoro)

被认定为男孩的间性儿童同样面临着大量的手术。对于尿道下裂症，即尿道口不在阴茎顶端，而在阴茎茎部某个位置上（使得儿童必须坐下来小便）的症状，在医学文献中记录了三百多种手术“治疗”方法。这些手术中有些针对阴茎下弯畸形，即组织将阴茎黏合在身体上，导致阴茎弯曲，勃起困难——这往往是间性发育所导致的症状。除了症状最轻的情况，所有的尿道下裂症都涉及大量的缝合，有时还需要进行皮肤移植手术。被认定为男孩的婴儿出生后两年间可能会接受多达三次的阴茎手术，青春期开始后还要接受更多的手术。在最严重的情况下，多次手术可能导致阴茎疤痕累累，无法动弹，有一位医生将这种情况称为“尿道下裂残疾”。

哪种方法能够始终保持并发症发生率最低、手术数量最少，这一点还没有达成共识。有关尿道下裂症的海量手术文献并无最后定论。每年都有数十篇新论文出现，描述新的手术方法，每一种方法都会被认为能比之前的那数十种方法产生更好的结果。许多手术报道所关注的是医生所谓的“二次手术”——为修正之前失败的手术而设计的手术——中那些特殊的方法。关于尿道下裂症的文献之所以如此庞大，原因很多。这一病情确实极为多变，因此需要各种不同的治疗方法。不过，文献回顾也表明外科医生尤其热衷于开创阴茎修复的新办法。就连医疗专业人员也曾经评论过这种对建构阴茎的痴迷。一位著名的泌尿科医生（有一种尿道下裂症治疗方法就是以他的名字命名的）写道：“每个治疗尿道下裂症的外科医生都有他的恋物癖。”

心理“修理”

尽管像约翰·莫尼（John Money）以及约翰·汉普森（John Hampson）和琼·汉普森（Joan Hampson）等一些颇有影响力的研究人员认为幼儿时期性别身份的形成极易受外界影响，但同时他们也认为后来出现的性别模糊是病理性的。间性婴儿出生时有着各种性别的可能性，而医疗机构认为一个固定的性别身份是心理健康的必要条件，那么间性婴儿如何从出生时的状态过渡到一个固定的性别身份呢？莫尼（Money）及汉普森（Hampson）夫妇认为，由于儿童心理图式的发展和他们的身体形象相一致，因此早期生殖器手术是必要的。一个孩子的身体部位必须得和其被认定的性别相匹配。[1] 在莫尼(Money)、汉普森(Hampson)夫妇以及他们的追随者们看来,这种身体结构上的清晰性对幼童来说固然重要,但对于儿童的父母来说甚至更为重要。彼得·潘(Peter Pan)或许会说,“他们必须相信”他们孩子的性别身份,以使这一身份成为现实。汉普森(Hampson)夫妇的书中写道:“在与雌雄同体儿童及他们父母相处的过程中,我们清楚地看到,孩子性别心理取向的建立与其说始于孩子,不如说始于孩子的父母。”

医生试着向病人和病人的父母解释他们为孩子所认定——并通常施行手术来创造——的性别不是任意选择的,而是顺应自然的,并且在某种程度上始终与病人的身体本身是一致的。他们对于哪些信息不应告知父母进行过大量的讨论。颇具讽刺意味的是,在这些讨论中医生暴露了他们所面临的逻辑困境。故意将性别说得夸张而含糊的做法由此而来。医疗指导手册和原始研究文章几乎众口一词地建议不要向父母和孩子完整地解释婴儿的性别状况。医师不应该说婴儿是男性和女性混合体,而应该说这个间性儿童很显然是男性或女性,只是胚胎发育不完全而已。有一位医生曾写道:“必须尽一切努力避免让大家认为孩子部分是男性、部分是女性。通常来说,要做到这一点,最好解释为‘生殖腺发育不全,因此必须移除’。必须尽一切努力避免任何性别模糊的印象。”

最近一份医学出版物告诫说,在为间性儿童的父母提供咨询时,医生必须“避免让矛盾的或令人困惑的信息增加父母的犹疑。如果孩子外生殖器不明确,只需告知父母原因待查”。这组来自荷兰的医生和心理学家经常治疗 AIS(见表 3.1)儿童。AIS 儿童有一条 X 染色体和一条 Y 染色体,以及具有功能的睾丸,但因为这些儿童的细胞对睾丸激素不敏感,他们无法形成男性第二性征,并经常在青春期以形成丰满的女性体态的方式来对自身的睾丸雌性激素做出反应。这类儿童一般会被作为女孩来养育,这既是因为他们有着女性身体结构,也是因为过去的经验表明,AIS 儿童通常会形成女性性别身份。通常来说,AIS 儿童的睾丸会被移除,但是荷兰研究者警告说:“我们只会提及性腺,而不会提及睾丸。如果性腺

① 汉普森(Hampson)夫妇写道:“身体外表对心理(包括性别角色或性心理取向)的发展确实有着重要的、间接的关联。”

同时包含卵巢和睾丸组织,我们就会说性腺没有完全朝女性方向发育。”

其他医生意识到他们必须考虑病人对间性的了解和好奇心。因为“高中生物学课上可能会进行性染色质测试,而媒体对性别医学的报道也越来越详细”,有一组研究人员这样写道:“人们不敢想当然地认为青少年会不了解他们的性腺或染色体状况。”但是,他们同时也建议不要告诉被作为女孩子养育的XY间性者其曾经有过睾丸,后来被移除了。他们强调,对于性别解剖结构知识的细致入微的了解有悖于病人对明确的性别身份的需求。例如,被认定为女孩的间性儿童不应该认为其所接受的外科手术使其变成了女孩,而是应该认为手术切除了那些不属于女孩的身体部件。“按照惯例,性腺被记录为睾丸,”这些医生写道,“但在病人自己的表述中最好把它看作一个有缺陷的器官。不适合女性,因此被切除了。”

其他人则认为,即使是这种有限的公开也会适得其反。有一位外科医生提出:“准确的病理一生理解释是不合适的,医学上的坦诚,不管代价如何,对于病人都没有任何好处。比如,告诉那些有着男性基因,却被当作女性来养育的人他们的染色体或生殖腺具有男性特质,这毫无益处。”在建议隐瞒有关病人身体的信息时,以及在决定如何塑造病人的身体时,医学从业人员不经意间暴露出他们的焦虑,他们担心如果完全披露关于间性身体的信息,会威胁到个体——乃至社会——对严格的男性一女性模式的信念。我并不是在说这是一个阴谋,事实上,医生自己深信所有人不是男性便是女性,这一坚定的信念让他们看不到他们所面临的逻辑困境。

然而,对医生所认为的心理健康背后的真相含糊其辞,可能会和合理的医疗实践相矛盾。让我们看一下尽早切除AIS儿童的睾丸这一举措所引发的争议。医生通常给出的原因是睾丸可能会癌变。然而,AIS患者睾丸癌症发病率只有到了青春期后才会增加。尽管对雄性激素不敏感的身体不能对睾丸所分泌的雄性激素做出反应,但它可以,并且在青春期确实会对睾丸雌性激素做出反应。顺其自然出现的女性化或许比人工诱导的女性化更好,尤其考虑到出现骨质疏松症的危险。因此,医生为何不能将睾丸切除推迟到青春期之后呢?其中一个原因肯定是因为到那时候医生可能需要向AIS病人说明更加真实的情况,而这是他们极不情愿做的。

凯斯勒(Kessler)叙述的正是这样的一种情况。一个孩子在很小的时候就接受了手术。她/他当时太小了,记不住,也没有完全理解她/他身体结构变化的重要性。当她/他进入青春期时,医生告诉她/他在接下来的一段时间内她/他需要服用雌性激素药丸,并解释说这是因为她/他的卵巢不正常,“而且已经被切除了”。医生显然希望让她/他相信,尽管无法生育孩子,但她/他的女性性别是真实可信的,医生解释道,她/他的“子宫不会发育,但可以领养孩子”。治疗团队中的另一位医生赞同这位同事的解释:“他所说的是真相,如果不说明真相,那以后会有麻烦。”然而,正如凯斯勒(Kessler)指出的,鉴于这个孩子从未曾有过子宫或卵巢,这是“‘真相’的一个奇怪的版本”。

近年来,病人对这样半谎言、半真相的话和彻底的谎言有很多看法。我会在下一章中讨论他们的观点。我前面所讨论的是为了将间性问题限制在一个两性体系之内而开发的治疗方案,现在我将话题转向医生和心理学家在间性人群身上所进行的实验研究。在圣—希莱尔(Sant-Hilaire)所创立的悠久传统中,这类调查研究利用间性来对男性气质和女性气质的“正常”发展进行思考。

间性的用途

成为男性/成为女性

间性婴儿手术方式所依据的那些假设本身也不无争议。并非每个人都认为性别身份从根本上来说是可塑的。这些辩论中最具戏剧性的当属约翰·莫尼(John Money)和另一位心理学家米尔顿·戴蒙德(Milton Diamond)之间持续了近三十年的论战了。在 20 世纪 50 年代,莫尼(Money)和他的合作者汉普森(Hampson)夫妇指出,指定性别和养育性别能够比其生物性别的任何一个方面都更为准确地预示了雌雄同体者成年后的性别角色和性取向,"从理论上讲,我们的研究结果表明,就性别角色的根源而言,无论是单纯的遗传说还是单纯的环境说都是不充分的。一方面,很显然性别角色和性取向并非是由染色体之类的身体因素以自动的、内在的、本能的方式所决定的;另一方面,很显然指定性别和养育性别也不会自动、机械地决定性别角色和性取向"。①

然而,莫尼(Money)的论断是否适用于大多数不存在性别模糊问题的孩子?他和他的合作者们——通过对间性儿童的研究——是否已经得出一个通用的甚至是普适的性心理发育理论?莫尼(Money)相信他已经得出了这样一个理论,为了证明这一点,他提到了关于一位名叫约翰(John)的性别明确的男童的案例。大约七个月大时,约翰(John)在包皮环切术事故后失去了阴茎。根据自己对间性者的研究,莫尼(Money)建议这个孩子被作为女孩养育,并接受手术改造以适应在

① 他们写道:"与染色体性别、性腺性别、激素性别、附属的内部生殖形态以及性别模糊的外生殖器形态相比,指定性别和养育性别一贯并且很明显是雌雄同体者性别角色和性取向更为可靠的预言者。"

生活中的新身份。这个案例中一个尤其令人瞩目的因素是案例中有一个参照：琼(Joan)(这是他更名后的名字)有一个同卵双胞胎兄弟。莫尼(Money)认为养育性别很重要，他希望用这个案例来证明这个观点是正确的。如果琼(Joan)形成了女性性别身份，而其同卵兄弟朝着成年男性的方向发展，那么环境的力量显然击败了遗传构造。

这个家庭最终同意让孩子变性，孩子两岁时接受了女性化手术，被切除了睾丸。莫尼(Money)很高兴地转述了琼(Joan)母亲的话，大意是琼(Joan)已经变得爱穿裙子，讨厌弄脏，而且"她就喜欢让人给她做头发"。① 莫尼(Money)得出结论，认为他的案例表明"二形性别养育模式对于儿童性心理分化以及最终形成女性或男性性别身份的结果有着极为特殊的影响"。在一个尤其激动的时刻，他写道："借用皮格马利翁(Pygmalion)寓言，人们一开始用的是同样的黏土，最后却可能塑造出男神或女神。"②

莫尼(Money)关于心理性别发育的观点很快就获得了大家的赞同，被认为是当时理论中最进步、最开明、最前沿的观点。③ 然而并非所有人都认为它说得通。在1965年，当时还是一个年轻博士的米尔顿·戴蒙德(Milton Diamond)决定对莫尼(Money)和汉普森(Hampson)夫妇提出质疑。戴蒙德(Diamond)是在导师们的建议和帮助下这样做的，他的导师们来自心理学领域中一个颇为不同的派别。戴蒙德(Diamond)的导师们就如何理解性别行为的发展提出了一个新的范式，他

---

① 这与孩子母亲三十年后的说法相矛盾，三十年后她证实了约翰(John)关于试图扯掉褶边裙的记忆。第三方的记忆和阐释往往会在评估个案研究中所获得证据是否有用的时候造成困难。

② 莫尼(Money)说他想彻底根除19世纪及20世纪初的"性腺专制"，他认为"性腺专制"常常会导致一种没有心理依据的性别认定。然而，这一说辞听上去并不真实可靠，因为有些医生，包括莫尼肯定听说过的扬(Young)早就放弃了光靠性腺来认定性别的做法。或许莫尼只是想要让这项研究面向地处偏僻地区、人数更为众多，并且对此还一无所知的执业者们。又或许，他只是想借助20世纪50年代声势更大的新弗洛伊德式心理学浪潮的威力，它强调"适当的家庭"以及由挣面包的爸爸和全职妈妈所提供的榜样的重要性。要想弄清楚莫尼信奉的究竟是什么样的思想理念，这些理念又是如何影响了他的研究，这将需要更多的考证。

③ 为何这样一种看似激进的观点会对医学话语进行如此完全的控制，以至于直到最近才有可能对莫尼(Money)和他的同事们的间性治疗手段提出质疑，这其中的原因还不清楚。凯斯勒(Kessler)写道："与媒体不同，我对于这件事的兴趣不在于它是否支持关于性别发展的生物理论或是社会理论，而在于为什么性别理论家(包括我自己)都过于急切地接受莫尼的性别可塑性理论。还有它为什么会成为传授给间性婴儿的父母的唯一理论？"

们认为决定性的因素是激素,而非环境。在发育早期,这些化学信使直接对大脑的有机构造产生作用:青春期产生的激素可以激活由激素构造的大脑,产生不同性别所特有的行为,如交配和生育等。[①] 虽然这些理论的基础是啮齿类动物研究,戴蒙德(Diamond)还是大量利用这些研究来反驳莫尼(Money)的研究。

戴蒙德(Diamond)认为从根本上来说莫尼(Money)和他的合作者们在暗示人出生时是不分性别的。他对他们的数据阐释提出质疑,认为"这些数据本身或许与那些更为传统的观念,即认为出生时就已经具有先天性别的观念,并无矛盾之处"。戴蒙德(Diamond)承认莫尼(Money)和他的合作者们证明了"雌雄同体的个体有可能会接受与他们的遗传性别、形态性别等相反的性别"。但是他并不赞同他们所得出的更具普遍性的结论。他认为,"想当然地认为性别角色完全是甚至主要是一种复杂的、在文化中培养的欺骗,认为它并不同时受到附加在生物遗传性或产前有机构造、强化过程中的禁忌和强有力的防御机制的强化,这似乎并不成立,并且从现有的数据来看是没有依据的"。换句话说,戴蒙德(Diamond)认为即使莫尼(Money)和他的合作者们正确地阐释了间性发育过程,但他们的实验对了解他所谓的"正常人"毫无帮助。[②]

戴蒙德(Diamond)还指出,约翰/琼(John/Joan)案例是后天因素克服"正常"产前激素影响的唯一例子。与莫尼(Money)和汉普森(Hampson)关于环境将中性性别塑造成性别身份的理论针锋相对,[③]戴蒙德(Diamond)提出了他自己的"心理性别禀性"模式。他指出,男性和女性胚胎一开始的性别心理发育的可能性有

---

① 在啮齿类动物中这一构造/激活理论的历史是另一回事(见本书的第八章),而它在多大程度上适用于灵长类动物也仍然颇具争议。

② 戴蒙德(Diamond)写道:"尽管人们可以适应错误地强加给他们的性别角色,但是,这并不意味着产前因素一般不产生影响,也不意味着人们如果在产前没有接受生物性处理,他们适应起来会有困难。"他还指出,人类也同属于脊椎动物,因此也应该被认为有着和其他动物类似的发展体系。

③ 戴蒙德(Diamond)对莫尼(Money)理论的描述在我看来似乎并不准确。他描述了一个性心理上未分化的儿童,其性别身份的发展似乎只是对环境养育的反应。一开始似乎有着关于性别身份的全部选择,但是在孩童早期的一个关键时期中,选择会受到限制,而在这个关键时期之后,新的学习经历会"扩大并引导性别的发展"。莫尼实际的立场随着时间的变化而变化,即使是在他早期的著作中,他也并不总是支持出生时性别完全中性这一观点。为了清楚地区分自己的模式,戴蒙德选择了莫尼有时不一致的想法中最极端的版本。

部分重叠，但范围相对广泛。然而，随着产前和产后发育的进行，“在所有的可能性中”会出现“以文化上和生物性上被认可的性别表达为形式的限制和制约”（图 3.8）。

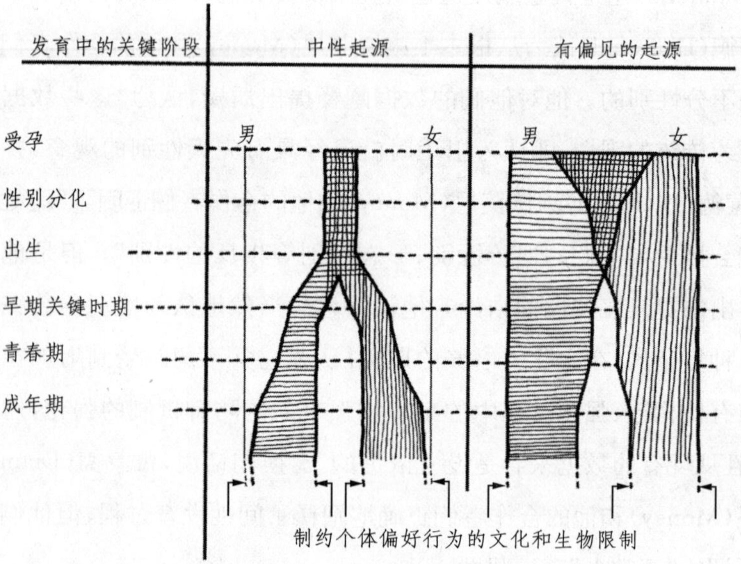

图 3.8　心理性别发育模式（Alyce Santoro）

除了戴蒙德（Diamond），另外只有一个学者敢于向莫尼（Money）提出质疑。[①] 1970 年，一位执业精神科医生伯纳德·祖格（Bernard Zuger）博士发现了几例青少年或成年间性者拒绝他们的养育性别而坚持变性的临床个案研究。这些个体似乎听到内心某个声音在说周围所有处于权威地位的人都错了。医生和父母可能会坚持认为他们是女性，切除他们的睾丸，为他们注射雌性激素，并通过外科手术给他们再造阴道，但他们仍然知道他们事实上是男性。祖格（Zuger）得出结论：“我们发现，有些雌雄同体研究的数据声称可以证明在性别角色决定的过程中，养育性别能克服来自染色体、生殖腺、激素、内部和外部生殖器等的反作用力，但事

① 他的研究发表时，后面紧接着是莫尼（Money）对这篇文章的负面评论。此外还有 1966 年《英国医学杂志》（*British Medical Journal*）发表的一篇简短的、没有回应的论文。这篇论文也提供了少见的第一手叙述，讲述了一个孩子在十三岁时从女性变为男性是多么的高兴，以及他后来成功的发展和婚姻。

实上这些数据在方法学和临床上都是站不住脚的。如果根据这些数据得出结论，认为必须采用这样的指定性别角色，认为过了幼年时期再改变性别角色会产生心理危害，这样的结论就会被证明与文献中能找到的其他类似数据并不一致。”

莫尼(Money)对此大为恼火。祖格(Zuger)的论文出现后，莫尼(Money)在《心身医学》(*Psychosomatic Medicine*)杂志上发表反驳声明，怒气冲冲地说道：“祖格(Zuger)博士的论文真正让我感到担心甚至害怕的并不仅仅是理论问题本身……缺乏经验并且教条主义的医师和外科医生会利用这篇论文作为依据……认为心理评估无关紧要而省略这一程序，将错误的性别重塑强加给孩子，最终会毁了患者的一生。”[①]在 1972 年与安科·埃尔哈特(Anke Ehrhardt)合作出版的著作中，莫尼(Money)再次对此进行了抨击：“看来医师们的偏见扭曲了如今雌雄同体者性别重塑的数据，更倾向于将女孩变成男孩，更偏爱男性雌雄同体者而非女性雌雄同体者。本来并不需要对这一点多费口舌，只是有些作者仍然不明白这一点。”[②]

但是，戴蒙德(Diamond)对莫尼(Money)不依不饶，就像《悲惨世界》(*Les Misérables*)中的警察一样执著。在整个 20 世纪 60 年代和 70 年代期间，他至少又发表了五篇论文来质疑莫尼(Money)的观点。在 1982 年发表的著述中，他又重述了心理学和妇女研究是如何利用约翰/琼(John/Joan)的案例“来证明性别角色和性别身份从根本上来说是后天习得的”。就连《时代》(*Time*)周刊也在宣扬莫尼(Money)的社会建构论。但戴蒙德(Diamond)重申了他的观点，认为“自然为性别身份和性伙伴取向设定了范围，而正是在这个范围之内，社会因素相互影响，形成性别角色，这是一种生物社会互动理论”。

戴蒙德(Diamond)写这篇文章的目的并不仅仅是发发牢骚。他有重大消息要宣布。1980 年英国广播公司(BBC)制作了一部关于约翰/琼(John/Joan)案例的电视纪录片。一开始，制片人计划重点介绍莫尼(Money)和他的观点，而把戴蒙德(Diamond)的反对意见作为背景。但是，BBC 记者发现，到了 1976 年，当时十

---

① 莫尼(Money)将戴蒙德列(Diamond)在反面例子的名单之中。

② 该书中将祖格(Zuger)和戴蒙德(Diamond)都作为反面例子。

三岁的琼(Joan)开始无法适应。她走起路来像个男孩,觉得男孩会有更好的生活,想成为一个技工,并且站着小便。当时照顾这个孩子的精神科医生觉得她"在使自己适应女性身份的过程中遇到了很大的困难",并怀疑她或许难以继续保持女性的身份。当记者告知莫尼(Money)这些发现时,他拒绝跟他们做进一步交流,因此他们在莫尼(Moncy)未做进一步评论的情况下播报了这个调查结果,即精神病学家发现琼(Joan)对现状不满。戴蒙德(Diamond)从 BBC 制作组获悉了这一切,但这部片子没有在美国播出。为了让北美人了解这些事实,戴蒙德(Diamond)在 1982 年发表了文章,转述了纪录片的内容,希望能够一劳永逸地推翻莫尼(Money)的理论。

这篇论文并没有像戴蒙德(Diamond)所期待的那样引起大家的注意。但他没有放弃。他开始在《美国精神病协会学刊》(*American Psychiatric Association Joural*)上登广告,请接手约翰/琼(John/Joan)案例的精神科医生与他联系,以便将真相公布于众。但是,约翰/琼(John/Joan)的精神科医生基思·西格蒙德森(Keith Sigmundson)说他"怕极了约翰·莫尼(John Money),我不知道他会对我的职业生涯做些什么"。过了好几年,他才最终回复戴蒙德(Diamond),并告诉戴蒙德(Diamond)其他专业人士所不知道的事情:1980 年,琼(Joan)切除了乳房,后来再造了阴茎,已婚,和一个女子生活在一起,承担起孩子的父亲的责任。最后,当戴蒙德(Diamond)和西格蒙德森(Sigmundson)发布关于约翰/琼(John/Joan)——他们现在称其为琼/约翰(Joan/John)——的最新情况时,他们上了报纸头条。①

戴蒙德(Diamond)和西格蒙德森(Sigmundson)用约翰(John)性别重塑失败的例子来对两个基本观念提出异议:一是个体在出生时心理性别是不分男女的,二是健康的性别心理发育与生殖器外观紧密相关。在事件的最新报道中,约翰/琼/约翰(John/Joan/John)的母亲详细地叙述了他/她自始至终拒绝并反抗将其作为一个女孩进行社会化的企图,利用这些令人信服的细节,戴蒙德(Diamond)辩

① 即使是在 1997 年,莫尼(Money)的观点还是被如此广泛地接受,以至于一开始没有刊物愿意发表戴蒙德(Diamond)和西格蒙德森(Sigmundson)的论文。

称，大脑绝对不是不分男女的，而是在出生前就已经具有性别。他写道："有大量证据表明正常人在出生时的性心理并非不分男女，相反，遵循作为哺乳动物的传统，他们预先就具有倾向性，会以男性或女性的模式与环境、家庭和社会等因素产生相互影响。"

自从戴蒙德(Diamond)和西格蒙德森(Sigmundson)揭露真相之后，类似的关于拒绝性别重塑的报道以及成功地将出生时阴茎畸形的儿童作为男性养育的报告受到了广泛的关注。戴蒙德(Diamond)以及其他一些人呼吁采用新的治疗范式——尤其是推迟那些即时的、不可逆转的手术，而是提供咨询意见，他们的意见已经占据了稳固的地位(尽管有些人对此仍然心怀疑虑)。戴蒙德(Diamond)分析道："通过这样的处理方式，一个男性身上那种像男孩一样行事的预置倾向和他的实际行为将会在日常交往中、在各个性别层次上得到强化和巩固，而他的生育力也将被保留。"

然而，辩论并没有就此结束。1998 年一群加拿大精神病学家和心理学家发表了另一宗在阴茎部分切除术(这是医学文献中对意外失去阴茎情况的比较慎重委婉的称呼)之后接受性别重塑手术的案例的后续情况。这个孩子在七个月大时接受了性别重塑手术，1998 年，这位未披露姓名的病人二十六岁，并作为一个女子生活。她曾与男性有过恋爱关系，但已经离开了她最后一任男友，现在她是个女同性恋者。她做着一份"几乎完全由男性从事的"蓝领工作。作者们注意到，从记录来看，她显然"儿童时期就表现出行为上的男性特质，并且她的性幻想对象主要为女性"。然而，他们并不认为这一性别认定完全失败了。相反，他们坚持认为在这一案例中，即便后天养育没有成功地改变社会性别角色和性取向，但确实成功地改变了社会性别认同。他们总结道："或许，社会性别角色和性取向比性别认同的形成更加容易受到生物因素的影响。"

他们的理论引发了激烈的辩论。比如，一些性学专家坚定地认为苏珊·布拉德利(Susan Bradley)和她的合作者们写的这篇论文所提供的证据事实上是在支持——而非驳斥——戴蒙德(Diamond)的观点。当成年间性者开始提供他们的观点时，讨论变得更加细致入微。与学者和执业医生们相比，他们对个案研究提出了更为复杂的解读，这也绝非偶然。[①] 即便是拒绝讨论这个案例的约翰·莫尼(John Money)也采取了更加复杂的立场。在对另一宗(因为狗袭击孩子而导致的)阴茎部分切除术案例进行评价时，他承认，不管变性手术是发生在早年还是之后，“长期来看结果并不完美”。他承认变性为女孩的男孩往往会成为女同性恋，由于存在相关的社会歧视，他把这看成一种负面结果。在没有引用戴蒙德(Diamond)的观点或提到这场辩论的情况下，他也承认：“对于婴儿时期生殖器创伤和受损，到目前为止还没有一套大家一致接受的治疗准则，也无法提供结果数据的统计登记。”

界定异性恋：健康的间性者是个异性恋间性者！

一个幽灵——同性恋——一直在医学界游荡。社会性别和性取向之间的关系似乎最近才成为焦点，但这也更加凸显了一些关注——正是这些关注一直在激发人们对社会性别和间性现象的科学讨论。要想理解为什么一直都对间性者治疗方案存在争论，我们必须把这些争论放到围绕同性恋所进行的激烈辩论这一历史语境下。正如一位历史学家所写的，在20世纪50年代，“媒体和政府宣传将同性恋者和其他‘性心理变态者’与共产主义分子联系起来，视他们为最危险的不服

① 以下是他们的一些评论：“我发现很有趣的是，作者们没有调查‘负面养育’可能会产生的影响，这种影响显而易见：约翰(John)有着一个适应良好的双胞胎兄弟，和一个支持他的、慈爱的父亲，而布拉德利(Bradley)的病人则有着一个酗酒的父亲，他在她三四岁的时候离开她，接替他的是个酗酒的继父。难怪她说从来就没有觉得想要做个男性。”“二十六岁时我——表面上——很快乐地、以异性恋的身份嫁给了一个男人，如果当时有一群医生跑来问我过得怎么样，那很可能是我会告诉他们的话。两年后我离婚了，接受了更多的矫正手术，以使我的生殖器正常起来(看起来更像个男人)，以便让我对女性更有吸引力。自从1998年3月以来，我一直是作为一个男人而活着。”其他几个人评论道，在二十六岁时他们的性别认同尚未“完成”。事实上，我们发现贯穿整个讨论的一个概念就是，只有一个人们必须找到并接受的真实、稳定的身份。一种可悲的情况就是一个人从来就不知道他的真实的身份(“我敢肯定他是个变性人，但他对此并不知情”)。最后，对这两篇论文都发表评论的间性者们认为，那些被解读为拒绝重塑性别的行为，也可以被解读为对于面对被密切研究的创伤性处境的拒绝。除了住院、手术和频繁的生殖器检查所带来的创伤之外，“所提到的论文密切关注的仍然是性别身份错乱的问题，而不是关于私人身体的完整性和侵犯等问题”。这个领域中只有少数学者曾提出过发育早期接受的手术创伤会如何影响今后的行为和发展这个具有普遍意义的问题。在这次在线辩论中，一些性学家礼貌性地向做出回应的间性者表示了感谢，感谢他们提供了想法，但是并没有人真的采用他们实质性的观点。这样做会使解读更加困难，并就此让医学个案研究服务于特定的性别形成理论。

从分子——住在隔壁的看不见的敌人,会威胁到孩子、妇女、家庭和国家的安全”。约瑟夫·麦卡锡(Joseph McCarthy)和理查德·尼克松(Richard Nixon)在每片南瓜叶下都看到了同性恋者、共产主义分子。因此,当医生决定为一个性别模糊的孩子认定明确的性别时,孩子在心理上成为男性或女性还不够。要想说治疗成功,孩子还得成为异性恋者。汉普森(Hampson)夫妇认为同性恋是一种精神病理现象,是一种“心理性别障碍”,他们强调接受恰当治疗的间性儿童不会造成同性恋威胁。他们向执业医生们建议,说间性儿童的家长“需要被告知他们的孩子并非注定要带着异常、变态的欲望长大,因为他们彻底混淆了雌雄同体和同性恋”。①

也难怪父母们会感到困惑。如果说间性模糊了男性与女性之间的区别,那么顺理成章的是它也模糊了异性恋和同性恋之间的界线。在治疗间性者的过程中,人们是否有可能最终造就了一个同性恋?这一切都归结到我们如何定义生理性别。让我们看一个例子:一个 AIS 儿童,每个细胞中都有一条 X 染色体和一条 Y 染色体,有虽然不是很清楚的睾丸,但看起来像女性的外生殖器。因为细胞对睾丸所产生的雄性激素不敏感,所以其将会被当作一个女孩来抚养。在青春期,她的睾丸将制造雌性激素,这将使她的身体产生变化,形成年轻女子的体态;她与一个年轻男了相爱,她仍然有着睾丸和 XY 染色体成分。她是同性恋还是异性恋?

莫尼(Money)和他的追随者们会说她是个幸运的异性恋。莫尼(Money)的逻辑是:被作为女性抚养的这个人有着女性的性别认同。② 在将解剖性别推及社会性别的复杂旅程中,她的男性染色体和性腺被认为无关紧要,因为她的激素以及认定性别是女性。只要她对男人感兴趣,她就是个安全的异性恋者。在医学上和

---

① 有一组写道:“父母要有足够的机会去表达他们对未来的恐惧,比如担心会出现不正常性本质,这很重要。当父母得知他们的女儿会和其他孩子一样长大为一个异性恋,不可能出现男性特质时,他们会觉得很安心。”

② 莫尼(Money)和埃尔哈特(Ehrhardt)介绍,这些间性者在养育性别的基础上形成了不同的性别认同。这种类型的个案研究比较从修辞上来看非常有说服力。

文化上，我们选择将这类人看作女异性恋者，这也是一个她很可能会接受的界定。①

莫尼(Money)和他的合作者们成立了他们治疗间性者的项目，时间是在20世纪50年代，当时同性恋被定义为一种精神病理现象。即便如此，莫尼(Money)自己也很清楚，“同性恋”这一名称是一种文化选择，而不是一种自然事实。在讨论两人一组进行对照的雌雄同体者(他们中的一些人被当作女孩抚养，而另一些则被当作男孩抚养)时，他和埃尔哈特(Ehrhardt)曾写道：“这类案例实际上代表的是实验设计的、医源性的同性恋。但是这些案例中的同性恋按照遗传性别、性腺性别或胎儿激素性别等判断标准也必须是同性恋。手术之后，如果以外部性器官或青春期替代激素性别为评判标准就不再是同性恋了。”

近年来，同性恋解放运动促使观点产生变化，这在某种程度上帮助执业医生看到他们的理论与对性取向问题更加宽容的观点并不冲突。在1965年持“男人女性化以及其他性反常”论调的戴蒙德(Diamond)如今写道：“我们对自然多样性的理解就是我们应该预测各种不同的性别类型及其相关起源。”他继续道：“无疑，我们必须提供并坦率地讨论异性恋、同性恋、双性恋，甚至独身等各种选项。”②戴蒙德(Diamond)进而指出，自然是性别的仲裁者，不过他认为，现在自然允许两种以上的正常性别类型存在。如今，他(和其他人)从自然那里看到了一个关于多样性的故事。当然，从20世纪50年代以来，自然并没有产生变化，而是我们改变了我们的科学叙事，以符合我们文化的变革。

---

① 所有这一切都印证了凯斯勒(Kessler)和麦克纳(McKenna)的观点，在她们看来，性别(gender)是由社会建构的，而生理性别(sex)是一个具有误导性的词。她们写道：“有着两类身体的系统不是一种已知事实——人们该为此负责。”正如一些怀疑论者可能会说，这并不意味着人们制造了身体，这意味着他们制造了对身体进行分类的系统。而一个只有两种身体的系统并不是唯一可能的系统。正如我在下一章将要讨论的，如果对性别多样性更容忍一些，很可能会产生一个时代，一个我们不再认为只存在两种性别的时代。

② 但也有一些偶尔的失误，比如他此处对“正常”一词的使用：“有大量证据表明正常人在出生时的性心理并非不分男女，相反，遵循作为哺乳动物的传统，他们预先就具有倾向性，会以男性或女性的模式与环境、家庭和社会等因素产生相互影响。”

挽救性别：间性者作为自然的实验品

莫尼(Money)针对处理间性所提出的解决方案让他和那些支持他的人陷入了一个意识形态困境。一方面，他们相信间性者有着在性别发育上误入歧途的身体；另一方面，他们认为性别发展是如此具有可塑性，以至于如果人们从一个足够小的孩子着手，几乎可以随心所欲地改变其身体和性别认同。但是，如果身体的性别如此易变，为什么还要费事保留这一概念呢？[①]

在这一困境中挣扎的科学家把注意力放在间性者身上，不仅把他们当作需要接受医学治疗的病人，同时也把他们作为一种自然的实验品。尤其是自20世纪70年代以来，科学探索试图寻求两性之间行为差异的激素原因，间性者在这样的科学探索中占据了重要的地位。在发育期间蓄意操控激素的手段可以毫无顾忌地用在老鼠和猴子身上，却不能在人身上尝试。但是当自然为我们提供了一个实验品时，对自然的供给进行研究似乎是很顺理成章的事。

广泛的动物研究(见第八章)表明，性腺激素会影响行为发展，在此基础上，调查人员利用间性者来研究三种被普遍认为存在的性别差异：[②]性欲的差异、儿童在玩耍游戏时的差异，以及认知能力(尤其是空间认知能力)的差异。[③] 对这些研究进行分析揭示了那些被看作偏离正常、需要被“修理”以维护一个两性体系的间性者是如何被作为研究对象，用来证明这两性体系首先是多么“自然”。

例如，让我们看一下现代心理学家是如何试图通过研究CAH所导致的女性间性者来了解女同性恋的生物学根源的。CAH女孩出生时有着男性化外生殖

① 凯斯勒(Kessler)和麦克纳(McKenna)写道：“我们将用社会性别(gender)，而不是生理性别(sex)，即便是在说传统上被认为属于生物范畴的、让人们身为女人或男人的那些方面。这将有助于强调我们的立场，即社会建构的基础主要在于身为女性或男性的各个方面，尤其是当我们所用的字眼看上去很尴尬时。”

② 这些差异是否确实存在，它们可能会出现在发育过程的什么时候，我们如何能公平地测量它们，这些问题都不在我们这里所讨论的范围之内。即使我们都同意存在这类差异，也还有这些差异起源的问题。我们是否主要依靠生物学差异模式，认为社会性别是建立在一个被我们称为生理性别的、事先存在的身体基础之上？

③ 接下来的很多内容也完全适用于空间能力差异的研究，但是为了避免重复基本观点，我将不对这一研究进行详细的讨论。

器，因为在胎儿发育过程中，他们亢奋的肾上腺产生了大量使人男性化的激素(雄性激素)。婴儿出生时，当医生发现这一情况，他们会用可的松进行治疗，阻止婴儿体内产生过量雄性激素，并通过手术使生殖器“女性化”。

尽管到目前为止还没有直接的证据能证明在人类的胚胎中激素会在同一时期影响大脑和生殖器发育，科学家们还是一直想了解产前过量雄性激素是否也同样会影响大脑发育。如果胎儿的大脑被男性化，因受到睾酮的影响而产生永久的改变，这会不会导致CAH女孩有着更多的男性化的爱好和性欲？这个问题本身让人想起某个特定的将女同性恋者视为堕落女性的理论。正如精神分析学家玛吉·马吉(Maggie Magee)和黛安娜·米勒(Diana Miller)写道：“如果一个女人的情感生活和私生活是与另一个女人共渡的，人们会认为她‘堕落’了，脱离了正确的女性发展道路，表现出男性的——而非女性的——特征和欲望。”[①]将此概念用在CAH女孩身上似乎合情合理。她们体内所产生的“额外的”雄性激素导致她们脱离正确的女性发展道路。因此，研究CAH女孩要提供证据，证明出错的激素是同性恋发育的核心根源这一假说。[②]

从1968年到现在，已有十多项研究(这个数字还在持续增长)在寻求CAH女孩表现出异常男性特质的证据。这些女孩在儿童时期是否更加好斗、更活跃？她们是否更喜欢男孩的玩具？她们是否对过家家不那么感兴趣？以及最终的问题：她们是否成了女同性恋，或者内心有着同性恋想法和欲望？[③] 在为这项研究设定框架的性别体系中，喜欢男孩玩具、爬树、不喜欢布娃娃、想要拥有事业的女孩子

---

① 还有另一种理论，认为男同性恋其实是一种过度男性化。有人认为，这种过度男性化解释了为什么现代美国的男同性恋者在性方面会如此活跃。以此类推，女同性恋者或许过度表达了女性的性欲特点，被视为缺乏性欲。这一观点已经被用来解释所谓的女同性恋“床笫之死”(Lesbian bed death，指随着时间推移，女同性恋伴侣间的性生活会逐渐消失——译者注)。

② 与此相反的是，研究人员并不认为雄性激素水平降低和严重的阴茎型尿道下裂会“干涉”XY儿童身上“典型的男性行为的发展”。

③ 在早年的一项研究中，我和鲁斯·布雷尔(Ruth Bleier)一样都对这类研究提出了批评。有少数几项最近的研究对我们的批评做出了回应，他们在实验设计中包含了行为盲评，或试图找到适当的参照组，例如，患有与性别无关的慢性疾病的孩子。但从整体上看，所有这些研究的设计都还有很多事要做。我并不打算在这里一味地重复实验的问题，而是想要展示我们的性别体系是如何决定了这些研究的设计，并且对数据的阐释起限制作用。

也可能会有同性恋倾向。对女性感兴趣被认为不过是一种男性典型的目标选择，从理论上来说与喜欢足球或建筑拼装玩具没有什么不同。因此，有着男性化兴趣的女孩会表现出一整套行为，成年期同性恋行为只不过是其中一种后青春期的行为表现而已。[①]

最近马吉(Magee)和米勒(Miller)分析了几例针对CAH女孩和妇女的研究。虽然莫尼(Money)和他的合作者最初的研究曾指出CAH女孩比参照组更为活跃(能量消耗更大，更具侵略性，更喜欢打闹)，[②]但是米勒(Miller)和马吉(Magee)得出的结论是，近年来的研究并不支持他们的观点。[③] 此外，这些研究中没有一项发现CAH女孩表现出更强的支配欲。有一些论文谈到，CAH女孩不如参照组女孩(往往是未患CAH的姐妹)那样对玩布娃娃以及其他形式的母亲角色"预演"感兴趣。然而，令人费解的是，有一个研究小组发现CAH女孩花更多时间与她们的宠物玩耍并照顾宠物，而其他研究人员则发现CAH患者不想有自己的孩子，并且往往更想选择事业而不是待在家里。[④] 总之，这些结果几乎没有提供证据来证明产前激素对性别差异的形成具有影响。

---

① 也可能是别的情况。例如，有男性气质和女性气质的正交模型，认为男性气质和女性气质是相互独立的性状。运用正交模型的研究人员仍然可能研究CAH女孩，但是他们会关注不同的行为，并使用结构不同的问卷。斯彭斯(Spence)写道："人们也开始认识到，性别角色以及其他与性别有关的现象具有多维特质。虽然从根本上来说，性别身份可能是二形的，但是关于男性和女性的属性和行为不可能也的确没有共存这一普遍性论断得到了有效的驳斥。还有其他一些研究人员可能会用CAH女孩来研究慢性疾病和多次手术对于与性别有关的游戏、青少年对成年期的预演和模仿、后青春期爱恋对象的选择等的长期影响。如果他们选择把由激素引起的慢性疾病和其他类型的慢性疾病进行比较的话，还可能会出现有意思的激素效果。

② 心理学家经常用"假小子"(tomboyism)这个词来定义CAH儿童的男性气质。这个术语很不精确，数年来一直受到女性主义者的批判，或许正是这一原因使作家们近年来采用定义更加明确的行为标准来代替这一术语。

③ 有一组研究将耗盐型CAH与单纯的第二性征男性化型CAH进行了区分，前一种形式的CAH女孩似乎确实存在行为差异，而后一种形式的CAH女孩的男性化行为则并不明显。许多早期的研究没有区分CAH的这两种形式，而很可能正是这两种不同形式导致了不同的行为模式。行为差异的解读导致了生物学可能性和社会学可能性之间的标准之争。

④ 关于照顾宠物的结论来自莱弗罗尼(Leveroni)和贝伦鲍姆(Berenbaum)。他们提出了几种可能的解释，例如，"CAH女孩之所以花更多时间在宠物身上，或许是因为她们对婴儿不感兴趣，而不是因为她们不如参照组有母性"。这将意味着，睾丸激素会影响婴儿兴趣的发展，但是被称为母性、其对象除了孩子之外可以是任何东西的这种普遍特质，可以独立存在，不会受到高水平雄性激素的影响。

马吉(Magee)和米勒(Miller)对这几例针对 CAH 女同性恋现象的研究提出特别的质疑。她们指出,这些研究没有一个关于女同性恋的共同概念。定义的范围从"女同性恋身份,到同性恋关系,到同性恋经历,再到对同性的性幻想"以及梦境。虽然有几项研究记载 CAH 女性有更多的同性恋想法或幻想,但没有一项研究发现 CAH 女性都是同性恋。其中一个研究小组得出结论:产前激素的影响并不决定个体的性取向。而其他人则坚持认为"如果女性早期受雄性激素作用,或许会对其性取向产生男性化的影响"。

因此,如果对 CAH 女孩男性化发育研究进行批判性审视,就会发现相关文献存在很多问题。既然这样,为什么还有这类研究继续出现呢?我相信这些水平极高、训练有素的科学家[①]一而再、再而三地回到间性问题,是因为他们是如此深深地沉浸在他们自己的性别理论之中,以至于对其他收集和阐释数据的方式视而不见。他们就像是鱼,可以在自己的海洋里优雅地游泳,却无法行走在坚实的地面上。

① 换句话说,以大多数标准(资助、出版、同行评审、推广)来衡量,他们做的是"好科学"。只有当我们认识到有可能存在其他逻辑体系时,科学才会看起来有点奇怪。

总结：解读自然是一种社会文化行为

是否用化学药品进行治疗，是否实施手术，是否让有着模糊性器官的人自然成长而不加干涉，所有这些选择所产生的后果都超出了与之紧密相关的医学领域范围。在有着互不相同的生殖器和互不相同的行为模式的人们所处的物质世界里，"社会建构"这个短语可能意味着什么？女性主义哲学家朱迪思·巴特勒(Judith Butler)说道："身体……只生活在某些高度性别化的规范图式那富有成效的限制之内。"治疗间性人的医疗手段提供了一个不折不扣的例子。处于"正常"范围内的身体在文化上可以被理解为男性或女性，但是作为男性或女性生活的规则是很严格的。[①] 不能有尺寸太大的阴蒂或过于短小的阴茎。男性化的女人和女性化的男人都不适用。正如巴特勒(Butler)所写的，目前这类身体是"不可想象的、下贱的、让人难以承受的"。通过他们自身的存在，他们让我们开始质疑我们的性别体系。外科医生、心理学家和内分泌学家通过他们的外科手术技巧，试着按照文化上理解的身体制造优良的复制品。如果说我们选择通过产前治疗手段(指那些当前正在使用的手段和那些有可能会出现的手段)消除有着性别模糊的生殖器的孩子出生，那么我们也就是在选择顺从我们现行的文化理解体系。如果过了一段时间我们选择让混合性别的身体和不同的性别行为模式浮出水面，不管我们是否愿意，我们就已经选择了去改变文化理解的规则。

① 按照这种分析方法，作为一个男人或女人，其染色体，胎儿性腺和激素，胎儿期、儿童期和成人期生殖器，成人期生殖腺，以及性取向，上述每一项从文化上来看都会被认为是男性或女性。当这些性别构成中的一个或多个(如同间性人一样)与他人不同时，他们就成了不可解读——从文化上无法理解——的身体。

医学论点的辩证统一既不应该被解读为邪恶的技术阴谋，也不应该被看作现代科学知识之光照耀下的性思想开放观念。就如同雌雄同体者本人一样，既是两者都不是(neither)，又是两者都是(both)。19 世纪及 20 世纪期间所获得的关于性别发育的组织胚胎学和内分泌学知识让我们能够了解男性和女性在生命之初都有着相同的结构，完全的男性特质和完全的女性特质代表着各种可能的身体类型谱系的两端。位于这两端的两种性别是最普遍的，这一观念让人们相信这两种性别不仅仅是自然的(即它们由自然所产生)，同时也是标准的(即它们代表着统计学典范以及社会典范)。然而，对生物变异的了解让我们认识到不那么常见的中间地带也是自然的，虽然从统计学上来看不寻常。

矛盾的是，间性医学治疗理论动摇了人们对当代性别角色必然性的信念。莫尼(Money)等理论家指出，在某些情况下身体与传统的男性气质及女性气质的产生并不相关。染色体成了最不重要的因素，内部器官——包括生殖腺——则成了第二不重要的因素。外生殖器和第二性征受到重视，因为它们能够向有关人员直观地显示一个人的行为举止应该遵循适合他们性别的特定方式。按照这种观点，决定哪些行为适合男性、哪些行为适合女性的，不是神秘的内在身体信号，而是儿童成长时所处的社会。

然而，现实生活中的执业医生一心想让父母、祖父母和爱管闲事的邻居们接受他们为间性婴儿所做的性别选择，于是他们形成了一种语言，这种语言强化一种观念，即在混合性别儿童体内潜伏着一个真正的男性或女性的身体。就这样，他们同时也助长了孩子生来就有性别的观念，而否认了性别是一种文化建构的观念。当心理学家援引产前激素来解释所谓高发的女同性恋现象以及其他一些被认为不适合于心理健康女性的欲望时，也会出现类似的矛盾。

在这些相互矛盾的做法和观点之中有着人为操纵的余地。科学及医学认识到人类有着多种性别，这些认识既带来了瓦解生物性别和社会性别主导观念的手段，也带来了对其加以巩固的工具。有时对科学和技术的女性主义分析将它们描述为庞然大物，所有反对它们的抵抗都无效。女性主义者对生育技术的描述尤其容易受到这种观点的影响。但最近哲学家嘉娜·萨维奇(Jana Sawicki)提供了一种能赋予更多主动权的分析。她写道，“虽然新的生育技术”可以维持“现有的权力关系”,但技术也提供了“新的瓦解和抵抗的可能性”。[①] 这不仅仅是说间性的医学处理是这样,我认为情况一直都是这样。女性主义者必须去了解并适应技术,以便找出阻力点。

我们关于生理性别和社会性别的理论已经和间性的医学处理方式紧密结合在一起。一个孩子是该被作为男孩还是女孩来养育,是否应该接受手术改造以及各种激素治疗,这些都取决于我们对一系列问题的看法。阴茎的大小有多重要?哪种形式的异性性交是“正常的”? 拥有一个性敏感的阴蒂——即使比统计标准尺寸更大,更像阴茎——是否比拥有一个视觉上看上去与常见类型相似的阴蒂更重要? 知识之网错综复杂,线总是连接在一起。因而我们部分通过研究那些被带入这一处理体系的间性儿童,推导出关于生理性别和社会性别的(至少是那些声称是科学的或“基于本质”的)理论。必要时,我们同样可以援引动物研究,尽管这些动物研究也产生于一个有着性别观念的社会体系之内(见第八章)。

然而,这并不意味着我们永远被困于——或者有幸拥有,究竟是被困还是有幸,这取决于我们的视角——我们目前关于性别的理论。性别体系会改变。随着性别体系的改变,它们会产生关于自然的不同解释。现在,在新世纪到来之际,我们很可能目睹正在形成的这类变化。我们正从一个两性的年代走向一个多样的、超越数字二的时代。我们正处在一个特殊的历史时刻,我们既有理论认识,又有实践能力去问一个在我们的文化中闻所未闻的问题:难道只应该有两种性别吗?

① 女同性恋者用这些技术来成立“自然的”血亲家庭就是一个很好的例子。

4　应该只有两种性别吗？

关于雌雄同体的异端邪说

1993年,我发表了一篇温和的文章,文中我建议我们采用五性体系来取代我们的两性体系。我提出,除了男性和女性之外,我们还应该接受雌雄间性(herms,名称取自"真正的"雌雄同体者)、男间性(merms,名称取自偏男性化的"假雌雄同体人")和女间性(ferms,名称取自偏女性化的"假雌雄同体人")这三个类别。我旨在通过文章激起对该问题的讨论。但我在写文章的时候带着些开玩笑的意味,所以当看到文章竟能引发如此巨大的争议时,我也着实吃了一惊。右翼基督教徒莫名其妙地把我的五性论思想和两年后联合国在北京举办的第四届世界妇女大会联系起来,显然他们似乎从中多少看到了些正在运作的全球性阴谋。"这真令人发狂,"一篇由天主教宗教和民权联盟(Catholic League for Religious and Civil Rights)出钱刊登在《纽约时报》(*New York Times*)上的广告写道,"来听听那些对'五种性别'的讨论吧,每一个头脑健全的人都应该知道只有两种性别,而这两种性别都植根于自然的天性。"①

约翰·莫尼(John Money)也同样对我的文章感到震惊,尽管是出于不同的原因。莫尼(Money)在他为那些给间性儿童和他们的家庭提供咨询的人写的一本指南的新版中写道:"20世纪70年代的后天养育论者开始成为'社会建构论者'。

① 专栏作家E.托马斯·麦克拉纳汉(E. Thomas McClanahan)也进行了抨击。"这到底是什么玩意儿啊,"他写道,"为什么只满足于五种性别呢?干嘛不再继续弄出一打性别呢?"帕特·布坎南(Pat Buchanan)也加入了批判的队伍:"他们说不只有两种性别,而是有五种性别。我要告诉你们:上帝创造了男人和女人——我不在乎贝拉·阿布朱格(Bella Abzug)说了些什么。"专栏作家玛丽莲·沃斯·莎万特(Marilyn vos Savant)写道:"有男人,有女人——无论他们是怎样构成的。情况就是这样。"

他们结为联盟,反对生物学和医学,他们把所有的性别差异都看成社会建构的产物。倘若是性器官存在先天缺陷,他们就抨击所有的医学干预和手术治疗,把它们斥责为不正当的干预,其目的是企图迫使这些婴儿进入固定的社会男女性别模式……一位作家甚至走向极端,提出存在五种性别。"但同时,这篇文章又让那些与我们的性/性别约束体系进行斗争的人感到欣喜。科幻小说家梅利莎·斯科特(Melissa Scott)写了一部小说,取名为《影子人》(*Shadow Man*),书中描写了九种类型的性取向和好几种性别,其中包括费姆斯人(fems,这类人有睾丸,性染色体为XY,还有一些女性生殖器特征),赫姆斯人(herms,这类人既有卵巢,又有睾丸),还有梅姆斯人(mems,这类人的性染色体为XX,还有一些男性生殖器特征)。[①] 其他一些人把五性论的观点作为他们多元性别理论研究的起始点。

显然,我触动了某根神经。有那么多人被我提出的修改生理性别和社会性别体系建议所激怒,这一事实正好表明变化(和对它的抵制)可能即将发生。实际上,从1993年起,有许多事情已经开始发生变化,我常常想我的这篇文章就是促成这种变化的一个重要因素。间性人已经出现在我们的眼前,就像登上星舰进取号的面带微笑的生物一样。他们已经成为政治活动的组织者,对医生和政治家进行游说,劝说他们改变治疗实践。从更普遍的意义上来说,有关我们性别文化理念的争论正在逐步升级,而用来划分男性和女性的界限似乎也比任何时候都更加难以界定。[②] 有些人因发现正在发生的变化而深感不安,而另一些人则因此感到如释重负。

毫无疑问,我决意要向男女性别界限的理念发起挑战。在我和一个不断壮大的成年间性者组织、一小群学者,还有一个规模不大却在日益发展的执业医生团队进行交流时,[③]我提出必须要改变对雌雄间性新生儿的医疗管理办法。首先,让

① 斯科特(Scott)的小说在1995年获得了拉巴达文学奖(the Lambda Literary Award)。她还特意在她的网站上对我的作品表示感谢。

② 一段时间以来,斯彭斯(Spence)一直在写这些术语的不可能性。

③ 迈耶—巴尔伯格(Meyer-Bahlburg)更为谨慎地建议对医学实践进行适度的改变,包括对性别认定多做考虑(一个"最佳的性别政策"),取消在意见不一致的情况下对轻度生殖器异常进行手术,并且为间性人和他们的父母提供更多的支持服务。他还要求获得更多有关长期疗效的数据。

我们停止那些毫无必要的婴儿手术(我所说的必要指的是挽救婴儿生命,或者能明显改善其身体健康状况的手术)。其次,让医生为婴儿指定一个临时的性别(基于现有的关于某一性别认同形成几率的知识——让阴茎的尺寸见鬼去吧)。再次,让医疗护理团队为家长和孩子提供详尽的信息和长期咨询服务。自 20 世纪 50 年代起,对间性现象的处理办法就如此根深蒂固,无论这些办法的本意有多好,它们都已经带来了严重的危害。

首先，勿伤害

停止对新生儿进行生殖器手术。我们对其他文化中处理生殖器官的做法表示抗议，却能容忍国内同样的做法。[1] 我的一些医学界的同事显然对我关于间性人的想法感到非常反感，因此他们拒绝和我一起讨论这个问题。[2] 他们可能认为我是把那些不幸孩子的健康祭献在性政治的祭坛上。我怎么可能把一个可怜的雌雄间性孩子当作攻打不平等两性关系这一堡垒的攻城槌呢？从有同情心的医生的角度来看，这个批评好像有些道理。在应对日常医疗危机的过程中需要快速且高效的实用解决办法，很难做到后退一步进行思考，去调查大概情况，再去询问另一种回应是否可行。然而，一个能让我深信我的提议既不违反道德理念，也并非不可思议的原因就是，对间性人的医学"良方"往往是弊大于利。

正如我们所看到的那样，新生儿生殖器手术就是对新生儿进行整形手术，以达到一种社会所需要的结果——重塑一个性别模糊的躯体，使之能顺应我们的两

① 蔡斯(Chase)多次尝试着通过如《女性杂志》(*Ms.*)和学术期刊《体征》(*Signs*)这样的渠道得到美国主流女性主义者的关注，但是未能使他们对美国新生儿生殖器手术的问题产生兴趣。看来与质疑我们自己的医学实践相比，质疑其他文化中的医学实践会更让人觉得自在些。贾斯廷·肖伯(Justine Schober)医生写道："直到今天，都没有阴蒂手术研究对阴蒂手术后性敏感性的长期效果进行研究。"科斯塔(Costa)记录了八例被切除阴蒂的患者，有两例报告说在性交中没有出现性高潮。一些报告说有性高潮的患者发现跟手术前相比，性高潮减弱了许多。其他患者发现达到性高潮如此困难，以至于觉得不值得再去做这种努力。

② 万幸的是，还有一些医生愿意接受新思想。我的想法引起了当地一个儿科医生的共鸣，我们在一次大查房时展示了一例病例，以及如何应对间性新生儿的一些新的思考。在这里讨论到的外科医生没有参加大查房，但是另外一个外科医生参加了。

性体系。这种社会律令是如此之强硬,以至于医生都已经接受了它,并把它当作一条医学律令,却无视那些已得到证实的关于早期生殖器手术并不见效的有力证据:手术会造成大面积的疤痕,需要进行多次手术,并且经常会毁掉性高潮出现的可能性。许多阴蒂手术的病例报告显示,手术成功的唯一标准是整形功能而不是以后的性功能。表 4.1 对九项临床报告的信息进行了汇总,这九项报告涉及八十八例阴蒂缩小术的结果。[①] 诊断的缺陷是极为明显的。九例报告中有两例从未陈述过成功的标准;有四例报告强调的是整形的标准;仅有一例考虑到心理健康或是做长期随访。间性活动家爆出越来越多有关这些数字背后复杂且痛苦的故事,向医疗机构有关雌雄间性儿童的最为深信不疑的信念和实践发起了挑战。[②]

表 4.1　阴蒂缩小术的结果

患者人数	第一次手术年龄	评估年龄	成功标准	结　果	说　明
14	2 个月到15 岁	手术后立刻评估	未说明	1 例"良好",1 例"不符合要求",12 例"很好"	3 例病例都涉及女性"先天性阴蒂肥大";未对婴幼儿使用止痛药
18	小于 6 个月到 38 岁	未说明	整形标准、社会标准及器官功能的保留状况	不明	几乎未提供任何数据

① 在更早些时候的研究中,莫尼(Money)就阴蒂切除术的影响做了报告。他找出十七名成年女性,她们作为成年人已经经历过这样的手术。其中有十二名作为女性生活,当她们讨论自己的性反应时,年龄都超过了十六岁,能够告知她们在手术后的感觉。十二人中有三人显然不太配合("没有披露有关性高潮的详细数据资料")。在四例病例中,"数据资料显示患者未曾体验过性高潮"。在五例病例中,女性好像体验过性高潮。这例报告的语言未能清楚地表示出术前和术后体验的真实情况:"不过,这些有关性高潮和阴蒂切除术的数据的意义不在于说明一些被切除阴蒂的患者没有体验过性高潮。相反,这些数据表明,在有些(如果说不是全部)患者身上,性高潮的能力被证明可以与阴蒂切除手术以及生殖器女性化手术共存。"这篇论文给出的有关十二例患者的信息非常混乱,但为那些声称阴蒂手术不会毁掉性功能的人提供了一个重要的引证。

② 在这一章里,我仅对生殖器手术评估进行了讨论。一些间性类型涉及染色体和激素的改变,但没有对可见的外部生殖器的构成产生影响。虽然这些状况接受了医学治疗,特别是激素治疗,但是从未涉及手术,因为对性别认定的疑虑少了许多。在这些病案的绝大多数病例中,所涉及的儿童的心理和情感功能都处于正常范围之内。这并不是说他们不会因为其不同特征而遇到任何困难,而只是说困难是可以战胜的。

续 表

患者人数	第一次手术年龄	评估年龄	成功标准	结 果	说 明
7	小于16岁	未说明	整形标准、性功能的可能性	2例青少年患者中有1例表示"性满意"	援引马斯特斯(Masters)和约翰逊(Johnson)的著作,对早期关于阴蒂切除手术不会影响性功能的观点提出质疑,并反对早期手术
11	各种年龄段,但没有具体信息	不详	整形标准、性生活满意度的相关报告(2例患者)	"整形效果满意"	一位接受早期阴蒂退隐术的8岁孩子通过阴蒂缩小术缓解了因性唤起而引起的疼痛;2位性活跃女性的报告说"术后能感受到同样的阴蒂快感"
3	婴儿	未说明	未说明	有关腹侧入路对阴蒂神经有较少损伤的报告	"很难通过临床诊断去评估外生殖器的感觉功能是否已经不会再受到影响"
10	婴儿	未说明	整形标准和器官功能	"极好"(但无数据显示)	很显然,这例报告仅涉及手术后的即刻反应,而无长期随访
9	小于1岁	小于1岁	整形标准,但没有具体说明	没有随访或具体描述	建议进行早期干预
10	0.5岁到5岁	中值年龄20.8岁	心理健康和身体正常情况;通过对心理、妇科以及身体评估做出的独立评估标准	"从解剖学方面以及外生殖器的功能这两方面看都不能令人满意";从心理学来看,患者大多还处于男性化或介于男性和女性之间	建议在整个童年时期由一个跨学科小组对患者进行连续治疗(心理治疗和心理咨询);每个孩子平均都接受过三次生殖器手术
6	3个月到13个月	6个月到42个月	整形标准,尤指是否成功遮住阴茎头	"所有患者都达到了满意的整形结果"	与阴蒂退隐术相比,更倾向于阴蒂缩小术
6	未说明	15到30	性高潮	"所有人都提到了性交过程中的性高潮"	更喜欢阴蒂缩小术
6	6个月到14岁	未说明	未说明	其中4人需要第二次手术	结果被简单地列为"满意"

北美间性人协会(Intersex Society of North America,ISNA)最具影响力的创始人谢里尔·蔡斯(Cheryl Chase)在这场战斗中发挥了极为重要的作用。她选择把她自己的故事公之于众,向其他间性人伸出援助之手,也开始与医疗行业的人进行接触。三十六岁的蔡斯(Chase)经营着一家成功的小型企业,这使她能够周游世界。要不是她迫切地想要分享她的过去,单凭和她的简单接触,是无法了解到她的病史的。她生下来就有卵睾,但是她的内生殖器和外生殖器又是呈女性化的,能显示她差别的唯一外部体征就是阴蒂偏大。一直到她十八个月大的时候,她的父母亲都把其当作男孩子来养。后来在外科医生的建议下,她接受了完全的阴蒂切除手术。她的父母改掉了她的名字,扔掉了她所有的男孩衣服,销毁了其作为男孩时拍摄的所有照片,开始把她当作女孩子来抚养。

等她再大一点的时候,医生再次对她进行手术,这次手术是把她生殖腺的睾丸部分切除。她被告知给她做的是一个疝气手术。她的病史档案中所记载的内容证实了她自己的回忆,在之后每年进行的复查中,医生从不直接跟她对话。而她的母亲也从不对病历报告上提及的精神病科转诊建议做更多的解释。尽管如此,在十八岁的时候,蔡斯(Chase)感觉到肯定曾经发生过什么事情。她决心去查出她病史记录中的内容。但一个曾答应帮助她的医生在读了她的病历后改变了主意,她拒绝告诉蔡斯(Chase)病历的内容。最后,在二十三岁的时候,她找到了另一个医生,医生告诉她,她曾被诊断为一个真正的雌雄间性人,并通过外科手术被“矫正”为一个女性。①

蔡斯(Chase)把这个消息埋藏在她潜意识的某个地方,藏了十四年。后来在旅居国外的时候,她心情抑郁,想要自杀。之后她又回国,开始接受治疗,挣扎着想要接受她的过去。为了了解她是否有希望在没有阴蒂的情况下达到性高潮,她咨询过相关的性治疗师和解剖学家。可从间性专家那里她没能得到什么帮助,这

① 蔡斯(Chase)讲述的关于即使她已长大成人,医生也拒绝告诉她真相的故事在成百上千个成年间性人中反复重演着。这些都可以在时事通讯、媒体采访以及学术著作和科研论文中找到,其中有许多我在这一章里都加以引用。社会学家莎伦·普雷威斯(Sharon Preves)已经采访了四十位成年间性人,并且开始发表她的采访结果。在一篇文章中,她叙述了弗洛拉(Flora)二十四岁的时候拜访一位遗传咨询师的经历。这个遗传咨询师跟她说:“我不得不告诉你,你目前状况的某些具体细节还没有透露给你,但我不能告诉你它们是什么,因为它们会让你感到非常难过。”

让她感到非常沮丧。“当我开始去寻找那些人的时候，”她写道，“我期望能寻求一些帮助。我以为这些医生应该会和那些擅长治疗像有我这样病史的病人的治疗师有很好的联系，然而他们没有，而且连一点同情心都没有。”

尽管蔡斯(Chase)对获得完整的性功能已感到绝望，但她还是一生都致力于改变早期生殖器手术的做法。她认为获得全方位性快感是人类与生俱来的权利，她希望其他人不会再被剥夺获得这种快感的可能性。在争取实现这个目标的过程中，她不提倡把孩子放在性别战争的前沿。相反，她建议他们要作为社会的男性或女性成长；然后，等他们长到青少年或是成年人的时候，他们可以自己做出决定是否接受手术——在充分了解这样的手术对将来的性功能会带来什么样的风险的情况下。他们也可以拒绝接受指派给他们的性别身份，如果他们拒绝，他们将不会因为过早的手术而失去他们身体结构中关键的部位。

蔡斯(Chase)已经成为一名有经验的政治活动组织者。虽然一开始她是单枪匹马地进行战斗，但是现在她的队伍已日渐壮大。“我1993年成立北美间性人协会，当时没有类似的政治团体存在。自从北美间性人协会出现后，其他与医疗机构更加针锋相对的团体也开始登场。1996年，另一位母亲在摆脱了把她的雌雄间性婴儿指定为女性的医学压力之后，成立了间性人教育倾听站(Hermaphrodite Education and Listening Post，Help)。”尽管许多较新的团体并没有那么明确的政治性，但一些团体还是很欣赏北美间性人协会更为激进的做法。[①] 蔡斯(Chase)也继续为各种间性人组织、学术界人士以及执业医生和心理学专家之间构建联盟。慢慢地，蔡斯(Chase)和其他人一起使美国的医疗实践开始发生了转变。

尽管如此，这些活动家依然遭到强烈的反对。蔡斯(Chase)在20世纪60年代早期做了阴蒂切除手术。有医生告诉我说，她所接受的手术和提供给她的信息不足这两方面在当时都是很典型的，但现在已不是这样了。虽然手术的方式已经

---

① 蔡斯(Chase)引用了AIS互助小组内部简报的话：“我们对北美间性人协会的第一印象是它们可能太过愤怒，并且过于激进，以致无法得到医学界的支持。然而，在读完北美间性人协会、凯斯勒(Kessler)以及霍姆斯(Holmes)等人有关间性人的政治分析之后，我们不得不说，我们觉得女性主义对间性人的父权式治疗的思想极为有趣，而且确实也很有道理。”

发生了变化(没有任何证据能证明它们有任何改进),[①]阴蒂切除手术仍时有发生。[②] 而对病人撒谎,甚至在他们已达到法定成人年龄之后仍旧对他们隐瞒医疗信息的情况也依然存在。细想一下新近发生在安杰拉·莫雷诺(Angela Moreno)身上的故事。1985年,在她十二岁的时候,她的阴蒂长到了3.8厘米长。因为无从比较,她觉得自己很正常。但是她的母亲注意到了这个问题,并感到惊慌和恐惧,拉着她去看医生,医生告知她得了子宫癌,需要进行子宫切除手术。她的父母跟她说,不管怎样,她都是他们的小女儿。然而,当她手术后醒来时,她的阴蒂已经被切除了。直到二十三岁的时候,她才发现她的性染色体是XY,而且已经长出了睾丸。她从没得过癌症。[③] 今天,莫雷诺(Moreno)已经成为北美间性人协会的活动家,而且认为是北美间性人协会帮助她在心理上治愈了由谎言和手术带来的创伤。她梦想能在蒙台梭利学校执教,或者收养一个孩子。她写道:"如果我必须要把自己说成是男性或者女性,那么我会说,我是一个不同的女性。我既不属于这种或那种性别,也不是两者的结合体。我生来就是一个独特的雌雄同体者——我打心眼儿里希望我当时被允许保持那样。"[④]

那些敢于直言的成年患者已经开始抗议那些对孩子欺瞒他们间性人身份的

---

① 例如,外科医生约翰·吉尔哈特(John Gearhart)和其同事一起发表了一篇论文,文中他们对阴茎再造过程中的神经反应进行了测试。他们的六例病案研究显示,即使在手术后,他们也能够监控阴茎的神经反应。他们写道:"我们的研究清楚表明,现代阴茎再造技术已考虑到对阴茎背神经和血管束神经传导的保护问题,并给成年后正常的性功能提供了可能。"请注意,他们的研究是针对婴儿进行的,但从手术到现在时间间隔还不够长,还未能对成年人进行随访研究。蔡斯(Chase)在一封私人信件和一封给《泌尿学杂志》(*Journal of Urology*)的信件里用她自己从北美间性人协会会员中收集的病例研究对他们研究的意义进行了反驳,她引述了神经传导正常的成年人出现性高潮缺失和减退的例证。吉尔哈特和他的同事做出回应,呼吁进行长期随访研究。在另一篇文章中,蔡斯指出外科手术技术是如何被建构成移动的目标的。总是可以通过声称新的技术已经解决了该问题来转移批评。鉴于需要数十年的时间才能使其中的一些问题暴露出来,那么这的确成了一个两难的境地。

② 科斯塔(Costa)等人把阴蒂切除术和阴蒂退隐术列为阴蒂成形术的备选方案,他们冷漠地指出:"阴蒂切除手术会导致阴蒂知觉的丧失。"

③ 癌症的说法不在少数。许多成年间性人都叙述过在他们的青少年时期,他们是如何相信自己会死于癌症。

④ 这种观点得到了另外一个北美间性人协会活动家摩根·霍姆斯(Morgan Holmes)的回应,霍姆斯是一个年近三十、充满活力的女性。为了安胎,医生给她母亲使用了黄体酮,一种使人雄性化的激素,结果霍姆斯生下来就阴蒂增大。当她七岁的时候,医生对她进行了阴蒂缩小术。与蔡斯(Chase)一样,没人跟她谈论过手术,但霍姆斯记着它。尽管手术没有使她失去性高潮,但是她的性功能受到了严重的影响。跟蔡斯一样,霍姆斯选择将事情公之于众。

做法。在过去，仅有一小部分专业人士发出声音来倡导用更加自由和开放的方式说出真相，然而最近，新的声音——那些来自患者自己的声音——开始要求披露事实的全部真相。1994 年，一位身患 AIS 的女性把自己的故事匿名发表在《英国医学杂志》(*British Journal of Medicine*)上。

她从未被告知事情的全部真相，但她病情的真相逐渐零星地被透露出来——这边儿会有个护士不经意说漏了嘴，那边儿会有个医生冒失地说错了话。作为一个年纪才十几岁的孩子，她却做了一些连治疗手册似乎都很少能预料得到的事情。聪颖、好奇的她去了医学图书馆，在那儿做了一些侦查工作。但她所查找到的东西并没有给她带来安慰。最后，当她一点点拼凑出整个情况的时候，她感到羞愧、难过，觉得自己被出卖了。她曾一度很想自杀。她花了好多年时间才消除了那些问题的困扰，感觉能更好地去认识自己了。她建议医生在面对雌雄间性孩子的时候告知全部的真相，并且坦诚地讨论关于性别身份的看法，这才是最好的医学实践。

这个女人的故事让那些有着相似经历的女性产生了共鸣。一个天生就没有阴道的女性给杂志编辑写了封信，对那篇匿名文章所传递的观点做出回应：

> 我和我的父母从来都没有得到过任何心理上的援助。除非父母能和一位专业心理咨询师(而不是医生)敞开心扉，坦诚交流，并能获得一些相关的信息——该何时告诉他们的孩子，该和他们的孩子说些什么，和其他患者的联系方式，到哪里去进行心理咨询或是心理治疗，否则他们就会被禁锢在他们自己的情感里。(不去采取这样的措施)会比在充满关爱和支持的环境下告知真相带来更为严重的危害。

事实上，所有新成立的成年间性人组织都抱有相同的态度：告诉我们全部的事实和真相。不要用谎言来侮辱我们的智商。在告知孩子时，应分阶段地把适合他们年龄的信息传递给他们。谎言是永远行不通的，它只会毁掉患者和父母，以及患者和医生之间的关系。①

从某种意义上说,阴蒂手术以及关于这种手术不会影响性功能的毫无事实根据的声明能持续到今天,这一点儿都不令人感到惊奇。② 对阴蒂解剖生理学的了解仍然十分欠缺。在医学文献中,已经在很长一段时期内——包括现在——都缺少对这一结构的研究。例如当前的医学图解就没有表现出这一结构的变异性,③甚至没有表现出它完整、复杂的结构。而实际上,在上个世纪之交的医学课本中(女性的自助手册除外)对阴蒂的陈述和描绘比如今的医学课本还更为全面一些。如果连医生都不了解生殖器的变异,对阴蒂的功能也知之甚少的话,他们又如何能知道手术后的整形效果或是生理机能是否能"令人满意"呢?

疤痕和苦痛

那些经历过生殖器手术的间性人的个人陈述给干巴巴的事实带来了一些鲜活的气息。这其中最为重要的一点是,对生殖器手术的长期研究是极其缺乏的。④即便如此,在医学文献中依然能找到很多有关此类手术所产生的副作用的证据。在对现有医学论文进行调查的过程中,我和我的同事博·劳伦特(Bo Laurent)注意到有论文提到过疤痕会导致不敏感,也提到过比起单次手术,多次手术经常会

---

① 一位女性写道:"当我发现自己患有 AIS 的时候,那一个个片段最后终于拼凑在了一起。但破碎了的是我和我家人之间的关系,以及我和我医生之间的关系。并不是了解自己的染色体和睾丸造成了这种无法抹去的精神创伤,而是因为发现自己被欺骗了。在接下来的十八年里,我拒绝接受所有的医疗护理,而缺少医学治疗的结果是我得了严重的骨质疏松症。这都是由谎言所造成的。"在这一期的《加拿大医学协会期刊》(*Canadian Medical Association Journal*)上刊登了许多封患有 AIS 的女性所写的表述同样心情的信件,这些女性因为《加拿大医学协会期刊》在一次有关医学伦理道德的医科学生论文竞赛中把二等奖颁给了一篇对 AIS 患者撒谎的道德性进行辩护的文章而感到愤怒。

② 迈耶—巴尔伯格(Meyer-Bahlburg)写道:"尽管目前的阴蒂缩小术如果做得好,似乎可以保护阴蒂头和它的神经分布,但是我们仍需要长期的对照随访研究,对在婴儿期或是儿童期经历过这样治疗(阴蒂手术)的成年人的阴蒂功能质量进行更加具体细致的评估。"

③ 缺乏对生殖器——尤其是儿童生殖器——可变性的研究,已经让用解剖学标志去证明儿童性虐待问题变得非常困难。这里我们似乎陷入了一场恶性循环。我们避讳承认婴幼儿以及未发育完全的生殖器,这意味着我们实际上还未能非常系统地去思考它们。这就是说,我们没有"客观的"方法去证明我们所害怕的事情:儿童性虐待。它也使我们没有足够的能力去和间性儿童以及他们的父母就他们自己在解剖学上的差异进行理性的交谈。

④ 纽曼(Newman)等人写道:"勃起组织切除手术的长期疗效还需要进行更加系统的评估。"

在生殖器部位留下更为严重的疤痕。我们还发现论文中有五处提到过在阴蒂或阴蒂的残留部分出现残留疼痛的情况。[①] 特别值得注意的是，有一例报告提到在十六例接受阴蒂退隐术的患者中，有十例出现了阴蒂超敏反应。

阴道成形术，这个对增大、重塑或重建阴道等形形色色医学技术的总称，也会出现诸如“疤痕密集和阴道狭窄”的危险（体内通道、导管、管道出现障碍或变得狭窄）。劳伦特（Laurent）和我发现在论文中有十处不同的地方提到过与阴道手术相关的疤痕。器官狭窄症是一种最常见的并发症。[②] 而造成这种阴道开口或阴道前庭变窄的其中一个原因就是疤痕组织。因此，有一个手术团队把让阴道不留有一点环状痕列为他们的一个目标。在对文献进行检索的过程中，我们发现阴道成形术，特别是在婴幼儿时期进行的这种手术，[③]导致阴道狭窄的发病率会高达80％～85％。[④]

多次生殖器手术不仅会对生理，还会对心理造成负面影响。一组医生承认这样的手术在心理上所造成的创伤可能会在一定程度上与预期的成效相抵消：“如果孩子认为其身体受到了医生的摧残，就会过度地、痛苦地去关注生殖器，这样的

---

① 纽曼（Newman）提到九例患者中有一例出现性高潮疼痛。伦道夫（Randolf）写道：“尽管还有旧的疤痕，但对阴蒂退隐术做第二次努力是值得的，而且还会取得圆满成功。”拉蒂默（Lattimer）在对阴蒂退隐术的描述中提到了“中线疤痕”，说它最终会因隐藏在大阴唇褶皱之中而看不到。艾伦（Allen）等人引证说在八例阴蒂退隐术的患者中，有四例抱怨阴茎勃起疼痛。纽尔一费克特（Nihoul-Fekete）说阴蒂切除手术的残留部位也会疼痛。关于阴蒂退隐成形术，她写道：“阴蒂的敏感度得到了保留，但有一些例外的情况，在这些例外的情况下，血管因过度切除造成术后坏死。”

② 纽曼（Newman）写道，经历过大规模阴道和阴蒂手术的患者的“性功能情况从满意到糟糕都有”。艾伦（Allen）写道，他们限制对婴儿进行阴道成形术，“与其在较早的年龄阶段采取激进的手段进行手术治疗后引发密集的疤痕和阴道狭窄”，还不如等到青春期再进行全面的手术。杜赫斯特（Dewhurst）和戈登（Gordon）写道，如果闭合的唇褶在肠道和膀胱可控之前就被切开，那么“可能会带来不完全的愈合，也可能在以后留下疤痕”。

③ 关于这些手术最好是在婴幼儿时期，还是等到青少年时期或成年期进行的争论仍在继续。和尿道下裂手术（见上一章）一样，阴道再造手术也有很多种类型。

④ 关于器官狭窄症或阴道缩窄：十例患者中有三例中度至重度阴道前庭狭窄；十例中有五例从中度至重度阴道狭窄。1975 年前进行的手术——三十三例患者：八例阴道狭窄，三例阴道口偏小，一例阴唇黏连，一例阴茎纤维化。1975 年后进行手术的二十五例患者：三例阴道狭窄，一例阴唇黏连。十四例进行阴道恢复类阴道成形术的患者中有八例发展为重度器官狭窄。十三例进行早期阴道成形术的患者中有八例由疤痕造成的狭窄症。米金（Migeon）说进行过阴道手术的女孩“有手术后的疤痕组织。她们会遭遇性交插入的困难。这些女孩受到了折磨”。纽尔一费克特（Nihoul-Fekete）报告了十六例进行过阴道截短手术的病例，其中有十例青春期后出现了阴蒂超敏反应。

话,要想调整心理状态就不那么容易了。”间性人的个人陈述也证实了治疗的负面效应。许多成年间性人报告说,反反复复的生殖器检查,常会伴有摄像,还会有一群医学院的学生和见习医生,这些都成了他们童年记忆中最痛苦的一部分。例如像琼/约翰(Joan/John)就把每年去约翰·霍普金斯大学医院的经历描述为“摧残性”的经历。

其他人也同意这个说法。一个具有雌雄间性特征的男人跟我说,在对具有雌雄间性特征的男孩进行阴茎生长和功能的检测中,有一个方法就是让医生对男孩进行手淫,以达到阴茎勃起的效果。而那些接受阴道手术的年轻女孩也要遭受类似的侵入体内的行为。当给一个婴儿或是一个蹒跚学步的孩子进行手术时,父母亲会被告知要给孩子插入一根人造阴茎,以便使新造好的阴道不会闭合。[①] 医学把注意的焦点集中在创建一个合适的生殖器上,这样的手术目的是为了防止心理上的痛苦,但适得其反,显然它反而引起了心理上的痛苦。

多次手术

统计资料能说明真实的情况。尽管医学文献显示出对生殖器手术可行性有信心,但手术还是复杂和危险的。在接受过生殖器手术的孩子里,有30%~80%的孩子都经历过不止一次的手术。一个孩子要忍受三五次这样的手术,这已经不足为奇。一项对约翰·霍普金斯大学医院在1970年~1990年间所做的阴道成形术的调查中发现,在二十八个做过早期阴道成形术的女孩里,有二十二个(78.5%)女孩需要再次接受手术治疗。在这当中,有十七人已经做过两次手术,十五人已做过三次手术。另一项研究报告说,要想成功地施行阴蒂退隐术,“需要对一些孩子进行第二次手术,对许多患者进行第三次手术,对其他一些患者还要进行阴茎头成形术”(阴茎头成形术包括对阴茎的尖端进行切割和整形)。他们还

① 从最近一份对间性人儿童心理健康的评估中发现,在较年轻的时候扩张阴道显然会引发严重的心理问题,因为这就像经历了一次对身体完整性的侵犯。

报告了在第一次早期阴道成形术之后进行的多次手术。[①]

阴道成形术是对间性人实施的较为常见的手术之一，关于这类手术的数据相当多。劳伦特(Laurent)和我对三百一十四例患者的信息进行了汇总，并把它显示在表 4.2 里。表格显示出医学评估并不统一。研究人员仅对二百一十八例患者给出手术成功具体的标准。对成年人(约二百二十例患者)来说，一个评判标准就是性交能力。这些研究所暴露出来的问题是，即使按照他们自己提出的标准，这些手术也几乎不能算是成功的，而且还经常风险很大。

表 4.2　对阴道成形术的评估

患者人数	手术年龄	评估年龄	成功标准	结　果	说　明
7	婴儿	未提及	未提及	“满意”(未说明标准)	对于男性化程度较高的人来说，阴蒂切除术令人满意
42	小于 1 岁到 2 岁	大于 16 岁	阴道插入舒适	· 第一次手术成功率：34% · 三次手术后的成功率：62%	很多患者未能接受进一步手术；年纪稍大些的患者成功率较高
23	未提及	15 岁到 37 岁	阴蒂活动；性高潮报告	· 15 例有频繁的性活动(1 次/天到 2 次/周) · 5 例“频率下降” · 13 例在阴道插入过程中出现性高潮 · 9 例在伴侣的手刺激过程中出现性高潮 · 50% 的患者需要阴道润滑液	“决定成功与否最重要的一个因素是将患者的心理调节到和知道异常之前一样”
23	平均 1.84 岁到5.5岁	未提及	未提及	· 15 例(年纪更小的人群)有严重的术后并发症，包括器官狭窄症和阴道发育不全 · 8 例年纪稍大的患者被列为合格	建议把“阴道成形术推迟到青春期，而不是在较早的年龄阶段采取较激进的手术手段而引发密集的疤痕和阴道狭窄”

① 手术的次数可能高达 20 次。在一项对 73 例尿道下裂患者的研究中，手术的平均次数是 3.2 次，手术次数的范围从 1 次到 20 次。

续　表

患者人数	手术年龄	评估年龄	成功标准	结　果	说　明
80	未提及	18 岁到 70 岁	调查表报告了性生活及婚姻状况	·65%的患者有符合要求的阴道口和阴道 ·23%有合适阴道口的患者没有性生活，而 64%阴道口不合格的患者没有性生活	建议更加重视合适的手术矫正，"更多的采用心理-内分泌的手段，以使患者能接受阴道成形术"
14(?)	未提及	成人	未提及	·4 例中有 2 例进行阴股沟皮瓣手术：出现阴道尺寸问题 ·14 例中有 8 例进行拖出术的患者：出现严重器官狭窄症，需要进行第二次手术 ·3 例在阴道口出现不舒适的毛发生长	讨论阴道成形术技术的利与弊；对手术最佳年龄不做评论，但显然是对婴儿进行的手术
13	青春期前	11 岁到 22 岁	未提及	·13 例中有 10 例因器官狭窄症需要进行再次手术 ·13 例中有 3 例有过成功的性交	·缺乏成功，"令人很气馁" ·一般来说，在早期被整形过的阴道口会有严重的疤痕 ·"进行阴道前庭重构术是不明智的，除非到了青春期之后"
45	3 到 15 岁以后	未说明	阴道口后缘位置；缝口的柔韧性，无炎症和狭窄症；阴道口质量；周围肌肉没有肥大现象	·45 例中有 16 例在青春期后需要进行再次手术 ·12 例进展顺利的病例中有 6 例说性生活令人满意	矫形手术在一定程度上已经达到了在早期实现变性的目标
28	3 周到 5 岁	18 岁到 25 岁	成功的阴道插入	·28 例中有 6 例仅需要一次手术 ·28 例中有 22 例需要三到四次手术	探讨导致多次手术的解剖学因素，但是还是主张在早期进行手术
23	未提及	14 岁到 38 岁	阴道插入未出现疼痛和流血；性高潮	·8 例进行术后扩张术的患者中，有 7 例表示满意 ·8 例未做术后扩张术的患者中，有 4 例表示不满意 ·7 例没有性活动	结论表示在童年时期进行阴道成形术，随后在成年时期进行扩张术，会产生较好的结果；提供了有关阴蒂切除术和阴蒂成形术的比较数据

续 表

患者人数	手术年龄	评估年龄	成功标准	结果	说明
38	除1例外，其余全都在15岁到30岁之间	未说明	润滑程度；阴道长度或直径；生育能力；没有心理问题	·阴道不润滑：38例中有6例 ·阴道尺寸过小：38例中有5例 ·不能生育：38例中有10例 ·心理问题：38例中有3例 ·缺少心理咨询：38例中有12例 ·在23例有较强性欲的患者中，18例有着满意的性生活	

首先，手术后的并发症导致额外手术的频率较高。有的时候多次手术会导致严重的疤痕。其次，许多作者都强调需要对患者进行心理强化，以便让他们能接受手术治疗。再次，总体的成功率是非常令人失望的。一项研究发现，在八十例患者中，尽管有六十五例有“令人满意的”阴道口，但是其中有二十三例患者无法进行性交。在第一次手术不成功的情况下，许多患者都拒绝接受更多的手术。因此，在那些对阴道成形手术成功与否有着明确的标准和报道的研究中，手术有着很高的失败率。

有关尿道下裂手术的研究资料既显示出好消息和坏消息，还显示出不确定效价的消息。好消息是指已接受过尿道下裂手术的成年男性和实验对照组里的男性（这些对照组里的男性在童年接受过腹股沟手术，而不是生殖器手术）在相同的年龄阶段到达重要的性的里程碑——例如，第一次性交的年龄。他们在性行为或性功能方面也和实验对照组里的男性没什么区别。坏消息是指这些男性在寻求性接触时显得较为胆怯，这可能是因为他们对自己的生殖器外观持有一种负面情绪。此外，男性所经历的手术次数越多，他们的性压抑程度也就越高。[①] 对有严重

① 尿道下裂手术的心理结果可能会因文化差异而有所不同。例如，在荷兰所做的一系列研究中发现，对生殖器外观的不满在某种程度上是由尿道下裂手术后的环切的样子而造成的，因为在荷兰对男性进行包皮环切术是十分罕见的。一项早期研究发现，在他们的尿道下裂患者中有11%反复出现性别不明的状况（这被认为是一件坏事）。达克特（Duckett）认为“对我们当中那些为尿道下裂症病人描绘了一个乐观前景的人来说，这项研究十分令人不安”。

尿道下裂的男性所进行的手术，成功率是微乎其微的，他们可能经常出现正常的勃起，但会发现在排尿和射精的过程中喷射等问题仍然存在。

那么，那些效价不确定的消息又指的是什么呢？它全都取决于你是否认为严格遵守合乎法律规定的性别角色就意味着心理上的健康。例如，一项研究发现，那些因出现与尿道下裂相关的一些问题而经常入院治疗的男孩都表现出较高程度的“跨性别”行为。[①] 对间性管理团队，比如一个明确表示目标是“要阻止对生来就具有性别模糊的生殖器官的孩子产生跨性别行为”的团队来说，这样的结果可能意味着失败。而另一方面，执业医生也已发现，即使当他们遵循莫尼（Money）的管理原则到T的阶段，在所有雌雄间性孩子中，仍有多达13%的孩子——不仅仅是尿道下裂的男孩——会逃避治疗过程中严格规定的性别要求。这使得那些坚守两性体系的心理学家感到焦虑不安。但是，在我们这些本来就相信性别是非常多元化的人看来，间性儿童间存在性别差异并不是一个坏消息。

① 伯格（Berg）报告说，患有尿道下裂的男性对性别身份和男性气质的不确定性明显增强，但是同性恋人数并没有增加。

拒绝的权利

现代管理指南在如何让家长处理好建议性治疗的问题上花费了大量的心思。显然它是一个非常棘手的问题，而且它必然是一个非常棘手的问题，因为家长可能会很难对付。有的时候，他们对孩子的性别以及他们所能允许的手术整形程度都会坚持自己的看法。在20世纪90年代，海伦娜·哈蒙—史密斯(Helena Harmoon-Smith)的儿子一出生就既有卵巢，又有睾丸，而医生想要把他变成一个女孩。哈蒙—史密斯(Harmoon-Smith)拒绝了。“他有着我所没有的器官，”她写道，“而且他是个漂亮的孩子。”哈蒙-史密斯(Harmoon-Smith)认为没有必要进行手术干预，但是一个医生违背了她明确表达的要求，切除了她儿子的生殖腺。作为对此的回应，她成了一个激进人士，成立了名为间性人教育倾听站的家长互助小组。

最近，哈蒙—史密斯(Harmoon-Smith)以“十诫”的形式，向那些会遇到间性新生儿的医生发出建议。“十诫”包括：不可“在第一年就断然做出决定”；不可“把家人隔离在信息和援助之外”；不可“将患者隔离在特护病房”，而应“允许患者待在普通病房”；等等。[①] 凯斯勒(Kessler)建议在宣布一个患CAH、性染色体为XX的儿童出生时应该使用新的脚本：祝贺。“你生了个漂亮的小女孩。她阴蒂的大

---

① 戒律的全文如下：1）不可让家人不给“孩子”命名。2）一定要鼓励家人用昵称称呼自己的孩子。3）不可称患者为“那个孩子”。4）一定要用父母选的昵称或名字来称呼患者。5）不可把患者隔离在新生儿重症监护病房。6）一定要允许患者住在普通病房。7）一定要让家人与提供信息或互助的团体保持联系。8）不可把家人隔离在信息和援助之外。9）一定要鼓励家人看心理咨询师或是心理治疗师。10）不可在第一年就断然做出决定；不可在患者尚未离开医院之前就安排第一次手术。

小和她闭合的阴唇为我们可能要处理的一个潜在的医学问题提供了一条线索。尽管她阴蒂的尺寸偏大,但它绝对是一个阴蒂。关于阴蒂重要的一点是它的功能,而不是它的外观。她很幸运。她的性伴侣会发现要找到她的阴蒂很容易。”

家长的阻力并不是一件新鲜事。在20世纪30年代,休·汉普顿·扬(Hugh Hampton Young)就描述了两例病例,在这两例病例里,家长都拒绝让医生对他们的间性孩子进行手术。十五岁的古茜(Gussie)是被当作一个女孩子抚养成人的。在住院后(入院的原因不清楚),扬(Young)(在通过全麻后进行的内视镜检查中)发现古茜(Gussie)身体一侧有一个睾丸,她长着肥大的阴蒂、阴道,还有一个未充分发育的输卵管和子宫,但没有卵巢。当孩子躺在手术台上的时候,他们决定把睾丸下降到肥大的阴唇内。然后他们告诉孩子的母亲,孩子不是女孩,而是一个男孩,建议她把孩子的名字改为格斯(Gus),并让其回来接受进一步的“正常化”手术。

母亲的反应是感到极其震怒,并立刻做出回应:她被深深地激怒了,坚称她的孩子是一个女孩,她不需要男孩,而且她还依然会把患者当作女孩来抚养。家长的抵触情绪把扬(Young)置于十分尴尬的境地。他已经创造了一个有外部睾丸的新身体。他是不是接受孩子母亲的坚持,让其保留女孩的身份呢?如果这样的话,那该怎么做呢?他是不是应该切除阴茎和睾丸,即便那样做会让孩子没有任何具有功能的性腺?他是不是应该尝试着去人为调节孩子的激素分泌呢?这些问题一直都没有被解答:孩子再也没回医院。在一个相似的案例中,家长甚至拒绝接受探查术,在对孩子进行外部检查后,就再也没有回来。扬(Young)开始思考这些他无法控制的可能性。“难道,”他感到很迷惑,“就应该让这位患者像男性一样成长,即使手术显示其长着女性的性腺?”

扬(Young)还讨论了几例成年间性人的病例,这几例患者不仅拒绝接受治疗,还拒绝接受对他们的“病情”进行全面的“科学”解释的机会。例如乔治(George)是被当作一个女孩子抚养长大的,十四岁的时候她/他离家出走,开始像男性一样穿衣和生活。后来,她/他以一个男人的身份结了婚,但发现很难养活妻子。因此她/他从英国移居到美国,又开始像女人一样穿着打扮,还成了某个男人的情妇,但是在和女性进行性交时,她/他还仍然保持着男性伴侣的身份。她/他那发育完全的乳房会引起尴尬，于是她/他想请扬（Young）把乳房切除。当扬（Young）拒绝在没有经过手术确认其“真实”性别身份的情况下这样做时，病人消失了。扬（Young）的另一例患者弗朗西斯·本顿（Francies Benton）以在马戏团的畸形秀当展览品为生。广告上写着“男性与女性合二为一。一个身体——两个人”（图4.1）。本顿（Benton）无意去改变自己的生活方式，但想从扬（Young）那儿寻求专家意见以满足自己的好奇心，并且为证明其广告词的真实性提供医学鉴定。①

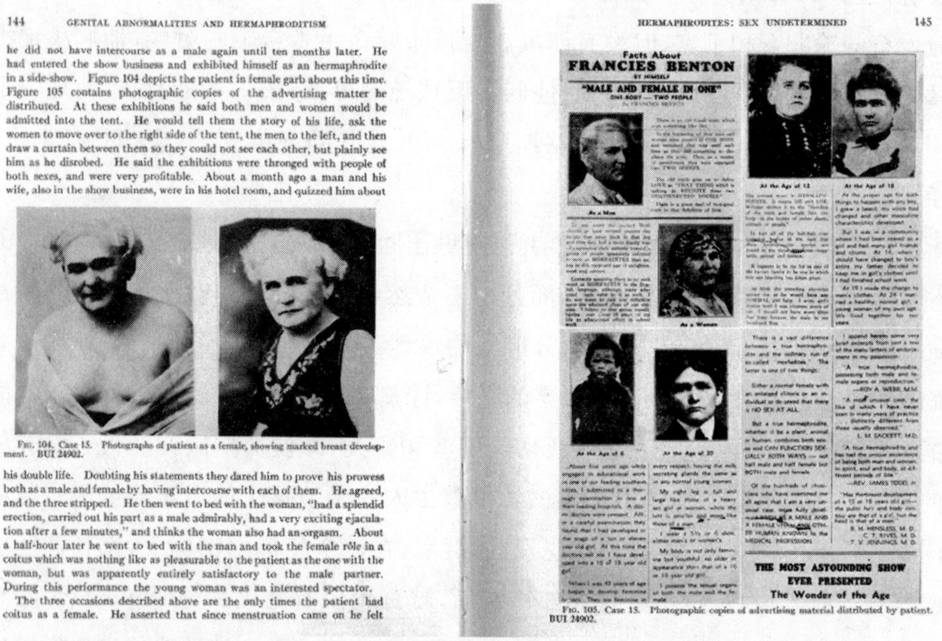
144 GENITAL ABNORMALITIES AND HERMAPHRODITISM

he did not have intercourse as a male again until ten months later. He had entered the show business and exhibited himself as an hermaphrodite in a side-show. Figure 104 depicts the patient in female garb about this time. Figure 105 contains photographic copies of the advertising matter he distributed. At these exhibitions he said both men and women would be admitted into the tent. He would tell them the story of his life, ask the women to move over to the right side of the tent, the men to the left, and then draw a curtain between them so they could not see each other, but plainly see him as he disrobed. He said the exhibitions were thronged with people of both sexes, and were very profitable. About a month ago a man and his wife, also in the show business, were in his hotel room, and quizzed him about

Fig. 104. Case 15. Photographs of patient as a female, showing marked breast development. BUI 24902.

his double life. Doubting his statements they dared him to prove his prowess both as a male and female by having intercourse with each of them. He agreed, and the three stripped. He then went to bed with the woman, "had a splendid erection, carried out his part as a male admirably, had a very exciting ejaculation after a few minutes," and thinks the woman also had an orgasm. About a half-hour later he went to bed with the man and took the female rôle in a coitus which was nothing like as pleasurable to the patient as the one with the woman, but was apparently entirely satisfactory to the male partner. During this performance the young woman was an interested spectator.

The three occasions described above are the only times the patient had coitus as a female. He asserted that since menstruation came on he felt

HERMAPHRODITES: SEX UNDETERMINED 145

Fig. 105. Case 15. Photographic copies of advertising material distributed by patient. BUI 24902.

图4.1 弗朗西斯·本顿（Francies Benton），一个“名副其实的间性人”，及其广告

根据教条，若不接受医学治疗，特别是早期的手术干预，雌雄同体者注定只能过一种痛苦的生活。然而几乎没有任何实证调查能支持这一说法。事实上，为医学治疗提供依据而收集的研究资料却经常恰好起了相反的作用。例如，弗朗西斯·本顿（Francies Benton）“对自己的情况毫不担忧，不希望有所改变，而且还能

① 最近，专家们开始对把异常身体作为公共娱乐形式进行展示的现象进行分析。

去享受生活"。德国美因茨大学内科医院医生克劳斯·奥弗齐尔(Claus Overzier)在报告中说,在大多数情况下,患者的心理行为仅仅与他们的抚养性别,而不是他们的身体类别相符合。而且在许多这样的案例中,患者也并未"调节、改变"自己的身体类别,以便符合抚养性别。在他的九十四例案例中,仅有15%的患者不满意他们的法律性别,而在每一例这样的案例中,都是一个"女性"希望能成为一个"男性"。甚至连坚信早期治疗很重要的杜赫斯特(Dewhurst)和戈登(Gordon)也承认,对年纪稍大的患者进行"性别改变"会取得巨大的成功。他们报告了二十例儿童的情况,这些儿童都在十八个月的关键期之后被重新划分为另一性别。他们认为所有的性别重新分类都是成功的,他们在思考是否性别的"重新分类比当前所显示的更加值得推荐"。然而,他们只强调了与后期性别变化相关的一些实际困难,却没有强调这一积极的发现。

有时候,患者会拒绝治疗,尽管已经有了很明显的后果,比如女性长出了胡须。伦道夫(Randolf)等人对一个"尽管阴蒂已经严重变形受损,却还依然坚决拒绝再次手术"的女孩进行了讨论,而范·德·坎普(Van der Kamp)等人报告说,在十个接受阴道成形术的成年女性中,有九个感到这样的手术不应该在青春期之前进行。最后,贝莱兹(Bailez)等人报告了一例个案,患者拒绝为了使阴道口适合性交而进行第四次手术。①

那些在成长中有着似乎与他们指定性别身份不相符的生殖器的间性儿童并非注定只能过悲惨的生活。劳伦特(Laurent)和我找到八十几个青少年和成年人的实例(1950年以来所公布的),他们都是有着明显异常的生殖器的(表4.3和表4.4)。其中仅有一例患者被认为可能有点精神失常,但那跟他有精神病的父母有关,而不是跟性别模糊有关。病案总结表明,孩子会适应异常生殖器的存在,并成功地成长为正常的成年人,他们其中有许多人都结了婚,有着活跃且显然令人满

① 米金(Migeon)报告了其他几起停止服用防止女性男性化药物的病例。琼斯(Jones)和威尔金斯(Wilkins)报告了一例接受子宫切除术和乳房切除术但拒绝接受生殖器手术的患者,即使他不得不坐着小便。阿齐兹(Azziz)报告了十六例需要接受多次手术以达到舒适性交的患者,其中有五例未能坚持到底。卢贝斯(Lubs)讲述了一例生殖器异常的十六岁的患者:"家人觉得她不应该再接受进一步的检查,而且也不允许再进行任何研究。"范·赛特尔斯(Van Seters)和斯洛布(Slob)描述了一例阴茎短小畸形的案例,案例中,在男孩到能自主做出决定的年龄之前,父亲都拒绝进行手术。

意的性生活。即使是早期干预的支持者们也承认，适应异常生殖器是有可能的。汉普森(Hampson)在介绍了关于两百多个后青春期间性人的数据后写道："令人惊奇的是，那么多看上去性别模糊的患者，尽管有这样的外表，却能够不断成长，并拥有健康的心理，或者只是稍有些不健康而已。"

表 4.3　有异常生殖器并被作为男性抚养长大的儿童心理调查结果

成长模式(样本大小)	指定性别的变化	医学干预	评估方法	结　果	说　明
性染色体为XX的间性人(1)	无；被当作男性抚养长大	11岁：切除一个卵巢；24岁：卵巢活检	仅做了体格和激素检查	是个有着满意性生活的已婚男性	从未被告知他实际的身体情况
阴茎短小，阴囊对裂，阴茎根部小便；青春期乳房发育，发现有子宫、输卵管和卵巢	被当作男性抚养；十几岁时被重新指定为女性	17岁时进行阴道重构手术；未进行阴蒂手术	体格检查；激素检查；精神科面谈；明尼苏达多阶段人格测验(MMPI)及罗夏克墨迹测验(Rorschach test)	20岁结婚并希望有孩子	儿童时期喜欢作为男孩的生活；从父母那儿接受了大量的性教育；因为解剖学上的差异，母亲鼓励其保守生殖器的秘密
在基因、生殖腺及激素方面都是男性，表现出性早熟(1)	无；被当作男性抚养长大	全面的家庭咨询	智商；标准心理测试；访谈	"非常合格的心理调整"	健康的家庭生活
XX间性人；阴茎短小、尿道下裂；闭合的空阴唇/阴囊(1)	无；被当作男性抚养长大	十几岁时，胸部和女性的内脏器官被切除；激素治疗；25岁时对阴茎进行整形手术	全面的访谈	已婚男性；"总体来说他被当作一个正常的男性大学毕业生——是更为稳定、调整得较好的患者之一"	是一篇论文里仅有的一个个案研究，这篇论文总结了大量的研究，但几乎未提供具体的细节
CAH；交接器原基短小并有尿道贯穿(1)	无；被当作男性抚养长大；18岁时因血尿进行医学检查	18岁时切除子宫和卵巢；激素治疗	临床报告	"考上大学，主修音乐，并对体育感兴趣"；与女性有性接触	"10岁的时候患者注意到他的外部生殖器比其他同龄男孩的要小，至此之后，注意不在同学面前暴露他自己"
CAH；阴茎海绵体；21岁时阴茎长5厘米(1)	无；当作男性被抚养长大；周期性尿道出血	无	仅有体格检查	已婚男性	无数据显示心理状况

续 表

成长模式（样本大小）	指定性别的变化	医学干预	评估方法	结 果	说 明
CAH；自 5 岁起开始有阴毛和腋毛；26 岁开始来月经；小阴茎；阴茎海绵体(1)	无；35 岁时表达想成为一个女性的愿望	肾上腺手术，导致患者死亡	体格检查和平时观察	智力正常，第二次世界大战期间在军队服役	在青少年时期，受男性伙伴吸引
相同的体格发育（前面一例病人的弟弟）(1)	无	从 25 岁起开始进行激素治疗（因哥哥死亡而拒绝手术治疗）	体格检查和平时观察	22 岁结婚；能有规律地进行性交	22 岁时开始来月经
CAH；有小的交接器原基(2)	无；被当作男性抚养长大	卵巢和子宫分别在 12 岁和 31 岁时被切除	心理检查，通过访谈	两例患者都已结婚，一例通过人工授精有了孩子；认为性生活良好	适应了除阴道性交之外其他方式的性生活
阴茎短小且乳房已发育的间性人(1)	一次；被当作男性抚养长大	15 岁时进行卵巢和子宫切除手术	无	与一位女性结婚，寻求不孕不育的咨询	
间性人；阴蒂肥大，有月经；乳房发育良好，无胡须、阴毛和腋毛(1)	无；被当作男性抚养长大	20 岁时切除了卵巢和子宫，但留下了残余的卵睾	体格检查及简短的观察	作为男性结婚；从事农场工作	“相对安静，喜欢一个人工作，有一些自卑情结”
被当作男性抚养长大的间性人(1)	无	29 岁时切除卵睾	访谈的案例报告	从 8 岁起开始意识到生殖器异常；设法隐藏，积极参加如足球等男性体育活动；选择在男性职业领域工作；26 岁时和一个基因性别及社会性别都为女性的人结婚	15 岁时开始的乳房发育让其放弃了竞技性的游泳和足球运动
异常生殖器；乳房肥大；周期性血尿(1)	无；被当作男性抚养长大	21 岁时进行子宫和卵巢切除手术	与患者对话交流	患者以男性的身份行动及工作；有女性性伴侣	想让他转变为女性；患者拒绝，更倾向于养育性别
生殖器性别模糊；长有乳房(1)	无；被当作男性抚养长大	15 岁到 16 岁期间：乳房成形术，进行了三个阶段的尿道下裂修复，子宫切除手术	与患者对话交流	和其他男孩一起参加体育运动；“在整个童年时期都有较合适的社会适应能力”	

续　表

成长模式（样本大小）	指定性别的变化	医学干预	评估方法	结　果	说　明
被当作男性抚养长大的间性人(1)	无	作为一个年轻人：子宫切除手术以停止月经，缩胸手术	案例报告	患者“完全满意”，但其不得不坐下小便	患者设法向家人隐瞒其需要坐下小便
多方面原因：激素及继发性身体形态与指定性别相矛盾(27)	无；4 人被当作男性抚养长大，23 人被当作女性抚养长大	不确定	心理和生理检查	“4 人对性别角色问题有矛盾的态度”	所有有矛盾态度的案例都出现在被作为女性抚养长大的患者身上
间性人；XX、XY 性染色体嵌合体；乳房和血尿；被注意到出生时生殖器异常(1)	无；被当作男性抚养长大	14 岁时的诊断包括切除子宫和输卵管	案例报告，主要集中在染色体构成方面	心理测试人员不建议进行性别的改变	没有关于其后来生活状况的具体细节
被当作男性抚养长大并伴有阴茎短小的成年人(12)	无	其中部分人睾丸被切除，其他人可能要进行尿道下裂手术	访谈	9 例大约在 16 岁时开始性交；全都是异性恋男性；6 例觉得正常，6 例遭人耻笑	那些“强调异常或是拒绝讨论异常问题，经常告诫孩子要隐藏好自己的问题”的家长们“养育出了羞涩和焦虑的孩子”；“一个短小的阴茎并不妨碍正常的男性角色，仅一个小阴茎或是小交接器原基不应该在婴儿期决定该婴儿的女性性别”

表 4.4　有异常生殖器并被作为女性抚养长大的儿童心理调查结果

成长模式（样本大小）	指定性别的变化	医学干预	评估方法	结　果	说　明
有一个类似阴茎的阴蒂；被当作女性抚养长大；13 岁时月经来潮(1)	无	成年后进行手术治疗；阴蒂切除术	心理检查；激素检查	声称患者满意	患者起初受女性吸引，但有着女性性别身份；精神病专家想要通过手术把她转变为男性，但她拒绝了

续 表

成长模式（样本大小）	指定性别的变化	医学干预	评估方法	结　果	说　明
从基因、生殖腺及激素等方面都是女性;出现性早熟(3)	无;被当作女性抚养长大	进行全面的家庭咨询	智商测试、标准心理测试;访谈	3例患者中有2例适应较好,1例患者预计会出现精神错乱	适应不好的患者有一个精神病的父亲,整个家庭的适应性都很糟糕
XY间性人;阴蒂肥大(2厘米到3厘米);阴囊对裂;通过阴道小便(2)	无;被当作女性抚养长大	无;结婚时因泌尿器官异常而进行检查	体格检查;激素检查	看上去很健康的已婚女性	在10岁时因为小便方式而意识到体格出现的问题;未提及因阴蒂肥大而感到不适。
XY间性人;阴茎和阴道短小(1)	无;被当作女性抚养长大	作为一个已婚的成年人:切除阴茎;阴道扩张术	无	婚姻幸福,但不能生育	
XY间性人;无乳房发育(1)	无;被当作女性抚养长大	21岁时切除睾丸,扩大阴道,雌性激素治疗	未知	"对她女性的角色感到非常适应"	
睾丸衰竭;性别模糊但呈女性化的生殖器(3)	20岁到33岁期间接受变性手术,从女性变为男性		与患者对话交流	2例无信息,1例"患者十分满意"	呼吁在何时进行手术的问题上"稍微不那么死板的态度"
有严重会阴型尿道下裂的正常男性;被作为女性抚养长大(1)	14岁时重新指定性别	手术矫正尿道下裂	心理测试和访谈	几个月之后能成功地适应	"约翰·霍普金斯医院的医疗队伍未能提供令人信服的证据"来证明有必要进行早期变性手术
CAH女性(7)	无;被当作女性抚养长大	无	心理检查和访谈	2例已结婚:"她们的看法及行为方面完全是女性化的"	
多方面原因:激素及继发性身体形态与指定性别相矛盾(27)*	无;4例被当作男性抚养长大,23例被当作女性抚养长大	不确定	心理检查和体格检查	"4例对性别角色有矛盾情绪"	所有有矛盾情绪的案例都出现在被当作女性抚养长大的患者身上
有阴茎,阴囊对裂,有睾丸和卵睾的间性人(2)	无;被当作女性抚养长大	分别在26岁和24岁时重塑生殖器	与患者对话交流;体格检查	两者都以女性身份结婚;"看上去是正常的女孩"	1例没有阴道口;1例无性高潮;2例术后都失去性欲

续 表

成长模式（样本大小）	指定性别的变化	医学干预	评估方法	结 果	说 明
有和阴茎一样大小的阴蒂(1)	无；被当作女性抚养长大	17岁时进行了阴茎摘除和阴道扩张术	无	患者感觉自己是女性	“花了一定的工夫才说服她接受手术治疗”
尿道下裂；被当作女性抚养长大(1)	13岁时从女性变为男性	在患者要求修复尿道下裂的情况下进行了多次手术	大量有关其如何应对性别改变的第一手报告	已婚，有两个领养的孩子	
尿道下裂；被当作女性抚养长大(1)	13岁时从女性变为男性	尿道下裂修复以及暴露被覆盖的阴茎的手术	传闻	成功的婚姻	患者迫切地要进行改变，“有他自己的想法，甚至有对名字的选择以及明确的男性化活动方案”
间性人；被当作女性抚养长大(1)	无	18岁时做手术打开阴道	案例报告	刚出生时被确定为男性，被母亲当作女孩抚养长大；性取向上喜欢男性，希望能结婚	母亲在患者小时候告诉她：“她与其他男孩和女孩不一样，不要让其他人看到她的外阴”
间性人；被当作男性抚养长大(1)	无	29岁时进行尿道下裂修复	案例报告	和一个基因上是女性的人结了婚；报告说一周两次性生活，双方都能达到性高潮	短小弯曲的阴茎“并没有在结婚前给患者带来多少困扰”，只是由于不能在阴道内射精才寻求帮助，他希望能有孩子
XY间性人，被当作女性抚养长大(1)	在青春期成为典型的男性，选择改变性别	无清楚的陈述	案例报告	“在被告知他是一个男性后，他彻底得到了解脱”	22岁时作为一个男性结了婚
不完全型AIS；46XY；阴蒂肥大；被当作女性抚养长大(1)	33岁时切除乳房	在成年期进行了乳房切除术	案例报告；激素、解剖学及精神病检查	个体显然很小的时候就开始有很强的男性性别认同；性取向上喜欢女性	在幼年期就有明显的男性性别认同

如无特别说明，手术都发生在养育性别改变的时候。

临床文献极具轶事传闻性质。对所讨论患者的生理健康和心理健康的评估并不存在一致的或是可以认为很科学的标准。但是,尽管还缺少定量数据,我们的调查也揭示了很多。在作为男性被抚养长大的间性儿童中,虽然他们的成长伴随着阴茎短小、性早熟、青春期乳房发育,以及周期性血尿(尿液里有血,在这些案例中是经血)等畸形问题,但是其中有大部分都表现出异性恋中性行为活跃的成年男性的典型生活方式。五十五个间性儿童是被当作女性抚养长大的。尽管有长有阴茎、阴蒂肥大、分裂的阴囊以及男性化发育等生殖器的异常问题,大多数都表现出异性恋中性行为活跃的女性的角色和行为。

作为男性被抚养长大的群体(RAM)与作为女性被抚养长大的群体(RAF)之间存在着两个有趣的不同点。首先,在RAF中,仅有一小部分人会在青春期或成年期选择把她们具有男性化特征的生殖器女性化,而在RAM中却有一半以上的人选择通过手术去把他们具有女性化特征的身体男性化。第二,在RAF中有16%的人决定在青春期或成年后改变她们的性别身份,从女性转变为男性。进行这种转变的个体都能成功地适应其新的身份,甚至时常会表达出喜悦之情。相比较之下,在RAM中却仅有6%的人希望从男性转变为女性。换句话说,与女性想改变她们男性化的身体相比,男性好像更为迫切地想要改变他们女性化的身体。在这个颂扬男性气概的文化中,这一点不足为奇。我们再一次看到了透过文化屏幕去想象属于医学和生物学范畴的东西的可能性。[①]

① 因为样本较小,这些数字还不具有统计意义,这种方法得出的数字可能具有任意性。我在这小节详细叙述了我与此相反的观点。

再谈五种性别

那些捍卫现行间性现象处理方法的人，充其量只能对继续维持现状提出一些毫无说服力的辩护。许多病人在这个过程中都受到了伤害——不论是心理上的，还是生理上的，这是一个看重手术的方法和技巧，而轻视对问题进行解释说明、提供心理支持，以及全面披露信息的过程。我们现在正站在一个岔路口上。向右，我们可能朝着再次肯定数字“2”符合自然的理念的道路上走去，并继续研发新的医学技术，其中包括基因“治疗”和新的产前干预手段，以确保新生儿仅存在两种性别；而向左，我们会登上自然与文化变异的山峰。从传统意义上看，在欧美文化中我们明确规定只有两种性别，每一种性别都有一套获得准许的行为规范。但是事情已经开始发生变化，出现了家庭主夫和女战斗机飞行员，也开始出现很女人味的女同性恋者和强壮而又男子气十足的男同性恋者。从男性转变为女性或从女性转变为男性的变性人使生理性别和社会性别的分界线变得几乎难以理解。

所有这一切都让我重新回到五种性别的观念。我想象这样一个未来，在这个未来，我们对身体的了解已经引起我们对医疗监督的抵抗，[①]在这个未来，医学科学已经被放在为性别易变性服务的位置上，而性别的种类也比当前所能想象的增加许多。凯斯勒(Kessler)建议“我们以一种新的方式看待性别易变性——作为男性和女性的意义的拓展”。也许到最后，男性气质和女性气质的概念会完全地交汇融合在一起，以至于性别差异的观念变得不再重要。

在将来，患者和医生、家长和孩子、男性和女性、异性恋和同性恋之间的等级

① 实际上，北美间性人协会和其他一些组织的议事日程表明，这一时刻已经到来。

划分终将消除,而在本章讨论的人们的批判之声也全都会将矛头指向当前的医学写作和实践这庞然大物中所存在的裂痕。在根植于超越性别等级制度的文化中去设想一种新的医学治疗道德规范是有可能的,这一规范将允许模糊性的发展。在我的乌托邦里,一个间性人所关注的主要医学问题将会是间性人在成长过程中有时会遇到的一些潜在的、危及生命的情况,比如说因肾上腺功能障碍引发的盐失衡、频繁出现的生殖腺肿瘤,还有疝气。那些旨在使身体形象和性别身份保持同步的医学干预在理性的年纪到来之前将很少发生。这样的技术干预将会是医生、患者以及性别顾问之间的一种合作项目。正如凯斯勒(Kessler)所说的,间性人的异常生殖器可以被看成是"未受损伤的"而不是"畸形的",而现在被视为创造性举措的手术(外科医生"创造了"一个阴道),可能会被看作具有毁灭性(组织被破坏并被切除),因此只有在生命处于危急关头的时刻才非做不可。

广为接受的治疗方法会使精神和身体都遭受伤害。很显然,童年时期生殖器结构与抚养性别在一定程度上不相匹配的孩子是有可能成长为一个健康的成年人的。但是,好心的医生对此依然持怀疑态度。[①] 许多家长和未来的家长也是一样的。不从个人的角度去看待这一问题是不可能的。如果你有一个间性的孩子该怎么办?你和你的孩子会在新的治疗策略中充当先锋吗?除了新的间性人权利活动家之外,你还能到哪儿去寻求建议和鼓励呢?

变性人的发展历史引人深思。在欧美文化中,我们对变性人的理解是指那些生来就有着"健康的"男性身体或"健康的"女性身体的个体。然而从心理学的角度来看,他们都把自己想象成具有"相反"性别的人。变性人是如此强烈地希望自己的身体与心理相符,以至于许多人都去寻求医疗援助,通过激素治疗以及最后的手术治疗,通过摘除他们的生殖腺并改变他们的外生殖器,来改变他们的身体。自我认定的变性人的要求对改变医学实践发挥了重要的作用,从而促成了对这一

---

① 尽管医学界还持有疑虑,北美间性人协会的主旨却正在逐渐为大家所接受。一篇最近发表在护理期刊上的文章探讨了北美间性人协会的观点,文章指出,"帮助家长把注意力集中在他们的婴幼儿的整体发展上比只集中在婴幼儿的当前状况上更为重要。护士可以强调孩子的一些与性别无关的特征,比如说'孩子的眼睛长得多漂亮',或者是'你孩子的鼻子跟爸爸的一样'"(Parker 1998)。

现象的认可和命名。同性恋是一种与生俱来的、稳定的特性这一观念直到19世纪末才出现。同样，变性人作为一种特殊的人群直到20世纪中叶才完全浮现出来。但是，要想赢得手术及法律支持的变性付出了代价：它强化了两性体系。医学界所信奉的哲学的极端逻辑是，在个体的身体里生理性别和社会性别必须一致，通过要求进行手术使他们的身体与性别相一致，变性人执行了这一逻辑。实际上，变性人如果想得到手术援助的话，他们别无选择，只能在这个框架体系中看待自己。为了避免创造"女同性恋"婚姻，性别诊所的医生们都会要求已婚的变性人在手术前离婚。手术后，他们可以合法改变他们的出生证明来反映他们的新身份。

但是在过去的十年到二十年间，变性二元论的庞大体系已经开始出现很大的缺陷。一些变性人组织已经开始支持跨性别主义的理念，这一理念对生理性别和社会性别进行了更为彻底的修正。传统的变性人可能会把一个男性异装癖——一个穿着女性服饰的男性——描述成一个正处于向完整女性转变过程中的变性人，而跨性别主义者则能够接受"那些有着性别变异身份的人之间的紧密关系，跨性别主义者以一种延续性的理念来取代变性人和异装癖之间的二分法"。上几代变性人并不想背离性别规范，而是想完全融入他们新的性别角色。然而到了今天，有许多人仍坚决主张要以变性人的身份出现，而且永远保持一种从传统意义上来看既非男性又非女性的变性人身份。

在跨性别社群(这一社群有它自己的政治组织，甚至在互联网上还有它自己的电子公告板)中存在大量的性别差异。一些人选择成为女性，却仍然保留着完整的男性生殖器。许多已经接受变性手术的人开始扮演同性恋的角色。例如一个由男性转变为女性的变性人可能会成为一个女同性恋者(或是一个由女性转变的男性成为男同性恋者)。以简(Jane)为例：简(Jane)生下来从生理上看是个男性，她现在已年近四十，和她的妻子(她在作为男性的时候和妻子结的婚)一起生活。简(Jane)依靠吃激素使自己变得女性化，但激素没有妨碍她像男性那样勃起和性交的能力：

从她的角度来看，简(Jane)和她的妻子玛丽(Mary)是一种女同性恋关系。但她还是用她的阴茎来获得快感。玛丽(Mary)并不认为自己是一个女同性恋者,即使她对简(Jane)还有着爱和吸引力,她一直把简(Jane)看作自己当初爱上的那个人,虽然这个人在身体上已经发生了改变。玛丽(Mary)认为自己是一个异性恋者,但是她把自己和简(Jane)之间的性关系描述为介于女同性恋和异性恋之间的某种关系。

对性别变化的接受是否意味着性别观念将会彻底消失呢?并不一定。跨性别理论家玛蒂娜·罗斯布拉特(Martine Rothblatt)提出建立一个性别色彩体系,这一体系可以区分出数百种不同类型的性格。在攻击性、母性及性欲等方面她都提出了七个等级,这些排列组合可以得出三百四十三种性别色彩。比如说,一个有着淡紫色性别色彩的人会是"一个母性不强、有着相当强烈的性欲、攻击性不强的人"。或许有些人会认为罗斯布拉特(Rothblatt)的体系荒谬可笑或是过于复杂。但是她的想法是一种严肃的想法,并且开始为我们如何在一个认同性别变化的文化中抚养间性儿童提供方法。

让我们把注意力更加明确地放在可变性上,对性别一致性少关注一些,这种要求很不合情理吗?在性别方面我们现在所面临的问题,就是我们因为追求普遍性而实施的暴力——既有真实的暴力,也有隐喻性的暴力。没有女性或男性符合这种普遍存在的性别刻板印象。社会学家朱迪思·洛伯(Judith Lorber)写道:"或许有一种更有效的方式来对不同的行为模式进行分类,只有在分类时才去寻找可能实施这些行为的那些人的识别标记。"

就算我们这些身在欧洲和美国的人现在转向多元化和性别角色体系(看起来我们可能会这么做),我们也不可能成为文化先锋。例如,在一些美国印第安文化中,就有对第三性的定义,这一定义可能包括那些被我们称为同性恋、变性人或是间性人的人,也可能包括被我们标识为男性或女性的人。人类学家也已经描述过其他一些群落,如印度的海吉拉斯(the Hijras)人,这些群落包含了被我们称为间性人、变性人、娘娘腔男性以及阉人的个体。与形形色色的美国印第安人的类别一样，海吉拉斯人在他们的出生和性别特点上也各有差异。[①] 人类学家就如何解释美国印第安人的性别体系发起了辩论。但重要的一点是，其他体系的存在表明我们的体系并不是不可避免的。

我不是想把其他的性别体系浪漫化，它们并没有对社会平等提供任何保证。在多米尼加共和国的好几个小村庄里以及居住在巴布亚新几内亚高地的桑比亚人中，造成 5α—还原酶缺陷症的基因突变发生率较高。[②] 那些生下来就患有 5α—还原酶缺陷症、性染色体为 XY 的孩子有着小阴茎或阴蒂，睾丸未降，阴囊分裂。他们可能会被错认为是女孩，或是人们可能会注意到他们模棱两可的性别。然而到了青少年时期，人体自然生成的睾酮会造成这些十几岁大的 XY 孩子的阴茎在缺乏 5α—还原酶的情况下发育生长，他们的睾丸下降，他们的阴唇闭合形成阴囊，他们的身体开始长毛、长胡须，肌肉发达。

此外，在多米尼加共和国和新几内亚，双氢睾酮不足的孩子——在美国，这样的孩子基本上会立刻接受手术治疗——被认为是第三性。[③] 多米尼加人把它称之为 guevedoche，或是“十二岁阴茎”，桑比亚人则用了 kwolu-aatmwol 一词，这个词暗示着一个人向“一个男性事物”的转变。在这两种文化中，双氢睾酮不足的孩子都经历了间性人角色的社会化过程。到了成人期，他们通常会——但并不一定会完全成功地——把自己认定为一个男性。人类学家吉尔·赫特(Gil Herdt)写道：“在青春期，这种转变或许是从女性——也可能是作为性别模糊者来养育的人——向渴望成为男性的第三性的转变，在特定的社会场景下，他会被划归为成年男性。”

虽然这些文化群落知道有时候会有这种第三类别的孩子出生，但是他们还是只认同两种性别角色。赫特(Herdt)提出这些文化群落对男性身份和男性所拥有

---

① 作为一个禁欲主义教派，海吉拉斯被赋予了女神的神圣力量，他们在男婴出生时以及婚礼上翩翩起舞。我在一场论战中讨论了多米尼加共和国一些小村落里发生的相关事件，这场关于先天生物学还是抚养性别决定性别角色和性别偏好的论战当时在美国如火如荼。

② 没有酶，身体将无法把雄性激素转换为双氢睾酮(DHT)。在胚胎中，双氢睾酮主导着男性外生殖器的形成。

③ AIS经常会被误诊，而且会进行如切除睾丸这样无法挽回的手术。如果潜在的困难在青春期之前“没有解决”，对患者来说会有更多令人满意的选择。

的自由和权力的地位都有着强烈的偏好,这就使人们很容易了解为什么这些kwolu-aatmwol和guevedoche到了成人期绝大多数会选择男性角色而非女性角色。尽管赫特(Herdt)的研究为我们提供了一个我们自己文化框架之外的观点,但是只有通过进一步研究,才能弄清楚这些第三类别的人是如何在这种承认三种身体类别却仅提供一个两性体系的文化中求得生存的。

结束性别暴政:由此出发,走向彼岸

简单地承认一个第三类别并不能保证会有一个灵活变通的性别体系。这样的灵活性还需要进行政治和社会斗争。在对我的"五性"提议进行讨论时,凯斯勒(Kessler)把这一观点讲述得透彻明白,起到了极好的效果:

> 福斯托—斯特林(Fausto-Sterling)提议的局限性在于把其他几种生殖器合法化。仍然将生殖器作为最重要的标识物,而忽略了这样一个事实:即在日常世界中,性别归属的界定是在不检查生殖器的情况下进行的。在日常生活中,最为重要的是所表现的性别角色,不管隐藏在衣服下面的肉体是什么构造。

凯斯勒(Kessler)认为,让间性人及其支持者把每个人关注的焦点从生殖器转移开去,放弃单独的间性人性别身份的权利,或许这样对他们会更好一些。她建议男性和女性可以用一个更为宽泛的划分类别。一些女性可以有较大的阴蒂或是闭合的阴唇,而一些男性也可以有"小阴茎或是畸形的阴囊——一些没有特别临床及身份意义的表现型"。我认为凯斯勒(Kessler)是正确的,这也是为什么我不再提倡使用诸如雌雄间性、男间性、女间性这样的独立分类,即使只是在开玩笑。

那些表现出来的社会性别——凯斯勒(Kessler)称之为"文化生殖器"——与其生理生殖器不一致的间性人或变性人经常会有生命危险。在最近的一起诉讼案件中,一位母亲指控医务辅助人员在发现她的异装癖儿子长有男性生殖器后,停止了对他的治疗，最终导致其死亡。陪审团判给她二百九十万美元的损失费。虽然令人欣慰的是陪审团认定此类行为不可接受，但是这起案件也突显出性别越界的高风险性。在我们能成功地把他们转移到“正常的、自然的与神圣的”性别和“畸形的、异常的、病态的以及有罪的”性别之间那条假想分界线“可被接受的”这边之前，这些被莱斯利·范伯格（Leslie Feinberg）称之为“变性人战士”的人将继续处于危险之中。

一个有卵巢、乳房和阴道，但其“文化生殖器”是男性的人也同样会面临困境。例如在申请执照或是护照的时候，任何人都必须在性别一栏里标示“男”或“女”。让我们设想一下，这样一个人在其许可证上的“女”一栏里打钩，之后用许可证作为身份证明。1998 年发生在怀俄明州的同性恋马修·谢泼德（Matthew Shepherd）谋杀案就能把这种可能存在的危险清楚地表现出来。一个表现成男子的女性如果作为男性不能“过关”的话，那她将会面临暴力袭击的危险。同样，如果她因为交通违规或者护照检查被叫停的话，可能会惹上法律上的麻烦，因为法律机构可以指控她欺骗——为了可能是非法的目的而伪装成男性。在 20 世纪 50 年代，当警察对同性恋酒吧进行突击搜捕时，他们要求女性当时必须身穿三件女性服装，以免被逮捕。范伯格（Feinberg）指出，我们还未远远超越那个时代。

考虑到那些文化和生理生殖器不相匹配的人所遭遇的歧视和暴力，在向性别多元化乌托邦过渡的时期，法律保护是非常必要的。它将有助于把性别分类从执照、护照以及其他类似的文件上删除。跨性别激进人士莱斯利·范伯格（Leslie Feinberg）写道：“必须要把性别分类从所有的基本身份文件中去掉——从驾驶执照到护照，而由于每一个人都有界定自己性别的最基本的权利，因此也同样要把它从出生证明上删除。”的确，为什么非要用生理生殖器去证明身份呢？一些更加明显的身体表征（如身高、体型和眼睛的颜色）和一些不太明显的身体表征（如指纹和 DNA 图谱）无疑会更为有用。

跨性别活动家已经写下了《国际性别权利法案》（*An International Bill of Gender Rights*），（十种性别权利中）包括界定性别身份的权利、控制及改变个人自己身体的权利、性表达的权利，以及构成稳定的爱情关系并进入婚约的权利。在我写这本书时，法庭正通过有关性别歧视和同性恋权利的判例法，对这些权利的法律依据进行反复的研究和讨论。

正如我们所看到的那样，间性现象长期以来一直是关于生理性别、社会性别和法律地位及社会地位之间关系的论战的焦点。几年前，康奈尔大学的历史学家玛丽·贝丝·诺顿(Mary Beth Norton)给了我一份弗吉尼亚殖民地法院的法律诉讼副本。1629 年，一个名叫托马斯·霍尔(Thomas Hall)的人出现在法庭上，他自称既是男人又是女人。因为民事法庭都是通过人的着装来评判人的性别，一位检察官因此宣布托马斯(Thomas)是一个女人，并要求其穿女性的服装。之后，第二个检察官否决了第一个检察官的意见，宣布托马斯(Thomas)是男人，因此，必须穿男性的服装。而事实上，托马斯(Thomas)在洗礼时被命名为托马森(Thomason)，直到二十二岁参军之前，其一直都穿着女性的服装。后来，她/他又重新穿上了女性的服装，好让她/他能够通过缝制花边来维持生计。文件中唯一提到托马斯(Thomas)身体结构的地方表明其长有一个男性器官，大小跟他小拇指的顶端差不太多，其从未使用过这个器官，此外——就像她/他自己所说的那样——她/他还有“一个洞”。最后，弗吉尼亚法庭接受了她/他的双重性别，并要求“把她/他既是男性又是女性的身份公布出去，让周围的居民对此多加留意，此外她/他应着男性服装，唯有头部可以用头巾来装饰一下”。

现今，经历过手术治疗的间性人的法律地位仍不确定。① 这些年来，宣布一个间性人在法律上是个男性还是个女性，会牵涉到皇室继承权、社会保障或保险法

① 在 20 世纪 50 年代，随着性别重新认定手术变得越来越普遍，医生们开始担心他们的个人责任问题。尽管医生得到了家长的认可，但孩子——一旦达到法定成人年龄——会不会起诉外科医生，提出“从医疗事故到人身伤害甚至是故意伤害致残罪等指控”呢？尽管会有“法律上这一令人不快的状况”，写这段文字的忧心忡忡的医生还是感到他不应该退缩，而是应该“以看上去最适当也最人道的方式对这些不幸的孩子进行治疗”。1957 年，E.C.汉布伦(E. C. Hamblen)博士重申了对诉讼的担心，向杜克大学的法律诊所寻求援助。一个被推荐但从未被采用的解决方案，是设立“地位与批准绝育术的优生学理事会相当的、处理性别认定或性别再认定”的州理事会或州委员会。汉布伦希望这一行动方案能够保护医生，他担心医生的处境“可能会岌岌可危，如果法律诉讼真的引发陪审团审判的话”。在早期这一阵对自身的担忧的骚动之后，医学文献中对患者诉讼权的问题一下子开始保持沉默。或许医生们已经坚信，毫无疑问目前对间性人的医学治疗方法无论从道德上还是医学上都是正确的，同时他们意识到，他们的患者中有绝大多数绝不会选择把如此隐秘的个人问题公之于众。然而，在洛雷娜·博比特(Lorena Bobbit)之后的时代，某个医学专业人士将会面临生殖器被改变的间性人提出的民事索赔，这似乎只是一个时间问题。

规的区别对待、依照性别分类的劳动法以及投票限制等诸多因素。尽管对此类问题的关注在逐渐减少,但国家仍然对调控婚姻和家庭感兴趣。让我们看一下澳大利亚的一起案例:一个性染色体为 XX 的间性人生下来就长有一个卵巢和输卵管、一个小阴茎和一个左睾丸。他是被当作男性抚养长大的,成年后他要求通过手术使他的阴茎男性化,并处理掉他发育好的乳房。负责他这起案例的医生赞成他保留男性的身份,因为这是他的性心理取向。他后来结了婚,但是澳大利亚法庭宣布他们的婚姻无效。这一判决认为,在要求一个人为了结婚必须非男即女的法律体系中,他既不可能是男性,也不可能是女性(因此在性别权利法案里需要有结婚的权利)。

跟往常一样,有关间性的争论总是与那些有关同性恋的论战紧密相联。我们在考虑一方对我们的性别体系所构成的挑战的时候不可能不考虑另一方所构成的同样的挑战。在考虑一个间性人可能的婚姻时,法律和医疗规则常常把重点集中在同性恋婚姻的问题上。在 1970 年,一起科比特对科比特(Corbett v. Corbett)案中,一个英国变性人阿普丽尔·阿什利(April Ashley)和一个名叫科比特(Corbett)的先生结了婚。后来科比特(Corbett)先生请求法庭解除婚约,因为阿普丽尔(April)事实上是一个男人。阿普丽尔(April)争辩说她的社会身份是女性,因此她符合结婚的要求。但是法官最后裁决,认为手术纯粹是在一个显然是男性的身体上所进行的人为行为。阿普丽尔·阿什利(April Ashley)不仅仅生来就是一个男人,其变性手术也未能给其创建一个正常尺寸的阴道。此外,性交是"建立一个家庭的基本原则,其中正常的异性恋性交能力就是一个基本要素"。"婚姻,"法官接着说道,"是一种取决于生理性别而非社会性别的关系。"

早些时候的一起英国案子也取消了一个男人和一个生来就没有阴道的女人的婚姻。丈夫甚至声称,妻子的阴道是一个人工的通道,而不是他作为一个真正的丈夫所该得到的天生的通道。负责离婚案的警长表示同意,并引用了一例更早的案例,在那起案例中,法官判决说:"我的观点是任何一个男人都不应该陷入这样一种半自然关系的境地。"

两个英国法官都宣布没有阴道—阴茎性交能力的婚姻是非法的。在其他国家,甚至在美国的好几个州都禁止同性和异性伴侣进行肛交和口交,还有限制同性恋性接触的禁令——进行一些特定类别的性接触都可能会遭受重罪指控。同样，一位荷兰医生讨论了好几例 XX 间性人的病例，她/他们被当作男性抚养长大，和女性结了婚。医生把她/他们定义为生物学上的女性（基于她/他们的性染色体是两个 X，还有卵巢），并对其婚姻的合法性展开了讨论。她/他们是否应该被解除婚约，“尽管事实上她/他们过得很幸福”？她/他们是否“应该在法律上和宗教上得到认可”？

如果比起生理生殖器，文化生殖器更为重要的话，那么刚才描述的许多困境将很容易得到解决。从 20 世纪 60 年代中期开始，国际奥委会就已经要求所有的女运动员都要接受染色体或 DNA 测试，尽管有一些科学家竭力主张取消性别测试。不管我们是在决定谁可以参加女子跳高比赛，还是在决定是否在新生儿的出生证明上记录性别，评判的依据都主要来自社会习俗。从法律上看，国家之所以对维持两性体系感兴趣，其焦点在于婚姻、家庭结构以及性实践等问题。但是现在国家的这些关注焦点已经在逐步让我们感到越来越晦涩难解。[①] 规定成年人之间的性行为须双方自愿的法律源于宗教和道义。至少在美国我们应该能感受到宗教和政权之间彻底的分离。随着我们的法律体系和宗教越来越远（我相信会是这样），规定卧室行为须双方自愿的最后的法律条文将不再符合《宪法》，这似乎也只是一个时间的问题。到那时，阻碍各种不同性别表达方式出现的最后的法律障碍将会消失。

弗吉尼亚殖民地法庭要求托马斯/托马森（Thomas/Thomason）穿上两套“文化生殖器”去标示其生理生殖器。现在和那时一样，按照生理生殖器来决定公民的权利和特权的这一基础是非常薄弱的。它们不仅令人困惑，甚至都没有出现在公众的视线里。更确切地说，我们看到和读到的是社会性别。在将来，当听到一个新生儿被宣布为“男孩”或“女孩”时，这些新生儿的父母可能会为他们的孩子去设想更多的可能性，特别是如果他们的孩子是为数不多的长有异常生殖器的孩子

---

① 当在 1993 年我起草这一章的初稿时，我根本没有想到在 1998 年同性恋婚姻会在两个州进行投票表决。尽管这两次表决最后都没有通过，但显然现在问题已经可以被拿出来进行讨论。我相信对这一问题会再次进行辩论，并会出现不同的结果，这只是一个时间的问题。

中的一员。我们可能会将这些孩子看成是受到上天的特别祝福或是特别幸运的孩子。有些孩子可能会成为所有可能成为伴侣的人中最令人满意的一个。可以通过各种各样的方式去让他们的伴侣感到愉悦,这种想法也未必不能实现。例如,一项对阴茎特别小的男性所进行的研究发现,他们的特点就是"愿意尝试各种体位和性交方法"。这些男人中有多人把"伴侣对性感到满意以及他们稳定的关系都归功于他们付出的额外努力,其中包括一些非插入性的技巧"。

我所设想的是一个理想的乌托邦,但我相信它有实现的可能。实现这一乌托邦所需要的所有要素都已经存在,至少已处于萌芽状态。在被称为"性别游说集团"的团体——为女性权利、同性恋权利以及变性人权利而努力的政治组织——的鼓舞和推进下,必要的司法改革指日可待。医学实践也因来自间性人及其支持者的压力而开始发生改变。关于性别和同性恋的公众讨论也一直未曾减弱,总体的趋势是向着对性别多样化和性别模糊性更为宽容的方向发展。前方的道路将是崎岖不平的,但是,一个更加多元化、更加公平的未来将会属于我们,只要我们决定让梦想成真。

5　大脑的性别化:生物学家如何产生影响

肥大的胼胝体

让我们设想一下我上一章所描述的乌托邦幻想得以实现。所有的性别差异都会消失吗？我们在给予工作、地位、收入以及社会角色时仅仅以个体在体质、智力和意向等方面的差异为依据吗？也许。但有人会认为无论我们把门开得多大，群体之间仍然会有不可避免的差异存在。这些说“不”的人会辩称，科学家已证明除了我们的外生殖器之外，男性和女性大脑在解剖结构上的重要差异使得性别成为能力的一个重要标志。为了清楚地说明这一点，他们可能会援引一些广为人知的观点，这些观点认为，与男性相比，女性大脑中的胼胝体——连接左脑半球和右脑半球的神经纤维束——更大或更加呈球状。他们会声称这一点将永远限制大多数妇女成为造诣很深的数学家、工程师和科学家的程度。不过，并不是每个人都认为大脑结构存在这种差异。

外部解剖看上去似乎很简单。婴儿的手有五个还是六个手指？只要数数就行了。男孩是否有阴茎、女孩是否有阴道(尽管他们是间性者)？只要看看就行了。谁能对身体结构提出异议？科学家们用可见性这一论据来谈论大脑中存在的性别差异，而从很容易查验的外部结构转向内部解剖却有点棘手。性别、大脑功能和解剖之间的关系既难以解释，又不容易看到，因此科学家们竭尽全力想要说服其他科学家以及普通公众，大脑结构中的性别差异既是可见的，又是有意义的。一些此类观点引发的争论可能会持续数百年。① 在试图理解这类争论是如何以及为何可以持续这么久的过程中，我还是坚持认为科学家并不只是观察自然，以找到真理来运用到人类社会之中，相反，他们运用取自社会关系中的真理来建构、观察并阐释自然世界。②

从新的分类方法到新的显微技术，随着这些科学创新与只有两种性别这一成见相互作用，针对间性的医学“解决手段”逐步形成。科学上的一致观念之所以能占据主导地位，部分原因在于关于男性和女性的社会观念不存在争议。但是，当社会舞台成为战场，科学家就很难达成共识。在这一章里，我将揭示当科学家从身体表面的差异转向内部差异时是如何使用他们的工具来对男性特质和女性特质进行辩论的。那些有着“男性化”或“女性化”大脑的人最适合哪些职业？是否应该特意多下功夫鼓励女性成为工程师？男孩在学习阅读过程中有困难，这“自然”吗？男同性恋者是否更适合从事女性的职业，如美容美发或者插花，因为他们有着更为女性化的胼胝体？这些相互关联的社会问题使有关胼胝体结构的争论

---

① 关于身体结构的争论并不是什么新事物。19 世纪一些著名的生物学家将铅粒灌入空的头骨，然后评说哪一群人(男性还是女性、黑人还是白人)的头颅更大。当时的观念是头颅更大，便可以容纳更大的大脑，而大脑越大，人就越聪明。虽然大脑结构存在种族差异这样的断言现在不那么多见了，但是它们偶尔还是会出现在科学期刊上。近两个世纪以来，关于大脑大小差异的真实情况和意义的问题一直是辩论的主题。我在这一章所提出的分析模式同样可以很容易地用于分析大脑结构中存在种族和族裔差异的论断。

② 当然，自然世界在这个对话中确实有其影响。一些自然的“事实”比其他东西更为明显、更容易达成一致意见。例如，猫的大脑和人类的大脑看起来不同，在这一点上没有科学分歧。不过也没有委员会去推进一场关于猫的全国性对话。从另一方面来说，关于动物智力的本质以及人的大脑和动物的大脑是如何可能或者不可能不同，分歧——既有社会分歧，也有科学分歧——是存在的。所以如果科学家们试图在猫身上寻找一个类似人类认知过程的大脑中心，分歧将不可避免，因为关于动物认知的性质本身尚未达成共识。

一直在持续。①

1992 年的冬天是段艰难的日子。除了闲坐思考我们共同的胼胝体之外无事可做。或者看起来是这样，否则还有其他什么能够解释为什么大量有关这一连接左、右大脑半球的神经纤维束的新闻报道突然涌现？《新闻周刊》(*Newsweek*)和《时代》(*Time*)杂志刊登了关于性别差异和大脑的专题报道，引发了这一潮流。《时代》(*Time*)上的一帧插图告诉读者，女性通常有着比男性更宽的胼胝体。其中一帧精美插图下的说明文字指出，这种差异"可能会为女人的直觉提供基础"。文章的正文承认并不是所有神经生物学家都接受这所谓的大脑差异。为《ELLE》杂志撰稿的米米·布莱克(Meme Black)就没那么谨慎了。她写道，女性有着更大的胼胝体，这就解释了为什么"女孩往往不像男孩那样容易投身于物理及工程领域"。

其他一些人同意她的观点。《波士顿环球报》(*Boston Globe*)上的一篇关于性别差异和胼胝体的文章引用了精神病学家、神经学家伊迪丝·卡普兰(Edith Kaplan)博士的话："在一生中，男性的大脑和女性的大脑在解剖学上是不同的，女性的胼胝体较厚。"她指出，由于这一关联，女性拥有更强的语言技能，而男性则有着更强的视觉空间技能。《纽约时报》(*The New York Times*)科学版编辑尼古拉斯·韦德(Nicholas Wade)不甘落后，他写道，权威的研究揭示了胼胝体存在性别差异，这推翻了一些女性主义空想家的论断，这些"女性主义空想家认为所有的大脑生来平等，女性如果不是在学校受到阻碍，同样可以擅长数学"。

兴趣并没有止于女性的大脑是否使她们不适合从事科学职业这一问题。相

---

① 通常情况下，当研究系统过于复杂，无法给出令人满意的答案时，科学家便会放弃它而转向"可行的"问题。在我自己的领域中最著名的例子是托马斯·亨特·摩根(Thomas Hunt Morgan)，他使果蝇成为一种模式生物，并进一步发展了孟德尔遗传学。摩根一开始是个胚胎学家，但他发现胚胎如此复杂，让他没有希望找到答案。最初他对遗传学和进化论都持怀疑的态度，但当他偶然发现与其他人从果蝇之外的其他生物总结出来的理论相吻合、可以解释的结果时，他的研究路线变得清晰。几位阅读了这一章第一稿并进行点评的神经科学家指出，这一领域中不在少数的人认为应该废除关于胼胝体大小的研究，因为胼胝体是如此棘手。但神经科学领域本身就是多元化的，细分为不同的研究群体，各自对于什么是"最佳"研究形式有着不同的理解。所以对于其他人——我在这儿对其研究进行剖析——来说，这一研究还在继续。在胼胝体这件事上似乎大家都未能有所进展，这是一个明确的迹象，表明其中所牵涉到的远不止几位神经学家的名声那么简单。

反，媒体似乎很乐意接受以下的观点，即所有生理的以及社会的差异最终都可以追溯到大脑某一部位形状的不同。让我们看一看《新闻周刊》(*Newsweek*)1995 年一篇题为《为什么男性和女性的思维方式不同》(Why Men and Women Think Differently)的封面报道的逻辑。文章认为大脑胼胝体的不同或许可以解释为什么女性能全盘考虑(假设她们确实全盘考虑)，而男性的右脑不知道他们的左边在做什么(如果确实是这种情况的话)。作者声称，“女性之所以有着更强的直觉，很可能是因为她们能与左脑的理性和右脑的情感同时保持联系”。为了证明这一理论，文章引用了一些研究，这些研究发现 CAH 女童在游戏方式以及认知能力等方面比其他女孩更像男性，文章指出——以一种令人吃惊的循环论证方式，这类研究或许表明是性激素引起了胼胝体大小的差异。[①]

就好像这类论点还不够牵强似的，有些人甚至在胼胝体决定论方面走得更远。例如，1992 年，心理学家桑德拉·威特尔森(Sandra Witelson)在这锅炖菜中又加入了一味不同的调料。她发表了一篇文章，指出不仅是男性和女性在认知能力和胼胝体结构方面有所不同，同性恋男子和异性恋男子之间也存在着这种差异(如往常一样，该文章绝口不提女同性恋者)。她写道：“这就好像是在某些认知方面，(男同性恋者)在神经学上属于第三性。”她补充说，大脑的差异可能最终有助于解释为什么“在某些行业中男同性恋者在人数和能力上显然强于男异性恋者”。[②] 她没详细说明她指的是哪些行业，但她指出胼胝体的形状有助于决定一个人的惯用手、性别认同、认知模式和性取向，通过这种方式，她有效地指出大脑这一区域对人类行为的几乎每一个方面都起着控制和调节作用。

这些报纸和杂志的报道让我们看到的是，胼胝体正在努力工作，袖子上卷，挥汗如雨，正在奋力向研究人员提供一个解剖结构上的控制中心，一系列生理、社会

---

① 作者的确也提出了另一种“社会”解释，从这个意义上来讲，作者没有在辩论中偏袒任何一方。贝格利(Begley)写道：“猜测女孩大脑的某些部位长大或萎缩，而男孩大脑的某些部位变大或变小，因为她们被告知不要让她们漂亮的头脑去为数学烦恼，或者因为他们从一出生就开始堆乐高玩具，这是否过于牵强？”

② 这是一个有不少性学家都很认真对待的观点。在 1998 年冬春期间，专业性学家电邮名录“爱维网”(化名)，就男同性恋是否倾向于某些职业以及为什么这一问题进行了一场广泛、激烈的辩论。在这场辩论中，空间能力和大脑结构差异问题占据了主要地位。

变化形式的身体根源。胼胝体为什么要那么辛苦？为什么事实不自己说话？19世纪后期，原先一直在画男性头颅的解剖学家突然对女性骨骼结构产生了兴趣。因为当时骨骼被视为最基本的结构——身体的物质基础，发现骨骼存在性别差异可以清楚地证明性别身份渗透到"附着在骨骼上并由骨骼所塑造的每块肌肉、每根血管和每个器官上"。一场争议由此而产生。一位科学家——一个女性——所画的女性的头骨在比例上比男性的头骨小，而另一位科学家——一位男性——所画的女性的头骨与身体其余部位的比例比男性的比例要大。一开始大家都支持前者，但是——在多次反复之后——科学家们承认后者更准确。尽管如此，科学家们还是紧紧抓住一个事实不放，即女性大脑的绝对尺寸较小，从而证明女性不如男性聪明。如今为了寻找性别差异最根本的原因，我们从骨骼转向了大脑。不过，尽管大脑研究最近有很多新的认识，但这一器官仍然是一个巨大的未知数，是投射(即使是无意识地)关于性别的种种假设最完美的介质。

在 1982 年，当著名的刊物《科学》(*Science*)发表了一篇由两位物理人类学家撰写的短文时，关于胼胝体的辩论拉开帷幕。在脱口秀主持人菲尔·多纳休(Phil Donahue)错误地认为论文作者描述了"男性大脑中缺失的一束额外的神经元"[①]时，论文顿时背上了恶名。《科学》(*Science*)上这篇论文报道的是女性的胼胝体某些部位比男性的大。虽然不可否认这还只是一项初步研究(研究对象为九名男性和五名女性)，但作者很大胆地将他们的结果与"在视觉空间功能的偏侧程度上可能存在的性别差异"联系起来。换成非专业的说法就是，一些心理学家(但并非所有)相信男性和女性使用大脑的方式不同。据推测，男性在处理视觉—空间信息时几乎只用左脑，而据称女性左、右脑都用。用心理学术语来说，男性在完成视觉—空间任务时更具偏侧性。在这一论断的基础之上还有着另外一个(同样颇具争议的)论断，即更大的偏侧性意味着更强的技术能力。男性通常能在标准化空间任务上表现更佳，很多人相信这也解释了为什么他们在数学和科学方面更胜一筹。如果人们接受这一说法，并且如果他们相信这所说的功能上的差异是天生的(比如源自可能由胎儿发育时期的激素所导致的身体结构上的不同)，那么他们就

① 多纳休(Donahue)提出这一差异或许可以解释"女性的直觉"。

会认为制定社会政策来要求在工程和物理等领域男女人数相当的做法就毫无意义。毕竟石头中是挤不出血来的。

心理学家朱利安·斯坦利(Julian Stanley)是一个为有数学特长的青年所设的国家项目的负责人。他最近宣称,在十二年级预修课程考试的物理测试中,男生得分更高。他认为测试分数表明"很少有女性在机械方面具有与男性同等的推断能力。这在电力工程以及机械等领域可能会成为一个严重的缺陷。这样的差异会使要求男、女电子工程师人数应该相同的做法显得不可取"。他继续写道:"在我们找到能够增加女性这方面能力的方法之前,认为人数平等可以实现是毫无意义的。"同时,斯坦利(Stanley)的同事卡米拉·本博(Camilla Benbow)博士在几乎没有任何证据的情况下[①]指出数学方面的性别差异可能(至少部分)来自与生俱来的大脑偏侧性差异。[②]

我们看到胼胝体在这里被作为唐娜·哈拉维(Donna Haraway)所谓的"技术科技身体"的一部分而被加以运用。它是一个向外散发的"黏性丝线"的节点,这些黏性丝线贯穿在我们被性别化的世界之中,就像是一张刚刚挂起来的捕蝇纸,捕捉些零碎的东西。[③] 关于胼胝体的叙事变得庞大,它将女性在科学界人数少与激素、认知模式、教育男孩和女孩的最佳方式、[④]同性恋现象、左右惯用手、女性的直觉等问题联系起来。[⑤] 这些黏性丝线并不仅局限于性别叙事,还将自己与种族和民族性等话题联系起来。在19世纪和20世纪初期,胼胝体本身就带有种族含义。在20世纪后期,思考风格(被许多人认为间接地受到胼胝体的影响)常常被

---

① 《大脑和认知》(*Brain and Cognition*)杂志1994年第二十六期全部都是对格施温德(Geschwind)和贝汉(Behan)所提出的理论的批判,而这一理论正是本博(Benbow)关于男女天生能力差异的论断的依据所在。

② 关于可能存在的数学能力差异的生物学基础——这种生物学基础可能位于胼胝体内——的争论仍在继续。

③ 哈拉维(Haraway)所提到的技术科学物体有"胎儿、芯片/计算机、基因、种族、生态系统、大脑"。她没有讨论胼胝体,但她确实对种族和性别之间的交叉给予了很大的关注。事实上,当黏性种族丝线和黏性性别丝线在胼胝体内会合时,它们所经过的路径交叉了很多次,并不止一次相互缠绕。

④ 教育和儿童发展的其他方面也被这些黏性丝线一把抓住。比如,有一篇论文声称诵读困难和改变的胼胝体结构之间有着相关性。这个黏性节点包括学习障碍的诊断和治疗中的一系列问题,已经远远超出了本书的范围。

⑤ 最近所建立的一种联系涉及精神疾病理论。

种族化。现在我们被告知的不是“黑人”的胼胝体比白人的胼胝体小，[①]而是与欧洲人相比，印第安人或(所有种类的)亚洲人能更加整体化地思考问题。瓦尔·普拉姆伍德(Val Plumwood)提醒我们需要小心防范二元论(见第一章)，而二元论在关于胼胝体以及它在连接左右半脑时所起的作用的讨论中大量存在(图5.1)。胼胝体无法轻松地承担起这样的任务，而这也是本章的核心所在。科学家是如何将胼胝体变成知识体的？鉴于这一技术科学体如此桀骜不驯，在让胼胝体服从于性别的战斗中都采用了哪些科学武器？

① 这一论断是由比恩(Bean)提出的。比恩还在《世纪杂志》(*Century Magazine*)1906年9月刊上写道：“从根本上来说，白人和黑人是进化中相对立的两个极端。在证明黑人大脑中灰质和连接纤维缺乏、黑人和白人在特性上极为不同之后，我们不得不得出结论：通过教育或其他方式试图提升黑人是没有用的。”

驾驭野性的胼胝体

许多关于胼胝体作用的论断都以它的大小和形状为基础。但是科学家们到底是怎样准确测量胼胝体这一复杂而又形状不规则的结构的呢？从上往下看，胼胝体像一张地形图(图 5.1)。一对山脊奇特地平行一段距离后在南部分开。一条山脊的西侧以及另一条山脊的东侧是高原，而山脊之间有着一个大山谷。东西走向的条纹贯穿整个区域。这些条纹——代表着数百万计的神经纤维——构成了胼胝体。这些山脊和山谷表明，这些纤维并不延伸在一个平面上，相反，它们高高低低。此外，正如地图的边缘所示，这些纤维并非与大脑其他部位完全分开，而是与它们连接并缠绕在一起。正如两位研究者所写："胼胝体的形状就像是一只翅形复杂的鸟一样。除此之外这些翅膀与渐进的白质纤维束相互混杂，这使胼胝体横向部分从根本上无法明确地界定。"

或者我们可以把胼胝体想象成一捆跨越大西洋的电话电缆。在大西洋中部(即地图上连接左、右半脑的山谷)，电缆被扎成束。有时候这些束聚集起来形成隆起，但是当这些电缆在北美和欧洲分散到家庭和办公室时，它们便失去了清晰的形状。更小的线束转向斯堪的纳维亚半岛或低地国家、意大利或伊比利半岛。这些线束会继续分成更小的线束，去往不同的城市，并最终到达特定的电话终端。在连接终端，胼胝体失去其结构形状，融入大脑本身的构造之中。

由此可见，"真实的"胼胝体是一个很难与大脑其他部位分离开来的结构，并且由于其不规则的三维结构，它非常复杂，无法测量。因此，神经科学家想要研究胼胝体，就必须先能驾驭它——将它变成一个易处理的、可观察的、谨慎的实验对象。这一挑战本身并非是新事物。帕斯图(Pasteur)在研究细菌之前首先得把细

表 5.1　19 世纪及 20 世纪左/右脑二分法

19 世纪		20 世纪	
左	右	左	右
前部的	后部的	语言的	视觉空间/非语言的
人性	动物性	时间的	共时的
动作行为	感觉行为	数字的	类推的
智力	情感/感觉	理性的	直觉的
白种人优越性	非白种人劣等性	西方思维	东方思维
理性	疯狂	抽象	具体
男性	女性	女性	男性
客观的	主观的	客观的	主观的
清醒的自我	潜意识自我	现实的	冲动的
关系中的生命	有机的生命	智力的	感官的

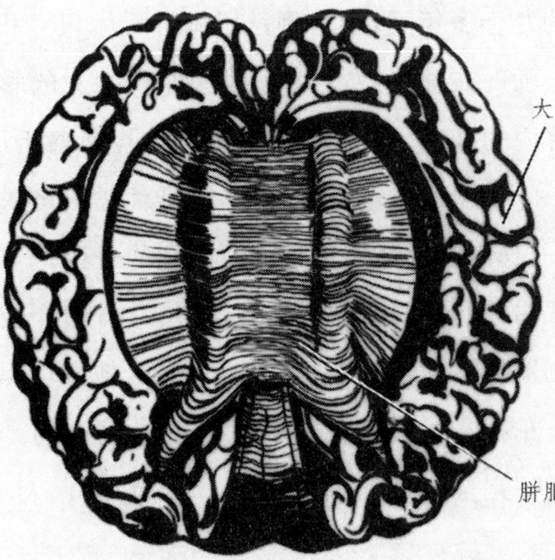

图 5.1　从大脑其余部分完全剥离的整个胼胝体的三维透视图(Alyce Santoro)

菌带入实验室；摩根（Morgan）在创造现代孟德尔遗传定律之前得先驯化果蝇。但是很关键的一点是，我们得记住，这一过程从根本上改变了研究对象。所做的改变是否会让研究无效？不一定。但是研究者们为了能够获得并使用他们的研究对象而采用的过程——这些过程在科学研究的通俗报道中通常会被忽略——可以在很大程度上揭示研究背后的一些假设。

科学家们在19、20世纪之交前就开始对胼胝体进行控制和利用了。当时人们对用它来解释种族差异（以及除此之外顺带着解释性别差异）寄予了很大希望。1906年，在约翰·霍普金斯大学解剖实验室工作的罗伯特·贝内特·比恩（Robert Bennet Bean）发表了一篇题为《黑人大脑的一些种族特点》（Some Racial Peculiarities of the Negro Brain）的论文。比恩（Bean）的方法看上去无懈可击。他细致地将胼胝体分成更小的部分，精心准备样本，为读者提供了大量的胼胝体摹图，[①]用了很多的图表，并获取了大量的研究样本（一百零三位美国黑人和四十九位美国白种人）。他的研究结果很有价值，以至于一些20世纪后期大辩论的参与者不仅会引用他的实验，而且还对他的数据进行重新分析。[②] 事实上，尽管有了一些现代主义吸引眼球的新手段（比如复杂的统计学以及电脑的使用），但自比恩（Bean）发表论文以来的九十多年间，用来测量尸体胼胝体尺寸和形状的方法并未改变。我并不是想用一项现在被多数人认为具有种族主义色彩的早期研究来抹黑现在的科学家。我想说的是，一旦脱离身体而为实验观察所用，胼胝体可以服务于不同的主人。在一个关注种族差异的时期，胼胝体曾一度被认为是种族差异的关键。而现在，这同一身体部位又被用来响应性别的号召。[③]

早先的一些研究试图证明，与白种人相比，黑人的前额叶较小，而顶叶较大，而比恩（Bean）最初的测量数据证实了这些研究。此外，他发现黑人的左前额叶较大，左顶叶较小，而这一左右不对称性在白种人身上是相反的。他觉得这些差异与我们对种族特点的了解完全一致。比恩（Bean）认为，黑人大脑的后部较大，而

① 这些摹图看起来和现代科学家所做的摹图相同。

② 这在科学界中很不寻常，因为在科学界，几乎没有出版物在首次发表十年之后还会被引用。

③ 我认为二维胼胝体就是符号学术语所称的自由浮动的能指（free-floating signifier）。

前部较小，这一点似乎能够解释一个不言自明的事实，即黑人表现出"一种不发达的艺术能力和品位，以及伴随缺乏自我控制而来的性格上的不稳定，尤其是在与性关系相关的方面"。这当然与白种人形成对比，因为白种人显然"占优势，而且首先拥有决心、意志力、自我控制、自治……并且有着高度发展的伦理和美学才能"。比恩(Bean)继续道："一个主观，另一个客观；一个是前额区，另一个在后区或顶叶；一个很理性，另一个情绪化；一个喜欢支配别人但有很好的自控能力，另一个温顺、唯命是从，却暴力而缺乏自我控制。"①他还发现，男性的胼胝体前端(膝部)和后端(压部)比女性的大。然而，他所关注的主要是种族。他解释说，中间部位(称为体部和峡部)包含负责动作的纤维，他认为与其他大脑部位相比，这一部位在不同种族之间更相似。事实上，他发现种族之间最大的差异位于运动区域之外。一般认为左右大脑半球偏后部位负责一些原始功能，胼胝体压部很可能包含连接这两个部位的纤维。关于种族的盛行观念使得比恩(Bean)预测非白色人种的胼胝体压部比白色人种的大。测量数据证实了这一点。同样，他预言连接大脑较前部位的膝部在白种人身上更大，而他的数据也同样证实了这一预测。②

表 5.2 比恩(Bean)的实验结果

白种男性＞白种女性＞黑人男性＞黑人女性	白种男性＞白种女性＞黑人男性＝黑人女性	黑人男性＞黑人女性＞白种男性＞白种女性	黑人男性＞黑人女性＝白种男性＞白种女性
整个胼胝体面积 前半部面积 膝部面积 峡部面积 体部面积 膝部与压部之比	前半部与后半部之比	压部	体部与峡部之比

在当时，和在现在一样，这类研究激起了科学界及大众的质疑。1909年，约翰·霍普金斯大学解剖学系主任富兰克林·P. 玛尔(Franklin P. Mall)博士对比恩(Bean)关于大脑中的种族和性别差异的研究结果提出异议。③ 玛尔(Mall)的反

① 如果你不知道语境，你是否会认为这是在描述性别差异，而不是在描述种族差异？

② 1999年，变成了女性体内有着更大的胼胝体压部，胼胝体压部现在被认为与认知功能相关。

③ 玛尔(Mall)指导了一位重要的女性解剖学家，弗洛伦丝·雷娜·萨拜因(Florence Rena Sabine)。

对理由并不让人陌生:大量的个体差异足以压倒群体差异。随机检验并没有发现明显的差异,同时比恩(Bean)以及其他人没有通过考虑大脑重量差异的因素来使他们的结果规范化。此外,玛尔(Mall)认为他自己的测量更准确,因为他用了一种更好的仪器,而且他在做研究时是不事先了解样本的,目的是为了消除"我自己个人的因素"。最后,他写道:"有关种族、性别和天赋差异的观点从此将需要以新的数据为依据,真正科学地进行处理,而不能再依照原先的观点了。"当玛尔(Mall)试图在科学领域与比恩(Bean)进行交战时,比恩(Bean)却和人类学家弗朗兹·博厄斯(Franz Boas)在大众媒体中跳起了探戈。社会语境可能会改变,但科学论战的武器可以从一个时代被传递到下一个时代。

界定胼胝体

科学家所测量、分割、探查、争论以及注视的不是胼胝体本身,而是取自它中心的一片(图 5.2)。这是胼胝体正中矢状面部位的二维图像,因为这说起来有点拗口,就让我们称它为胼胝体吧(在下文中,我将称那个三维结构——那只翅形复杂的鸟——为三维胼胝体)。研究二维版本的胼胝体有几大好处。首先,实际的大脑解剖容易得多。研究者不需要花数小时费力地解剖大脑皮层以及其他与三维胼胝体相连的大脑组织,他们可以拿完整的大脑,瞄准划分左右大脑半球的部位进行切割(这很像是从中间将整个核桃切开,然后测量切割面)。由此产生的半脑可以从其中的一个切割面拍照。接着研究人员就可以将胼胝体切割面的轮廓描记到纸上,并通过手工或计算机对这一轮廓进行测量。其次,由于组织制备相对容易,对象更加便于标准化,从而确保当不同实验小组比较结果时,他们所谈论的是同一个东西。再次,二维物体远比三维物体要容易测量得多。[①]

---

① 劳赫(Rauch)和吉恩金斯(Jinkins)写道:"从三个维度测量整个胼胝体也会是个复杂的任务,因为胼胝体的形状像是一只翅形复杂的小鸟。此外,这些翅膀与渐进的白质纤维束相互混杂,使胼胝体的横向部分从根本上无法明确地界定。"即使是这样的被驯化的胼胝体也有问题,因为它从未与大脑的其余部分完全分开。有一些研究小组十分谨慎地指出了这一点:"胼胝体的界线在背侧十分明确,但是在前侧并不明确。和猴子的情况一样,我们无法用肉眼将胼胝体压部同相邻的体部与背侧海马连合区分开来,因此从某种程度上海马连合被包含在我们的胼胝体校正值中。胼胝体与透明膈之间的界限有时仅通过查看是难以确定的。"不过,实验者觉得这一层面的困难他们可以接受,因为被驯化的胼胝体主体部分已经足够清晰。

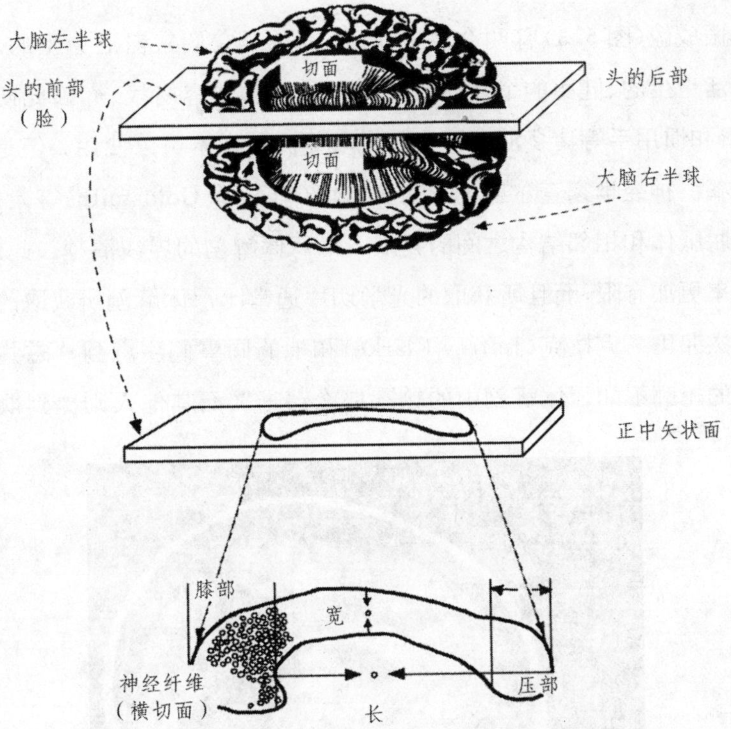

图 5.2　从三维胼胝体到二维图像版本的转变过程(Alyce Santoro)

但是，关于这种尸体解剖法仍然存在方法上的问题。例如，为了准备大脑，人们必须炮制大脑（一种被称为组织固定法的保存过程）。不同的实验室使用不同的组织固定方法，并且所有的方法都会导致一些变形和收缩。因此，对于活生生的、能运转的大脑和实际上所研究的已经死去、被保存的大脑物质之间的关系，总是存在一些疑问（例如，我们可以想象，两组之间的尺寸差异很可能是因为不同数量的结缔组织对组织固定法表现出不同的收缩率而产生的结果）。

尽管研究人员对哪一种获取大脑样品的技术所引起的变形程度最小没有达成统一意见，但他们很少承认他们那些基于二维截面的数据可能不适用于大脑本身真实存在的状态：大脑是以三维的方式存在于人的头部的。其中部分原因可能是因为研究人员对尸体解剖法以及随着磁共振成像仪（MRI）的出现而成为可能的技术所具有的相对优点更感兴趣。一些人希望这种先进技术有助于形成对胼胝体的统一描述。[1]

磁共振成像(图 5.3)有两个主要优点。第一,它们来自活生生的、健康的个体;第二,活生生的、健康的个体比尸体解剖的大脑更容易找。[2] 因此便有了更大的、与年龄和惯用手等诸多混杂因素匹配度更高的样本可以使用。但是天下没有免费的午餐。神经学家查尔斯·戈德史密斯(Charles Goldsmith)等人指出,磁共振成像中胼胝体和相邻结构之间的界限不如尸体解剖的界线清楚。此外,扫描的空间分辨率更加有限,而且所获取的光学切片通常比尸体解剖所获取的手工切片厚得多。杰弗里·克拉克(Jeffrey Clarke)和他的同事们注意到,"磁共振成像图中胼胝体的轮廓不如尸体解剖中的轮廓那么清晰",而其他人则提到很难决定那

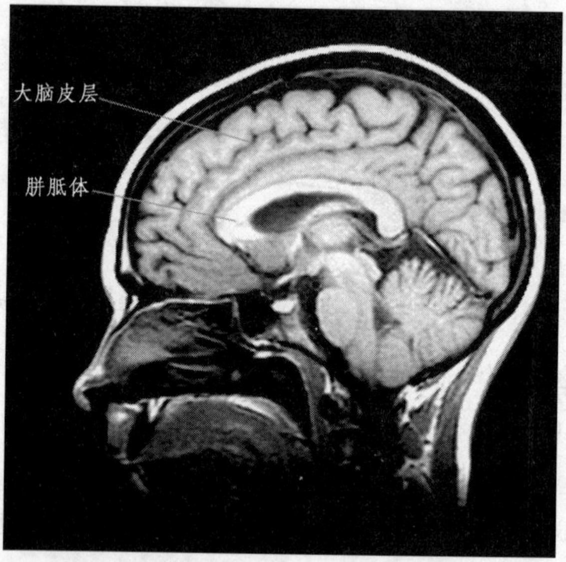

图 5.3　人头部正中矢状面的磁共振成像(Isabel Gautier)

大脑皮层的盘绕和胼胝体都清晰可见。

① 关于胼胝体性别差异的现代争论始于尸检所获取的大脑胼胝体的测量数据。因为随后的报告与原始数据之间以及报告存在不同,关于方法的争论也就出现了。例如,尸检解剖研究样本量较小。对于 15 项使用磁共振成像的研究来说,其平均样本大小为 86.3(范围从 10 个～122 个不等),而对于 15 项使用尸检样本的研究来说,其平均样本大小为 44.2(范围从 14 个～70 个不等)。

② 各种形式的脑部扫描作为一种据称可以客观读取大脑信息的方式而被公众所认可。

么多光学切片中哪一片才是真正的正中矢状面。[①] 最后，利用磁共振成像进行研究很难对大脑重量和尺寸进行标准化。由此可见，由于磁共振成像和尸体解剖一样都再现了大脑的某些特征，研究人员不管运用这两种技术中的哪一种对大脑进行研究，中间都隔着如何解读这一层。

通过测量进行驯服

科学家可以成功地得出他们都认可的胼胝体测量数据吗？他们能够利用他们的胼胝体数据发现男女之间的差异，或同意没有什么差异可寻吗？看来不太可能。在此我看了写于 1982 年～1997 年间的三十几篇科学论文。作者们使用了最新的技术——计算机化的测量、复杂的统计数据、磁共振成像等，但他们仍然无法达成一致意见。在设法说服对方（以及外部世界）胼胝体对于性别很重要或者不重要的过程中，这些科学家非常努力地工作，想要找到正确的技术、最佳的测量、一个完美得足以使他们的观点无懈可击的手段。

在表 5.3 中，我们可以看到，几乎没有人认为整个胼胝体存在绝对的大小差异。相反，科学家对二维胼胝体（图 5.4）进一步进行细分。研究人员选择了不同的分割方法，建构出了不同数量的亚区域。大多数研究者都用字母或数字来标记胼胝体的亚区域，以表明其任意性。其他人则使用早年创造的名称。比如，几乎所有人都将胼胝体压部定义为胼胝体后部五分之一，但也有少数人将胼胝体分为六至七部分，并将最后一部分称为胼胝体压部。每种进一步细分胼胝体的方法都代表着为驯服它而做的努力——让它产生测量数据，产生作者所希望得到的客观的、可供他人复制的数据。标记方式的选择也给予方法以不同的价值。有些人通过只用字母或数字对亚区域进行标记而凸显方法的任意性，而其他人则选用传统

① 威特尔森（Witelson）指出："关于胼胝体的直接尸检解剖测量数据和磁共振测量数据之间的一致性研究还有待进行。"使用不同的科学技术会产生不同的结果。我对研究小组是否在整个或部分胼胝体中发现性别或惯用手差异（无论是绝对的还是相对的面积差异）进行了汇总。当选用磁共振成像方法时，有七个研究小组发现存在性别差异，而十四个研究小组未发现差异。与此相反的是，在采用尸检解剖方法的研究中，有八篇出版物报告存在性别差异，而七篇没有发现性别差异。使用尸检解剖方法是否存在某些因素（更小的样本、所产生物体的性质等）让研究者更有可能发现性别差异的存在？

的解剖名称，以给人留下一种真实的感觉——或许胼胝体有着可见的子结构（就像汽车引擎内部的活塞看上去明显不同一样）。

要想成功地获取有关大脑工作原理的信息，科学家必须驯服他们的研究对象，我们在表 5.3 和表 5.4 中看到的是为实现此目的而采用的各种方法。事实上，产生不同，这本身就是实验室日常工作如此密不可分的组成部分，以至于大多数实验室工作人员根本不会注意到它。一旦被提取并被命名，胼胝体压部、峡部、中体部、膝部以及嘴部都成为具有生物性的东西，被看作真实的结构，而不再是一些任意性的划分——而这才是它们真正的面目。将身体部位简单化，从而可以赋予活生生的身体中那令人生畏的复杂性以一些概念性特征，这对于从事研究的科学家来说是家常便饭。但这是有后果的。当神经解剖学家将三维胼胝体转换为压部或膝部时，他们提供了“让公众了解那些从模糊和混乱中被拯救出来的新结构的途径”。社会学家迈克尔·林奇（Michael Lynch）将这类创新称为“有着明显数学性、自然性以及文学性的混合物体”。它们之所以具有数学性，是因为它们现在是以可测量的形式出现；[①]它们之所以具有自然性，是因为它们毕竟来自一个自然的物体——三维胼胝体。但是，科学论文所描述的胼胝体及其压部、膝部、峡部、嘴部，以及前部和后中体部，都是文学虚构。

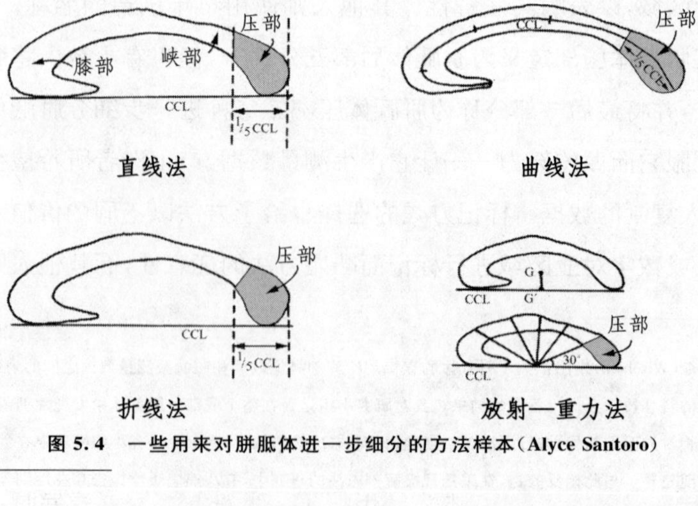

图 5.4　一些用来对胼胝体进一步细分的方法样本（Alyce Santoro）

① 林奇（Lynch）写道：“科学家们从一个最初顽固的标本出发，有条不紊地工作，以暴露、加工、完善标本的表面外观，使之与图形表示以及数学分析相一致。”

表 5.3 胼胝体中的绝对性别差异一览表

	研究结果数量					
	成年女性较大	成年男性较大	成人无差别	男童较大[b]	儿童无差别	胚胎期无差别[c]
测量对象(见图 5.4)						
胼胝体面积	0	1[a]	16[a]	1	2	2
宽度最大值	3	0	11	0	1	2
胼胝体长度	0	0	7	1	0	0
面积:区域 1	0	1	7	0	1	0
面积:区域 2	0	0	8	0	1	0
面积:区域 3	0	2	7	0	1	0
面积:区域 4	1	0	9[g]	0	1	0
面积:区域 5(压部)	0[f]	0	17[g]	1[d]	2	0
宽度 1	0	0	2	0	0	0
宽度 2	0	0	2	0	0	0
宽度 3	0	0	2	0	0	0
宽度 4(压部最小值)	0	1	3[e]	0	0	1
胼胝体宽度最小值	2	2	0	0	0	0
体部宽度最大值	0	0	2	0	0	0
前部 4/5 面积	0	0	2	0	0	0

a. 其中一个调查结果运用方差分析的统计测试时显示有差别，但运用多变量方差分析的统计测试时没有差别。

b. 没有出现女童这些部位更大的案例。

c. 有一个案例发现女性胎儿的压部宽度绝对值大于男性胎儿，但面积没有差别。

d. 取决于使用哪种统计测试。

e. 尸体解剖结果出现差别，但磁共振成像无差别。

f. 霍洛韦(Holloway)等人说有区别，但他们随后引用一个数值为 $p=0.08$ 的统计概率，这样的概率通常被认为不具有统计学意义。

g. 前提是将胼胝体分为七部分(峡部为第六部分，胼胝体压部为第七部分)。

这一过程本身没有什么不对，但是当转换后的物体——林奇(lynch)的三方混合体——被错当作原物时，困难便出现了。当科学家发现差异时，他们会试图解读其含义。在这场辩论中，所有的解读就好像被测量的对象就是胼胝体。然而，解读时应该与此相反，应尝试着逆转这一抽象的过程，但是，在这里我们遇上了麻烦。对于完好的、三维的胼胝体的详细的解剖知识，我们了解得太少，因此难以完成这项任务。我们只能去赋予一个虚构的抽象物体以含义，而产生问题的空间也变得很大。

（胼胝体的）一切皆有尺寸

在所有的划分最后总算都达成一致后，胼胝体的研究者们有活干了。现在他们可以进行很多的测量。从没有进行分割的胼胝体可以得到总表面积、长度、宽度等方面的信息，所有这些数据都除以大脑体积或重量；从被进一步划分的胼胝体可以获得被命名或被编号的部位：前五分之一成为膝部，后五分之一是胼胝体压部，中心较窄的部位是峡部。当研究人员以胼胝体为材料创造出一个可测量的对象后，他们发现了什么？

表 5.3、表 5.4 和表 5.5 中所汇总的结果揭示了以下几点：不管他们如何切割这一形状，只有少数几个研究人员发现胼胝体面积存在绝对的性别差异。有少数研究人员公布说男性和女性的胼胝体形状不同（据这些作者的说法，女性的胼胝体压部更像球茎状，这使她们的胼胝体更宽），尽管这一形状并没有导致大小（面积或体积）上的不同。几项以胎儿和幼儿为对象的研究并没有发现显著的性别差异。这些结果表明，如果成人的胼胝体存在性别差异，差别似乎只是随着年龄而出现。[①] 最后，关于老年人胼胝体大小的性别差异问题各项研究相互矛盾，无法得出关于老年人性别差异的确切结论。[②]

一些研究者指出，如果胼胝体存在性别差异，这差异很可能与科学家们所普遍认为的情况相反。男性通常比女性有着更大的大脑和身体。如果事实证明女性和男性有着尺寸相似的胼胝体，但女性的大脑较小，那么在相对单位体积或

① 如果胼胝体差异出现在童年时期，那么据推测他们很可能受成长经历的影响。换句话说，成人大脑解剖结构的差异事实上可能首先是由社会差异所导致的。

② 关于胼胝体如何随年龄而变化、男性和女性胼胝体成长和老化的过程是否有所不同，一直有着持续不断的争论。从争论这一方面所得到的原则与本章得出的观点并无不同，所以我选择不再去深究这一历时已久的争论。

单位重量的基础上，是否女性的胼胝体更大？按照这个逻辑，很多研究者对男性和女性的整个胼胝体以及胼胝体各部位的相对大小进行了比较。表 5.4 汇总了这些相对测量数据，结果有着分歧：约有一半宣布存在差异，一半则声称没有差异。

表 5.4　胼胝体中的相对性别差异一览表

	研究结果数量					
	成年女性较大	成年男性较大	成人无差别	男童较大	儿童无差别	胚胎期无差别
测量对象(见图 5.4)						
胼胝体面积/大脑重量或体积	7		8		2	
面积：区域 1/大脑重量或体积		1	2			
面积：区域 2/大脑重量或体积			2			
面积：区域 3/大脑重量或体积		1	1			
面积：区域 4/大脑重量或体积	1		2			
胼胝体压部宽度或面积/大脑重量、体积或长度	3		5[c]			
胼胝体压部面积/胼胝体面积或长度	3		4			
长细比指数(胼胝体长度/理想厚度)[b]	2[d]		1[d]			1[d]
球茎系数(胼胝体压部平均宽度/胼胝体中与压部相邻部位的平均宽度[a]	2[d]					
球茎系数/胼胝体总面积			1			
最小宽度/胼胝体总面积	1					
面积 6(7÷)/胼胝体总面积	1					

a. 我把它戏称为“火鸡滴油管”(turkey-baster)系数，或者“TBC”，因为它所依据的理念是，细颈状的胼胝体上如果长着一个球茎状的胼胝体压部，就会让整个结构看上去像一个火鸡滴油管。

b. 克拉克(Clarke)等人将理想厚度定义为胼胝体面积除以中线长度(通过平分胼胝体正中矢状面面积得出)。

c. 我用埃默里(Emory)等人所提供的数据计算了其中一个结果；这五个其中一个以将胼胝体分为四部分为前提。

d. 尸体解剖中发现一例有差异，但磁共振成像中未发现差异。

表 5.5　惯用手、性别和胼胝体大小一览表

	研究结果数量					
	仅男性：惯用右手＜惯用左手[a]	仅男性：惯用右手＝惯用左手[a]	仅女性：惯用右手＝惯用左手[a]	仅女性：惯用右手＞惯用左手[a]	男性和女性合计：惯用右手＜惯用左手[a]	男性和女性合计：惯用右手＝惯用左手[a]
测量对象(见图 5.4)						
胼胝体总面积	2	3	6	0	1	4
峡部：面积[b]	3	1	3	0	2[c]	1
峡部/胼胝体总面积	1					
前半部[b]	1	1	2	0	1	1
后半部[b]	1	1	2	0	1	1
区域 2[b]	2	1	1	1	1	1
胼胝体/大脑						1
胼胝体压部/大脑						1

a. 在对惯用手进行界定时真正使用的定义比简单的左右手之分更复杂、更微妙。

b. 对于惯用手研究中对胼胝体的区域划分，见图 5.4。

c. 惯用左手的男性＞女性。

虽然大多数对性别差异感兴趣的调查人员将注意力放在胼胝体压部——更像(或更不像)球茎状的胼胝体后端，其他人则把注意力转移到胼胝体的另一个被称为峡部的部位(图 5.4)。虽然那些测量胼胝体压部的人一般只看男女之间的差别，但那些研究峡部的人还是认为大脑的这一部位与好几个特征相关——不仅是性别，还包括惯用手是左手还是右手，以及性取向。有些人发现惯用右手的男性，峡部面积小于惯用手非右手的男性，但女性没有显示类似差异。① 我已经在表 5.5 中列出了这些结果，但在这一点上同样也无法达成共识。有些人发现惯用手不同的男性之间存在结构性差别，但女性没有这种情况；有些人则没有发现与惯用手相关的差别；甚至还有一篇论文声称，惯用右手的女性胼胝体的某一个部位比惯用左手的女性的该部位大，但惯用左手的男性同一部位比惯用右手的男

① 对性别和惯用手之间关系的解释是男性的大脑比女性的大脑更加具有偏侧性(至少对于某些认知功能而言是如此)。但一般情况下，左撇子比右撇子偏侧性小。如果我们假设胼胝体面积更大意味着偏侧性更小，而女性(不管她们是左撇子还是右撇子)偏侧性都更小，那么将惯用手因素包括进来对女性来说就无关紧要，而对于男性来说就会有明显的差别。

性小。

科学家们怎样处理这些各不相同的结果？有一种方法运用一种被称为元分析的特殊统计形式，将很多小型研究的数据汇总到一起，创造一个样本，从数学意义上来看这个样本就像是一个大型研究。心理学家凯瑟琳·毕晓普（Katherine Bishop）和道格拉斯·瓦尔斯滕（Douglas Wahlsten）发表了一项研究，其看上去像是这种元分析方法所产生的明确结果。他们对四十九套不同数据系列进行研究，发现男性胼胝体略大于女性胼胝体（据他们推测这是因为男性体形更大），但无论是整个胼胝体以及胼胝体压部的绝对及相对尺寸，还是它们的形状，都没有明显的性别差异。向数据库每增加一项研究，毕晓普（Bishop）和瓦尔斯滕（Wahlsten）都会重新估算胼胝体压部面积存在绝对性别差异这一结果的统计学意义。当只有少量研究以及很小的累积样本存在时，结果会显示胼胝体压部面积存在性别差异。然而，随着文献中更多（来自更新的研究）的数据不断增加，性别差异在减少。当研究数量达到十项时，胼胝体压部的绝对性别差异消失了，没有人能让它再次出现。①

然而，研究人员还在继续对胼胝体结构中是否存在相对差异进行辩论。毕晓普（Bishop）和瓦尔斯滕（Wahlsten）没有发现差异，但当另一个研究团队再一次进行元分析时，他们不仅发现男性的大脑和胼胝体略大于女性，而且发现相对于整个大脑的尺寸，女性的胼胝体更大。不过，这项研究没有足够的数据，无法得出男性和女性胼胝体压部的相对尺寸存在差别这一结论。②

但是，这些元分析也遭遇了单个研究所经历过的同样的方法论问题。是否存在确立相对差异的合理方式？我们应该拿什么因子来除，是大脑重量、大脑体积还是胼胝体总面积？有一个研究团队曾把简单地用某一面积除以大脑尺寸的做

---

① 拜恩（Byne）得出的结论与我的结论以及毕晓普（Bishop）和瓦尔斯滕（Wahlsten）的结论相似。元分析本身就是一个有争议的过程。关于如何评价科学文献中相互矛盾的结果，一直存在争议。一些人认为我在表 5.3 至表 5.5 中用的数豆子方法最合适，其他人则认为元分析方法最合适。施密特（Schmidt）就元分析对心理学研究标准的影响从技术上进行了阐述。

② 德莱森（Driesen）和拉兹（Raz）得出结论，认为左撇子的胼胝体比右撇子的胼胝体大。

法称为“伪统计学”[①](他们是在打文字仗)。另一个研究者反驳说,任何发现有性别差异的研究所用的方法都会受到同行们的质疑,这不足为怪,因为“政治频谱的一端完全依赖于没有差异这一结论”。[②] 我们没有共识可寻。[③]

用数字作战

对于第一次接触该争议的局外人来说,这一系列数字和测量数据令人困惑。在展示、分析他们的测量数据时,科学家采用两种不同的学术传统,两者往往都被冠以“统计学”这一名称。[④] 第一个传统——积聚大量的数字对某一社会问题进行评估、衡量——起源于(这一点到现在依然清晰可见)18、19 世纪人口普查员的做

---

① 菲奇(Fitch)和德嫩伯格(Denenberg)认为,我们不能用相对值来比较不同群体,除非每个群体之内存在确定的相关性。他们用智商来说明自己的观点。“平均来说,男性和女性在智商测试中没有性别区别。然而,女性的大脑比男性的大脑小,脑重量也更轻。”如果我们计算智商/脑重量之比,女性的“每单元大脑”比男性多得多。“我们之所以不用这种统计数据,是因为研究证明,在群体内部,智商和脑的大小之间没有相关性”(“群体内部”意思是将大脑较小的女性和大脑较大的女性相比)。关于胼胝体,他们得出的结论是:“将大脑尺寸分成胼胝体区域作为‘校正因素’这一步骤是不对的,而且,由于女性的大脑通常较小,这会产生错误的结果,似乎表明女性的‘相对胼胝体’更大。”阿博提兹(Aboitiz)认为,如果我们更加清楚地了解功能和尺寸是如何相关的,那么大脑尺寸校的正值有可能是恰当的。霍洛韦(Holloway)大力反对使用相对测量值:“物理人类学家常常使用比率数据,我们这么做是因为出现了一系列非常有意思的事实:大脑的相对大小确实显示出两性差异,这些两性差异在哺乳类动物内部差别很大。”瓦尔斯滕(Wahlsten)和毕晓普(Bishop)也反对过多使用比率,尽管他们认为在某些情况下使用比率是合理的,不过这些情况在胼胝体研究中并没有遇到。

② 这种对科学争议采用的不对称的分析表明,其中一方(在这种情况下是女性主义者)的政治立场损害了他们公正地评估某一文献的能力,而另一方则可以清楚地听到自然所表达的真相,因为他们没有政治立场。哈尔彭(Halpern)暗示,之所以没有发现性别差异,其中一种解释是研究过于草率,因为研究者是出于政治立场,而不是致力于探求自然世界的真理。这一反对女权主义的论点和古尔德(Gould)分析莫顿(Morton)关于大脑尺寸的种族差异研究时所采用的形式如出一辙。不管我们在这些争议中站在哪一边(是站在上帝一边还是坏蛋的一边),这种不对称的论点都会让我们陷入困境。

③ 德里森(Driesen)和拉兹(Raz)提出,研究者可以通过记录他们样本的特点,采用更多的测量数据和不同的统计测试,来改善这一状况。毕晓普(Bishop)和瓦尔斯滕(Wahlsten)认为,“除非在单个实验中采用足够大的样本,否则继续以此为主题进行更多的研究是不明智的”。他们认为样本数量至少要达到每一组三百人——总计六百人的大脑!这样的一个样本大小或许可以顾及同一性别成员之间所存在的巨大差异。

④ 我发现在将统计史纳入对胼胝体之争的分析过程中时,超文本这一概念很有用。超文本是指一些文字或图片,互联网冲浪者可以通过点击这些文字和图片转向一个全新的提供信息或活动的网页。

法以及保险公司制作精算表的做法。[①] 这一传统已慢慢演变为一种更新的方法——显著性检验,旨在确立群体之间的差异。大多数人认为,由于差量统计学技术运用很多数学运算,并且涉及有关概率的复杂理念,因此它们在社会意义上是中立的。然而,当今的统计测试是从区分人类社会的基本要素、凸显各个社会群体(富人和穷人,守法者和罪犯,白种人和黑人,男性和女性,英国人和爱尔兰人,异性恋者和同性恋者等——这还只是列举了几个例子而已)之间的差异的尝试和努力中发展演变而来的。[②]

它们是怎样被用在胼胝体的性别差异这个问题中的呢?在胼胝体研究中,这两种方法都用了。一方面,形态测定专家做了许多测量,并把它们排列在表格和图表中。另一方面,他们用统计测试将相关变量,如性别、性取向、惯用手以及空间能力、语言能力与测量数据关联起来。复杂的统计工具同时具有修辞和分析两种功能。每个胼胝体研究都积累了大量的个体测量数据。为了理解哲学家伊恩·哈金(Ian Hacking)所说的"数字雪崩",[③]生物学家用可读的方式对它们进行了分类和展示。[④] 只有这样,研究人员才可能从中"挤"出信息。身体组织是否会随着年龄而改变其大小,或者在患有某种特定疾病的人体内是否会有所不同?男性和女性或不同种族的人们是否不同?那些提供数字并从中提取意义的专业性研究文章,从根本上不过是对某种结果阐释的辩护而已。作为其修辞策略的一部

---

① 在我写这本书时,新闻里充斥着关于如何收集2000年人口普查数据的满是政治意味的论战。

② 头部的测量长期以来一直受到青睐。在世纪之交,犯罪学家在测量罪犯的头部时测量了他们所能想到的所有参数。有一张表格通过测量颅骨和脸部的前后直径、左右直径、水平周长、纵向曲线、横向曲线、头部指数、前半部周长、最小额叶直径、颧骨直径、下巴直径以及额头高度等方面来对妓女、农民、受过教育的女性、小偷、投毒犯、杀手、杀婴犯和正常妇女进行比较。

③ 在1820年～1859年间,欧洲经历了一场大的数字爆炸。从1820年～1840年,"数字的印刷增长率似乎成指数倍增,而文字的印刷增加率只是以线性增长"。发表的统计报告越来越多,所涵盖的被测量的东西越来越多样化。

④ 统计表格需要创建类别,这是一个被哲学家伊恩·哈金(Ian Hacking)认为具有颠覆性的过程:"计数需要计数的东西或人的种类。计数迫切地需要类别。我们现在用来描述人的许多类别都是计数需要的副产品。"就像将测量应用到人体(形态计量学)上需要创建更小的划分,如二维胼胝体,胼胝体压部、膝部或峡部等。历史学家琼·斯科特(Joan Scott)写道:"统计报告既不是完全中立地收集事实,也不只是意识形态上的强制实行。相反,它们是用来建立某一社会秩序愿景的权威性以及管理'经验'观念的方式。"

分，作者引用先前的研究（以此来召集盟友），解释为什么其选择的方法与得出不同结果的另一个实验室所使用的方法相比更为合适，并用表格、图表和绘图来向读者展示某个特定的结果。①

但是统计测试并不只是华丽的修辞辞藻。它们同样是强大的分析工具，可以用来阐释那些随意的观察所不容易看到的结果。差异的统计分析方法有两种。②有时群体之间的差别是很明显的，而更有意思的是同一群体内部的差异。例如，如果我们对一百头成年圣伯纳犬和一百头成年吉娃娃组成的群体进行研究，我们会注意到两件事。第一，所有的圣伯纳犬比所有的吉娃娃体形大。一位统计员可能会用两个不重叠的钟形曲线来代表它们（图 5.5A）。我们很容易得出结论：一个品种的狗比另一品种的狗体形大并且重（也就是说，存在着群体差异）。第二，我们或许会注意到，并不是所有圣伯纳犬都有着相同的身高和体重，吉娃娃之间也有所不同。我们会将圣伯纳犬或吉娃娃的不同个体放在它们各自钟形曲线的不同部位。我们可能会从队列中选择一个，想知道它作为圣伯纳犬是否很小，或者作为吉娃娃是否很大。为了回答这个问题，我们会借助于统计分析，以更多地了解每一品种内部的个体差异情况。

然而，有时当群体之间的差异没有这么清晰时，研究人员会转而借助统计学。让我们想象一个不同的练习：分析一百条哈士奇和一百条德国牧羊犬。其中一个品种是否比另一个品种更大？尽管这两个品种的平均身高和体重略有不同，但它

---

① 社会学家布鲁诺·拉图尔（Bruno Latour）用比喻将看上去单调乏味的科学文本——满是图、表和统计测试——变成一部扣人心弦的史诗。请注意这里的“英雄”是结果——在目前这种情况下——发现存在性别差异的实验结果：这位英雄身上会发生什么？是要抵御这种新的考验吗？读者是否已经被说服？还没有。这里有一种新的检验，想象一下欢呼的乌鸦和嘘声一片。我们越是深入科学文献的细微之处，它会变得越加不同寻常。现在它成了一部真正的歌剧。成群的人都被参考文献调动了起来，台下的上百种配件被用上了（例如，统计测试和分析）。假想的读者不仅被要求相信作者，而且在被认可为英雄之前要详细地说明这些英雄都经受了什么样的折磨、煎熬和考验。文本逐渐展开关于这些考验的戏剧化故事。最后，读者对自己先前的怀疑感到羞愧，不得不接受作者的论断。这些“歌剧”千百次地展现在《自然》（*Nature*）杂志上。

② 统计数据可以被看作专门的差异技术。统计分析和人口均值的确立（后来常常成为规范）成为 20 世纪心理学领域的一个重要组成部分。只有到了那个时候，一个“正常”的心理主体才得以建立——建立在对人口集合体极度依赖的基础上。心理相关性的偏侧性研究常被用于证明胼胝体的心理相关性，丹齐格（Danziger）的历史介绍对我们分析偏侧性尤为重要。

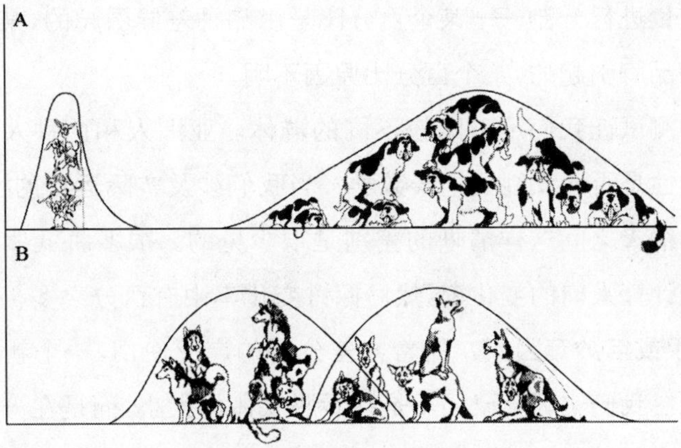

图 5. 5（Alyce Santoro）

A：吉娃娃和圣伯纳犬的比较；B：哈士奇和德国牧羊犬的比较。

们的钟形曲线重叠很大（图 5. 5B）。为了解决“真正的差别”这一问题，现代研究者通常采用两种策略中的一种。第一种策略运用一个相当简单的算术测试，如今这个测试可以在计算机程序中自动运行。测试考虑三个因素：样本的大小、每个样本成员的平均值，以及围绕着平均值的波动程度。例如，如果牧羊犬的平均体重是二十三千克，大多数牧羊犬的体重接近这一平均体重，但变化范围还是很大——比方说从十五千克到三十五千克。这一变化范围被称为标准偏差（SD-standard deviation）。如果标准偏差很大，那么成员个体变化就很大。[①] 最后，这种测试计算出两个样本（即哈士奇和牧羊犬）均值随机变化的概率。

研究人员不需要将他们的数据归集到不同的钟形曲线下，以确立两组样本之间的差异。相反，他们可以将所有数据集合在一起，计算它的变化量有多大，然后分析产生变化的原因。这个过程被称为方差分析（ANOVA）。在狗的例子中，对哈士奇和德国牧羊犬的体重感兴趣的研究人员将所有两百条狗的体重汇集到一起，然后计算出最小的哈士奇到最大的德国牧羊犬的总变率。[②] 随后他们会运用

---

① 在 19 世纪下半叶，统计学家对钟形曲线进行了重新诠释，认为它仅仅代表着变异性，而不是像克特莱（Quetelet）所认为的那样，是对分布在某个平均、理想的类型周围的错误的描述。最终，科学家对“标准错误”重新命名，称之为“标准偏差”。

② 这一过程并不涉及这种曲线的绘制，这些信息完全可以通过数字来处理。我在这里援引曲线是为了帮助读者形象地理解研究者都做了什么。

方差分析对变量进行分割——某个百分比是由品种差异引起的,某个百分比是由年龄或狗粮的品牌引起的,某个百分比原因不明。

平均差的测试让我们可以比较不同的群体。亚洲人和白种人的智商差别真的存在吗?男性是否比女性更擅长数学?当我们涉及实际运用的社会决策时,像吉娃娃和圣伯纳犬之间这样清晰的差别是很少见的。很多胼胝体研究都采用方差分析。他们计算人口的变化率,然后探讨变化率中有百分之多少可以归因于诸如性别、惯用手或年龄等因素。随着方差分析的广泛使用,一个新的研究对象便悄然出现。现在我们实际上已经不是在看胼胝体的大小,而是在分析性别和其他因素对围绕一个算术平均值的胼胝体尺寸变量起了什么作用。当科学家们试图用统计学来驯服胼胝体时,他们使它更加远离了野性的原型本身。[①]

如果胼胝体看上去就不一样,让别人相信它尺寸不同将是件再简单不过的事。确实,在胼胝体争议中,攻方的第一条路线是宣称男性和女性胼胝体压部形状差别如此巨大,就连不经意的观察者都能对此一目了然。为了检验这一说法,研究者勾勒出他们样本中每一个二维胼胝体的轮廓。他们把这些每张只用一个代码标记的图纸混合后给中立的观察者,让他们将图案分成球茎状和细长状两类。最后,他们将分类后的图纸解码,看是否所有或者大部分球茎状的卷宗都来自女性、细长状的卷宗都来自男性。这种方法并没有产生一个令人印象深刻的计分表。有两组声称在视觉上存在明显的性别差异;第三组同样声称存在性别差异,但男性和女性如此重叠,以至于研究者只能通过针对显著差异的统计测试来发现性别差异。[②] 与此相反的是,其他五个研究小组试着通过视觉区分男性与女性胼胝体,但这种尝试没有成功。

当直观的视觉无法将男性与女性区分开来时,下一步便是搬出统计测试。除了那些试图从视觉上区分男性和女性胼胝体的研究人员之外,另外还有九个研究

---

① 利文汀(Lewontin)写道:"在试图通过差异分析来解决原因分析的问题的过程中,真正发生的事情是,一个完全不同的对象已取而代之。表型值相对于均值的偏差这个新的研究对象,和表型值本身不是一回事。"

② 此测试考虑到样本大小、相对于男性均值的差异程度,以及相对于女性均值的差异程度。参与这场争论的很多人都承认,在胼胝体形状方面男性和女性都存在着很大的差异。

小组只采用统计学差异分析。[①] 其中有两组声称胼胝体压部形状存在性别差异，而另外七组没有发现统计学差异。这使得关于胼胝体压部性别差异的计分结果为五组赞同，十三组反对。即便是统计学数据也无法将研究对象规约到清楚的划分类别之中。玛尔(Mall)在1908年就发现，胼胝体在个体之间的差异看上去如此之大，以至于不可能在大的群体之间确立有意义的差异。

在胼胝体大辩论已盛行了九年的1991年，一位神经生物学同行告诉我，一篇新发表的论文已经明确地解决了这个问题。新闻报道——无论是大众媒体还是科学新闻——都表明他说对了。当我开始阅读劳拉·艾伦(Laura Allen)和她的同事们写的文章时，我确实感到印象深刻。他们采用了一个很大的样本(一百二十二位成人和二十四位儿童)，他们对可能与年龄有关的变化进行了参照控制，并且用两种不同的方法对胼胝体进行进一步细分：直线法和曲线法(见图5.4)。此外，这篇论文有着大量的数据。论文有八个图表和图解，还穿插着三个满是数字、进一步细分的表格，所有这一切都证明了他们所做的工作十分细致。[②] 如此详细地呈现他们的数据表明了他们的无畏。读者不需要相信作者，他们可以自己看作者的数据，用他们想要的任何方式重新计算。关于性别差异，这些作者得出了什么样的结论？他们说："尽管我们观察到胼胝体的形状存在戏剧性的性别差异，但没有确凿的证据能证明胼胝体的面积或其各构成区域存在两性差异。"

尽管他们十分肯定，但是当我再次阅读这项研究报告时，我意识到它并不如表面看起来那样令人信服。让我们一步步来看。他们采用了目测和直接测量两种方法。从他们的视觉(他们称之为主观的)数据，他们得出以下结论：

> 依据女性胼胝体压部多显球茎状而男性胼胝体压部多显管状这一点对所有研究对象的胼胝体后部按性别进行主观分类，分类结果表明，观察者依

---

① 不同的团体都运用了均值测试和方差分析这两种手段。

② 拉图尔(Latour)将这些图、表和图纸称为"铭文"，并且这样评论它们在科学论文中的地位："因为持异议者(在这种情况下那就是我——极度怀疑的读者)总是可以逃离，尝试另一种阐释，于是科学家们就会花很多精力和时间去把他逼进角落，用更加戏剧化的视觉效果包围他。虽然从理论上来说任何解释都可以用来反对任何文本和图像，但是实际上并非如此。每一批新的物品、每一个新的标签、每一个新的绘图都会增加提出异议的成本。"

据(胼胝体压部)形状所做出的性别评估与研究对象的实际性别有着显著的相关性($X^2=13.2603$;1 df;列联系数$=0.289$; $p<0.003$)。具体来说,122 个成人中有 80 人(60%)的胼胝体($X^2=10.123$; 1 df; 列联系数$=0.283$;$p<0.0011$)被准确识别。

首先,我们可以提取实际的数字:依据胼胝体压部的形状,这些事先并不知情的分类者可以将 122 幅成人二维胼胝体摹图中的 80 幅准确地分为男性或女性。这是否已经足以证明存在视觉差异,又或许我们可以预期这 80/122 只是一个偶然的数据?为了找到答案,笔者采用了卡方测试(用希腊字母 X^2代表)。著名的现代统计学创始人卡尔·皮尔逊(Karl Pearson)等人开发了这种测试,来对没有测量单位(如英寸或磅)的情况进行分析。在这种情况下,问题在于,球茎状与女性或者纤细状与男性之间的关联是否已经足以保证存在视觉差异这一结论?关键之处在于 $p<0.0011$ 这个数字。这意味着在这 122 例中正确识别 80 例全靠运气的几率是 1‰,远低于标准科学常规惯例中 5%($p<0.05$)的界线。[①]

① 在 21 世纪的第一个四分之一时期,皮尔逊开发了 X^2 这个方法来确定两个或多个定性变量之间关联的有效性。但其他方法也在为自己争取这种特权。麦肯齐(Mackenzie)对皮尔逊(Pearson)和他的学生 G. 伍德尼·鲁尔(G. Udny Rule)之间对于这类数据的最佳分析方法的争论进行了分析。鲁尔研究的社会政策要求一个是或否的答案。例如,某一种疾病的疫苗在疾病流行期间是否拯救了生命?鲁尔发明了一种统计——他称之为 Q,这种统计能告诉他治疗和生存之间是否有关系。皮尔逊不只想要一个是或否的答案,他想要研究任何关联的强度或程度。这种"相关强度"方法的动机直接来自他想要研发一个可行的优生学计划的愿望——"来改变某个群落中优良品种和劣质品种的相对生育力"。皮尔逊需要一种数学理论,在这理论中对一个人祖上的了解使他能够预测某个个体的能力、性格和社会习性等。在 20 世纪 80 年代,当皮尔森刚开始研究血统问题时,对如何研究像肤色或心理能力这样一些不可测量的特征的遗传,当时还没有一个大家普遍接受的方法。皮尔逊需要扩大相关性理论的范围,去测量一些没有度量单位的性状的遗传强度。皮尔逊通过收集四千多对同胞兄弟姐妹的智力的数据——基于教师对一个孩子能力的评估——解决了他的问题。然后他问:如果对哥哥的评价是智力超群,那么他的同胞兄弟同样被认为智力超群的概率是多少?他对这些条件的相关性的计算方法让他相信,人类的性格特征具有高度的遗传性。他写道:"我们继承我们父母的脾气,我们父母的责任心、羞怯和能力,甚至就像我们继承他们的身高、前臂以及身宽一样。"鲁尔对皮尔逊提出了批评,因为他做了一个无法验证的假设——用于计算 X^2 的数字分布在一条钟形曲线上。皮尔逊则抨击了鲁尔的 Q,因为它无法测量相关性的强度。他们的立场无法调和,因为他们各自设计的测试是为了实现不同的目标。鲁尔和皮尔逊之间的争论从来就没有真正结束。如今这两种方法都在使用。按照麦肯齐的说法,鲁尔的 Q 最受社会学家的欢迎,皮尔逊的相关系数则在心理测量学家中更为流行。

好吧，观察人员只要通过目测胼胝体的形状就可以区分男性和女性的概率是66％。X^2测试告诉我们这个区分的过程是多么有意义。统计数字不会说谎。然而，它们确实会转移我们对研究设计的注意力。在上述案例中，艾伦（Allen）等人把他们的胼胝体摹图给了三个不同的观察者。这三个观察者对这些摹图的大脑的主人是男是女一无所知。这些事先不知情的操作者将图纸分成两堆——球茎状或细管状，他们所依据的假设是如果区别很明显，细管状的那一堆大多数应该来自男性，而球茎状的则来自女性。目前为止，一切都好。但在这里问题来了。如果三个事先不知情的观察者中有两个对研究对象的性别做出了正确的分类，作者就会认定此人的性别已被正确分类。

这在数值上是如何被计算出来的？上面数据复杂的引文提到，观察者能正确分类的概率是66％。这事实上可能有几种意思。一共有122张胼胝体图纸，因为有三个不同的观察者对每张图进行观察，这就意味着有366个结果。在最好的情况下（从作者的角度来看），三个观察员始终对每一个胼胝体意见一致。这就意味着244/366（66％）的个人通过观察形状准确地猜出了性别。然而，在最糟糕的情况下，对于那些他们认为已经成功地进行了分类的结果，三个观察者中只有两个人曾经对某人的大脑达成一致意见。这就意味着只有160/366（44％）的个人通过观察成功地按照性别区分了胼胝体图纸。艾伦（Allen）等人没有向读者提供完整的数据，因此他们事实上到底有多成功，这无法确定。但是对经过他们提炼的数据采用卡方测试让很多人相信他们已经最终找到了一个大家都可以接受的答案。

数据自己不会说话。作者向读者展示了表格、图解和图纸，读者勉强看完了严格的统计测试，但并没有明确的答案。数据仍需要更多的依据，为此科学家们接下来试着合理地解释他们的研究结果。他们通过将这些结果与先前已构建的知识联系起来，来支持他们的解释。只有当他们的数据被编织进这一张更大的意义之网，科学家才能够最终迫使胼胝体清楚地讲话，也只有这样，关于胼胝体的“事实”才会浮现。①

① 这不是对艾伦（Allen）等人的批评。事实上，这篇论文是所有关于胼胝体的论文中难以辩驳的论文之一。我是用它们来说明科学家在稳固胼胝体并从中获取意义的过程中所采用的策略。

什么时候事实就是事实?

和所有的学术研究一样,艾伦(Allen)和她同事的研究所处的语境必然是一场比它所探讨的主题更为广泛的对话——在这个例子里,这个主题是胼胝体。他们必须高度依赖已有的研究来确立他们自己研究的有效性。比如,艾伦(Allen)和她的同事指出,尽管有一百万甚至更多的神经纤维贯穿于胼胝体之中,这个巨大的数字仍然只相当于大脑皮层中所有神经元的2%。他们注意到,有证据证明胼胝体压部的纤维可能有助于将视觉信息从大脑的一个半球传输到另一个半球。至于另一个区域——胼胝体峡部,他们没有发现该部位存在性别差异(但其他人发现同性恋和异性恋的男性之间以及惯用左手和惯用右手的男性之间存在着一系列差异),这个区域有着连接跟语言功能相关的左、右皮层区域的纤维。

艾伦(Allen)和她的同事需要让他们的讨论保持简洁。毕竟,他们想要做的是检验他们的研究结果,而不是回顾所有关于胼胝体的结构和功能的已知信息。让我们想象一下,关于胼胝体事实的制造过程在这个方面就像是一个编织流苏的过程。在这里艺术家用绳结来连接,创造错综复杂、交错盘结的图案。尽管网状结构中的单个绳结或许并不那么牢固,但那些连接各个绳结的丝线会把它们牢牢地拴在这个更大的结构之中。我的胼胝体编织图(图5.6)只包括了当下的争议。但每个结还包含了第四个维度——其社会历史。[①] 为了查找名为"胼胝体性别差异"的结,艾伦(Allen)等人纺了一根线,把它和另一个名为"胼胝体的结构和功能"的结牢牢地绑在一起,而这一团丝线由此和另一系列相互关联的研究之网紧紧地拴在一起。

关于胼胝体结构和功能的推测很多。或许更多的神经纤维可以让左、右大脑半球之间的信息流动更快;或许更快的信息流动可以提高空间或言语功能(或者

---

① 也就是我在讨论19世纪关于大脑偏侧性时所详细分析的那类故事。一个相关而又有用的理论方法就是把胼胝体看作一个边界体,在这里是指一种标准的形式,"居住在几个相交的社会圈子中,满足每一个社会圈子的信息需求"。边界体在每一个社会圈子里可能会有不同的含义,但它们必须很容易被识别,从而提供一个在不同群体之间转化的方式。它们包含重叠但互不相同的中心以及社会和政治分类——教育改革家、女性主义者、同性恋权利活动家,等等。

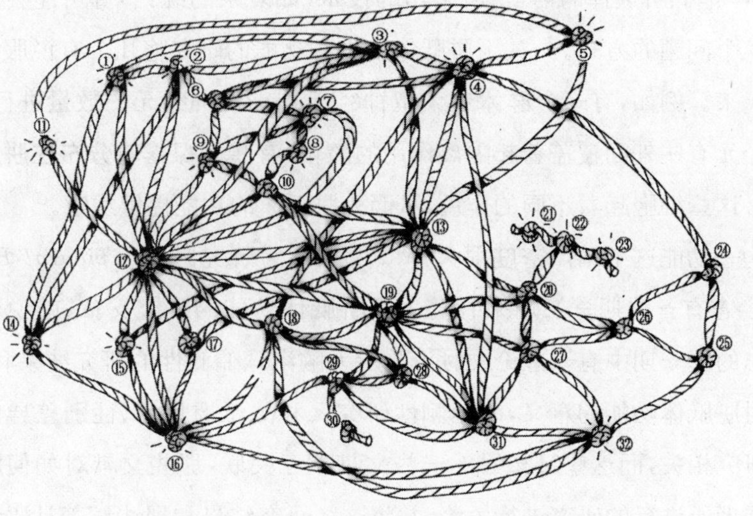

图 5.6　嵌入胼胝体辩论的知识结点流苏编织图

①收入　②工作　③歧视　④环境　⑤社会及政治权力的重新分配　⑥教育　⑦数学能力　⑧空间技能　⑨语言技能　⑩认知　⑪道德及宗教信仰　⑫同性恋　⑬性别差异　⑭攻击性　⑮下丘脑　⑯产前激素对大脑的影响　⑰前连合　⑱惯用手　⑲偏侧性　⑳功能/结构　㉑刺激　㉒纤维种类/连结性　㉓抑制　㉔产后　㉕产前　㉖发育　㉗皮质投射　㉘对受损伤胼胝体的研究　㉙对正常人的研究　㉚方法论争议　㉛大脑皮层各部分的功能　㉜基因

与此相反)；又或许更大(或更小)的胼胝体节段会减缓大脑半球之间的电流速度，从而提高空间或语言能力(或者与此相反)。但是，整个胼胝体，尤其是胼胝体压部到底有什么作用？哪种细胞在胼胝体中穿过？它们去往哪里？它们如何起作用？[①] 功能—结构这个结中包含数百篇论文，这些论文由相互重叠的研究群体创作，其中只有一些对性别差异感兴趣。有一组社会学家称这类群体为“有说服力

---

① 赫利奇(Hellige)等人认为，胼胝体越大，大脑两个半球之间的功能性隔离就可能越大。莫法特(Moffat)等人指出，语言和惯用手功能位于大脑不同半球的男性(在这项研究中没有女性)可能需要增加大脑两个半球之间的交流，因此胼胝体更大些。尼古拉恩可(Nikolaenko)和埃戈罗夫(Egorov)注意到，关于大脑的不对称性没有一个被普遍接受的模式。他们提出一个命题，认为胼胝体是让动态地相互作用的大脑两半球成为一体的关键。贯穿胼胝体的神经纤维当然有着不同的功能，有些功能是刺激性的，而其他一些功能则是抑制性的。有些类型的胼胝体活动无疑会抑制信息的流动，而其他类型的胼胝体活动则能够增强信息的流动。

的群落”，[①]他们所选择的语言、所采用的技术（如复杂的统计）等可能会影响其成员看待某个问题的方式。[②] 关于胼胝体结构和功能的研究将几个有说服力的群落联系了起来。例如，有一个群体对大型神经元和小型神经元的数量进行了比较，这些神经元有些外面覆盖着起隔离作用的髓鞘，有些则裸露着分布在胼胝体的不同区域。这些细胞起着不同的作用，从而为胼胝体的功能提供线索。[③]

结构—功能这个结点密度很大。[④]《大脑行为研究》(*Behavioural Brain Research*)杂志有一整期全部用来刊登关于胼胝体功能的研究文章，就说明了这一点。杂志的那一期中有一些论文讨论关于大脑半球偏侧性的研究结果和争议，直接提及对胼胝体功能的意义，而偏侧性研究又和关于惯用手、性别差异以及大脑功能的研究相关，而这些又和另外一些文献相互关联，那些文献对如何解释就胼胝体受损者所进行的研究进行争论，并将这些研究结果和那些试着从胼胝体完好

---

① 奥兰德(O'Rand)用了一个集大脑形态学和认知能力观点于一体的总体思想的理念。斯塔(Star)写道，一个关于大脑特定区域功能的结论“实际上汇报的是一个由科学家、患者、期刊出版商、猴子、电极生产商等组成的群落在过去约一百年间共同完成的研究”。

② 科恩(Cohn)认为进入一个在语言上有明确界定的社群——她的情况就是进入了一个防御知识分子社群——会被施加特定的思维方式。要想在社群内交流，就必须用他们的语言。但选择了他们的语言，就放弃了其他看待世界的方式。

③ 没有人知道导致胼胝体各个组成部分大小不一的原因是因为神经元外面包裹的物质密度更大，或是因为大小不同的神经元的相对比例的变化，还是因为许多不同种类神经元数目的减少。研究人员通过在动物的大脑皮层中注射一种染料，识别并追踪单个神经纤维，从在大脑皮质的源头一直到它们在胼胝体中的通道。单个神经纤维吸收染料，并沿着其轴突传导染料（轴突是神经纤维的长端，把电流脉冲从细胞的起点传导到它与另一个神经细胞的连接处，或者传导到肌肉细胞中）。当研究人员后来将胼胝体隔离，他们可以找到染料，并查看胼胝体的哪些部位包含着源于他们注射染料的大脑区域的轴突。在其中一项这样的大鼠研究中，研究者们证实胼胝体压部的一部分由源自视觉皮层（与视觉功能相关的大脑区域）的轴突组成。贯穿胼胝体的轴突中，有一些外面包裹着一层被称为髓鞘的绝缘物质，而其他的则是裸露的神经纤维。胼胝体总面积以及胼胝体压部面积不存在性别差异。雄性大鼠和雌性大鼠体内没有包裹髓鞘的轴突的总密度（胼胝体压部某些部位每平方毫米纤维的数量）有所不同（雌性>雄性）。然而，雄性大鼠在有髓鞘的轴突上占优势。如果只是简单地数数所有类型的轴突，会掩盖更加微妙的差别。这两种纤维类型的大小在雄性和雌性体内内容是相同的(Kim et al. 1996)。这一个层面上的细节目前还无法从人类身上获得，要想将功能影响和结构上的差异联系起来，我们最起码需要知道这些细节。非常细致的解剖表明，人类大脑皮层特定区域和胼胝体的特定区域之间在解剖图特征上存在着一些普遍的联系(de Lacoste et al. 1985；Velut et al. 1998)。

④ 戴维森(Davidson)等人展示了这个结点的密集性和多样性。关于惯用手、大脑的不对称性以及认知功能，有着数以千计的研究文章。我用“多种多样的”这个词是指被归入这个结点的问题的范围（或子结点的数目）。

的研究对象推断胼胝体功能的研究结果进行比较。偏侧化一个众所周知的方面是惯用手——我们该怎样定义它？是什么原因引起的（基因、环境、出生时的体位）？这对大脑功能意味着什么？它对胼胝体结构有何影响（以及胼胝体结构如何影响惯用手）？是否存在性别差异？同性恋者和异性恋者是否不同？惯用手问题是一个忙碌的结点。

所有这些结点在某种程度上都与一个被分类的认知相关。有时旨在衡量语言、空间或数学能力的测试会揭示性别差异。① 这类差异的可靠性以及它们的起源为永不停息的争议提供素材。有些人将认知的性别差异理念与教育计划的设计联系起来。例如，有一个随笔作家曾将教女性学数学和给乌龟上飞行课相提并论。复杂且有时完全相反的理论将认知的性别差异与胼胝体结构联系起来。比如，有一种理论认为较强的数学能力源自胼胝体中不同数目的刺激性神经元，而另一种理论则认为胼胝体神经元的抑制性最为重要。

激素对大脑发育的影响形成这流苏编织中一个特别强有力的结点（关于激素我在接下来的三章中将会进行更多的讨论）。艾伦（Allen）和她的同事想知道胼胝体的性别差异是否有可能受激素、某些其他遗传原因或者环境的诱导而产生。在简短地考虑了环境假说后，②他们写道："然而，有数据表明，几乎所有迄今为止被研究过的两性异形结构都表现出受到围产期性腺激素水平的影响，这些数据更加引人注目。"这个简短的论断援引了关于激素、大脑和行为的庞大而又复杂的文献。单独来看，关于胼胝体的研究或许还很薄弱，但有激素研究这个庞大军队的支援，有关差异性的论断怎么可能会失败呢？尽管没有令人信服的证据可以将人

① 我们能否发现特定认知任务的专门测试中是否存在表现的差异，可能取决于我们采用了什么样本（例如，一个大范围的普通人样本还是天才儿童的样本），以及我们进行测试的方式。虽然很多以前报道过的差异现在已经开始减少甚至销声匿迹，但仍有一些经过时间的洗礼现在还保持稳定。当然，这并不意味着这些差异在起源上是生物性的，而只是说，即使它们是社会性的，它们在过去的二十年到三十年中也没有受到社会变化的调整。能不断发现性别差异、规模和几十年前一样大的各种测试的数量现在已经很少了。当然，对这类差异的社会意义现在仍然有很多争论。

② 有证据表明，人类胼胝体的发育会持续到生命的第三个十年间，施劳格（Schlaug）等人对这些证据进行了回顾。产后发育的含义就是，环境（在这种情况下就是指音乐训练）可以影响大脑结构。这些研究人员报告，七岁之前开始接受音乐训练的音乐家们的胼胝体前部面积比参照组大。他们发现他们的结果与"在生命的第一个十年的生长成熟期间，人类胼胝体的组成成分可以产生可塑性变化，和动物研究结果相似"的观点一致。请注意他们提及了动物研究。

类胼胝体发育和激素联系起来，[①]但援引大量的动物研究文献[②]让原先摇摇欲坠的胼胝体结点稳固了下来。[③]

在图 5.6 中，用流苏编织的结点所代表的每一个有说服力的群落内部都能找到正在工作着的科学家。他们正在制定新的方法来测试和证实他们所青睐的假说，或反驳在他们看来错误的观点。他们测量，使用统计数据，或发明新的机器，试图稳固他们所寻求的事实。但到最后，几乎没有什么关于性别差异的事实（被剥离的、没有支撑的结点）特别强健[④]（借用一个科学家们偏爱的词），因此必须从它们与整个流苏编织的连接中汲取大量的力量。这些研究人员主要着力于事物科学的一面，研究基因、发育、大脑各部位、激素、对大脑受损者的分析，等等（图 5.7A）。联系中的这一部分所处理的似乎是更为客观的现象——传统来说通常交给科学去处理的领域。[⑤] 在流苏编织中，通过文化的一面（图 5.7B）我们发现，与性别差异这个结点有着错综复杂的联系的，是一些明显具有政治性的事项：

① 然而，一些科学论文毫不隐讳地提高了可能性。考埃尔（Cowell）等人将偏侧性、激素和额叶中的性别差异联系起来，而海因斯（Hines）则提出了激素影响人类胼胝体的观点。

② 哈尔彭（Halpern）写道："出于明显的道德原因，预计能够改变大脑的激素控制实验只能在人类之外的哺乳动物身上进行。研究人员认为，对人类的影响会相似，但不会完全相同。结论得到了从自然发生的异常——比如 CAH 女孩——所获得的数据的证实。请注意，激素这个结节在某种程度上总是会与间性现象相联系。维希涅夫斯基（Wisniewski）介绍了一种类似的手段——从与其他领域的联系中汲取力量。

③ 社会学家苏珊·莉·斯塔（Susan Leigh Star）和心理学家盖尔·霍恩斯坦（Gail Hornstein）把这描述为早年关于大脑的争议中上演的一个骗局，"在一个理论公开的构建中，一个研究思路中出现的不确定性会通过援引其他领域的结构而得到'回答'。通过在不同领域的结果之间建立三角关系，从来就没有要求其中某一个领域对异常现象做出解释和说明"。

④ 埃弗龙（Efron）对大脑半球的偏侧化以及那些支持偏侧化论断的实验方法，如速转实体镜和双耳分听设备的使用等，进行了全面的批评。尤克尔（Uecker）和奥布祖特（Obrzut）则对男性在空间任务上的优势来自其大脑右半球的解释提出了质疑。基亚雷洛（Chiarello）指出，没有确凿的证据证明某些功能的偏侧化一定需要胼胝体。克拉克（Clarke）和卢夫金（Lufkin）发现胼胝体面积的不同并不造成大脑半球专门化的个体差异。詹克（Jäncke）等人对用两耳分听测试实验测试大脑偏侧化的阐释提出了批评。吉特曼（Gitterman）和西斯（Sies）对大脑中语言组织的非生物性因素进行了讨论，而特罗普（Trope）等人则对左右大脑半球之间分析型/整体型之分的概括提出了质疑。

⑤ 在书写关于骨架的辩论时，历史学家朗达·希宾格（Londa Schiebinger）指出："自启蒙运动以来，科学承诺一个超越混战的政治生活的'中立'、特许的视角，让很多人备感激动。"

认知、同性恋、环境、教育、社会和政治权力、道德和宗教信仰。我们已经迅速地沿着钢绞线从科学滑向了政治，从科学论辩滑向了政治权力斗争。①

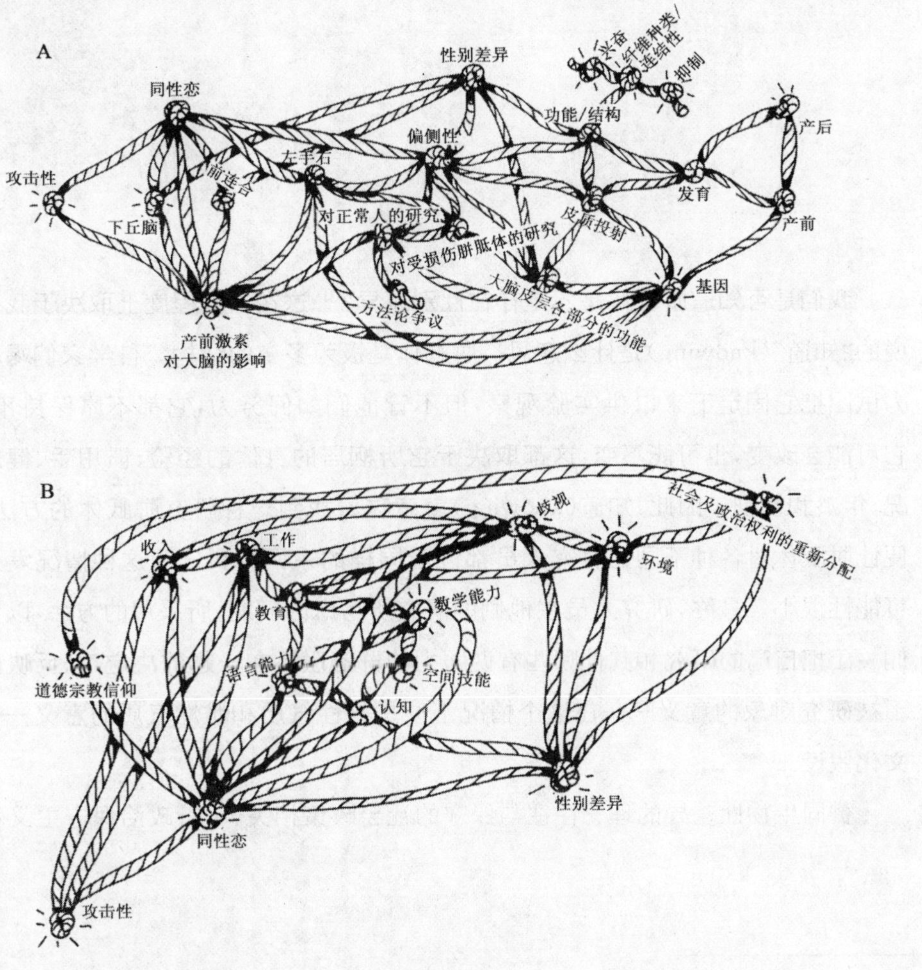

图 5.7

A：所编织知识连结的“科学部分”；B：所编织知识连结的“文化部分”。

① 拉图尔（Latour）认为知识的对象都是杂糅的。在他的叙述中，自然科学和社会科学的历史就是试图通过否认科学事实的杂糅性来稳固先天/后天这一二元对立的努力。阅读他的阐述对我来说是一种极具启发性的经历。

发言者的头部特写：事实自己说话吗？

我们是否知道胼胝体是不是存在性别差异？① 这在一定程度上取决于我们所说的“知道”(knowing)是什么意思。胼胝体是极为多变的结构。科学家们竭尽全力试图把它固定下来以供实验观察，但不管他们如何努力，它都不愿保持不动。它可能会改变，也可能不变，这都取决于它所栖居的身体的经验、惯用手、健康状况、年龄和性别。因此，知道(knowing)就意味着找到一种研究胼胝体的方法，以便让胼胝体对各种不同的研究人员都说着同样的东西。我认为这种情况发生的可能性很小。最终，研究人员在他们的研究所考虑的问题、所采用的方法，以及他们关于把自己的研究和其他哪些有说服力的群落联系在一起的决定，都反映出关于被研究对象的意义——在这个情况下便是雄性气质和雌性气质的意义——的文化假设。

赞同生物性差异的理念往往与保守的社会政策相关，尽管政治保守主义和生

① 我的分析还不是十分全面透彻。例如，没有考虑不同研究小组所能利用的机构资源。比如，艾伦(Allen)等人在加州大学洛杉矶分校工作，有机会利用为其他医学目的而拍的大量磁共振成像。对性别差异持怀疑态度的研究人员，无法通过机构利用如此大型的数据库。艾伦等人单凭他们数据库的庞大规模就足以彻底击败拜恩(Byne)和他的同事们关于没有性别差异的实验结果了。鲁思·布莱尔(Ruth Bleier)政治激进分子的身份和她女性主义者的个人历史使她在使用数据库方面更加被边缘化。很有可能的是，不管是在政治上还是其他方面，边缘人要想动用反方数据并且让人们注意到他们所动用的数据总是困难重重。我也未能对传统的修辞进行详细的分析。例如，艾伦等人用了“戏剧性”这个词来描述胼胝体压部形状中的性别差异，而事实上他们不得不经受一个饱受煎熬的过程来呈现这种差异性。用一个具有强调作用的词当然是一种修辞手段，可以吸引大家对某个特定结果的注意。

物决定论之间的关联不是绝对的。[①] 我无法通过因果推理预言我们将来是否会相信胼胝体中存在性别差异，或者我们是否会让这个问题未经解决就半途而废。然而，要是我们真的想就教育中的性别问题达成社会共识，那么我们关于胼胝体的观念并不重要。比如，我们现在知道"用空间任务进行训练会让空间测试成绩得到提高"。让我们进一步假设我们可以赞同学校"应该提供空间能力方面的训练，以使男孩和女孩的教育机会平等"。[②]

如果我们真的能在文化上对机会均等的这种含义达成一致，那么关于胼胝体的争议就可能会遵循以下几种路径中的一种。科学家们或许会认为，鉴于我们对胼胝体如何工作了解得这么少，这个问题显得为时过早，应该被放到一边，直到我们探索胼胝体神经功能的方法有所改进。或者他们会认为差异确实存在，但并非在出生时就已经被固定，永远一成不变。他们的研究项目可能会关注哪些经验会影响这类变化，由此而获得的信息或许对教育家们制订空间能力训练计划有所帮助。女性主义者将不会反对这类研究，因为劣等和不变性等看法将不再与差异相关，他们也可以安心，因为我们的文化会竭力创造某种特定形式的平等教育机会。或许我们会认为数据毕竟并未证实在生命周期的任何时候胼胝体的解剖结构存在恒定的群体差异，与此相反，我们可能会对胼胝体结构的个体差异性的根源提出研究问题。遗传差异性会如何与环境的刺激相互作用，产生解剖上的差异？哪

① 当我们考虑同性恋问题时，这一点确实变得很清楚。在20世纪早期以及当下，当时和现在的许多自由主义思想家都是基因决定论者。他们认为同性恋与基因有关，这一观点所具有的一个社会含义就是，同性恋者应该有同等的公民权利。另一方面，宗教保守派人士则认为同性恋是种"选择"，而且它也是一种罪过，所以同性恋者理应能选择成为异性恋。他们利用选择的能力来反对平等公民权利。在20世纪中，在这两种观点之间的是纳粹德国的做法。纳粹认为同性恋是"遗传性的"，但他们把这作为灭绝同性恋的理由。

② 这个目标的意义往往不是很清楚。许多人认为平等的机会仅仅意味着没有公然的歧视。海德（Hyde）的观点是，它应该包含积极努力地消除认知游戏领域的差异。此外，我认为，当群体的认知差异出现时，这些差异非常小，正确的技能训练和鼓励结合起来就足以消除这些差异。我很清楚反对意见——认为要使群体差异平等化需要采取极端的措施（成本太高、过于严苛地要求女孩违背她们的"自然"倾向，等等），或者通过培训和辅导均衡群体认知差异完全是不可能的（目前，我们提供阅读和语言训练的辅导，这些都是女孩占优势的群体差异出现的领域）。这一论点背后的另一个假设就是，已知的群体认知差异实际上会决定今后的职业成就。我自己的观点是，这很可能不是一个好的假设。我怀疑那未被认可的性别图式能够更好地解释这种差异。

些刺激对哪些基因类型很重要？换句话说，我们或许会用发展系统理论为框架来设计我们对胼胝体的研究。只有当我们就性别平等问题取得社会上及文化上的和平，才有可能选择一个大多数人都能接受的科学路径，并在这条路径上撒下已达成共识的事实。这一关于事实形成的观点并不否认一种物质的、可验证的本质的存在，它也并不认为这种物质——在这种情况下指的是大脑及其胼胝体——在这个问题中没有发言权。[①]

胼胝体并没有失语。例如，科学家们不能随意地认为该结构是圆形的而不是椭圆形的。然而，在性别差异方面，我们只能说它一直在喃喃自语。科学家们运用他们巨大的才能，试图摆脱背景噪声，来看看他们是否可以更清楚地收听到胼胝体发出的声音。然而，作为定位差异性的介质，胼胝体相当不合作。研究人员一直在对胼胝体进行探索，试图寻找明确的性别差异，这足以说明他们对生物学差异的期待是多么根深蒂固。然而我认为，和间性问题一样，胼胝体研究真正令人兴奋之处在于我们能从中了解到人类巨大的差异性，以及大脑以哪些方式作为社会系统的一部分而发育。

① 我根据经验知道，不管我如何抗议，有些人会认为我是个反物质论者，不过重申我的唯物主义观念体系倒是值得一试。

6 性腺、激素和性别化学

青春之泉污染于哪个睾丸激素

在1945年一次向现代医学的致意中，五十四岁的细菌学家、备受欢迎的医学作家保罗·德·克鲁伊夫(Paul de Kruif)出版了一本名为《男性荷尔蒙》(*The Male Hormone*)的书，他在书中向世人披露了一个极为私人的事实：他在服用丙酸睾酮。他解释道，在快要到四十岁的时候，他开始意识到自己生殖能力在下降，精力在衰退，甚至更糟糕的是，他的勇气和自信也在退化。仅仅在五年之前，他以前的老板退休了，职业生活将有所改变的可能居然使他内心充满恐慌，甚至情绪失控。"那是服用丙酸睾酮之前。是我自身男性荷尔蒙饥渴、进入滑坡期、失去掌控的小小征兆。"但是到了五十四岁的时候，他说，他的自信心十分强大，他把这归功于丙酸睾酮，"我会始终如一，记得每天服用20～30毫克丙酸睾酮。这活力不再是我衰老的身体自身所能维持的程度，可我并不以此为耻。这是一副化学拐杖，是借来的男性力量，是借来的时间。但这没什么两样，使公牛成为公牛的正是这个"。①

20世纪60年代，罗伯特·A.威尔逊(Robert A.Wilson)声称丙酸睾酮可以为男性所做的，雌性激素也可以为女性做到。绝经期雌性激素的衰竭使女性备受摧残。"大自然去女性化的印记"包括"肌肉的普遍僵硬、脊柱后凸和了无生趣的母

① 克鲁伊夫(Kruif)1916年获得密执安大学的哲学博士学位。他在高校教授科学并从事科学研究，一直到20世纪20年代早期。他的第一本书，《我们的医药人士》(*Our Medicine Men*)，显然是导致他被洛克菲勒研究所解聘的原因，之后他投身科学论著的写作工作。他为辛克莱·刘易斯(Sinclair Lewis)的经典作品《阿罗史密斯》(*Arrowsmith*)提供了背景知识。从某种意义上来说，他对本书的写作做出了贡献，因为他的《微生物猎手》(*Microbe Hunters*)是我父母收藏在家里的众多书籍中的一本，成为鼓励我和我哥哥成长为科学家的计划的一部分，而这计划最终获得了成功。

牛般的消极状态。”他在《美国老年病学会杂志》(*Journal of the American Geriatric Society*)上写道,绝经后的女性,虽然活着,却没有了生活。走在大街上,“没有人注意她们,而她们也几乎什么都不注意”。在艾爱斯特制药公司的支持下,他提出给女性服用艾爱斯特所生产的雌性激素普雷马林来治愈绝经——直到今天,它还被称为雌性激素缺失症。

今天,雌性激素和丙酸睾酮的治疗功效对人们的吸引力仍有增无减。雌性激素和一种叫黄体酮的相关荷尔蒙成为医药历史上使用最为广泛的药物。[①] 在大众的想象中,性与荷尔蒙之间密切相关,和克鲁伊夫(Kruif)、威尔逊(Wilson)他们那个时代的观念一样。“是的,”克鲁伊夫(Kruif)1945 年写道,“性是化学的,而且男性化学物似乎不仅对性,对事业、勇气和活力都很关键。”[②]1996 年,丙酸睾酮登上了《新闻周刊》(*Newsweek*)的封面,标题是这样的:衰老中的男人们注意——丙酸睾酮和其他荷尔蒙治疗为你永葆青春,性感强壮带来新的机会。

但是在男女不分的时代,丙酸睾酮治疗不仅被用于男性。女性,尤其是绝经后的女性——威尔逊(Wilson)博士曾为她们那些毫无二致的母牛状生物的生活哀叹——也能因一点古老的 T 分子(指丙酸睾酮分子)而受益。给年老女性服用丙酸睾酮的倡导者,伦敦切尔西和威斯敏斯特医院的妇产科医生约翰·斯塔德(John Studd)博士(千真万确)最近说起他那些接受丙酸睾酮治疗的女性患者:“她们的生活可能得到改变。她们的精力、性趣、高潮的强度和频率、被抚摸和性接触的欲望都有所改善。”不仅如此,男人从骨头的生长到繁殖能力等一切的正常发展也被证明需要雌性激素。

那么为什么荷尔蒙总是被认为与性有着密切的联系,可是事实上,“性荷尔蒙”显然影响着全身各个器官而且也不存在针对性别的具体区分呢?大脑、肺、骨头、血管、肠和肝(仅列举一小部分)都靠雌性激素维持正常的生长和发育。粗略

---

① 雌性激素片中被加入黄体酮,以防止纯粹雌性激素引发的子宫癌的可能增加。

② 弗兰克·利利(Frank Lillie)以更冷静的方式提及同一病例,他称睾丸激素为“睾丸的特定内分泌”,称雌性激素为“卵巢皮层的特定内分泌”。他还补充道:“因为存在两套性别特征,所以有两种性荷尔蒙,雄性荷尔蒙控制‘从属的’雄性特征,雌性荷尔蒙决定‘从属的’雌性特征。”

估计，人们了解雌性激素和丙酸睾酮的广泛效用已经有数十年。我在本章以及下一章里所表达的观点之一就是，本世纪以来，科学家们在锲而不舍地将性别特征——从外生殖器到性腺和大脑的解剖结构再到身体化学——比以往任何时候都完全彻底地跟我们的身体扯到一处。以身体化学为例，研究者通过将实际上是多部位化学生长调节器的东西定义为性荷尔蒙而完成了这一壮举，从而使人们几乎不再注意它们有着深远的、与性无关、对两性身体发展都能产生的作用。既然性荷尔蒙的标签被牢牢贴在这些类固醇分子上，重新发现它们对骨头或者肠之类组织能产生作用都会显得奇怪。这些器官很显然并不参与繁殖，但正因为所谓的性荷尔蒙影响到它们的生理机能，于是它们被视为性器官。化学品将人的身体从头到脚都赋予了性的含义。

科学家并不是处心积虑要将性别因素渗入身体化学中。事实上，他们只是在发挥才华做着自己的本职工作。他们调查最热门的新研究话题，寻找可以支持他们研究的财力、物力资源，在不同背景、经过不同训练的研究者之间建立有成效的合作关系，签订国际协议使他们所提炼和检验的不同化学物质的命名和实验评估标准化。然而在本章和下一章里，随着我们对科学家如何致力于这些正常活动的观察，我们也会注意到，尽管没有明显的意图，激素生物学的科学研究工作仍然与性别政治有着深深的联系。我认为，我们只有认识到科学和社会是一个完整的思想实践体系中的一部分，才能理解对性荷尔蒙进行科学阐释的必然性。为了说明这一点，我将讨论荷尔蒙历史上一个关键的科学时刻，当时科学家们奋力要将性别含义强加到卵巢和睾丸的内分泌激素上面。

“性荷尔蒙”的发现是科学史上非同寻常的一个事件。到 1940 年的时候，科学家已经将它识别、提炼并命名。然而，随着对荷尔蒙科学（内分泌学）的探索，研究者只有从工作环境里特有的围绕性别和种族的争斗角度才能将荷尔蒙解释清楚。科学家关于如何测量、命名所研究分子所做出的每一个选择都使性别的文化观念日趋自然。[①] 涉及荷尔蒙研究的每一个机构和具有说服力的群落都将种族和

① 我再次使用如下观点：大多数科学选择是非充分决定的，也就是说，实际数据并不能在不同理论之间完全指向某种特定的选择，从而使得某一特定理论的社会文化效能增加其吸引力。

性别的社会宗旨摆上了桌面。医药公司、实验生物学家、医师、农业生物学家、相互交叉的性学专家和女性主义者、同性恋权利的拥护者、优生学家、生育控制的倡导者、心理学家和慈善基金会，这些群体的每一个，我都称之为社会圈子，都被人、观念、实验室、研究材料、经费以及更多的东西联系在一起。[①] 通过审视这些圈子的相互交融，我们会发现某些分子是如何演变为我们性别系统的一部分的——性别是如何被化学化的。

① 感谢阿黛尔·克拉克(Adele Clarke)引导我阅读关于社会圈子的社会学文献。社会学家把“社会圈子观点”用作分析工作组织的方法，但是此处以及下一章里，我关注的是研究不同社会圈子的交叉对于科学知识生产的意义。格尔松(Gerson)将社会圈子定义为“涉及所关注的某一特定话题或者领域、共同实施的活动”。

荷尔蒙！正是这个观点！

人们很久以前就了解，性腺以无数种方式影响着身体和心理。数百年来，农民一直知道阉割对农场动物的体格和行为会产生影响。虽然梵蒂冈官方禁止阉割人类，可直到19世纪末，在欧洲不少教堂的唱诗班还是能听到被阉割者特殊的嗓音。这些被阉割的男孩长得高高的，体形不太正常，他们颤抖的男童高音保留了古怪、诡异的特质。[①] 19世纪的后二十五年，常常有外科医生把那些他们认为"不正常、歇斯底里、不快乐、丈夫难以掌控、不喜欢操持家务"的女人的卵巢摘除。[②] 但是为什么如此激烈的手段似乎能奏效，其原因并不明确。大多数19世纪的生理学家都猜想性腺是通过神经连结来实现它们的功能。

但是其他人发现，有证据表明性腺是通过化学分泌物在发挥作用。1849年，哥廷根大学的生理学教授阿诺德·阿道夫·伯特霍尔德(Arnold Adolf Berthold)"将倦怠的阉鸡变成了斗鸡"。他先摘除睾丸制造出阉鸡，然后将不与身体连接的性腺植入鸡的体腔。因为这些植入物与神经系统并不相连，他推测它们所产生的任何效应一定是血液传播的。伯特霍尔德(Berthold)先从四只鸡开始：两只接受了睾丸移植，两只没有。克鲁伊夫(Kruif)用他那不可模仿的风格描述了实验结

① 据说在梵蒂冈演唱过的最后一位阉人歌手那怪异、颤抖的声音留在了名为《亚历山德罗·莫莱斯基：最后的阉人歌手，梵蒂冈录音完整版》(Alessandro Moreschi: The Last Castrato, Complete Vatican Recordings)的唱片里。莫莱斯基死于1922年。原始录音保存在《耶鲁大学历史声音录音珍藏集》(Yale University Collection of Historical Sound Recording)中。

② 从1872年到1906年，十五万名女性切除了卵巢。最终结束卵巢切除的改革者中有美国的第一位女医生，伊丽莎白·布莱克韦尔(Elizabeth Blackwell)。

果:“当那两只被阉割的鸡……变成肥胖的和平者,另外两只……完全保持着公鸡的雄姿。它们打鸣、打架、不知疲倦地追逐母鸡。它们鲜红的鸡冠和肉垂一直在长大。”(图 6.1)

图 6.1　伯特霍尔德(Berthold)的性腺移植实验(Alyce Santoro)

伯特霍尔德(Berthold)的结论一直没有受到关注,直到 1889 年,法国的生理学家查尔斯—爱德华 · 布朗—赛卡尔(Charles-Edouard Brown-Séquard)在巴黎生物学会向他的同事报告说,他给自己注射了豚鼠和狗的睾丸压碎后的提取物。他说效果简直惊人。他体验到了精力的复苏和日渐清醒的头脑。他还报告了在服用豚鼠卵巢滤出汁之后身体和精神健康都得到改善的女性病例。虽然很多医师对布朗—赛卡尔(Brown-Séquard)的声明心存疑虑,但是“器官疗法”这一观念——使用器官提取物进行治疗——大受欢迎。尽管生理学家们对这些声明的真假有所争议,但出售“动物器官提取物、灰质、睾丸提取物”用以治疗“脊髓痨、神经衰弱和其他神经疾病”的做法在欧洲和美国都盛行起来。可是就在不到十年的时间之内,这种新的治疗方法变得声名狼藉。布朗—赛卡尔(Brown-Séquard)承认他睾丸注射效果的持续时间不长,有可能是暗示作用的结果。虽然性腺提取物没能实现预期目标，可另外两种器官的治疗法确实提供了医学上的疗效：甲状腺提取物被证实对甲状腺异常的治疗有效，而且肾上腺提取物作为血管收缩药物也同样管用。

尽管获得了如此的成功，科研生理学家们对器官疗法中不明确的化学信息仍保持着怀疑的态度。[①] 19 世纪的生理学家坚定地相信神经系统控制着身体功能，这首先使得人们很难认识到内部器官分泌物这些化学信使的意义。

性激素随着性别形状的改变而成形

直到 20 世纪末，科学家们才开始认真审视化学分泌物调控生理功能的观念。19 世纪 90 年代，英国生理学家爱德华·谢弗(Edward Schäfer)虽然从神经功能的角度解释了性腺割除术(摘除睾丸或者卵巢的手术)的结果，可在接下来的几年里，他和他的学生们开始对之进行重新评估。[②] 1905 年，欧内斯特·亨利·斯塔林(Ernest Henry Starling)，伦敦大学学院的生理学教授，谢弗(Schäfer)的继任，创造了"荷尔蒙"一词(出自希腊语，意即"我激动或者我唤醒")。他将荷尔蒙定义为一些化学物，这些化学物必须从产生这些化学物的器官通过血管被运送到它们产生作用的器官。[③]

1905 年～1908 年，英国的生理学家们提出并充分利用了荷尔蒙的概念。到了美国和许多欧洲国家开始重新评估性别和性活动的传统解释的阶段，他们的科学议题(特别是卵巢和睾丸这些性腺产生的分泌物)也随之登场。关于同性恋者

---

① 早在 1923 年，在被视为对卵巢卵泡所产生荷尔蒙的定义性说明的文章里，埃德加·艾伦(Edgar Allen)和爱德华·A. 多伊西(Edward A. Doisey)就表达了他们的怀疑："似乎没有结论性的证据能证明假定荷尔蒙的具体定位或者临床广泛使用的商业性卵巢提取物的具体效果。可以引用最近弗兰克和诺瓦克(Frank and Novak)的评论来阐述对商业制剂的合理怀疑。"从业妇科医生们继续强化该观点。例如，两位维也纳从业者报告说，移植卵巢可以预防女性性腺切除后出现的子宫退化。

② 新实验手段以及甲状腺、肾上腺提取物成功用于治疗某种疾病导致了这一重新评估。

③ 到了 1907 年，谢弗(Schäfer)也已经转变了观点。在给爱丁堡制药学会的致辞中，他说："我们也许可以假设……附件器官……的发育停滞(也就是子宫的退变)是与神经影响剥离的结果，而这种影响是睾丸和卵巢神经自带的。"但是，他继续道："唯一理性的解释……在于假设移植器官产生……内分泌物，通过它所含有的荷尔蒙，可以大大影响远处器官的发育和构造。"

和女性权利的新的争议开始浮出水面——而历史学家所称的“男性气质危机”在欧洲和美国都有所发展。同时还有其他事件，比如科学性学这一领域的创立；在西格蒙德·弗洛伊德(Sigmund Freud)的早期阶段，从神经学理论转向心理分析精神病学的创立；在美国坚持对性别抗争背景下发展起来的生物科学采用实验方法；试图界定并了解性荷尔蒙在人体生理中所起作用的尝试。从一开始，这样的研究尝试既反映了也促成了男性气质和女性气质互相抗衡的定义，从而对20世纪男性和女性的社会、经济角色的塑造起到了推波助澜的作用。

那么，在针对男性气质和女性气质的新争论中，看得见的因素有哪些呢？历史学家钱达克·森古普塔(Chandak Sengoopta)写道，世纪之交，维也纳经历了一次“性别危机……一个男女规范界限转换、瓦解、似乎纠缠不清的时刻”。在中欧，这一危机还呈现出种族的痕迹，当社会评论家争论犹太人问题时，将犹太男人描述为既有女人气又是性爱狂魔。同一时期，德国医师、改革家马格努斯·赫希菲尔德(Magnus Hirschfeld)和他的同事成立了科学—人文委员会，反复向德意志帝国国会请愿，要求废除鸡奸法。他们认为男性同性恋者是自然的性异体，不是什么罪犯。在英国和美国，女性权利和同性恋的问题也同样在显山露水。表6.1中列举了二十年间发生的大事，这些事件显示出女权主义和同性恋激进主义这样的社会运动与性科学研究、性荷尔蒙概念的出现相互交织。

表6.1　世纪之交对性别和性活动的思考①

年　代	事　　件
1889	格迪斯(Geddes)和汤姆森(Thomson)发表了《性的进化》(*The Evolution of Sex*)②
1892	理查德·范·克拉夫特—艾宾(Richard von Krafft-Ebing)发表《性欲性精神变态，尤指相反的性冲动：一项医学—司法研究》(*Psychopathia Sexualis, with Especial Reference to Contary Sexual Instinct: A Medico-Legal Study*)

① 基于从1999年《科学》(*Wissenschaft*)中所获得的信息。

② 这本书对性繁殖系统中的生物变异性进行了定义性描述，并解释了性别的演变，其中很多概念今天还在使用。该书主要针对非人类生物活动，但已成为研究人类性别演变的基础。

续　表

年　代	事　　件
1895	奥斯卡・怀尔德(Oscar Wilde)因同性恋行为被公开审判①
1896	哈夫洛克・埃利斯(Havelock Ellis)开始写作《性心理学的研究》(*Studies in the Psychology of Sex*)②
1897	马格努斯・赫希菲尔德(Magnus Hirschfeld)成立科学—人文委员会
1898	哈夫洛克・埃利斯(Havelock Ellis)的书《性倒错》(*Sexual Inversion*)被查封，被指控为淫荡、有伤风化
1903	奥托・魏宁格(Otto Weininger)出版《性别与性格》(*Sex and Character*)，阐述了复杂的性别生物理论
1904	内分泌学家尤根・斯坦纳奇(Eugen Steinach)研究性荷尔蒙对动物行为的作用
1905	瑞士精神病专家奥古斯特・福雷尔(Auguste Forel)出版《性的问题》(*La Questionne Sexuelle*)，支持同性伴侣的婚姻
1905	西格蒙德・弗洛伊德(Sigmund Freud)出版《关于性别理论的三篇文章》(*Three Essays on the Theory of Sex*)
1906	美国女性主义者埃玛・戈德曼(Emma Goldman)，节育和女性权利的倡导者，创办杂志《地球母亲》(*Mother Earth*)
1907	德国医师伊万・布洛克(Iwan Bloch)倡议对性别进行科学研究③
1908	马格努斯・赫希菲尔德(Magnus Hirschfeld)编辑第一期《性学杂志》(*Journal of Sexology*)
1909	爱德华・卡彭特(Edward Carpenter)发表《中间性别：关于男性和女性中一些过渡型类别的研究》(*The Intermediate Sex: A Study of Some Transitional Types in Men and Women*)④

① 虽然"1895年奥斯卡・怀尔德(Oscar Wilde)因同性恋罪受到的审判轰动一时，引起了公众对性倒错的广泛关注，导致了大量文献的发表"，那时候跟现在一样，对女同性恋的科学研究还比较滞后，但是到了20世纪的前二十年，女同性恋已经成为公共话题。

② 埃利斯(Ellis)关于人类性活动的这本大部头书为当时设立了一个很高的科学标准，他对人类性行为的多种可变性不带偏见、不妄加评论。

③ 布洛克(Bloch)定义了十四个性学调查领域，包括：性别解剖和生理(荷尔蒙)；性行为生理学；性别心理和演变；性别比较生物学；性卫生；性政治，包括立法；性伦理；性别人种学；以及性别病理学等。

④ 卡彭特(Carpenter)自己就是他所称的"中间性别"中的一员。他相信性别之间的生物差别，但是认为现存的社会差距是有害的。

续 表

年 代	事 件
1910	英国生理学家弗朗西斯·马歇尔(Francis Marshall)出版第一本综合性书籍《生殖生理学》(*The Physiology of Reproduction*)①
1912	使用脂类溶剂提取卵巢激素
1913	英国分泌学家沃尔特·希普(Walter Heape)出版《性对抗》(*Sex Antagonism*)②

① 该书集胚胎学、解剖学、生理学和遗传生态学成果为一体,确立了正在形成之中的生殖生物学这一领域的地位。

② 希普(Heape)认为男性和女性的进化方向存在根本性的不同,性对抗是一个生物学问题。在讨论他所说的"女性的骚动"时,他写道:"我们在讨论的主要是一个生物学问题,对生理原则的违背远远早于对经济法的违背,如果这个事实得不到清楚的认识,就无法清楚地理解和很好地处理现有情况。"

女权主义和同性恋的生物政治

世纪之交，社会评论家们试图从关于人类发展的科学知识中提取政治经验。[①]比如1903年，维也纳一个叫奥托·魏宁格(Otto Weininger)的哲学研究者发表了一本很有影响的书，名为《性别与性格》(*Sex and Character*)，利用19世纪的胚胎学概念发展出关于男性气质、女性气质和同性恋的综合理论。魏宁格(Weininger)相信虽然男女不同的解剖结构已为人所知，但其实男性和女性在各自的细胞中都同时含有男性和女性的性决定物质(原生质)。这些原生质的比例因人而异，因而也就解释了人类中所观察到的不同程度的男性气质和女性气质。同性恋男性的男性原生质和女性原生质比例几乎相等。在英国，爱德华·卡彭特(Edward Carpenter)发表了相似的观点："很可能，大自然将组成每个个体的因素合为一体时，不会总是让他的两组配料——代表两种性别——泾渭分明……我们必须这么想——因为如果这些元素总是分得很清楚，那么两性之间很快就会渐行渐远，而且绝对不再互相了解。"[②]魏宁格(Weininger)认为女性要求解放的驱动力来自她们体内的男性因素。他把这种男性气质同女性的同性恋欲望联系到一起，并用萨福(Sappho)和乔治·桑(Georges Sand)这样的天才女性为例来证明他的

---

① 19世纪，胚胎学家相信，尽管它们出发点一致，还是雄性胚胎发育得更复杂、更好，而雌性分化则"只是无关紧要的一类"。

② 1913年，生殖生物学家沃尔特·希普(Walter Heape)指出，卡彭特(Carpenter)关于性别对抗最大的担心实际上已经成为事实。魏宁格(Weininger)发表了一个代数公式来解释两性相吸。他不是女性主义的拥护者，相信女性天生劣于男性。卡彭特站在政治防线的另一边，他和他的支持者们嘲笑魏宁格研究有着公式化的特质。不过，在生物学理论上，他们并无太大差异。

主张。但即使是最有天赋的女性,体内仍然含有大量的女性原生质,这使得她们不可能与男性完全对等。所以这个理论中包含了这样的先验假设:对公共生活、才能和成就的追求显然来自男性原生质,女性至多只能达到部分男性气质。

在美国,作家将女性对选举的欲望描述为一种生物现象。詹姆斯·韦尔(James Weir)写在《美国自然主义者》(*The American Naturalist*)杂志上的文章用到了演变论。他指出,原始社会是母权制,赋予女性选举和执掌公务的权利会使社会回归母权制。女性具有这种对选举的返祖欲望,且原因很简单。女权主义者实际上都是泼妇——专横、好斗、心理不健康的不正常女性。她们是进化上的复古者。她们有些人具有"男人的感觉和欲望",但即使是她们当中最男性化的人,还是受感情而非逻辑的驱使。韦尔(Weir)"在平等权利的建立中"看到了"走向不道德的恐怖深渊的第一步,我们长期培养出来的道德品位觉得它如此令人憎恶,这就是母权制社会"。[①]

当然,不是每一个人都反对女性解放,尤其是科学家。但是性别的社会模式既出自,也滋长了19世纪生物学的两大源泉:胚胎学和进化论。认为公共领域显然属于男性的观点深深根植于这个阶段形而上的思想结构之中,以至于认为追求男性权利的女性从本质上具有男性气质的想法也不足为奇。[②] 具有男性气质的女性究竟是进化返祖还是胚胎异常还存在争议。然而正是把天生性别差异——以及女性劣等——当作无可争辩的事实这一思想背景塑造了对卵巢和睾丸内分泌的科学探究。

---

① 韦尔(Weir)的生物学理论与魏宁格(Weininger)的不同,但是他的性别思想与之一致。其他生物学家、心理学家和物理学家也通过对女同性恋的谴责来攻击女性主义。例如,约翰·马尔(John Meagher)写道:"驱使那些总在追求权力的煽动者和好战之妇的是未被满足的性冲动,她们的目的就是同性恋。性欲完全得到满足的已婚女性很少对争斗运动表现出积极的兴趣。"

② 这是一个自相矛盾的问题:指出那些才智出众的女性并不能说明男女能力相当,因为反驳的声音会说这是她们体内男性因素所生发出的智慧。

荷尔蒙登场:中心舞台

到了1915年,关于生殖、荷尔蒙和性别已经出版了三本厚厚的专著。弗朗西斯·马歇尔(Francis Marshall)所著、1910年出版的《生殖生理学》(*The Physiology of Reproduction*),总结了十多年来的成果,成为生殖生物学这一新领域的奠基性教材。马歇尔(Marshall),大学农业生理学讲师,研究了农场动物的繁殖周期以及卵巢分泌物对子宫等生殖器官的健康和生理的影响。他所写的关于生殖生理学(有时被他称为"生成生理学")的文章影响深远,不仅奠定了动物繁殖新技术的基础,同时也影响了妇科医学的理论实践。马歇尔(Marshall)希望将以前零散的生殖记录汇总起来,而且在这么做的同时,他大量地借鉴和引用了关于"动物学和解剖学、产科学和妇科学、生理学和农学、人类学和统计学的研究成果"。

该书回顾了生育的各个已知方面:受精、生殖解剖、受孕、哺乳期,还包括关于"作为内分泌器官的睾丸和卵巢""决定性别的因素"等对荷尔蒙研究史具有特殊意义的章节。在前一部分,马歇尔(Marshall)整合了20世纪头十年快速积累下来的科学依据,表明卵巢和睾丸分泌出能影响身体其他器官的"东西"。这时,性荷尔蒙的概念开始初现雏形。①

马歇尔(Marshall)的语气实事求是、枯燥乏味,他的文本中充满着对实验细节的描述,这些实验记录了性腺提取物对哺乳动物发育的影响。他似乎对自己的研究工作有何社会影响毫无兴趣,同时又很大程度上依赖于那些本身明确涉及生物

---

① 直到1907年,关于卵巢有何作为还存在大量的科学争议。它们会影响子宫吗?它们在左右月经周期吗?它们是否通过神经连结而运作?

学和性别之间联系的学术成果。例如，在不认可他们社会观念的前提下，他注明了帕特里克·格迪斯(Patrick Geddes)和J. 阿瑟·汤姆森(J. Arthur Thomson)1889年出版的《性的进化》(*The Evolution of Sex*)所给予的"特别帮助"，该书是动物世界的性别纲要，它将活跃精子和惰性卵子设为性别差异重要生物指征的标准："一般来说，男性更加积极、精力旺盛、热切、富有激情、易变；女性则更被动、保守、懒惰和稳定。男性因积极而经历丰富，于是脑容量更大、更聪明；但是女性，尤其是做了母亲的女性，毫无疑问拥有更多习惯性的无私情感。"①

尽管该书的语气比较中立，但是马歇尔(Marshall)也没有完全忽略性别的社会本原问题(metaphysics)。在讨论"决定性别的因素"时，他较为仔细地考虑了魏宁格(Weininger)的观点，提到魏宁格(Weininger)关于"女同性恋者、悍妇乃至极女性化的男性"的生物现象。认为动物——包括人类——同时含有雄性和雌性特质的观点吸引着马歇尔(Marshall)。他并不像魏宁格(Weininger)所假设的那样，认为雄性特质和雌性特质的来源存在于个体细胞中，相反，他提出他的"思维生理模式要求人们将某个器官的特点与其特定的新陈代谢相联系"，(他的言外之意)包括荷尔蒙生理。在脚注中，马歇尔(Marshall)明确地将关于繁殖和荷尔蒙的动物实验领域与性学家们所研究的人类社会联系起来，引用了克拉夫特—艾宾(Krafft-Ebing)、哈夫洛克·埃利斯(Havelock Ellis)、奥古斯特·福雷尔(Auguste Forel)和伊万·布洛克(Iwan Block)的重要文本(见表6.1)。

如果说马歇尔(Marshall)对生殖生物学的社会影响还遮遮掩掩，生物学家沃尔特·希普(Walter Heape)——马歇尔(Marshall)的同事，马歇尔(Marshall)将《生殖生理学》(*The Physiology of Reproduction*)一书献给他——1913年出版那本影响深远的《性对抗》(*Sex Antagonism*)时立场则非常鲜明。希普(Heape)在生殖生物学方面进行过基础研究，研究哺乳动物的发情周期，证明兔子的交配会

---

① 格迪斯和汤姆森(Geddes and Thomson)还影响了美国的性政治。早期，一位社会学家的博士论文便以他们关于两性代谢差异的理论为基础；简·亚当斯(Jane Addams)把他们的理论转为女性主义所用，坚持现代文明需要自然所赋予女性的技能。马歇尔(Marshall)也转向最新的热门科学，如引用崭露头角的托马斯·亨特·摩根(Thomas Hunt Morgan)作为重要的参考资料，以此显示他在依据前人成果的同时也是有远见的。摩根开创了孟德尔遗传学这一现代领域，他是一小群赋予美国科学以现代立脚点的科学家之一。

刺激排卵，更普遍地来看，他使得生殖科学在农业领域占有了一席之地。到了1913年，他开始将动物世界的知识运用于人类。

希普(Heape)被他周围发生的社会动荡所困扰着，尤其是引人注目的选举权运动和劳工运动。20世纪早期，美国和英国的女性激进主义者走上街头，为她们低人一等的社会、经济和政治地位发出抗议。美国各地女制衣工走进警戒线举牌示威，[①]1909年，由劳工、年长的妇女政权论者、黑人女性激进主义组织[②]和移民家庭主妇组成的广泛联盟形成了新的斗争同盟来推动解放运动。[③] 运动得到广泛的呼应，因为“位于经济阶层两端的女性对政治组织都有着新的需求”。同时，英国的妇女政权论者在旁听席上打出标语，砸碎玻璃，攻击唐宁街10号的卫兵，干扰议会的正常工作。[④]

希普(Heape)在书的开始将“社会动荡的原因归结为三点，即种族对抗、阶级对抗和性别对抗”。[⑤] 他觉得这些对抗，尤其是性别对抗，根植于社会对生物差异的不当处理。男性和女性在生殖角色上存在着根本差异。他坚持认为，如果女性能“顺应其生理结构”，管好家事，将公共事务留给男性(他们的性别特征使他们天生更加不安分、喜欢向外发展)来做的话，她们就能避免精神困扰、独身生活以及独身所隐含的男性气质，甚至一般的身体不健康问题。[⑥] 有趣的是，希普(Heape)承认男女身体存在一定量的生物性重合，不过这并没有让他质疑自己对性别差异根本性的推论。相反，他将每个身体中的混合性别特征视为一种比喻，象征着性

① 1905年～1915年间，在美国大大小小的城市，超过十万女性服装工人罢工。“挣钱的女人——大多是犹太人和天主教移民——挤满了拉起警戒线的城市街道和工会大厅，她们上街游行，要求经济上的公平……要求改善血汗工厂的致命工作条件……要求一定的闲暇时间。”罢工女工的著名口号“我们要面包，也要玫瑰”到了70年代得到女性主义者的推崇和复兴。其含义是，对女性来说问题不仅仅是经济上的，还关乎她们的社会和性别地位。

② 艾达·韦尔斯·巴尼特(Ida Wells Barnett)的反私刑运动从1918年延续到1927年。

③ 我最喜欢的地方事件是1910年罗得岛州普罗维登斯的犹太移民家庭主妇们“向犹太屠夫宣战”。

④ 即使把她们关进监狱也没有用。她们在牢里发起绝食，引发强迫进食的恐慌。其实这愈加羞辱了以彬彬有礼的方式对待女性的维多利亚道德传统，强行用管子将食物灌进她们反抗的喉咙的做法实在与之不相匹配。

⑤ 希普(Heape)最初是学习成为胚胎学家的，因此19世纪胚胎学观点——雌性发育没有雄性发育那么困难和意义重大——他肯定熟悉。同时，他也即将要进入新的内分泌学领域，因而没有将它完全融入他的性别理论中。

⑥ 希普(Heape)在此借用了格迪斯和汤姆森(Geddes and Thomson)的观点：“男性和女性个体从各种方面都可以与精子、卵子相比较。男性活跃、呈漫游状，他寻觅伴侣，是能量的消耗者；女性则被动、稳定，等待伴侣，是能量的保持者。”

别差异如何作用于身体政治。性别对抗，他写道，存在于“每一个单性个体……所以两种性别在每一个性别的每一个个体身上都有所体现，虽然男性特质在男性身上最显著，女性特质在女性身上最显著，他们身上或多或少都隐藏着另一种性别的某些特点”。因此，每个个体都是主导因素和附属因素的混合体，这些因素“在现实中对抗着，虽然对抗的程度有强有弱”。[①]

将性别的社会差异与荷尔蒙联系起来的是英国妇科医生威廉·布莱尔·贝尔(William Blair Bell)。他认为不应该孤立看待个别器官的内在分泌，而应把它们当成不同分泌器官之间相互作用的一个全身系统的一部分。当科学家普遍认为“女人之所以为女人就是因为她有卵巢”时，贝尔(Bell)却相信“女性气质本身取决于所有的内分泌活动”。为了支持自己的理论，贝尔(Bell)提到那些长有睾丸的女性和长有卵巢但“严格意义上说并不是女性的个体”。贝尔(Bell)的观点使人们不再把性腺当作决定性别的唯一标准，从而改变了对间性现象的医学认识和处理。对于“正常”性征的本质和来源的科学观念也因此得到全面的重塑。

贝尔(Bell)相信女性的卵巢和其他激素腺体使她们趋向于“女性化”的追求和性行为，他相信那些“不像女人”的女性的生活与她们身体的趋势是相违背的。那些在他看来“最贴近天性”或者“未被文明修饰”的是那些“享受性交，也许还有点性乱……但是母性冲动很强”的女性。“被文明修饰”的女性包括回避性欲但有母性需求的，享受性愉悦但没有母性冲动(“严格意义上说不正常的”)，以及对性和母性都很抗拒的。后者已处在“男性的边缘……通常平胸，姿色一般……她们的新陈代谢往往很大程度上具有男性特点，这一点表现在……她们思想的攻击性上”。贝尔(Bell)得出结论：女人心理正不正常取决于她内分泌的状态，除非受到环境的驱使——包括经济环境和社会环境——她不会天生具有背离其正常行为范围的欲望。[②] 从这个阶段的大部分内分泌学文献来看，那些想要突破“正常行为

① 这一段继续就女性为什么不应该试图过度发展她们的男性特征展开激辩，其中包含老一套：过多受教育、独立以及公开抛头露面会导致不育和精神错乱等。

② 贝尔(Bell)写道：“女性的精神状态取决于她的新陈代谢，而新陈代谢又受到内分泌的影响。”贝尔回顾了一些科学观点，从认为女性受子宫驱动的观点，如范·赫尔蒙特(van Helmont)，到认为女性受她的卵巢驱动的观点，如魏尔肖(Virchow)，最后到贝尔自己新的修正后的观点。

范围”的女性已经成为社会关注的焦点。

希普(Heape)和贝尔(Bell)从社会的角度讨论性别对抗，他们相信内分泌帮助人们生成男性化或女性化的思想和身体。但是维也纳医师、生理学家尤根·斯坦纳奇(Eugen Steinach)相信荷尔蒙本身就呈现出对抗性。作为布拉格的医师、研究者，后来维也纳实验生物研究所生理部的主任，他致力于当时正在发展中的动物移植研究：将睾丸植入雌性大鼠、雌性豚鼠体内，将卵巢植入雄性啮齿动物体内(当时后者更多些)。斯坦纳奇(Steinach)的干预性实验风格体现了当时席卷欧美的一种权威分析法的精神。他觉得男性和女性的身体和行为取决于性荷尔蒙的活动，他所进行的动物实验为性荷尔蒙的对抗性提供了证据。在斯坦纳奇(Steinach)的手中，荷尔蒙自身就已获得男性和女性的特征。性别成为化学的东西，而身体化学则被性别化。性别差异的好戏并不是内分泌导演的，内分泌其实就是戏中的演员。①

斯坦纳奇(Steinach)相信荷尔蒙活跃在区分男性和女性、同性恋者和异性恋者的边界地带。在大鼠和豚鼠身上的实验，以及将实验结果引入人体的结果都体现了性别认定系统被纳入科学知识范畴的复杂过程。他于 1884 年开始实验员的生涯，研究过生理学方面的不同问题——没有一个问题与性别有着明显的联系。然而 1894 年，他发表了一篇关于雄性性器官比较解剖的论文，预示了他实验方向向性别生理学的转变。经过十六年、十篇论文的历程后，他回到了性别生理学领域。他的文章《睾丸内分泌的特殊效果：哺乳动物功能及躯体雄性特征的完全发育》(The Developement of Complete Functional and Somatic Masculinity in Mammals as a Particular Effect of Internal Secretion of the Testicle)标志着针对荷尔蒙在性别区分中所起作用的现代研究的开始。

---

① 斯坦纳奇(Steinach)也以他的斯坦纳奇手术引起了强烈争议。事实上，斯坦纳奇手术也只不过就是输精管切除术，他认为这种手术可以使日趋衰老的男人焕发青春。这手术空前受欢迎，西格蒙德·弗洛伊德(Sigmund Freud)、W. B. 叶芝(W. B. Yeats)以及其他许多人都做过。历史学家钱达克·森古普塔(Chandak Sengoopta)是如此描述这一历史时刻的：“因此，衰老及其预防的研究史并不仅仅是关于庸医医术的故事，当然也无法作为纯粹理性的活动而符合科学规范。把它看作一个非常人性化的现象会更加现实(也更有成效)，对衰老和死亡的恐惧与现代人对科学的信念相互作用，从而开辟了一个奇特但不见得非理性的研究领域。”

事实上，斯坦纳奇（Steinach）毕生研究工作的基础是一个未经验证的观点，即男性和女性之间一定存在清晰的“自然”差异。虽然他做了很多涉及性别变异的实验，但他描述实验结果时高度拟人的方式表明了性别差异的观念是多么深地影响了他的科学。首先，他得出这样的结论：卵巢和睾丸的内分泌产物，即他所称的“青春期腺”，具有强化特定性别的作用。睾丸所产生物质的作用如此强大，以至于可以导致年轻的雌性大鼠和豚鼠发育出雄性的生理和心理特征。根据他的推理，荷尔蒙对心理的影响要通过大脑的变化来完成，他把这一过程称为“中枢神经系统的情欲化”。[①] 斯坦纳奇（Steinach）认为，所有哺乳动物都含有两性的初始构造（胚胎细胞群）。青春期腺体的分泌刺激卵巢发育从而促进雌性生长，或者刺激睾丸发育从而促进雄性生长。不过这还不是事情的全部。他还相信，性腺会积极地抑制“相反性别”的胚胎细胞群，也就是说，雌性体内的卵巢物质不仅促进雌性生长，而且还抑制雄性生长。同时，雄性体内的睾丸分泌物也会阻止雌性生长。斯坦纳奇（Steinach）把这种特定性别生长抑制的过程称为“性荷尔蒙对抗”。

是什么实验结果促使斯坦纳奇（Steinach）用“性荷尔蒙对抗行为之战”和“尖锐对抗”这样充满火药味的词汇来描述心理的生长过程呢？他将卵巢植入刚出生的被阉割的雄鼠和公豚鼠体内（表 6.2）。过了一段时间，它们发育出很多雌性特征。它们的骨头和毛发结构变得和典型的整洁的雌性啮齿动物一样，生出具有功能的乳腺，甘愿为幼鼠哺乳，以合适的雌性方式向雄鼠展示它们的臀部。卵巢似乎产生出特定的使大鼠雌性化的物质。但是还不止如此。首先，如果不摘除睾丸，那么被移植的卵巢就不会“占领”雄性的身体。另外，斯坦纳奇（Steinach）比较了带有移植卵巢的雄鼠和阉割后未被移植卵巢的雄鼠阴茎的生长情况。在他看来，很显然在雌性青春期腺体的影响下，阴茎似乎在萎缩，直到比普通老年阉割鼠的阴茎还要小。最后，斯坦纳奇（Steinach）还观察到，雌性化的被阉割雄鼠的体形比它们未经实验手术的姐妹还要小。移植的卵巢不仅阻止它们生长成为更大、更重的雄性，这些移植的卵巢实际上还在抑制它们的生长（表 6.2）。

---

① 他在许多发表成果中重复提及这一词语。

表 6.2 斯坦纳奇(Steinach)的实验

<table>
<tr><th>实验</th><th>动物</th><th>结果</th><th>结论</th><th>年代</th></tr>
<tr><td>卵巢植入被阉割的幼年雄性</td><td>大鼠、豚鼠</td><td>·移植物只在被阉割雄性身上“产生预期效果”
·卵巢不刺激阴茎、前列腺和其他第二性征的生长
·卵巢导致阴茎萎缩(大鼠,非豚鼠)
·卵巢刺激乳房生长(豚鼠)
·被移植雄性体格更小,有更多“雌性”毛发结构(大鼠和豚鼠)
·接受移植的雄性显示雌性交配反应、母性反应,缺少雄性的交配或攻击的冲动</td><td>·性别荷尔蒙对抗
·既然睾丸不刺激这些生长,卵巢和睾丸分泌不同物质
·卵巢阻碍雄性发育
·分泌雌性特异性物质
·卵巢阻碍雄性生长(大小、毛发质量)
·荷尔蒙导致“中枢神经系统的情欲化”</td><td>1912</td></tr>
<tr><td>睾丸植入被切除卵巢的雌性</td><td>大鼠、豚鼠</td><td>·乳房和子宫保持未发育
·中性附件向雄性方向发育
·身体和毛发类型更加雄性化
·被移植雌性更具攻击性,对发情的雌性进行性挑逗</td><td>·睾丸移植物阻碍雌性特征
·睾丸刺激雄性发育
·睾丸使得生长模式雄性化
·荷尔蒙导致“中枢神经系统的情欲化”</td><td>1913[a]</td></tr>
<tr><td>被阉割的幼年雄性同时被植入卵巢和睾丸</td><td>豚鼠</td><td>·很多雄性第二性征发育
·功能乳腺发育</td><td>·卵巢阻碍生长的影响在有睾丸存在的情况下不起作用
·卵巢可以影响雌性附件的发育,而睾丸可以影响雄性附件的发育</td><td>1913</td></tr>
</table>

a. 这篇论文还提到了雌性因 X 光而出现卵巢肥大的雌性化效果,后来加以报道。这是斯坦纳奇(Steinach)所做的与检查雌性身上卵巢作用最相关的研究。

虽然斯坦纳奇(Steinach)最早的时候把以上过程简单地称为“抑制”,但是很快他便用更强烈的语言将它们描述为性别之间的战争。他的初始数据资料与如此强烈的语言匹配吗?似乎不是。例如,在 1912 年的大鼠实验研究中,当他开始报告阴茎萎缩的数据时,并没有发现其对前列腺或者精囊的影响——他的解释是,卵巢移植时,这些器官本来就很小。但是到了 1913 年,他报告了经过阉割和卵巢移植的豚鼠精囊的萎缩——超过了仅接受阉割术的豚鼠参照组的水平。① 所

① 也许他之所以发现豚鼠之间的区别是因为移植时它们的器官发育得更成熟,于是他得以测量卵巢引起的收缩。不过,当时卵巢的作用效果在大鼠和豚鼠身上并不相同。需要解释的是,为什么斯坦纳奇(Steinach)以未经证实的数据为基础力求得出关于性别对抗的总体性理论(今天,荷尔蒙的研究者清楚大鼠和豚鼠的性发育时间是不同的,很容易解释斯坦纳奇研究结果中的差异)。

以，关于器官发育的数据资料很薄弱，而且自相矛盾。相互抑制，也没有明显地表明为什么雌性化的雄性比它们未接受手术的姐妹体格要小。人们可以从其他角度猜想为什么移植的性腺在它们“对立”性腺存在的条件下便不“占领”。例如，也许睾丸刺激了其他某种腺体的活动，从而生成适宜于卵巢生长的环境（反之亦然）。①

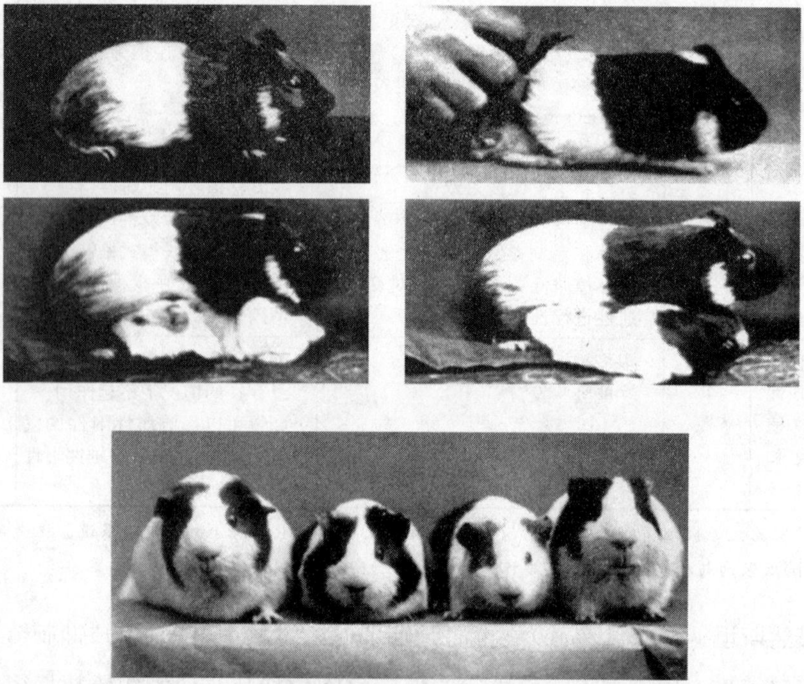

图 6.2　斯坦纳奇（Steinach）的实验中被改变了荷尔蒙的豚鼠（Steinach）

上图：雌性化了的、喂奶的雄豚鼠。上排：动物的全貌；显示它自身的雄性性别特征。下排：给一只幼豚鼠喂奶；给两只幼豚鼠喂奶。下图：雄性化系列。从左到右依次为被雄性化了的姐妹、被阉割的姐妹、正常的姐妹、正常的兄弟。

① 丹麦科学家克努特，桑德（Knut Sand）将他自己的类似成果解释为“正常有机体来自异种腺体的免疫力”，他认为这些现象并没有明确指向真正的对抗。关于这种免疫力如何运作，他给出了更详细的描述。斯坦纳奇（Steinach）与桑德进行了争论，随后穆尔（Moore）也同样对桑德提出了异议。斯坦纳奇在他晚年所写的自传中较为肯定地引用了桑德的观点，却对穆尔完全不予理睬。

斯坦纳奇(Steinach)分析"冲突"的话语不仅反映了关于雄性和雌性之间自然关系的已存观念,同时也建立起一种分析框架,影响着他当时正在进行中的研究兴趣和实验设计。他在困惑:如果两种性腺同时移植到一个无性受体上,而且"在同样的、事实上同样不利的条件下被迫一争高下"会发生什么情况?① 在某些情况下,卵巢和睾丸混合成一个"卵睾",当斯坦纳奇(Steinach)在显微镜下面查看这些组织时,得到了"两个组织之间有过一场恶战的印象"。当他转向第二性征时,发现通过双移植产生的双性动物看起来像超级男性:比它们正常的兄弟们要大、要壮。斯坦纳奇(Steinach)得出结论:在早期实验中那么明显的雌性青春期腺对生长的阻碍功能,在有雄性性腺存在的情况下就无法施威了。不过,这不意味着睾丸使卵巢失去了功能(并不是石头—剪刀—布的那种情形)。双性动物有着强壮的雄性体格,但是它们也长有"又大又长、可以被吮吸的乳头"。斯坦纳奇(Steinach)的结论是,在双移植动物体内,性腺的跨性别抑制活动的一切征兆都消失了,睾丸促进雄性发育,卵巢促进雌性发育,"抑制力量无法发挥作用"。

他的数据跟他的结论是相匹配的,但这些数据并不是无可争辩地指向这些结论。哲学家们称之为"非充分决定",它是科学事实形成中一种常有的现象。有机体对特定的实验干预的反应可以缩小可允许结论(permissible conclusion)的范围,但往往不会得出唯一的结论。因此,科学家们需要从几种似乎可行的解释中加以选择。最终的选择以及该选择在单个实验室之外所受到的评价在某种程度上取决于与实验无关的社会因素。

例如,将卵巢和睾丸分泌活动之间的互动描述为对抗(而不是抑制),在科学上似乎可行。然而与此同时,豚鼠和大鼠性腺活动的化学过程被强行叠加上人类性别对抗的政治故事,这个故事与同时代的社会抗争十分相似。生理功能变成了政治寓言——具有讽刺意味的是,这些功能的可信度没有被削弱,反而被加强,因

---

① "我问自己这个问题:如此尖锐的性荷尔蒙对抗在什么范围内可能受到影响,也就是说,可能被弱化。我的实验始于一种假设:如果一种腺体被植入某个同样受自己正常青春腺影响的动物,应该会产生相当明显的差异,因此它的同源荷尔蒙会流经它的身体,或者,如果雄性和雌性腺体在先前的中性有机体中合并,在相同、实际上是同样不利的功能和存在条件下被迫一决胜负。将要描述的实验结果证实了该假设的正确性。"

为它们与人们所熟知的性别差异的本质似乎非常吻合。

或者我们可以考虑为什么选择做双移植的问题。[①] 为什么他没有花更多的时间去详细记录雄性和雌性分泌在各自体内的生长效果，没有选择更多地去了解荷尔蒙在它们“自然”的环境下会有何作用呢？原因部分在于他致力于那种要求打破常规程序以期了解隐藏事件的新的实验方法。但是除此之外，接受了荷尔蒙对抗的话语，并且是在一个女性的男子气和男性的女子气都威胁到社会稳定的环境下工作，双移植实验就似乎是个显而易见又迫在眉睫的选择。它们是在跟当时的政治对话。也许斯坦纳奇(Steinach)针对同性恋的研究让我们看清了政治纷争对他兴趣点的影响。[②] 在他的动物研究中，他相信自己发现了睾丸或卵巢的异性移植会导致性行为改变的证据。动物研究为他提供了人类同性恋具体理论的基础。他认为那些具有“阵发性同性恋冲动”的人的性腺在交替生成雄性荷尔蒙和雌性荷尔蒙。相反，“一贯性同性恋者”在青春期时生成男性荷尔蒙的组织退化，发育出相反性别的性器官。为了证实这些理论，斯坦纳奇(Steinach)在男同性恋者的睾丸中寻找“女性组织”，他既发现了睾丸萎缩，还发现存在着一种他称之为F细胞的细胞，他相信是这两者合成了雌性荷尔蒙。

接着他对自己的观点实施了最终的测试。在与维也纳外科医师R.利希滕斯特恩(R.Lichtenstern)的合作下，他从七位男同性恋者的体内各切除一个睾丸，然后植入异性恋者体内取出的睾丸[③](被移植的睾丸是因为医疗原因而被切除的，比如，单侧睾丸未降，异性恋病人因此只有一个功能正常的睾丸)。起初他们欣喜地报告实验成功：出现对异性的性趣。然而随着时间的流逝，手术的失败逐渐明显，

---

① 当时没有人知道性腺是产生一种还是几种物质，或者反过来，性腺的分泌物受脑垂体活动的控制。事实上，结果令人迷惑，斯坦纳奇(Steinach)从未解释过为什么性别对抗在这样的环境下似乎消失不见了。

② 他与人类性学理论家展开对话，比如艾伯特·莫尔(Albert Moll)、理查德·范·克拉夫特—艾宾(Richard von Krafft-Ebing)、西格蒙德·弗洛伊德(Sigmund Freud)、伊万·布洛克(Iwan Bloch)和马格努斯·赫希菲尔德(Magnus Hirschfeld)。他提出的同性恋可以归因于睾丸内雌性细胞分泌的说法导致了人类器官移植，本章前面有所提及。

③ 德国性学家、维护同性恋权利的先锋马格努斯·赫希菲尔德(Magnus Hirschfeld)毫不犹豫地接受了斯坦纳奇(Steinach)的观点。赫希菲尔德已经把同性恋的生物学责任归于被他命名为雄生殖节(andrin)和雌生殖节(gynacin)的荷尔蒙。他想通过检查同性恋男性的睾丸组织来证实斯坦纳奇的观点，可最终是斯坦纳奇和利希滕斯特恩(Lichtenstern)一道完成了实验。

到了 1923 年之后，他们就不再做进一步的手术了。斯坦纳奇(Steinach)对实验以及实验解读的选择当然部分受到当时科学传统的影响，部分取决于被研究有机体的反应，但是同时也受到他所生活的社会环境的影响，这一环境将男性、女性，同性恋和异性恋定义为相对立的种类——这样的界定，鉴于当时的政治剧变，似乎既已经得到了证明，又需要科学的支援。

尽管如此，社会环境并不是唯一决定科学事实的唯一因素。实际上，在美国和英国，科学界开始出现强烈反对性荷尔蒙对抗说的声音。[①] 到 1915 年，代表着新兴的内分泌学领域的英国生理学家与美国的遗传学家似乎走进了一条死胡同。遗传学家觉得染色体决定或控制着性别的发育，内分泌学家则相信荷尔蒙决定是男是女。美国胚胎学家弗兰克·拉特雷·利利(Frank Rattray Lillie)用他关于雄化牝犊——即与雄犊同胞生下的雄性化的不育雌犊——的论文打破了这一僵局。1914 年，利利(Lillie)私人农场的经理送来一对仍然包裹在胎膜中的双生死胎牛。[②] 一个是正常的雄犊，但是另一个好像混长着雄犊和雌犊的生殖器官。困惑之下，他继续关注这个问题，并从芝加哥牲畜围场获得了更多的材料。经过对五十几对双生犊的研究之后，利利(Lillie)在他 1917 年发表的那篇已成为经典的论文中得出结论，雄化牝犊在基因上是雌性，它们起初各自独立的胎盘合二为一后，循环系统混合起来，牝犊的发育被它同胞兄弟的荷尔蒙所改变。于是，他论证了性别基因说与荷尔蒙说的可协调性，基因启动性别决定的进程，但是持续跟进的工作是由荷尔蒙来完成的。

---

① 例如，《柳叶刀》(*The Lancet*)杂志的一篇社论这样描述斯坦纳奇(Steinach)的实验："围绕这些发现已经建立起这样的理论：睾丸和卵巢的内分泌物，即两性特定的生殖荷尔蒙，相互之间激烈对抗。结论还需更多证据来证实。"

② 利利(Lillie)成为在美国受过训练、投身实验生活的新一代生物学家中的重要一员。他获得芝加哥大学的博士学位，导师是在芝加哥大学创办动物学系的 C. O. 惠特曼(C. O. Whitman)。到了开始研究雄化牝犊的时候，利利已经成为该系的系主任，同时也是霍尔生物研究实验室的重要人物，许多胚胎学和遗传学的核心人物当时都在这里待过。虽然出身朴素的中产阶级家庭，可利利娶了芝加哥铅业巨头查尔斯·R. 克莱恩(Charles R. Crane)的妹妹弗朗西丝·克莱恩(Frances Crane)。利利夫妇巨大的财富不仅使他置身于统治阶层精英的社交圈，包括为他一生中绝大部分研究提供资金的洛克菲勒家族，而且令他可以用自己的财富(婚姻所带来的)在芝加哥大学建立新的实验室(惠特曼实验室)。从 1910 年到 1931 年，他担任动物学系的系主任，之后他成为生物科学学院的院长，直到 1936 年退休。作为霍尔生物研究实验室的负责人，他还从妻兄那里获得捐款，建立了另一个实验室(克莱恩实验室)。

自然发生的雄化牝犊在很多方面都与斯坦纳奇(Steinach)的性腺移植动物相似,这是利利(Lillie)很快意识到的一个事实。不过,利利(Lillie)对用他的牛犊来证实雄性、雌性荷尔蒙的本质还是很谨慎的。例如,他疑惑为什么只有雌性双生牛犊会受影响。为什么雌性分泌没有将雄犊雌性化,就像斯坦纳奇(Steinach)的啮齿动物那样?利利(Lillie)提出了两种可能:也许"雄性荷尔蒙对雌性荷尔蒙有着某种天生的支配优势",或者,雄性和雌性发育的时机不同。如果睾丸比卵巢早开始发挥功能,也许在这些异常双生体中潜在的卵巢还没来得及生成雌性荷尔蒙之前,就被雄性性腺分泌出的荷尔蒙转化成了睾丸。细致的解剖学研究支持时机说。"因此,"利利(Lillie)总结道,"不可能有荷尔蒙之间的争斗。"[①]最终,利利(Lillie)觉得无法对雄性荷尔蒙活动的本质给出多少结论。一开始它抑制卵巢的发育,但是后来,诸如增大的阴茎或精子运送系统的生长等雄性特征的出现仅仅是因为卵巢组织的缺失,还是因为雄性荷尔蒙所提供的积极刺激?对此他一直无法确定。[②]

这种不确定性使利利(Lillie)"委婉地建议"他的门徒卡尔·穆尔(Carl Moore)去重复斯坦纳奇(Steinach)的研究,[③]穆尔(Moore)同意了,进行了交互移植,将卵巢移植到被阉割的幼雄鼠体内,再将睾丸移植到卵巢被切除的幼母鼠体内。他立刻就遇到了性别上的麻烦。"很不幸,雄鼠和母鼠的显著躯体特征并没有变得更加清晰,"他写道,"斯坦纳奇(Steinach)对雌化雄性和雄化雌性的体重和身长相当关注,用它们可以表明雄性和雌性的性别,可是我认为这些轻微的差异

① 在这篇经典论文中,利利(Lillie)重新发表(附有引文)了他的学生 C. J. 戴维斯(C. J. Davies)女士以前发表的数据。雄化牝犊的起源被持续争议了几十年,仍然没有结论。尽管利利的大部分结论可以算作"最佳说法",但是并没有完美的解释。

② 利利(Lillie)写道:"后续事件中哪些是由于卵巢组织的缺失,哪些是因为雄性荷尔蒙的积极作用或多或少还是问题。"

③ 后来,穆尔(Moore)接替利利(Lillie)成为芝加哥大学动物学系的系主任。

只是辨别雄性和雌性的次要标准。"[①]经过进一步批判性评价之后，穆尔（Moore）认为体重和身长不能作为辨别大鼠性别的满意手段。同样，他还发现头发结构、骨骼差异、脂肪沉淀物和乳腺的变数太大，无法可靠地指示性别。[②]

但是，尽管穆尔（Moore）不接受斯坦纳奇（Steinach）对大鼠性别标志的描述，可他认为某些行为表明荷尔蒙和性别差异之间有着清楚的联系。他发现被雌性化的雄鼠（被阉割并植入卵巢）有母性冲动。它们摆出姿势，让新生鼠吸乳（尽管它们没有乳头），并且在闯入者面前摆出攻击的架势保护幼崽。正常的雄鼠和被雄性化的雌鼠对幼崽没有兴趣。相反，被雄性化的雌鼠表现出它们自己的异常行为，它们想要与正常的雌鼠交配——爬骑到雌鼠身上，在爬骑的间隙舔舐自己的身体，就像正常雄鼠那样。然而穆尔（Moore）观察到，即使出现这些行为指标，性别差异也并不总是十分明显。"斯坦纳奇（Steinach）描述了正常雌鼠的温顺（不好斗、容易触摸、不轻易咬或者反抗等），但是这些方面还是存在很大的差异性，很难具有任何实际价值。这个种群中的很多雌性明显比雄性更好斗。"在好几种情况下，这些雌性在被反复触摸后，会咬、抓，和这一种群温顺、好脾气的雌性一点都不像。[③]

穆尔（Moore）对这个问题进行了进一步的研究。[④] 在之后十多年发表的一系列论文中，他系统地解构了斯坦纳奇（Steinach）的成果（表 6.3）。斯坦纳奇（Stein-

---

① 在这篇文章中，穆尔（Moore）描述了第五章中所讨论的可变性和群组差异的问题。他还引用了 1909 年～1913 年之间发表的作品，表明雌性的早期卵巢切除会使其体格更大。因此"卵巢切除，又被植入睾丸的雌性，体重会增长到超过雌性的平均水平，不是因为睾丸的作用，而是因为卵巢的缺失"。我们无法得知斯坦纳奇（Steinach）是否读过穆尔所提到的这些论文，如果读过，他又是如何将这些内容整合到自己的结论当中的。

② 斯坦纳奇（Steinach）关于乳房发育的结论来自豚鼠，因为雄性大鼠没有原生乳头来对植入的卵巢产生反应。穆尔（Moore）指出，他跟斯坦纳奇的不同可能源于使用不同品种的大鼠。斯坦纳奇解释说，他"以能够产生大致同一种类动物的方式"繁殖豚鼠。看起来斯坦纳奇在繁殖大鼠时更倾向于统一性，也许只是因为他的大鼠群落所具有的可变性不如穆尔的大鼠群落。这件事中，另一个重要的方面就在于此：如果我们繁殖实验动物来夸大我们所期望的差异，然后找出这些差异的生理原因，我们多大程度上可以回推到具有更大差异性的动物身上呢？

③ 在后来的一篇论文中，他再次强调了这一点："我想再次强调，将大鼠和豚鼠之间区分度很接近的精神行为作为它们性本质的表现是完全不可靠的。"

④ 穆尔（Moore）也追踪了斯坦纳奇（Steinach）关于老龄化的理论。

ach)坚持认为雄大鼠和雄豚鼠比雌鼠要大很多,被阉割的雌鼠如果被植入睾丸,会比它们正常的姐妹长得大(图 6.2)。相反,被阉割后而植入卵巢的雄鼠似乎确实会萎缩,会比正常的雌鼠长得小。穆尔(Moore)的观点则有所不同。他引用已发表的成果,认为仅仅摘除卵巢就会刺激雌鼠长大。他的大鼠实验表明身材大小的性别差异在性腺摘除后其实依旧存在,这证明性腺和雄鼠体格更大这一事实之间毫无联系。关于豚鼠的实验结果使他更加疑惑。尽管在发育早期雄鼠和雌鼠的生长速度有所不同,可出生一年后它们身材便变得一样大,而且随着时间的推移,雌鼠还会长得更大。卵巢被切除的雌鼠的生长速度跟正常雌鼠一样,只有雄鼠表现出被阉割的后果——比正常雄鼠、卵巢被切除的雌鼠以及正常雌鼠都要小。在文章结尾,穆尔(Moore)给了斯坦纳奇(Steinach)直接的一击:

> 虽然在某些动物体内性腺内分泌对一些特性的影响可能很大,但要在普通实验室动物身上发现可通过实验过程加以分析的两性差异及恒常性似乎很难,而且往往也不可能。文献中所引用的据说能体现性分泌物导致另一性别出现改变的许多特性,但一经批判性分析便站不住脚。在我看来,豚鼠的体重反应特性便属于这类特性。

表 6.3　穆尔(Moore)的移植实验

实验	动物	结　果	结　论	来源
睾丸移植物植入卵巢切除的雌性;卵巢移植物植入睾丸切除的雄性	大鼠	·体重和毛发质量差别很大 ·植入卵巢的雄性表现出母性行为 ·植入睾丸的雌性没有表现出母性行为 ·正常雄性和雌性存在攻击性 ·植入睾丸的雌性试图像雄性那样交配	·性别差异的不可靠标记 ·卵巢使雄性的亲子行为雌性化 ·睾丸使雌性的亲子行为雄性化 ·攻击性不能很好地标记性别差异 ·睾丸使雌性的交配行为雄性化	
比较睾丸切除的雄性和卵巢切除的雌性 180 天内的生长情况	大鼠	·睾丸切除的雄性体重总是超过卵巢切除的雌性	·体格上的性别差异与性腺分泌无关	

续　表

实验	动物	结　　果	结　　论	来源
将卵巢植入保留一个完好睾丸的雄性；将睾丸植入保留完好卵巢的雌性	大鼠	·在植入的卵巢中，卵泡正常发育，但不排卵 ·在植入的睾丸中，形成精子的细胞退化，但细胞不退化	·两种结果都反驳了斯坦纳奇(Steinach)的断言：只有在受体性腺(host gonad)被摘除的情况下移植才会成功——这是他荷尔蒙对抗理论的基础	
将卵巢植入保留一个完好睾丸的雄性；将睾丸植入保留完好卵巢的雌性	大鼠	·在植入的卵巢中，卵泡正常发育，但不排卵 ·在植入的睾丸中，形成精子的细胞退化，但细胞不退化 ·雄性和植入的卵巢发育出正常的阴茎、前列腺以及心理特征（成为可繁殖雄性）	·驳斥了斯坦纳奇(Steinach)不能给睾丸完好的雄性移植卵巢的结论 ·忽略结果；睾丸移植是否成功还不清楚(对AFS来说) ·“正常睾丸的存在并不阻止……移植到雄大鼠身上的卵巢……的生长” ·并不表明睾丸和卵巢之间的对抗性	a
睾丸切除和卵巢切除的雄性和雌性；给“异性”移植卵巢和睾丸	豚鼠	·睾丸切除/卵巢切除导致性冲动的丧失 ·植入卵巢的雄性表现出乳腺生长，但是没有雌性心理特征迹象 ·带有睾丸的雌性具有攻击性，想要与发情的雌性交配 ·带有睾丸的雌性阴蒂变大，长得像阴茎	·注意行为差异 ·“卵巢的身体修饰作用是确定无疑的” ·心理行为向雄性方向发展 ·生殖腺有明确的改造作用，但不存在荷尔蒙的对抗	
睾丸切除和卵巢切除的动物以及生长曲线的比较	豚鼠	·未经手术的雄性、雌性和卵巢切除的雌性一年内长到同样大小 ·被切除睾丸的雄性更小些	·长期来看，卵巢切除不影响体重 ·睾丸切除引起体重与正常雄性相比的相对下降 ·“以豚鼠的相对体重作为它性状态的显示并无价值”	b

a. 穆尔(Moore)在开头处这样总结这篇论文：“也许可以提前申明，对大鼠来说，没有明显证据表明存在成年性腺之间的对抗性。”b. 穆尔(Moore)无法掩饰他认为斯坦纳奇(Steinach)是一个糟糕的实验者的感觉：“没经过对上述要点的进一步讨论，应该向读者清楚地说明：把任意选择的两三只动物的体重比较作为它们性本质的证据是绝对不可靠的。同样的批评也适用于大鼠。”

与此同时，斯坦纳奇(Steinach)还是坚持自己的理论。他写道，穆尔(Moore)没有正确理解他的研究，他的反对“毫无意义”。在最后一次戏剧性的实验中，他利用荷尔蒙化学领域的进展(见下一章)向小雌鼠体内注射含有活跃雌性激素的卵巢和胎盘提取物(而不是更不确定的器官移植)。结果,睾丸以及精囊、前列腺和阴茎的生长发育都受到抑制,从而证实了他的观点:雌性荷尔蒙抑制雄性发育。

到了1932年,穆尔(Moore)和他的合作者多萝西·普赖斯(Dorothy Price)重新做的实验又占了上风。首先,他们得出结论:"与斯坦纳奇(Steinach)的观点相反,雌性激素(从卵巢中提取的物质)对雄性附件不起作用,既不刺激也不抑制它们的生长。"然而对斯坦纳奇(Steinach)的反驳只是主菜前的开胃菜,他们的主菜是:荷尔蒙功能的一种新图景。他们写道,与斯坦纳奇(Steinach)关于荷尔蒙对抗性的争论,"迫使我们将自己的解释加以扩展,把生殖腺活动和脑垂体的活动联系起来"。穆尔(Moore)和普赖斯(Price)提出了几条原则:(1) 当处于适当的位置时,荷尔蒙会刺激生殖附件的生长,但是对异性器官不起作用;(2) 垂体(脑垂体)分泌物刺激生殖腺产生自己的荷尔蒙;(3) 但是"生殖腺对同性或异性的生殖腺不会产生任何直接作用";(4) 任一性别的生殖腺荷尔蒙都会抑制垂体活动,减少流经生物体的性刺激物质的数量。简而言之,穆尔(Moore)和普赖斯(Price)给生殖腺降了级,使之成为一个更加复杂的体系中几组影响因素中的一种,而在那个体系中作用力被去中心化了。生殖腺和脑垂体通过一个类似于恒温器的反馈系统相互控制着对方的活动。①

我们应该怎样看待荷尔蒙历史上的这一时刻?仅仅是穆尔(Moore)的"好科学"战胜了斯坦纳奇(Steinach)草率的研究吗?② 或者,是不是这场关于身体化学性别的争论揭示了科学知识与社会知识之间更为错综复杂的关系?当然,穆尔(Moore)更加广泛地依赖于前人的成果,提供了更多的数据,他关注到了可变性的问题,从而似乎有意要排除他称之为"个人误差"的东西。③ 他清楚地感觉到斯坦纳奇(Steinach)在选择数据来迎合自己的理论,而不是从客观收集的信息中总结

① 这个观点在早先发表的文章中已有所预示,但是1932年的论文才提供了详细的实验论证。到这个时候,穆尔(Moore)的研究已经获得了性别问题研究委员会的资助(本章的后面部分和第七章另有讨论)。

② 在讨论中,我遵循着现代科学研究的一个重要传统,即认真对待科学争议中的"输家"。

③ 穆尔(Moore)写道:"很多困难都涉及对动物精神本质的智能分析(原文如此),存在着个人倾向影响其阐释的很大风险。"

出理论。然而，尽管穆尔(Moore)走的是一条最终通往我们信以为“正确”答案的道路，他也有自己无法解释的实验失误。例如，他能够将卵巢移植到保留自身睾丸的大鼠身上，并以此直接向斯坦纳奇(Steinach)叫板。但是当他将此项实验延伸至豚鼠时，使用的是被切除过睾丸或切除过卵巢的动物来接受移植。这是为什么？是不是豚鼠受体的睾丸完好影响到了实验结果？或者这样的实验选择反映了穆尔(Moore)对性别的中间状态和同性恋问题并不那么感兴趣。[①]

或者让我们再来看看他睾丸移植实验的结果。这些结果可能并没有提供对斯坦纳奇(Steinach)研究的真正的检验。斯坦纳奇(Steinach)报告说，他的睾丸移植包含了大量间隙细胞的生长(现在我们知道这是睾丸激素生长的来源)。[②] 穆尔(Moore)移植的睾丸生长情况并不好，而且在间隙细胞生长方面似乎产出并不多。事实上，移植睾丸的生理活跃性并不清楚，然而他得出了它们没有雄性化效果的结论。不过，这可能是实验失败所致。没有成功进行睾丸移植，对斯坦纳奇(Steinach)研究的这一方面的检验就不成立。

无论正确与否，当性别对抗的观念进入荷尔蒙生物学的领域，便如同一石激起千层浪，争议不休。[③] 穆尔(Moore)和普赖斯(Price)最终做出了一项说明，将具有“独立但是平等”地位的诸多因素与性腺荷尔蒙作为强大的生长控制器并将其所起的作用整合起来，这些对生长的调节作用并不针对特定的性别。一方面，他们认为睾丸荷尔蒙(在 1932 年还未被命名)促进了雄性附件腺体的生长，但是对雌性没有直接的效果。同样，卵巢荷尔蒙(在下一章所描述的情境中被命名为雌性激素)刺激了某些方面的雌性生长，但是对雄性分化不起直接的作用。另一方

---

① 目前这只是一个假设，但是对穆尔(Moore)进行进一步历史性研究可以提供支持或者反对它的证据。克拉克(Clarke)引用穆尔时写道：“我们开始认为性别比我们原先以为的要不稳定得多。”

② 根据历史学家钱达克·森古普塔(Chandak Sengoopta)的研究，斯坦纳奇(Steinach)相信这些细胞是雄性荷尔蒙的来源，并且为此受到知名科学家多年的攻击。

③ 当社会学参与生物学研究，并不一定产生不良效果(尽管我花了生命中很重要的时间去讨论那些产生可怕效果的案例)。我认为关于性荷尔蒙对抗的争论富有成效，因为它激发了新的实验，而且最终促成了对荷尔蒙生理学的说明，考虑到更多实验结果。我并没有讲出事情整个的来龙去脉，因为我没有对穆尔(Moore)和普赖斯(Price)的研究提供详细的社会学解释，那样做会超出本书的范围。

面，两种荷尔蒙对任一性别的垂体都产生阻碍作用，从而间接抑制了性腺荷尔蒙的产生。穆尔(Moore)和普赖斯(Price)没有使用让人产生强烈社会性联想的词语(类似于“荷尔蒙对抗”)来描述他们的理论，虽然他们承认自己的研究会让那些关注间性和雌雄同体的人感兴趣。也许他们遵循的是更为严谨的科学传统。[①] 也可能在穆尔(Moore)和普赖斯(Price)得出结论的年代，性别、阶级和种族危机已经开始淡化。[②] 尽管回答这样的问题是未来历史研究要做的事，但是此刻我想强调，把性别观念赋予身体以及从身体上读取性别是件很复杂的事，远比让身体说出真相复杂得多。

虽然被荷尔蒙生物学家打败，但荷尔蒙对抗的观念没有消亡。斯坦纳奇(Steinach)自己就从没有放弃过。倡导用外科手术治疗易性症的先锋、内分泌学家和医学性学家哈里·本杰明(Harry Benjamin)在斯坦纳奇(Steinach)的讣告中赞扬了性荷尔蒙对抗的观念。“对性荷尔蒙生理对抗理论的反对仍然存在，”他写道，“但是从大量验证实验来看一直不能令人信服。”[③]其他人也在继续使用斯坦纳奇(Steinach)模式。1945年，我们的伙伴德·克鲁伊夫(De Kruif)把性别对抗称为“雄性荷尔蒙和雌性荷尔蒙之间的化学战争……著名的男女之战的化学缩影”。一个科学事实一旦被建立，很可能在某个时候、某个领域被推翻，而在其他领域仍然被认为是“事实”，在大众的头脑中继续存活下去。

---

① 我援引的是乔纳森·哈伍德(Jonathan Harwood)的科学思想类型框架。穆尔(Moore)和斯坦纳奇(Steinach)是不是存在不同的“思想类型”，将他们引向不同的科学方向和不同的实验模式呢？

② 至少有一本科普著作清楚地讨论了穆尔(Moore)的实验，包括他关于荷尔蒙并没有呈现性别对抗的结论。这本书对人体生物学的解释明显中立，完全没有像希普(Heape)和贝尔(Bell)著作中那样明显的社会过激反应。

③ 讣告写得相当理想化。本杰明(Benjamin)在最后一段中写道，“当斯坦纳奇(Steinach)接近性别生理学这个‘危险’的问题时，他那个时代所有的性禁忌和性偏见全都在向他示威”，就像“哥白尼、伽利略、达尔文、海克尔和弗洛伊德所经历的时代”一样。

7　性激素真的存在吗？
（性别变成了“化学的”）

为暴风骤雨做好准备

卡尔·穆尔(Carl Moore)和多萝西·普赖斯(Dorothy Price)的研究并没有结束对男性气质与女性气质的生物特性以及对激素本身所产生的困惑。在第一次世界大战爆发前的十年间，科学洞察力的积累过程还十分缓慢，然而到了战后时期，一个有关激素研究的新的阶段——后被称为“内分泌学的淘金热”和“内分泌学的黄金时期”——通过英国和美国新的科研与政治机构之间密切的相互联系而成为可能。为科研工作提供环境背景的社会圈子又一次成为故事的主体部分。特别值得一提的是，对社会背景的理解可以帮助我们看出我们有关激素的性别观念是如何形成的。

第一次世界大战严重扰乱了欧洲的科学研究。此外，生理学家和生化学家在那时也都热衷于对蛋白质的研究。可是，用来提取和检验蛋白质的化学制剂对性激素没有用，后来的事情表明性激素属于一类被称为糖皮质激素的分子——胆固醇的派生物(图7.1)。直到1914年，有机化学家才鉴别出糖皮质激素，并从生物材料中找到提取它们的方法(尽管生化学家在几年前已在无意中发现了性腺因子的湿法萃取方法)。性激素已被定义为化学信使，然而在1914年以前，没有人知道该如何把它们作为单独的化合物进行研究。相反，正如我们所看到的，它们的存在仅能通过外科手术和植入的复杂组合来进行推测。一个持怀疑态度的科学家写道，这一阶段的研究者是依靠“从歇斯底里的女性和因患严重慢性疾病而导致全身机能衰竭的女孩身上获得的不明提取物”来进行检测的。到第一次世界大战结束时，“对人类的性功能以及性功能障碍的医学内分泌学所抱有的社会和科

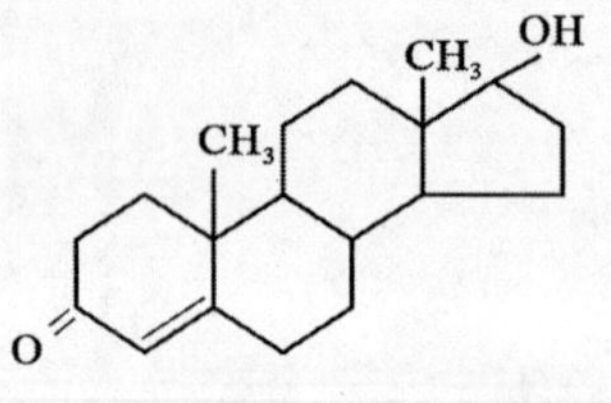

睾酮

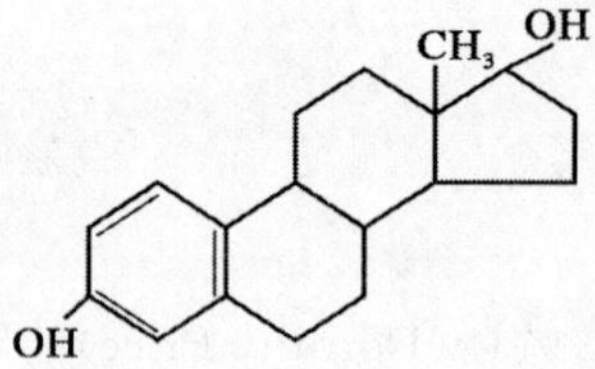

雌二醇

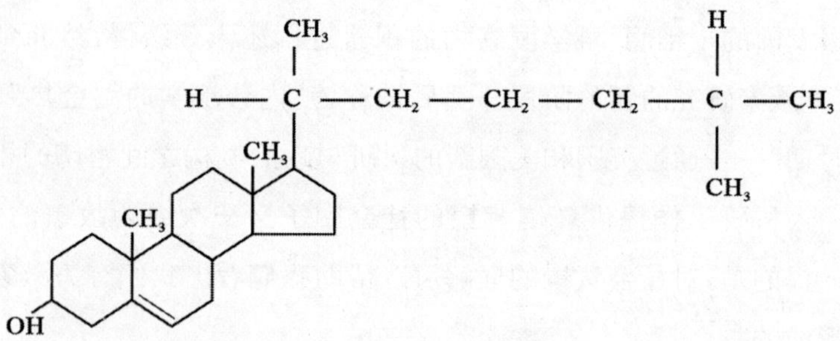

胆固醇

图 7.1　睾酮、雌二醇以及胆固醇的化学结构(Alyce Santoro)

学期望都还未能得以实现”。①

尽管对有关激素的科学信息的积累十分缓慢，可是重要的变革正在进行。一些联盟、密谋和一些戏剧性的事件开始把弗兰克·利利(Frank Lillie)等生物学家的研究与罗伯特·耶基斯(Robert Yerkes)等心理学家、小约翰·D. 洛克菲勒(John D. Rockefeller, Jr.)等慈善家以及许多其他类型的社会改革家的工作联系在了一起。这其中包括那些炫耀自己获得“女性主义者”这个新称号的人，还有(具有某种双重角色的)优生学家、性学家和医生。激素，这个在理论上被看作中

① 这一小节是以霍尔(Hall)的文章为基础展开的讨论。医生处理了“很多因为性腺化学信使故障或过度活跃而无法被分类的疾病和异常”。

性的化学分子式,成为现代性政治中的主要参与者。

20世纪早期是一个社会知识与科学知识、研究与应用之间相互转型的时期。新的商业管理层期望科学智慧能帮助他的工人和复杂的工业生产流程尽可能地保持高效;社会改革家期望科学研究能为处理形形色色的社会弊病提供指导。实际上,这是一个社会科学——心理学、社会学和经济学——逐渐形成自己的学科,把科学技术运用到人类社会的时代。与此同时,所谓硬科学的实践者也把自己视为能对社会问题提出一些见解,对从妓女、离婚和同性恋到贫困、不平等和犯罪等问题制定出科学的解决方案的专家。①

这个时代里最具热情的社会改革家和那些最优秀的科学工作者密切相关的生活轨迹表明了社会议程和科学议程之间错综复杂的关系。例如,让我们看一下科学和科学家在20世纪早期一些女性主义者的生活中,以及在他们形成有关性别思想的过程中所扮演的角色。② 作为一个年轻的女性,南非女性主义者、小说家奥利芙·施赖纳(Olive Schreiner)与性学创始人之一哈夫洛克·埃利斯(Havelock Ellis)之间有过一段爱情故事。从她1911年发表的一篇为众人所知的文章《女性与劳动》(Women and Labor)中,我们可以发现她的影响力,文中施赖纳(Schrcincr)提出,只有在经济上获得自由的女性才能与异性相互吸引,并能和异性保持亲密接触。③ 施赖纳(Schreiner)不是唯一一位受到埃利斯(Ellis)影响的女性主义者。1913年~1915年间,节育运动的积极倡导者玛格丽特·桑格(Margaret Sanger)通过公共邮政散发节育宣传册,并且为企图炸毁洛克菲勒地处纽约州泰瑞顿一处地产的事件进行辩护,因此她受到美国的迫害。为了躲避,她去了

---

① 例如,保利(Pauly)谈到霍尔生物研究实验室是一个避暑圣地,它给科学家们提供了一个躲避无情都市的避风港。

② 1914年2月,一个包括新闻记者玛丽·希顿·沃尔斯(Mary Heaton Vorse)、心理学家利塔·斯塔特·霍林沃思(Leta Stetter Hollingworth)、人类学家埃尔茜·克卢斯·帕森斯(Elsie Clews Parsons),以及社会主义工会会员罗丝·帕斯特·斯托克斯(Rose Pastor Stokes)在内的女性团体发起了首届以“什么是女性主义”为主题的“女性主义群众大会”。正如另一个团体成员伊丽莎白·格利·弗林(Elizabeth Gurley Flynn)所说的,她们想看到“今后的女性精神饱满,智慧敏锐,且不再有旧时的女性气质”。

③ 当我还是个年轻女孩的时候,我的父亲菲利普·斯特林(Philip Sterling)给了我一本施赖纳(Schreiner)的书。这就是他帮助我了解女性不平等地位源于经济基础的方法。

欧洲，之后她找到了埃利斯(Ellis)，并成为他的情人。[①] 和施赖纳(Schreiner)以及像埃玛·戈德曼(Emma Goldman)那样的无政府主义者、自由性爱倡导者一样，桑格(Sanger)公开地把性压迫和经济压迫联系在一起，以提倡女性节育。并且和戈德曼(Goldman)一样，桑格(Sanger)也冒着坐牢的危险，公然反抗美国政府颁布的《康斯托克法》(Comstock Law)，这一律法将分发节育宣传资料及节育用具等作为淫秽活动而加以取缔。[②]

特别值得注意的是，节育是女性主义政治的奠基石。这一时期的一个活动家写道："节育是女性主义思想各个方面中最为基本，也是非常关键的一个要素。不管我们追随的是艾丽丝·保罗(Alice Paul)、露丝·劳(Ruth Law)、埃伦·基(Ellen Key)，还是奥利芙·施赖纳(Olive Schreiner)，我们都必须是玛格丽特·桑格(Margaret Sanger)的信徒。"[③]玛格丽特·桑格(Margaret Sanger)竭尽全力，力图影响激素生物学家的研究道路，希望他们的科学能去拯救成千上万个在恶劣的生存环境下被迫多次生育的女性。而实际上，多年以来，她为愿意承担她研究议题的科学家们提供了大量的机构基金。在这一章所讲述的性激素的故事里，有一部分牵涉到科学家和政治活动家之间的斗争，他们在寻求彼此间帮助的同时，又坚守他们明确的目标——要么提倡节育，要么进一步拓展有关性激素的"纯粹"知识。

不仅仅是活动家和科学家之间的个人交流，还有慈善社会改革家、社会科学家和政府扶持机构之间史无前例的合作伙伴关系，它们使性别和激素新科学知识的发展成为可能(图 7.2)。1910 年，小约翰·D. 洛克菲勒(John D. Rockefeller, Jr.)作为

---

① 她逃过了淫秽罪以及煽动谋杀、暗杀罪的指控。从她后来与洛克菲勒基金会的资助关系上看，第二条指控似乎特别具有讽刺意味。

② 戈德曼(Goldman)因给纽约下东区以及美国其他地区的贫困妇女分发节育宣传资料而在监狱里待了好几个月。她提倡男性和女性要获得真正的平等，桑格(Sanger)却提出了一个截然不同的女性主义的版本，强调选择母亲身份的权利。她对于母亲身份的观念以及她关于女性性欲具有神圣性的观点都源于她对"女性身份绝对的、基本的、内在的欲望"的信念。

③ 艾丽丝·保罗(Alice Paul)是一位美国女性主义者，她为通过美国《宪法》第十九修正案(女性选举权)而进行斗争。埃伦·基(Ellen Key)是一位瑞典社会女性主义者。露丝·劳(Ruth Law)是一位很受欢迎的、具有开拓精神的女飞行员，其非常赞同女性主义。

纽约市大陪审团中的一员，调查了“白奴交易”一案。① 他深受陪审团裁决的影响，组织并个人出资成立了社会卫生局(BSH)。在接下来的三十多年里，卫生局拿出近六百万美元的资金去“研究、改进并预防那些对社会福祉造成不利影响的社会状况、犯罪和疾病，特别是卖淫及与之相关的罪恶”。在许多受到卫生局支持和保护的企业中，有一个由女性主义刑罚学家和社会工作者凯瑟琳·比门特·戴维斯(Katherine Bement Davis)筹划并管理的社会卫生实验室，专门研究女性罪犯。②

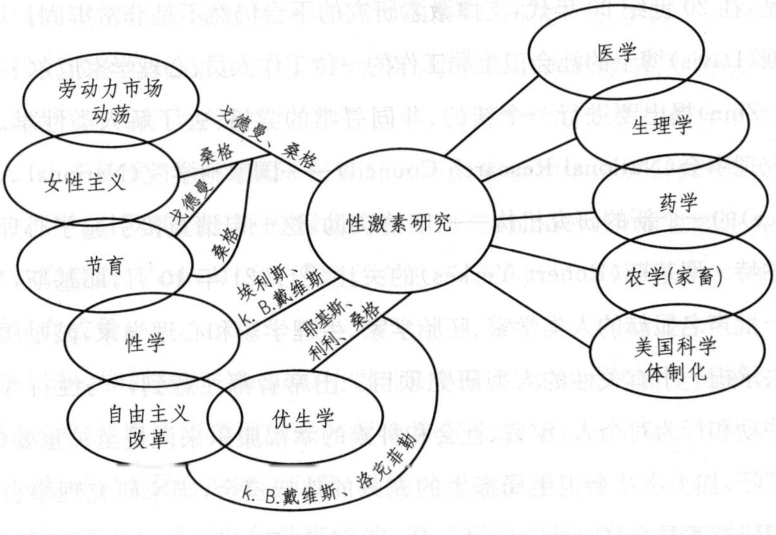

图 7.2 个人和机构的社会圈子(Alyce Santoro)

戴维斯(Davis)在芝加哥大学获得了政治学博士学位。她在那儿的社会学教授包括索尔斯坦·维布伦(Thorstein Veblen)和乔治·文森特(George Vincent)，而文森特(Vincent)自己后来成了洛克菲勒基金会的领导者。③ 1901 年，她成为新开张的纽约州贝德福德山妇女教养院的负责人。在那儿，她对女性性犯罪者所进

① “白奴交易”指的是有组织的犯罪团伙，他们招募年轻的白人妇女并强迫她们卖淫。

② 戴维斯(Davis)自己写道：“社会卫生实验室是作为(社会卫生)局的活动之一而建立的……州教养院里的女性……过着性违规的生活。”

③ 作为洛克菲勒基金的领导人，文森特(Vincent)鼓励发展国家研究理事会，理事会仅在两年后就成立，在洛克菲勒基金的资助下，性别问题研究委员会，在 1940 年之前一直是激素生物学研究的主要资助平台。

社会的弊病提供一个科学的手段。优生学家警告说，大量东欧移民的涌入，还有前黑人奴隶及他们子孙后代的长期存在，使得国家的“种族群体”濒临灭绝。优生学家们想要减轻贫穷和犯罪压在白人中产阶级身上的负担，他们认为移民和深色皮肤人种的“低劣遗传”才是贫穷和犯罪的真正根源，为此他们鼓吹要控制所谓不健康人种的生育，并促进那些被认为是代表着强壮种族群体人种的生育。利利(Lillie)是芝加哥优生学教育学会的成员之一，是第二届国际优生学代表大会总委员会委员，以及美国优生学委员会顾问委员会成员。他向芝加哥大学学生解释他的观点时说，如果“我们的文明不想再重蹈历史文明的覆辙，那就必须下令停止那些使留下子孙这种生物学上的成就与经济上的成功相矛盾的做法，经济上的成功需要最杰出的知识分子，同时又灭绝了他们的家族”。在建立遗传生物学机构的计划书中，利利(Lillie)对这一主题进行了详细的阐述：“我们正处在人类社会历史的转折点……种群在不断扩大他们的边界，而不幸的是，生物学上最好的种群并不是在各地繁殖最快的群体。与此相关的政治和社会问题从根本上来说就是遗传生物学问题。”①

利利(Lillie)对优生学方面的关注使他与另两个优生学运动的活动家玛格丽特·桑格(Margaret Sanger)和罗伯特·耶基斯(Robert Yerkes)结为直接的同盟。在十八九岁的时候，桑格(Sanger)就放弃了激进女性主义的人格面具，换成了一个更为保守的形象。就在桑格(Sanger)(以及节育运动)对女性权利的兴趣开始逐渐减退的同时，他们对节育在降低社会价值较小的人的出生率方面的价值所进行的华而不实的吹捧却与日俱增。“适者多生，不适者少生——这就是节育的主要问题。”桑格(Sanger)在1919年写道。优生学家们会定期向美国节育协会杂志《节育论丛》(*Birth Control Review*)投稿，而在20世纪20年代，该刊物仅有

① 米特曼(Mitman)认为利利(Lillie)的动力部分源于他对自己社会地位的担忧。“尽管利利出生在一个小康之家，但他和弗朗西丝·克莱恩(Frances Crane)的婚姻使他跨越了阶级界线，走进了财富精英的社交圈。他信奉处于社会下层的人不应该像兔子一样大量繁殖，他受益于他所信奉的这一理念，他证实了这些社会下层的人最能威胁并损害他的社会阶层。”他的妻子强烈支持工人罢工，并同像简·亚当斯(Jane Addams)那样的著名女性主义者交往。在他的妻子向“美国的工业奴隶制”表示抗议被捕后，他很小心，没有发表任何评论。在那个时代，美国所发生的矛盾和冲突直接走进了他的家门。

4.9%的文章关注女性主义问题。①

跟利利(Lillie)一样,耶基斯(Yerkes)也是一个训练有素的科学家。他于1902年获得哈佛大学心理学博士学位,然后在接下来的十年到十五年里,他开始研究生物,从无脊椎动物,如蚯蚓和招潮蟹,到温血动物和脊椎生物,其中包括老鼠、猴子,还有人类。在哈佛学习期间,耶基斯(Yerkes)遇到了工业心理学的早期创始人之一雨果·芒斯特伯格(Hugo Munsterberg)。芒斯特伯格(Munsterberg)所倡导的是优点的自然等级理念。在一个像美国这样的民主制国家里,这就意味着社会差异必定来自遗传生物学差异。耶基斯(Yerkes)写道:“在美利坚合众国,在年龄、性和种族所限定的范围之内,人们在法律下是平等的,可以行使他们的公民权。”

在研究的早期阶段,耶基斯(Yerkes)主要把精力集中在对上述限定范围的测量上。人类的未来,他认为“在很大程度上取决于形形色色的生物科学和社会科学的发展——我们必须学会巧妙地去估量行为的每一个方式和每一个方面”。20世纪早期,当心理学为了赢得科学的尊重而努力奋争时,耶基斯(Yerkes)也在努力证明这门新兴学科所能提供的帮助。② 随着第一次世界大战的到来,他抓住机遇,让部队相信它需要一个心理学家,帮助它把所有士兵的能力划分成不同的等级,为以后的筛选和任务分派做好准备。耶基斯(Yerkes)与另外两个智力测试的

① 事实上,优生学所关注的问题从一开始就是节育运动的一部分。保罗(Paul)写道:“《美国优生学杂志》(*American Journal of Eugenics*)还没有到期的订阅后来由戈德曼(Goldman)的《大地母亲》(*Mother Earth*)履行。”社会主义者和保守主义者都一致认为,为了健康生育而改变基因结构是一个正当的社会问题,而不仅仅是每个人选择的问题。尽管如此,桑格(Sanger)还是与优生学运动中更为保守的一派人士结为联盟,而同时,她缩小了自己对女性主义的关注范围,这让激进女性主义者十分忧虑。

② 1916年,哈佛大学拒绝授予耶基斯(Yerkes)终身职位,这显然是因为管理部门认为心理学是一个毫无价值的研究领域。

设计方案去测试被提取出的化学物质的生物活性，最后制造出类固醇激素的纯净结晶，并给它们取了个能反映它们结构和生物学功能的名字。与此同时，生化学家推导出精确的化学结构和化学公式，用来描述结晶的激素分子。当激素研究者在一步一步地朝着分离、测量和命名前进的时候，他们做出了一些科学决策，这些决策现在依旧影响着我们对男性和女性身体的看法。然而，那些被看作“化学性别的生物学真理”的判断是建立在早已存在的性别文化观念的基础之上的。但是，达成这些决策的进程既不是一目了然，也不是完全没有矛盾冲突。实际上，只要看一看科学家们是如何竭尽全力去使实验数据与他们在性别差异问题上认定为正确的想法保持一致时，我们就能进一步了解激素是如何获得性别的。

1939 年，性别问题研究委员会为名为《性和内分泌》(*Sex and Internal Secretions*)一书第二版的出版发行工作提供了资助。这本书记载了自 1923 年国家研究理事会在洛克菲勒基金会的支持下开始资助自开始激素研究以来所完成的多项研究成果。这本有一千多页的科学图书忠实于弗兰克 · 利利(Frank Lillie)的研究计划，书中大部分内容涵盖了激素化学和生物学的研究结论，描述了所获得的伟大发现。

激素研究者的集体努力似乎可能为思考人类的性别提供一些激进的办法。利利(Lillie)也同样意识到这一点。他在其序言评论中写道：“不存在像性这样的生物实体。在自然中所存在的是一种二态性……分为男性和女性个体……在任何特定的物种里，我们都能辨别出一种雄性形态和一种雌性形态，不论这些性状是被归为生物的、心理的，还是社会的。性别并不是一种能产生这些对比的力量，它不过是我们对差异的总体印象的一个名称而已。”利利(Lillie)用听起来很像当代社会建构论者的方式反省说：“很难让我们放弃近代科学出现之前的拟人论……而且在性别特征的科学研究领域里，我们不仅仅要让自己放弃专业术语，还要放弃这种思想的影响，而在这些方面我们都还进展得十分缓慢。”

可是，利利(Lillie)未能遵循自己的建议。最后，他和他的同事都表示不能放弃激素从本质上与雄性特质、雌性特质相关联的观念。他注意到每一个个体都有“所有性别性状的雏形，无论这个个体是雄性还是雌性”，并重申穆尔(Moore)对激素对抗观念的反对意见，但即使是在这样的情况下，利利(Lillie)还是这样来描写独一无二的雄性和雌性激素：“因为有两组性别性状，所以也就有两种性激素，男性激素……和女性激素。”在 1939 年版的《性和内分泌》（*Sex and Internal Secretions*）中，一章接一章的内容讨论女性身体内出现“男性”激素和男性身体里出现“女性”激素的惊人发现，可是利利（Lillie）从未把激素的这种性别角色互换看作是对他关于生物学意义上截然不同的男性和女性这种基本观念的一种挑战。

今天，我们仍然在与利利（Lillie）遗留下来的所谓“前科学拟人论”进行着搏斗。在我搜索 1998 年 2 月到 1999 年 2 月期间的主要报刊的计算机数据库时，发现有 300 篇文章提到了雌性激素，693 篇文章提到了睾酮。比起文章的数量，更让人感到震惊的是主题的多样性。有关雌性激素的文章涵盖了从心脏病、老年痴呆症、营养学、耐痛性、免疫力和节育，到骨骼生长和癌症等主题；有关睾酮的文章也讨论了诸如问路（他是否去问路）、合作、攻击性、拥抱和“女性路怒症”等行为，以及各种各样的医学话题，包括癌症、骨骼生长、心脏病、女性性无能、避孕和生育能力。除了我列举的报纸清单外，翻阅一下最近的科学出版物，我们也能看到研究人员已经发现睾酮和雌性激素会对大脑、血细胞的形成，循环系统、肝脏、脂类和碳水化合物的新陈代谢，胃肠功能以及胆囊、肌肉和肾脏活动产生影响。[①] 然而，尽管两种激素似乎突然出现在所有类型的身体里，产生着各种各样不同的效果且已成为事实，许多记者和研究人员还是依然把雌性激素看作女性激素，而把睾酮看作男性激素。

是不是由于这些不同的器官系统受到被我们称为性激素的化学物的影响而应该被看作性特征呢？当前有一个研究小组提出这些“不仅仅是性类固醇”，去效仿这个小组的思想难道没有太大的意义吗？为什么就不能对这些分子进行重新定义，就像事实上作为普遍存在的、高效的生长激素呢？到了 1939 年，科学家就已经了解到类固醇激素的多种效应。但是，最早知道如何对睾丸和卵巢因子进行测量和命名的科学家将性别如此错综复杂地编入他们的概念框架之中，以至于我们至今还没能把它们分离开来。

---

① 最近发表在《发现》（*Discover*）杂志上的一篇文章在开头写道：“雌性激素不只是一种性激素，它还能促进老鼠的智力。”实际上，类固醇效应对脑细胞增殖的影响的确令人吃惊。一种或另一种激素影响了小脑、海马、下丘脑内的一些部位。事实上，大脑皮层，而不是生殖腺，才是雄性斑胸草雀身体里雌性激素合成的主要位置。

提　纯

在 1920 年，雄性激素把男孩变成了男人，而雌性激素也把女孩变成了女人。女性主义者在获得选举权的问题上已赢得了重大的政治胜利，而美国也把许多外国激进分子清理出去。然而，在这个平静的表面之下，很快就有一股新的动荡迸发出来。当女性主义在竭力保持它所获得的新身份时，女性的角色却继续在发生变化，此外，性激素也开始成倍增长。

在 20 世纪 20 年代成立的新的研究中心里，有三个相互关联的科学问题成为大家共同瞩目的焦点。在卵巢或睾丸里，是哪些细胞产生出一种或几种物质，能导致斯坦纳奇(Steinach)、穆尔(Moore)和其他研究人员所观察到的效应？又该如何用化学的方式从这些组织中提取出活性激素呢？最后，一旦活性提取物被制造出来，那么它是否能被提纯呢？1923 年，在圣路易斯华盛顿大学医学院工作的生物学家埃德加·艾伦(Edgar Allen)和爱德华·A. 多伊西(Edward A. Doisy)宣布了他们可以对卵巢激素进行定位、提取和部分提纯的消息。[①] 而就在六年前，查尔斯·斯托卡德(Charles Stockard)和乔治·帕帕尼古劳(George Papanicolaou，巴氏涂片检查就是以他命名的)开发出一种观察啮齿动物发情周期的简便方法。[②] 如今，艾伦(Allen)和多伊西(Doisy)正运用一些技术手段去评估从猪卵巢里抽取

① 艾伦(Allen)是 1923 年～1940 年间性别问题研究委员会的主要资助者。

② 方法包括用一根棉签从阴道提取细胞，然后在显微镜下观察细胞。细胞类型在发情周期内以一种稳定的、可计量的方式在发生改变。

的卵泡液中所获得的提取物的效能。[1] 他们把提取到的物质注射到被摘除卵巢的动物体内,可以诱发啮齿类动物发情期典型的阴道细胞变化。首先,他们证明只有从卵巢内卵母细胞周围的液体(被称为卵泡液)中获得的物质才会对发情周期产生影响。被摘除卵巢的动物显示出来的不单单是细胞发生了变化,它们的行为也开始发生变化。艾伦(Allen)和多伊西(Doisy)注意到动物表现出"典型的交配本能,被摘除卵巢的雌性动物在求偶中占据主动地位"。艾伦(Allen)和多伊西(Doisy)已经建立了一种测试激素活性的可靠方法——被称为生物活性测试(bioassay),因为测试依靠的是一个活的生物体的可测量反应——他们还对医药企业销售的提取物进行了测试。结果显示这些提取物没有生物活性,证实了他们所称的"对商业制剂有充分依据的怀疑"。[2]

艾伦(Allen)和多伊西(Doisy)开了个好头。他们有一个可靠的生物活性测试方法。它显示出卵巢因子是来自卵泡(而不是,例如说,黄体——另一个卵巢内的可见结构)里的液体。但是,提纯又是另外一回事儿了。一开始进展缓慢,因为原材料数量有限,而且成本"惊人"。大约 1 000 个猪卵巢能产出 100 立方厘米的卵泡液,这就使每 1 毫克激素的成本达到大约 1 美元。接着,在 1927 年,两位德国妇科医生发现怀孕妇女的尿液里含有极高的雌性激素,于是,一场竞赛开始了,首先是获得充足的、突然间变得有价值的商品(图 7.3),然后对激素进行分离和提纯。到了 1929 年,两个研究小组——多伊西(Doisy)在圣路易斯的一组和布特南特(Butenandt)在哥廷根的一组[3]——都在使尿激素结晶和分析其化学结构上获得了成功。但是,它和卵巢产生的激素真是一样的吗?最后的验证发生在 1936 年,多伊西(Doisy)和他的同事们用 4 吨母猪卵巢制造出了数毫克结晶的、化学性质

① 在这一时期,激素研究是依靠随时获得的大量含激素的原料。那些在屠宰场附近工作的研究人员——例如,在芝加哥或圣路易斯——占有极大的优势。后来,当动物和人类的尿液中发现激素时,那些掌控着大量尿液的人成为主要中间商。奥施赫恩(Oudshoorn)和克拉克(Clarke)对获得实验材料在性激素的提纯中所起的作用进行了精彩的讨论。

② 激素药剂的市场营销对医学界来说有点尴尬。把对器官提取物的研究建立在一个可以被认为是具有科学性的基础之上,其原因之一是要去捍卫医学界的职业荣誉和地位。

③ 这两个小组都得到了主要医药企业的支持。

完全相同的分子。① 尿激素和卵巢因子是完全一样的。

图 7.3(Alyce Santoro)
孕妇尿液里含有高浓度的雌性激素。

雄性激素的分离也遵循了类似的轨迹。首先,科学家开发出一个测定一种提取物浓度的办法——阉割后,鸡冠在一个特定时期里会再长几厘米(表示为国际阉鸡单位,International Capon Units,简称 ICU)。然后他们必须去寻找便宜的激素来源。他们又一次在便宜且无所不在的尿液里找到了它。1931 年,布特南特(Butenandt)从柏林的警察营房收集到 25 000 升男性尿液,并从中分离出 50 毫克的雄性激素(图 7.4)。

科学家在睾丸和男性尿液里发现了雄性激素,在卵巢和孕妇尿液里发现了雌性激素。到目前为止,一切进展得非常顺利,每一样东西都似乎各就其位。但与此同时,其他的研究正威胁着要瓦解斯坦纳奇(Steinach)以及利利(Lillie)的构想,即每一种激素都属于它各自的性别,并对这一性别发挥效用,从生物性上和心理上对其加以界定。首先,有结果表明雄性和雌性激素都以多个分子变种的形式

① 多伊西(Doisy)写道:“激素分离所依靠的主要事件之一就是发现了存在于孕妇尿液里的物质。”1928 年,作为第二卵巢激素的黄体酮被鉴定出来。为简单起见,我把黄体酮、月经周期及其和大脑、垂体激素(促卵泡激素和黄体生成素)的关系从故事中省去。

图 7.4（Alyce Santoro）
男性尿液里含有高浓度的雄性激素。

出现。没有某种单一的物质，而是一个在化学上相互关联、有着相似但不相同的生物学特性的化合物的群体。两种激素变成了许多种。更令人疑惑不解的是，还有一些零散的关于从男性身体中分离出女性性腺激素的报告。1928 年，出现了九例这样的报告。妇科医生罗伯特·弗兰克（Robert Frank）表示他觉得这条新闻“令人不安”且“反常”，而《美国医学会杂志》（*The Journal of the American Medical Association*）在一篇社论中也称，关于“正常男性的睾丸和尿液里”存在雌性激素生物活性的报告“多少会令人有些不安”。① 社论的作者是如此确信这一发现不可能，以至于他（我推测用这个代词是正确的）都怀疑阴道涂片检测的有效性，而这种检测方法已经成为绝大多数进行雌性激素提纯研究实验室测量的标准。②

但是，在“正常男性”的睾丸和尿液里发现雌性激素所带来的震撼与另一个发表于 1934 年的实验结果相比，就显得相形见绌了。在一篇被其他科学家描述为“令人吃惊的”“反常的”“奇怪的”“出乎意料的”“自相矛盾的”文章里，德国科学家伯恩哈德·宗德克（Bernhard Zondek）描述他“在成年公马的尿液里”发现了“大

---

① 请注意，这里使用了“正常”一词。据推测，男性身体里的雌性激素会导致畸形（比如同性恋）。

② 社论称：“毫无疑问，这提出了有关独特性的问题，以及最近几年这些激素的实验室研究里大量使用的阴道反应是否是卵巢激素作用的可靠标准的问题。”

量雌性激素分泌物"[①]——成年的公马可一向都是被奉为男性生殖能力神话象征的。很快,其他科学家也在不该有雌性激素的地方发现了它们。1935 年,出现了三十五例这样的科学报告,在接下来的一年里又出现了另外四十四例报告。第一例关于女性身体内雄性激素的报告出现在 1931 年,而到了 1939 年,至少有十四本出版物对此加以确认。[②]

实际上,跨性别激素活性的首例报告早在 1921 年就出现了,当时泽尔纳(Zellner)报告说,把睾丸移植到被切除卵巢的雌性兔子的身上会引起子宫的生长发育。但是,只有当一种性别的激素出现在另一性别的身体里时,这类研究的重要性才能显现出来。相互对立的性别激素不仅意外地出现在错误的性别身体里,它们好像还能够影响到与之相对立的身体组织的发育！到了 20 世纪 30 年代中期,雄性激素能够影响女性的发育,反之亦然,这一点已经十分清楚。例如,解剖学家沃伦·纳尔逊(Warren Nelson)和查尔斯·默克尔(Charles Merckel)就观察到一种雄性激素在女性身体里所产生的"惊人作用"。服用这种"雄性"激素会使乳房发育,子宫增大,"阴蒂超乎寻常地增大",以及"动情周期延长"。[③]

一开始,科学家们试图把他们的发现融入原先的二元模式中去。在一段时间里,他们把跨性别激素称为异性激素。异性激素能有什么作用呢?毫无用处,有些人这么认为。它们不过是与生殖腺毫不相干的营养副产品。罗伯特·T. 弗兰克(Robert T. Frank)也这么认为,他声称"所有普通食品中都含有女性性激素。一个中等大小的土豆里至少含有两个小鼠单位(mouse units)"。[④] 肾上腺能够分泌异性激素,这一发现给那些认为异性激素的存在让人忧虑的人带来了暂时的安慰。起码生殖腺自身仍然能够沿着严格的性别角色基线发挥作用,因为跨性别激素并不是源自它们！弗兰克(Frank)提出了营养假说的另一说法,他认为胆汁中

---

① 三十二年后,宗德克(Zondek)还能清楚地回忆起他的震惊。他一生都无法理解为什么那些雌性激素不能使成年公马雌性化。

② 到了 1937 年,事情变得明朗:卵巢本身就是女性体内睾酮分泌的部位。

③ 克莱因(Klein)和帕克斯(Parkes)发现女性体内睾酮的作用和黄体酮的作用很相似,这个结果让他们感到"出乎意料"和"反常"。

④ 奥施赫恩(Oudshoorn)为我在这一段的大部分讨论提供了依据。

有雌性激素存在这一点“从理论上来说很有意思，对于解释为什么在男性血液和尿液(urines)中会出现(occurrence)女性性激素反应很重要”。

最后，有人认为异性激素提示了一种生病的状态。尽管那些从身体中提取雌性激素的男性看起来是正常的，但是或许他们是“潜在的雌雄同体者”。然而，鉴于这些发现已经如此普遍，这种观点很难坚持。所有这一切都引发了一场定义的危机：如果激素不能因为在男性或是女性身体里的独特存在而被定义为雄性和雌性的话，那么科学家们又能怎样用一种让不同的研究实验室以及那些希望从这些强劲有力的生化物中开发新药的医药公司都能相互理解的方式去定义它们呢？

测　量

这类危机时常会困扰着新兴的、迅速扩张的领域，从传统来看，科学家们一般都通过统一标准来处理这类危机。要是每个人都能使用同样的测量方法，要是每个人都能以同样的方式去测量他们的产品，要是所有人都能够同意该如何给这些物质命名——这些在不断增加、已经以某种方式逃离了它们本该归属的身体的界限的物质，那么到最后，科学家们希望，他们能使一个混乱的局面恢复正常。在20世纪30年代，标准化开始成为性激素专家研究工作的中心议题。

在20世纪的头三十年里，科学家们运用各种各样、纷繁复杂的方法去测试雌性激素的存在。总的来说，他们把卵巢从实验用的动物身上摘除，然后对受试物或组织器官进行注射或移植，并寻找方法以恢复某种缺失的功能。但是，他们要找寻的是什么样的缺失功能，又该如何准确地去测量它呢？妇科医生把研究锁定在他们最喜欢的器官——子宫——去测量受试物质对于实验动物被切除卵巢之后子宫重量的增加所起的作用。实验室的科学家们则使用了一系列种类更多的测试。他们测量了肌肉活动、基础代谢、血钙和血糖的浓度、家禽的羽毛颜色，以及乳腺和外阴的发育。心理学家也不甘示弱，他们用种种不同的行为对激素活性的存在进行评判：母体筑巢、性活力和性冲动，还有对新生幼兽的母性行为。

如何去测量雌性激素的存在和浓度并对之进行标准化限定不仅仅是一个学术性的问题。许多早期有关测量和标准化的研究报告都很明确地针对药物制剂问题。医药公司借助激素研究的进步所带来的机遇，兜售由雄性或雌性生殖腺制成的制剂。一种特别流行的观点认为，睾丸激素能够放慢甚至逆转衰老过程。一例关于睾丸激素提取和测量的报告对在人类身上使用制剂进行了抨击，报告写道:"迄今为止,没有迹象能证明这类制剂对年长的人或是神经衰弱的人在恢复'活力'上有任何价值。但是,如果有迹象表明它有用,而且用在人身上的剂量可以与用在阉鸡身上的剂量相比较的话,那么要给一个体重为150磅[①]的男人每天注射的剂量就必须等同于至少是5磅重的公牛的睾丸组织,或者是2加仑[②]的正常男性的尿液。"

这个最初的科学怀疑对激素市场几乎没有产生任何影响。一直到1939年,诸如施贵宝(Squibb)、霍夫曼—罗氏(Hoffman-LaRoche)、帕克—戴维斯(Parke-Davis)、汽巴(Ciba)和拜耳(Bayer)这样的公司还在市场上出售约六十种不同活性可疑的卵巢制剂。1889年,科学家爱德华·布朗—赛卡尔(Edouard Brown-Séquard)坚持认为睾丸提取液能使他更加年轻,更加精力旺盛,却最终在几年之后收回了自己的声明。妇产科医生记得这场灾难,因此他们想要确认这样的制剂是否真的有治疗价值。[③] 那些资助以对激素制剂进行标准化为目的的基础研究的医药企业也一样。[④] 最后,在1932年,一个由妇科医生和生理学家组成的国际小组在国际联盟卫生组织(Health Organization of the League of Nations)的赞助下聚集在一起,研究女性性激素的标准测量和定义。

作为参与者之一的A. S. 帕克斯(A. S. Parkes)后来提到:"会议进展出乎意料地顺利。"例如,在伦敦举办的首届性激素标准化会议的参与者都一致认为,"特殊催情活性"(specific oestrus-producing activity)这一术语可被理解为在卵巢被完全摘除后的成年雌性动物体内引发一种在程度上能被准确识别的、正常发情周期典型的变化的能力。就目前来说,这类变化中唯一一种被大会认为可以为与标准制剂相比的活性定量测定提供合适依据的,是大鼠或小鼠阴道分泌物细胞内含

① 1磅≈0.45千克

② 1加仑(美)≈3.79升

③ 弗兰克(Frank)写道:"现在投放市场的水溶性提取液的含量测定和生物检定表明产品没有效果,而且会迅速变质。在注射部位可能会出现一些让人感觉不适的局部反应。而这些药物制剂的价格也高得让人望而生畏。因此,我要提醒大家,在我们有可以使用的更好的药剂之前,不能对它们进行广泛使用。"

④ 性别问题研究委员会为大部分美国的研究工作提供资金,而医药企业则经常给研究者提供提纯的激素制剂。

量上的一系列变化。[①] 有意思的是，美国一般使用小鼠，欧洲一般使用大鼠，这两种传统导致了两种标准单位的产生：小鼠单位（mouse unit，M.U.）和大鼠单位（rat unit，R. U.）。

尽管在这个问题上取得了一致，可标准化会议未能让每一个与会者都感到满意。通过把雌性激素的定义缩小到它在发情周期的机能反应，会议成员使激素的其他生理效应显得更加隐蔽。在识别和激素提纯的进程中起到了关键性作用的荷兰科学家们对他们所谓的性内分泌学的“中央集权派”提出了批评。1938 年，在伦敦李斯特研究所（Lister Institute of London）工作的科伦奇科夫斯基（Korenchevsky）和霍尔（Hall）发表了一篇文章来强调他们的观点。他们指出，雌性激素会阻碍发育，引起脂肪沉积，加速胸腺退化，并且减轻肾重。那么，这些雌性激素“并不只是一种性激素，还是……对非生殖器官产生多方面重要影响的激素”。仅从哺乳动物发情周期的角度去给雌性激素下定义，这从生物学上来看难道是正确的吗？这样做难道不是把注意力从身体的许多非性别角色转移开了吗？实际上，如果假定“性激素并非专门针对性别”的话，那么，他们还能继续把这些激素称为性激素吗？性激素真的存在吗？

雄性性激素标准测量和定义的建立也遵循着类似的模式。同样，在阉割后被注射的物质所产生的各种不同效应使它们成为雄性性激素的潜在标准。鸡冠的生长发育作为一种标准的测量单位成功地压倒其他竞争对手——从前列腺、精囊腺以及阴茎的重量变化，到家禽的肉冠、成年雄鹿的犄角、雄性蝾螈的脊突，或是某些鸟类交配时羽毛生长的大小尺寸。1935 年，在伦敦举行的第二届性激素标准化国际会议意识到需要用一个哺乳动物测定法，可是得出的结论说这样的哺乳动物检测体不存在。因此，所“达成的共识是，为雄性激素活性所制定的国际标准必须由结晶的雄酮组成，活性单位被定义为 0.1mgm（原文如此）。这个重量大约是给被阉割五天后的公鸡鸡冠做出容易测量的反应所需要的日剂量”。就像雌性激

① 会议还决定把一个重要的标准样本交由伦敦大学学院的盖伊·马里安博士（Dr. Guy Marrian）保管，保存在装满干燥氮气的密封安瓿里。他们规定了数量，规定任何有效的测试都必须用至少二十只动物，此外，他们还为溶剂和测试物质的注射方式设立了统一的标准。

素一样，“所有与性特征、性繁殖无关的功能和过程都不予考虑”。

从发情周期生理学的角度去定义雌性激素，从对繁殖不太重要的第二性特征去定义雄性激素，并不一定能代表我们今天所谓的“最好的科学”。对于雄性激素和雌性激素来说，不止一种有可能是精确的、易于使用的分析测定法能争夺作为标准的角色。例如说，雄性的褐色来航鸡(Brown Leghorn)的胸部长着圆尖的黑色羽毛，而它背脊上的羽毛是橘色的，长而尖。雌性来航鸡胸部长着圆尖的橙红色羽毛，背脊上长着圆尖的褐色羽毛。拔了毛的阉鸡注射雌性激素后会长出新的橙红色胸部羽毛或褐色的背脊羽毛。有关这种二态性的实验“表明被阉割过的褐色来航鸡的胸部羽毛所产生出的褐色色素可以被用作雌性激素的指标”。检测很容易，无需屠杀任何实验用动物，而且仅需要三天的时间。与之形成鲜明对比的是，大鼠发情周期检测法因为个体变异性需要非常小心——在它被选作标准测度的时候，这一事实就已经被注意到了。[①]

就雄性激素而言，作为鸡冠生长试验的替代品，一个以阉割大鼠前列腺和精囊生长为依据的检测较为突出。出于好几个原因，科伦奇科夫斯基(Korenchevsky)和他的同事们不信任鸡冠生长测试。让他们感到尤其困惑的是，怀孕期女性以及“正常”女性的尿液能和男性尿液一样促使鸡冠生长发育到同样的程度。“因此，鸡冠试验的确切性值得怀疑”，所以必须要“用一个哺乳动物的性器官和其他器官的测试来取代”。而另一方面，开发鸡冠测试的托马斯·F.加拉格尔(Thomas F. Gallagher)和弗雷德·科克(Fred Koch)认为，哺乳动物测试法还没有证明它们的实力。“据我们所知，没有任何研究，”他们写道，“能通过哺乳动物试验的方法去确立动物的变异性。我们的意见是，迄今为止所设计出的哺乳

① 为了使发情周期检测工作更为可靠，卡恩特(Kahnt)和多伊西(Doisey)建议采取一系列复杂的步骤。首先，他们必须对可能会用于实验的大鼠进行为期几周的检查，并且从中选出有正常周期的大鼠。第二，在切除卵巢后，他们必须再进行为期两周的检查，然后剔除那些仍显示出有内部激素分泌迹象的所有动物。第三，他们给实验用动物注射两大鼠单位的激素。第四，一星期后，他们通过第二次注射对每一个动物进行检测，任何没有反应的动物将不能成为实验用动物。第五，等再过一个星期，他们再次注射激素，这次注射的剂量要小到不会产生任何后果。之后出现任何反应的动物同样也要被放弃。最后，他们建议使用“足够数量的动物，如果动物中有75%……出现了a^+反应，就认为所注射的剂量为一个大鼠单位”。国际联盟也指出了使用大样本的重要性。

动物试验将会被证明为要么太费时间，要么不太精确，或者两者兼而有之。”

因此，选择这样的测量方式——一种把繁殖与动物的雄性化特征分隔开来，把动物的雌性化特征直接与生殖周期联系在一起，并且让这些激素对雄性和雌性体内的非生殖器官的影响显得不那么明显的方式——并不是必然的。自然界并没有要求这些特殊的试验成为测量的标准。某种测量方式的选择或许并不见得是因为那些关键人物的性别观——有意识的或者是潜意识的性别观。那会是一个过于简单化的解释。出席会议很可能会带来一个很大的好处。科伦奇科夫斯基(Korenchevsky)和古斯塔夫森(Gustavson)两人都没有出席两次国际标准化会议中的任何一次，多伊西(Doisy)和科克(Koch)却是会议的参与者，他们的试验系统就因此而被选中。不管怎么说，是性别意识形态导致了某些特定测试法的选择，这一设想还需要通过更多、更深入的研究来对其加以肯定或否定。但是，不管是出于何种原因——竞争、出版的优先权、易于使用等——所做出的选择都已经深深地影响到我们对男性气质和女性气质生物性质的理解。这些决定影响了性激素的性别化过程。正常的科学进程——进行标准化、分析和精确测量的动力——在取缔了关于身体是如何工作的，身体又是如何顺应性别的等可能的真相的同时，给了我们特定的性激素。

从测量雄性或雌性激素的进程被标准化的那一刻起，一套已知的化学组成和化学结构的分子就正式成为性激素。从那时起，那些激素所具有的任何生理活性都按照定义成了有性别的，尽管“雄性”或“雌性”激素也影响着诸如骨头、神经、血液、肝脏、肾脏和心脏等身体组织(所有这一切在当时都是已知的)。激素有着如此广泛的影响，可这未能改变激素与性别的结合。相反，这些非生殖性组织由于和性别激素相互作用，变成了有性别的。标准的小鼠、大鼠和鸡冠单位的科学定义似乎在分子层面上与西格蒙德·弗洛伊德(Sigmund Freud)所坚持的人类构成相呼应：性别处于我们人类的中心位置。

命 名

如果说选择如何使激素测量标准化在巩固它们作为性别物质身份的时候起到了决定性作用的话,那么选择怎么给它们命名也同样非常重要。把男性激素命名为"雄性激素",把女性激素命名为"雌性激素",最早从警察营房收集的尿液里分离出来的激素(后来被认定是从罪犯的睾丸里发现的)被称为"睾酮"(从化学的角度来说——是从睾丸分泌出来的酮类固醇),最早从怀孕期女性的尿液结晶中获得的激素(但到后来被证明存在于猪卵巢里)被称为"雌性激素",或者是更不常用的雌性激素酮(从化学的角度来说,是一种与发情周期有关的酮),这些都不是出于科学纯粹性的随意行为。更确切地说,这些名字是在经过大量的争辩之后才成为标准。它们既反映了20世纪有关性别生物学的观念,又对它的形成产生了影响。

在性激素研究的早期阶段,研究者们都表现出非凡的克制力。他们既不定名,也不定义。他们仅提到"雄性激素"和"雌性激素",或是偶尔提及它们的组织来源(就像"卵巢激素"),他们耐心期待着进一步的明确。[①] 到了1929年,许多参加角逐的雌性激素的名称开始流传开来。"*Ovarin*""*oophorin*""*biovar*""*protovar*""*folliculin*""*feminin*""*gynacin*",还有"*luteovar*",这些单词全都指这一激素起源的部位。与之相反,"*sistomensin*"(使月经期消失),"*agomensin*"(刺激月经来潮),"*estrous hormone*",还有"*menoformon*"(引发月经来潮),这类词都是指这一激素被认为具有或已经过论证的生物活性。有些研究者更青睐于

① 在早期的一篇有关睾丸激素分离的文章中,作者们写道:"我们觉得,在对激素的化学性质有更多的了解之前,不应该给提取物命名。到目前为止,任何命名都是无价值的,而且根本不具有任何描述性。"

希腊的逻辑构思，因此出现了“*thelykin*”(thelys＝女性；kineo＝使运动、使开动)，“*theelin*”“*theeol*”这样的单词，此外，还出现了“*androkynin*”这个表示雄性激素的单词。“*Tokokinins*”一词则表示“既适用于男性，也适用于女性的生殖激素(Zeugungshormon)”(图 7.5)。然而，最后的决定性时刻还没有到来。例如，弗兰克(Frank)觉得“女性性激素这一术语在我们了解更多有关物质本身的信息之前，就包含了所有的需求。这个术语适用于任何既能增长又能构建女性特征和女性气质的物质”。

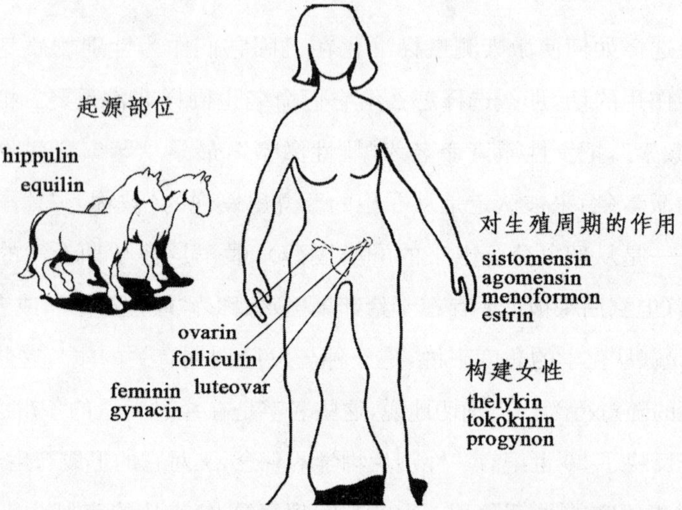

图 7.5　对雌性激素进行命名(Alyce Santoro)

在 20 世纪 30 年代早期，雄性激素和雌性激素这两个术语开始逐渐松开它们的控制。在 1931 年的一篇研究论文里，作者谈到了一种“雌雄同体”激素(在两种性别上都会发生作用的激素)；1933 年，一个研究者提到了“所谓的女性性激素”；1937 年，《医学文献季度积累索引》(*Quarterly Cumulative Index Medicus*)一书把“雄性激素”(androgens，构建一个男人)和“雌性激素”(estrogens，引起发情周期)这两个术语列入主题索引，而在短短的几年内，这两个词就已经站稳了脚跟。[①]

---

① 在以前的作品中，我对“雄性激素”和“雌性激素”这两个术语间的失衡做出了评论。本书中的这一讨论主要集中在失衡开始形成的特定历史时期。

但也并不是没有争夺和争辩。两个密切相关的问题出现了：该把雄性激素和雌性激素叫做什么（在那个时候，很显然对它们有着好几个称呼）？又该如何描述它们矛盾的部位和作用呢（成年公马尿液里的雌性激素）？

用“estrus”（发情周期，表示“讨厌的人”“疯狂”“极度兴奋”“精神失常”）作为生化学家构建雌性激素名称的词根是“在大学学院旁的一个小吃店”喝酒时发生的，当时内分泌学家 A. S. 帕克斯（A. S. Parkes）和朋友杜撰了“estrin”（雌性激素）一词。[①] 这场集体讨论会的其中一名参与者觉得这个选择是“一个好主意，它给了我们一个令人满意的总称，而且从语言学的角度来看，它还是一个可以使用的词干，可以在这个词干的基础上建立生理学家和有机化学家急需的所有新名词和形容词”。1935 年，国际联盟卫生组织的性激素委员会选择了“雌二醇”（estradiol）一词来给从母猪卵巢中分离出的物质命名，这样就把发情周期的概念和有机化学家的术语联系在了一起。

到了 1936 年，科学家们至少已经明确了七种雌性激素分子。美国医学会药物和化学理事会也全力以赴，设法解决该如何给它们命名的问题。多伊西（Doisey）就在理事会工作，他用他杜撰的“theelin”（雌酮）一词来称呼雌性激素，对此理事会的理事都深表赞同。可是后来发现帕克—戴维斯（Parke-Davis）公司已经在市场上出售以“雌酮”为商标的提纯雌性激素，因而这个词就不能用作通用术语。于是，把“estrus”（动情周期）作为词根，又成了下一个最好的选择。不幸的是，帕克—戴维斯公司也已经把“estrogen”（雌性激素）一词注册为商标，但是，在药物和化学理事会的要求下，公司最后放弃了对这个名字的所有权，接着理事会就把该词选定为通用术语。[②] 理事会接受了“雌酮”（estrone）、“雌三醇”（estriol）、“雌二醇”（estradiol）、马烯雌酮（equilin）、马萘雌酮（equilenin）（最后两个词是从母马的尿液里发现的化学物）这些常用词汇，他们也保留了“雌酮”（theelin）、“雌醇”

---

① 帕克斯(Parkes)讲述了一个与对黄体酮这一激素命名的相类似的故事。1961 年版的《斯特德曼医学词典》(*Stedman's Medical Dictionary*)把雄性激素定义为一种“制造男人”的化学剂，把雌性激素定义为一种“能引起疯狂欲望的”化学剂。

② “理事会想要表示它对帕克—戴维斯公司的感谢，因为它在这次事件中以及在对‘雌酮’的问题上采取了积极行动。”

(theeol)以及"二氢雌酮"(dihydrotheelin)作为"雌酮""雌三醇""雌二醇"的同义词。

事情已基本成为定局,尽管在随后的几年内人们还在继续对此提出修改的建议。例如,帕克斯(Parkes)对雌性激素复合物多种多样的生物效应有了越来越多的认识,于是他又提出了一个新的术语,这个术语将会使雄性激素和雌性激素的命名系统相互平衡。"有人在提倡使用新词上会感到犹豫,"他写道,"但是在对性激素的某种活性的描述上,一些显而易见的异常现象正变得越来越明显。"他指出,当时引入雄性激素和雌性激素这两个术语是为了"促进思维的清晰性和表达的准确性……但显然这些(术语)并不合乎要求"。他认为"estrogenic"(雌性激素的)一词按照字面意义讲,只能用于那些产生发情周期变化的物质。例如说,帕克斯(Parkes)指出,使鸟的羽毛出现雌性化特征的雌性激素活性几乎不能用"estrogenic"这个词的字面意思,他建议"gynoecogenic"一词"可被当作一个总称使用,去描述那些能产生女性特征属性的活性物质"。① 但是他的建议来得太迟。非平行式命名方法——"androgens"一词被用来表示雄性激素组,"estrogens"一词被用来表示雌性激素组——已经被确立下来。最后,以"thelys"为词根,表示的不是女性生殖周期,而是更为普遍意义上的女性概念的术语,并从常见用法中被删除,因此,雌性激素的完美标准就和女性生殖理念之间的关系密不可分地联系在了一起。

同时,给雄性激素组命名却相当简单。一篇有关雄性激素的评述甚至都没有提到命名的问题,然而在一篇有关雌性激素化合物的姐妹篇中仍用了四页纸来讨论命名的方法。其中仅有一个例外,雄性激素的名字就是简单地把希腊语中表示"男性"的词根(andrus)和生化学家的技术命名体现结合在一起。就只有睾丸(testis)这一更为具体的术语为我们现在称之为睾酮(testosterone,和它的派生词)的分子提供了词源学的构成要素。

到了20世纪30年代中期,科学家们已经明确了激素,并且在如何用最好的方法去测量它们的问题上也达成了共识,并对它们加以命名。这时只剩下一个问

① 这完全也可以为"androgenic"(雄性激素的)这个词提供一个相类似的说法。

题。如果雄性激素能创造雄性，而雌性激素能引发明显的雌性交配热忱，那么当这些激素不仅出现在错误的身体上，而且似乎也会产生生理效应的时候，该如何对它们进行分类呢？科伦奇科夫斯基(Korenchevsky)和他的合作伙伴们把这样的激素称作“双性的”(bisexual)，并建议按照这一特性对雄性激素和雌性激素进行分类。在他们的设想中，只有一种激素(黄体酮——由黄体所分泌的)是纯粹的雄性或雌性。他们把第二组命名为“部分雌雄同体”，有些主要具有雄性特征，而其他的则具有明显的雌性特征。最后，他们提出有“真正的双性激素”的存在，这类激素能使“所有萎缩的性器官恢复到正常状态……在雄性和雌性大鼠身上都达到同样的程度”。[①] 睾酮就属于这一组。

1938 年，帕克斯(Parkes)提出了一个不同的方案。他不喜欢“bisexual”这个术语，因为它暗示着“对两种性别来说都有性感觉”，他建议使用“ambisexual”一词来取代它，这个词他觉得能够“最完美地适用于……那些展示两性都有的活性的物质”。可这些细小的差别从未能发挥主导作用。即使到了今天，分类问题还在尾随着生物学家们——特别是那些有志于把激素和特定性行为联系在一起的生物学家们——的脚步。

① 这一组还发现了这些激素中有许多能相互合作，共同产生效应。

性别意义

从这个发现激素的故事中，我们能看到社会性别与科学性别之间的互换是复杂的，而且通常是间接的。科学家们出于种种原因，在命名、分类以及测量等方面艰难行进。在科学文化里，准确性和精确性有着很高的道德地位，而作为优秀科学家的内分泌学家们，亦想使用他们行业的最高标准去确保它的正确性。然而，从命名法上考虑，好像只有帕克斯(Parkes)提出了"正确的"建议，不过他的观点半途而废了。这其中的一个原因(但不是唯一的一个原因)就是在确保它的正确性的过程中，"它"是一个有着多重意义的词——意指从1920年～1940年间各种各样对于作为一个男性或作为一个女性意味着什么的社会理解。

不管"它"的内容是什么，它都界定了生物学上和社会学上的正常状态。例如，尤根·斯坦纳奇(Eugen Steinach)就提出，激素可以阻止潜在的双性潜质不正常地出现在错误的身体里。[①] 雄性只制造雄性激素，这些雄性激素在即使有雌性激素存在的情况下也会对抗或抑制雌性的发育；而雌性则制造雌性激素，即使在雄性激素存在的情况下，它也会对抗或抑制雄性的发育。一般来说，每一种性别都有它自己的领域。在十多年间，斯坦纳奇(Steinach)的观点影响着包括利利(Lillie)在内的众多激素研究者。但是，随着人们逐渐清楚地认识到，身体通过与

① 因为胚胎是双性的，所以甚至连成年人也会保持一点那种双性的可能性。"即使是那些有着正常异性恋本能的男人，"他写道，"他们的生物体内也可能会带有极微小的具有女性特征的退化器官，尽管在正常情况下，它们从未做出任何功能性的表达。"

脑垂体反馈相关的一些复杂且平衡的循环来调节激素,[①]直接的激素对抗概念开始让步,尽管像利利(Lillie)这样的科学家还坚守着性激素有着独立领域的观念。[②]

新实验产生出越来越多与雄性激素和雌性激素的唯一性相矛盾的证据,而一些科学家出于对两性体系的忠诚而对这些新实验所隐含的意义进行抵制。例如,弗兰克(Frank)对能够把雌性激素从"具有雄性特征和雄性能力并能使雌性怀孕的雄性身体中分离出来"感到困惑不解,最后他断定问题答案的关键在于胆汁中所发现的相反的激素。其他科学家认为,肾上腺性激素的发现能够"挽救"相互独立的性激素范畴的假说。在一篇回顾性的文章中,有一位荷兰生化学家写道:"通过提出一种性腺外起源的假说来解释雄性身体中雌性性激素的存在,科学家们就能够回避把雄性性激素分泌物归因于卵巢的必要性。"

但是科学家是一个多元化的群体,并不是每一个人在对新的结果做出反应时都会设法让这些新的结果融入占有优势地位的性别体系之中的。例如说,帕克斯(Parkes)就承认,发现肾上腺产生雄性激素和雌性激素这一研究结果,"对任何认为性有着明确界线的观念都是最后的打击"。其他科学家对性别这一概念本身感到疑惑。在1932年版的《性和内分泌》(*Sex and Internal Secretions*,书中总结了由性别问题研究委员会资助进行的研究在头十年里所取得的进展)一书中的一篇评述性文章中,英国内分泌学家F. A. E. 克鲁(F. A. E. Crew)甚至走得更远,他问道:"性别是不是虚构的? 情况是这样的,"他写道,"现代性别研究的哲学基础一直是非常糟糕的,可以说,在摧毁我们对我们试图分析的这个东西本身存在的信念这一点上,美国工作者要比我们中其他人做得多得多。"尽管如此,克鲁(Crew)还是相信科学最终会给性别下一个定义,这是"它探索的目标",而不是与之相反。"如果在十年中就已经有这样的发现,"他写道,"那么在经过一个世纪充

① 虽然大多数读者可能知道这样的周期循环能够调控月经周期,但他们可能不太了解的是,与这些脑垂体激素相关的反馈环路也同样调控着男性体内精子的形成。

② 1939年,他写道:"通过证明每一种激素都在其各自的范围内独立运作,穆尔(Moore)似乎消除了假设两种激素在同步作用时会产生任何对抗性的必要。"

满智慧的努力工作之后，我们还会有什么不知道的呢？”性别必须存在，尽管有越来越多的科学证据与此相反。

在一个性别体系的意义和结构不断发生变化的文化氛围中，科学家们竭力去了解激素在构建性别差异过程中的作用。1926 年，格特鲁德·埃德尔（Gertrude Ederle）成为第一个游泳横渡英吉利海峡的女性，打破了男子原先在这一过程中的记录，这令世人感到震惊。两年后，阿梅莉亚·埃尔哈特（Amelia Earhart）成为首位驾机飞跃大西洋的女飞行员。虽然这些象征充满了戏剧性，可是意义深远的变化在越发顽强地继续进行之中。1900 年～1930 年，走出家门、得到有偿工作的已婚女性增加了一倍，但大约也只占 12%，在第 19 号修正案通过后的十年里，女性主义者努力渗透到劳动力市场的每一个角落，可这种努力依然是一段艰难的斗争。

然而，虽然经济完全平等的阻力仍然存在，但 1920 年～1940 年这一段时期发生了一次对家庭、性别和人类性学的重大的概念重建。例如，金西（Kinsey）一项非常有名的调查显示，生于 1900 年前的女性中仅有 14%的人承认在二十五岁之前有婚前性行为，而对那些生于 20 世纪头十年的女性来说，这个百分比升到了 36%。[①] 女性主义、日益普及的弗洛伊德（Freud）心理学、性学这些新领域，还有性激素和内分泌方面知识的增长全都“如潮水般涌来，表示出对‘维多利亚时期’性别道德观的不屑”。

科学声音的多样化和女性主义自己内部的多样化是相类似的。例如，有一些女性主义者认为女性能够在任何领域里与男性同等劳动，而其他人则认为女性特殊的生殖差别使她们应该受到法律的保护，要对她们的工作时间以及工作可能会让她们面对的危险程度进行监管。[②] 到了 20 世纪 30 年代末，女性主义者们面临着自己在修辞生成上的困境（我要补充一下，当代女性主义也在与这一困境抗争）：如果女性和男性完全平等的话，那么作为一种性别或另一种性别的成员组织起来就变得毫无意义。而在另一方面，如果她们真的有所不同，那么要求的平等

---

① 戴维斯（Davis）对女性行为进行了更为详细的讨论。

② 科特（Cott）记录了工人运动在这一问题上的一个真正的分歧。

该到什么程度呢?1940年,埃莉诺·罗斯福(Eleanor Roosevelt)对这一问题做出了精辟的总结:“女性必须更强烈地意识到自己是女性,意识到她们作为一个团体行使职责的能力。同时,尤其是在工业或专业领域中工作的女性必须努力消除男性意识中认为需要把女性看成一个群体或者是他们日常活动中的女性的观念。”

在这样一场性别风暴之中,想要解决性激素的身份问题是绝对不可能的。1936年,一位从事激素结构研究的荷兰生化学家约翰·弗洛伊德(John Freud)提出整个取消性激素的概念。雌性激素和它的同类都对“平滑肌、复层上皮和一些源于外胚层的腺上皮起到了促进生长的作用”。把激素想象为催化剂,会“有助于人们想象每一种激素物质的多种活性”。他设想“性激素的实证概念将会消失,而生物学的一部分一定会逐步形成生物化学的特性”。

虽然我们应该向始于伯特霍尔德(Berthold)阉鸡生殖腺移植实验为开端的激素研究所留下的知识遗产表示敬意(尽管带着一些女性主义的后见之明),但是现在已经到了该抛弃性激素的系统隐喻以及“雄性激素”和“雌性激素”这些特定术语的时候了。我们能用什么来替代它们呢?我们的身体制造出几十种各不相同却又紧密相联,并且在化学上还可以相互转换的分子,这些分子属于被我们称之为类固醇的化学群。在通常情况下,这些分子会通过循环系统到达它们的目的地,但有时细胞会在需要用这些分子的地方就地生产。因此,把它们称作激素(考虑到激素的定义:激素是一种通过血液的流动与离它的发源地有一段距离的器官进行相互作用的物质)通常来说是合适的。所以,首先作为开始,就让我们同意把它们称为“类固醇激素”,而不是其他的名称吧(如果我们记得命名系统中词源学的局限性的话,那么我还是愿意保留它们的技术性生化名称)。

许多器官都能合成类固醇激素,而能对它们的存在发生反应的器官就更多了。在合适的情况下,这些激素会对身体结构和行为上的性发育产生极大的影响。它们以不同的数量存在,而且通常对普通男性和女性身体的相同组织产生不同的影响。然而,从细胞的层面上看,最好能把它们理解为控制细胞生长、细胞分化、细胞生理以及设定的细胞死亡等过程的激素。简而言之,它们是强大的生长激素,影响着大部分——如果不是全部——的身体器官系统。

重新训练我们自己从这些方面对类固醇激素进行概念化,给我们提供了重要的机会。20 世纪 30 年代末，激素生物学家所实现的理论上的近似统一已经不复存在。如果真有可能就这些以胆固醇为基础的分子的行为以及生理效应取得一个有意义的、包罗万象的理论，那么我们就必须把性别模式抛在脑后。其次，如果我们想去了解性发育以及与交配相关的动物行为的生理构成，我们就必须挣脱性激素这个紧身衣的束缚，把类固醇看成是对创造雄性、雌性、雄性气质和雌性气质起重要作用的众多组成部分中的一员。到那时，我们不仅将开始看到这种发育中属于非类固醇的、生理的组成成分，我们还能够去理解环境、经历、身体结构以及生理等是如何产生那些我们觉得有意思或者很重要、值得研究的行为模式的。

这一章的启示之一就是，社会信仰体系经常以科学工作者无法察觉的方式把它们自己编织进科学的日常实践之中。科学家们在进行他们的研究时看不到其研究中的社会成分，从这一层意义上来说，他们是带着偏颇的观点在工作。就性激素而言，我认为扩大我们的科学视野将会改变我们对性别的理解。但是，这样的改变只有当我们的社会性别体系发生变化时才会出现。性别和科学形成了一个作为一体而运转的体系——不管是福是祸。

8　啮齿类动物的故事

用激素对大脑进行性别化

到了20世纪40年代,激素生物学家、生化学家和生殖内分泌学家已经对一系列新的激素进行了识别、明确、命名以及分类。他们还大致概述了激素——包括性腺激素和垂体激素——在控制生殖周期过程中所起的作用,使研究人员可以开始更为认真地研究激素是否有可能对人类行为产生调节作用。原先的机构和供资方所结的同盟促进并引导了激素生物学的蓬勃发展,但随着这一同盟经历的彻底转变,[①]从20世纪30年代后期开始,对行为的化学生理研究也进入它自己的剧变时期。

在1933年之前,洛克菲勒基金会一直是通过以社会服务为己任的社会卫生局为性别研究提供资助,但后来基金会接手,直接向性别问题研究委员会提供资助。这一移交标志着一种转变,从原先的国家科学直接服务于社会变革的发展模式,转变为科学家们自己制订研究计划的发展模式,而这些研究计划(至少从表面上)看上去完全受为知识而知识的理念所驱使。[②] 早在1928年,性别问题研究委

① 米尔顿·戴蒙德(Milton Diamond)、伊丽莎白·阿德金斯—里甘(Elizabeth Adkins-Regan)、威廉·拜恩(William Byne)、唐纳德·迪尤斯伯里(Donald Dewsbury)、马克·布里德洛夫(Marc Breedlove)以及金·沃伦(Kim Wallen)(间接地)——所有这些研究激素对行为的影响以及研究动物比较心理学的人——都曾花时间对这一章的前一稿提出意见。他们不吝指教,提出批评建议,对我很有帮助。我对他们的付出深表感激。即使我偶尔会与他们观点相左,但他们仍然致力于帮我"把事情做好",表现出一种最为开放、科学的探索精神。当然,我为最终的结果负全部责任。

② 博雷尔(Borell)引用一份社会卫生局的备忘录来解释移交的原因:"有一段时间,社会卫生局一直认为这将是个有利的举措,因为基金会通过其生物学专家可以提供社会卫生局所无法提供的咨询管理;基金会也倾向于认为这一项目的管理和对研究成果的评价显然更加属于基金会自然科学和医学科学目前的研究项目范围,而非社会卫生局项目的范围。"

员会就在其新的五年规划中发出了这一变化的信号。性别问题研究委员会的成员们写道，“现代科学，尤其是实验医学，已证明了对人类最大的好处来自基础研究，基础研究的意义无法预见……紧迫的社会和医疗问题”很可能只有在科学地认识人类的性别行为之后才能得以解决。①

在洛克菲勒基金会接管性别问题研究委员会时，适逢保守的工程师沃伦·韦弗(Warren Weaver)成为洛克菲勒基金会自然科学部的全职主任。一些生物学家认为下一轮伟大的进步来自物理科学定律在生物学中的运用，而韦弗(Weaver)对这一场正在不断壮大的运动起了巩固的作用。在任期开始之初，他就热心地强调心理生物学和他的自然科学领域之间有着密切的关系：

> 人类是否能够对自己的力量进行智能控制？我们是否能够开发足够健全而广泛的遗传学，使我们有希望在未来培育出优秀的人？我们是否能够获得足够的性生理学和性心理生物学知识，以便让人类可以对生命中这一普遍存在的……极为危险的方面进行理性的控制？我们是否可以解开错综复杂的内分泌腺问题，并且在为时已晚之前开发出一种疗法，来治疗整个一系列由腺体功能紊乱而引起的可怕的心理和生理障碍呢？……简而言之，我们是否能够创建一个新的人的科学？

然而，很快韦弗(Weaver)对心理生物学的兴趣就减退了，而他对分子生物学这一新命名的领域的关注则增加了。在1934年～1938年间，有着实际或临床运用的内分泌和生殖生物学所获得的资助有所下降，而在1937年，自然科学和医学科学之间的正式分开成为基金会形式结构的一部分。内分泌学和性别生物学不再属于韦弗(Weaver)的职权范围，这使他能够将精力集中于遗传学、细胞生理学

---

① 博雷尔(Borell)注意到科学研究人员这种新的独立性使得他们放弃寻找一种易于使用的杀精避孕剂，反正这种杀精避孕剂也“从来没有像后来的避孕药那样让科学家们感兴趣”。避孕药——在桑格(Sanger)的支持和资助下——最终在一个由格雷戈里·平卡斯(Gregory Pincus)创立的私人基金会中研制出来。平卡斯因早期研究哺乳动物的人工单性生殖引起激烈争议而没有得到哈佛大学终身教职，之后他创立了这个基金会。

和生物化学的发展。

到了20世纪40年代，相对而言只有很少的性别问题研究委员会资金被用于资助基础激素生物学研究。“尽管对于激素和性别行为之间的关系……还有很多东西有待了解，但似乎没有必要再把重点放在激素本身了。”委员会越来越多地资助那些对激素、神经系统和行为之间的关系进行研究的项目。尽管特曼(Terman)关于男性气质、女性气质和家庭的研究所获得的资助一直持续到“二战”之后，耶基斯(Yerkes)和他的接班人 C. R. 卡彭特(C. R. Carpenter)已经转而研究半驯化灵长类动物群中支配和性别的等级现象。① 与此同时，新的声音——其中包括年轻的、后来成为下一代动物心理学泰斗的弗兰克·A. 比奇(Frank A. Beach)——登上了舞台，现在这个舞台要把科学见解应用到动物行为的复杂性中去。这些新生代研究人员最初的研究领域是胚胎学、比较动物心理学和动物行为学。他们看到了新的研究工具——如提纯的激素配制剂、用外科手术移除特定的内分泌器官——的力量，并且至少对哪些器官制造哪些激素有了大致的了解。② 在一开始，他们研究了一系列不同的物种，但随着时间的推移，实验室啮齿动物——尤其是大鼠和豚鼠——成为用来探索哺乳动物的激素以及与性别相关行为的最佳样本。③

从1940年到现在，关于激素与行为的科学实验研究是如何塑造了啮齿动物的雄性特质和雌性特质的？通常来说，关于人类男性气质和女性气质的文化观念似乎与大鼠实验是对应的。但我不是在声称文化充当了科学的幕后操纵者，也不

① 阿伯利(Aberle)和科纳(Corner)提到特曼(Terman)所获得的最后一项性别问题研究委员会资助是为了准备“关于智力优越的研究对象的婚姻适应性的报告”。

② 很多人独立地或者通过性别问题研究委员会接受洛克菲勒基金会的资助。1938年之前，性别问题研究委员会所提供的资助中有25%资助行为研究，其余大部分资助研究性别与繁衍的基础生理学。然而，在1938年～1947年间，性别问题研究委员会资助中45%用于资助与性别相关的研究，而其中一个关注的重点是激素的作用。

③ 有大量关于灵长类动物的类似文献，激素研究者通常觉得灵长类动物研究尤其适用于人类。从啮齿类动物研究中形成的概念有一些在灵长目动物那里经受不住检验。但是灵长类动物研究昂贵而困难，因为灵长类动物寿命长，需要养殖实验群体。此外人们日益认识到，要想得出关于“正常”发育的结论，灵长类动物行为比啮齿类动物行为更需要自然真实的环境。此外还有一篇关于鸟类的重要文献，鸟类是为数不多的在激素和大脑发育的某些方面的关系相当明确的几个群体之一。

是在声称我们的社会结构只不过是个木偶，它的一举一动都受到作为研究对象的身体的本质或者科学家们关于激素的实验结果的牵制。相反，我看到了一个肥沃的合作生产的领域——也就是文学评论家苏珊·斯奎尔(Susan Squier)所说的"一个密集、忙碌的边界穿越和关系的交易地带"。

在这一章中，我将追寻雄性和雌性啮齿类动物匆匆走过的赛恩斯维莱(Scienceville，作者编造的词，意指科学领域——译者注)的旅程。正如我前面指出对间性所采用的不同医学手段导致人类身上表现出不同的性别，这里我认为在构想具有雄性气概——以及不那么具有雄性气概——的大鼠时，我们完全可以做得不同(并且在我看来是做得更好)，而由此引申开来，在构想人类性别时也一样可以做得不同并且做得更好，而不需要落入先天本性与后天养育之争的窠臼。

如果激素造就了男性，那么是什么造就了女性？

哈里·杜鲁门(Harry Truman)靠扔两颗原子弹结束了第二次世界大战。随着"冷战"的升级，美国的孩子们学会了如何保护自己躲避原子弹：蹲下和掩护。有些父母建了防空洞，对将那些缺乏远见的邻居置之不理，甚至对向他们开枪是否道德这一问题进行辩论——如果那一天真的到来。性别政治和国家安全的新语言变得密切相关。正如几位历史学家所示，这是一个稳定的家庭模式——即"传统"的家庭结构——等同于并且被认为能够保障家庭(以及国家)的稳定的年代。

性别秩序和核遏制之间的等同关系有着双向的效果。1951 年，哈佛医生查尔斯·沃尔特·克拉克(Charles Walter Clarke)警告说，原子弹袭击将会破坏社会对家庭和社区生活正常的社会支持，开启"性混乱的可能性"。他建议，健康专业人士应该储备充足的青霉素，以治疗原子弹爆炸后迅速传播的性病，并准备好"对卖淫进行有力的压制，以及用来阻止滥交、醉酒、混乱的措施"。

性混乱甚至会从内部威胁到国家安全。例如，在 1948 年，共和党主席盖伊·加布里埃尔森(Guy Gabrielson)写道，"性变态者"已经"渗入了政府"，并且"可能和真正的敌人一样危险"。同性恋者不仅意志薄弱，还缺乏男子气，因而容易受到敌人的渗透和威胁，而且他们的生活方式(创造一个更为现代的用词)蔑视传统家庭，削弱传统家庭，和那些竭力主张用思想上的忠诚取代血缘关系的敌人企图破坏资本主义文明所用的方式一模一样。此外，美国的男性正在经历男性气质危机——原本的问题变得更加明显。正如历史学家小阿瑟·施莱辛格(Arthur Schlesinger, Jr.)当时写的，征兆包括在家里和工作中令人担心的性别角色的合并。对同性恋这一“性别模糊的化身”以及对“变性——克里斯汀·乔根森(Christine Gorgenson)现象”的迷恋所表现出的是“内心深处对性别身份问题的不安”。①

战后意识形态的拥护者们坚持认为国家安全取决于妇女和男子是否担负起他们各自恰当的家庭角色。很多人认为,女性从本性上来说适合承担妻子和母亲的角色。1957 年《女士之家杂志》(*Lady's Home Journal*)上一篇题为《大学教育对女性是否是一种浪费》(Is College Education Wasted on Women)的文章清楚地表达了这种观点,所用的语言和当代生物学用来描述女性胚胎分化的用词十分相似。大学是女性寻觅夫婿的好地方,但“最幸福的女人肯定不是从书本或讲座中找到她们幸福的秘诀的,她们本能地做着正确的事情”。

与此相反,为了履行自己作为养家糊口者和丈夫这样天经地义的角色,男人显然需要大量的支持和安慰,他们所用的语言与当代关于男性发育的生物学著述有着惊人的相似之处。战后的宣传者很担忧经济中一个新的、日益发展的行业——白领、组织和广告人,他们整天坐在桌前,身体懒惰,压力巨大,他们担心这会让男子女性化。一篇有代表性的杂志文章敦促女性让她们的男性配偶树立起男子气概,认为那些“一辈子坐在桃花心木办公桌后,或者那些……从事更为不重要的工作”的男性需要“摆脱大部分人对他们抱有的疑虑”。他们想要一个能够证明他们具有足够男子汉气概的女人,这个女人尽管十分有魅力,足以吸引其他男子,却最终选择了他们。

但是那个时代的专家同样也强调男人在家庭领域所做的事对于维持他们的男子气概以及培养具有男子气概的下一代至关重要。② 如果不想养育一个娘娘腔

① 小阿瑟·施莱辛格(Arthur Schlesinger, Jr.)写道:“妇女看上去像是一种不断扩张、具有侵略性的力量,就像征服者的军队一样攻下新的领地,而男人越来越处于守势,几乎无法保住他们自己的领地,心怀感激地接受他们新的统治者分配的任务。最近出版的一本新书就用了一个鲜明而伤感的标题——《美国男性的衰退》(*The Decline of the American Male*)”。

② 在 20 世纪 30 年代,男性气质并不需要特别关注。到了 20 世纪 70 年代,男性学领域才作为一门独立的学科出现。尼米(Niemi)指出,男性学理念早在 1891 年就出现了,但是最早一批社团和学术刊物直到 20 世纪 70 年代才联合起来。

的男孩，那么父亲介入孩子的抚养过程是必不可少的。1950年，《更好的家和花园》(*Better Homes and Gardens*)杂志上一篇文章是这样开头的："我们难道是在将我们的未来押在一群娘娘腔的男孩身上吗？看到你的儿子带着脂粉气，你会觉得很恐怖，但如果你把培养一个男孩的工作全部留给他的母亲，他是不会变得血气方刚、自力更生的。"一位母亲可以"凭直觉"养育一个女儿，但她本能地想要保护她的儿子免受伤害，这种本能的反应会干扰他正在形成的独立性和男子气概。[①]父亲角色本身成了男子气概的新徽章，虽然大众一般认为男性并不像女性一样生来就会养育子女。大众的智慧认为男人必须上些婚姻和家庭课，向专家学习应该怎样做。

尽管关于生理和心理性别角色一致的意识形态大行其道，在电影、杂志、政府政策和学校课程中无处不在，但在我们通常的记忆中那个"留给海狸"(Leave It to Beave)的时代也见证了它在挑战主流性别观念中所起的作用。例如，金西(Kinsey)发表调查报告，对广为接受的关于美国人性别行为的观点提出了质疑，指出同性恋经历、婚前性行为和手淫很普遍，从生物学角度来看是正常的。[②] 随着1953年《花花公子》(*Playboy*)杂志的创办，休·赫夫纳(Hugh Hefner)为花心却极具男性气概的单身汉们建立了一个文化空间，为性开放的妇女们树立了一个类乎榜样的东西。20世纪50年代后期，当地下同性恋权利运动慢慢地从原先的默默无闻进入公众视野，垮掉的一代也对男子气概的传统定义提出了质疑。

因此，在这个时期研究动物性别行为的科学家们有着复杂的文化储备。一方面，他们可以用主流文化对性别的描述来表达他们的隐喻和理论，而另一方面，挑战这一标准化观点的逆流的存在本身又为一些科学家构想关于动物性别行为的新观点提供了可能性。让我们看一下关于雄性和雌性胎儿发育的解剖学差异研究。1969年，法国胚胎学家艾尔弗雷德·约斯特(Alfred Jost)对他之前二十年在

---

① 这一理念会时不时地再次露头。作为对单亲妈妈数量增长现象的回应，罗伯特·布莱(Robert Bly)描绘了他对"深层男性化"的理解——这是一种儿子们从他们的父亲身上吸收的东西，单亲妈妈无论有着多么良好的意愿，都无法给予。

② 雷伊曼(Reumann)对金西(Kinsey)性学报告以及关于性别与性的全国性大讨论进行了全面而富有启发性的论述。

这一领域中的研究做了这样的总结:"成为雄性是一个长期、不安、危险的冒险,它是一种抵抗与生俱来的雌性化趋势的斗争。"[①]所有的雄性,无论是大鼠、豚鼠,还是人类,必须竭力抵制一种天生的雌性气质。正如20世纪50年代的诸多咨询杂志中曾警告说,在男性外表下潜藏着成为娘娘腔男人的危险。约斯特(Jost)是如何得出这样一个和当时那个年代的性别焦虑密切呼应的结论的?从雄性和雌性胚胎的周密研究中所得出的这个结论又是如何被转化到对激素与雄性行为和雌性行为之间的关系的研究中去的?

1947年,当三十二岁的约斯特(Jost)开始发表一系列文章,记录他关于雄性和雌性兔子、大鼠身体结构发育的实验时,他便加入了一场关于雄性激素和雌性激素是否有着均等机会的激素的辩论。之前十年间,研究人员已经达成一致意见,认为给发育中的雌性注射睾酮或其他雄性激素会使其内部管道和外生殖器雄性化。更加具有争议的问题是,雌性激素是否会对雄性胚胎产生类似的影响。尤根·斯坦纳奇(Eugen Steinach)在早些时候所提出的关于雄性和雌性性激素生理学的模式为这一讨论提供了框架。例如,苏格兰研究者B. P.威斯纳(B. P. Wiesner)发现给(外部生殖器在出生时发育不良的)新生雄性大鼠注射雌性激素会抑制阴茎的增长,产生雌性化的雄鼠。然而,他认为雌性激素抑制的是睾丸,而不是直接作用于生殖器。因此他并不认可双激素理论,即动物在平等但所起作用相反的激素系统的作用下获得雄性气质和雌性气质。威斯纳(Wiesner)写道:"(单激素理论)认为雄性激素在发育过程中占绝对的支配地位,这一理论将那些产生雌性分化的情况描述为性激素的缺乏,而非某一特定性激素的存在。"

相比之下,西北大学医学院生理及药理学系的研究人员认为,睾丸激素和雌性激素在雄性和雌性的发育中起着类似的作用。在一系列实验中,R. R.格林(R. R. Greene)和他的合作者给怀孕的大鼠注射高浓缩雌性激素。接受注射的雌鼠所生的雄鼠有着"雌性类型的外生殖器,以及三至六对发育良好的乳头"。它们的睾丸没有下降到阴囊中,而仍然位于一个对卵巢来说更常见的位置。此外,雄性管

① 这是在1969年"内分泌和下丘脑非内分泌机制的融合"研讨会上做出的评论。我整个讨论只针对哺乳类动物,在其他脊椎动物中存在着显著的差异。

道系统没有正常生长，前列腺没有发育，这些大鼠的上部阴道、子宫和输卵管都部分发育。最后，格林(Greene)和他的同事们注意到注射雌性激素会产生的自相矛盾的效果：在接受注射的受孕雌鼠体内发现有一些雌性胚胎出现了雄性解剖特征。因此，雌性激素使雄性胚胎雌性化，却使雌性胚胎雄性化。格林(Greene)和他的同事们发现"现有的事实与双激素理论更为一致"。的确，就这些事实本身来看，小鼠和大鼠激素注射实验的结果似乎表明雌性激素和雄性激素所起的作用看起来是相对应的(表 8.1)。

为了解决单、双激素论之争，约斯特(Jost)选择了一种创新性的实验方法。他对仍在母体内的兔子胚胎施行手术，去除了胚胎的性腺。与注射大剂量提纯激素相比，他的方法在技术上难度更大，在生理学上来说更"正常"，能够提供信息，了解胚胎自身性腺激素所起的作用。他尝试了四种不同类型的实验：胚胎阉割(切除睾丸或卵巢)、胚胎连体(将两个发育中的胚胎的循环系统连接起来)、将胚胎的睾丸或卵巢嫁接到"相反"性别的胚胎上，以及激素注射。[①]

表 8.1 雄性激素和雌性激素对早期胚胎发育所产生的影响一览表

	雄性激素对雌性胚胎发育的影响		雌性激素对雄性胚胎发育的影响	
解剖结构	大鼠	小鼠	大鼠	小鼠
性腺状况	雄性化	雄性化	雌性化	雌性化
雌性内生殖器	无影响	无影响	受到促进	受到促进
雄性内生殖器	受到促进	受到促进	受到抑制	受到抑制
外生殖器	雄性化	雄性化	雌性化	雌性化

约斯特(Jost)的方法对于哺乳动物研究者来说具有创新性，他在这些高难度手术中所取得的成功也让大家对他的研究加以关注。在胚胎发育第十九天至二

---

① 这些实验试图解决的都是第二性征的决定问题，即性腺管道系统以及外生殖器的发育。约斯特(Jost)没有研究初始的性别决定问题，即性腺是分化为睾丸还是卵巢的问题。从他发表第一篇学术著述开始到 20 世纪 70 年代，约斯特一直在积极地推广他的研究——发表了多次，经常是在评论文章或者学术研讨会公报中，以便让他的原始数据在不断补充新的研究结果的同时也能得到持续的关注。

十三天之间所施行的阉割手术产生了显著的结果。在被阉割的雄性胚胎体内，发育中的雄性结构，如附睾(成熟后在射精期间将精子从睾丸运输到体外的管道)衰变，而形成输卵管、子宫及部分宫颈的结构则会发育，就好像这一胚胎是雌性的，而不是雄性的。此外，施行胚胎阉割术的公兔会长出阴道和阴蒂，而不是阴茎和阴囊。相比之下，切除雌性胚胎的卵巢并不会对性别发育的进程产生明显的改变。输卵管、子宫、宫颈和阴道都会以几乎正常的方式进行分化，不过如果阉割术施行得足够早的话，这些器官不会完全长大。

尤其让约斯特(Jost)觉得意外的是，在没有睾丸的情况下，胚胎雄性管道系统会退化，而雌性管道系统即使是在雄性胚胎中也会发育。是什么使这两种管道系统表现得如此不同呢？既然雄性没有卵巢，那么不可能是这些结构在支持雌性发育的继续进行。是否是母体雌性激素或者雄性肾上腺所产生的雌性激素导致雌性管道系统的发育？为了解决这一问题，约斯特(Jost)又施行了更多的手术，最终得出结论，认为“雄性激素结晶体可能会抵消睾丸缺失所产生的影响，确保雄性身体特征的发育”。①

将所有情况综合起来，约斯特(Jost)认为，首先，雌性管道系统在没有胚胎卵巢刺激的情况下可以生长发育。因此，雌性结构在接受阉割术的雄性和雌性中都能够分化。他推测，睾丸产生某种抑制雌性管道发育的物质。即使是被阉割的雄性胚胎，在被植入睾丸素后，雌性管道仍然会生长发育，这一事实让他推测其中一定涉及两种物质。一种是睾丸素，刺激雄性管道和生殖器的发育，而另一种物质当时仅仅是猜测，后来被确认是一种类蛋白质激素，被称作苗勒抑制物质

① 后来的实验者发现有两大原因。胚胎睾丸激素促进雄性管道系统和雄性外生殖器的分化，而一种新的激素——一种被称为苗勒抑制物质的类蛋白质结构——则诱导胚胎雌性管道系统的退化。胚胎雄性睾丸产生胎儿睾丸激素和苗勒抑制物质。约斯特(Jost)尝试只切除一个睾丸，在这些情况下，雄性发育继续迅速进行，而雌性管道系统会退化，就和未施行手术的雄性胚胎一样。从这个实验和其他实验中他得出结论，睾丸分泌一种或多种物质，造成雄性管道的分化和雌性管道的退化。约斯特也曾将睾丸移植到雌性胚胎中，或者将卵巢移植到雄性胚胎中，但嫁接的组织并未影响胚胎的发育，他认为之所以未能产生影响，是因为他不得不使用受孕时间更长的胚胎，而他猜测这些胚胎已经过了有可塑性的发育阶段。然而，注射雄性激素的胚胎仍有别于正常雄性，因为它们至少有一些子宫的发育，虽然阴道部位“或多或少受到了抑制”。约斯特从未记录过雌性激素对接受阉割术的雌性胚胎或雄性胚胎的发育可能会产生的作用，尽管他很可能尝试过此类测试，但雌性激素导致了胚胎的流产。

(Mullerian Inhibiting Substance, MIS),引起雌性管道的退化。[①] 正常情况下,这两种化学物质都由胚胎睾丸产生。

约斯特(Jost)谨慎地、稍详细地讨论了他的实验结果对性别发展的单/双激素理论的意义。首先,他指出原本在两种性别身上都存在的雄性和雌性管道系统有着极为不同的发育可能性。比如,无论胚胎是什么遗传性别,雌性管道如果未受到睾丸分泌物的抑制,便可能生长发育,而雄性管道在没有睾丸素存在的情况下就会退化。这些实验结果是否能够支持威斯纳(Wiesner)的单激素理论?约斯特(Jost)提醒他的读者,如果卵巢在早期被切除,雌性管道系统就不会长到正常大小。因此,"很有可能卵巢也产生一种跟器官形成相关的分泌物,但是与睾丸分泌物相比,这种物质所起的作用无疑更为有限"。此外,卵巢的作用并未引起雄性管道系统的衰退,这一事实并不证明卵巢不起作用。约斯特(Jost)指出,或许存在某种双重保障,即在卵巢缺失的情况下,可能有另一来源的激素能够被用来产生作用。他建议将来的实验可以关注卵巢的作用、胚胎卵巢的生理机能以及在发育更早期所施行的阉割术。[②]

尽管约斯特(Jost)拥有这样的技术和洞察力,让他对同行们的理论提出质疑,可是他没能注意到,他的理论不加区别地采用了雌性缺失和雄性在场的比喻。从20世纪50年代至60年代中期,他用中性或无激素(anhormonal)性别类型来指称雌性。根据他的理念,它们之所以成为雌性,是因为它们缺少睾丸,而睾丸在区分雄性和雌性发育中起着主要作用。直到20世纪70年代早期,约斯特(Jost)还是

---

① 苗勒抑制物质目前是大家颇感兴趣的研究对象,因为已经确认它是一种重要的、普遍存在的生长因子——转化β生长因子。古斯塔夫森(Gustafson)和多纳霍(Donahoe)对苗勒抑制物质分子生物学研究进行了回顾。

② 约斯特(Jost)很快就将他探究雄性和雌性管道组织的研究扩大到体外组织培育之中。然而,这项研究并未消除激素对雌性发育产生影响的可能性。正如他自己指出的,他的培育系统并非是"无激素状态"。1951年,约斯特写道,他用来作为培养基的血清中所含的雌性激素的作用"不能在推断的基础上予以忽略。我们最终必须回到使用一种合成的无激素培养基"。但到了1953年,他的解释已经开始产生变化。他承认雌性发育可能受到胎盘、母体性腺所产生的母体激素、一些不是由卵巢所产生的胎儿激素(如肾上腺)的影响,并且提醒读者他提供了某种卵巢活动的证据,不过,他还是认为"母体或者性腺外产生雌性特征的物质几乎不会导致接受性腺切除术的胎儿产生雌性化"。这就是他得出的结论,尽管他再次认可先前关于雌性激素可以使雄性胎儿的发育雌性化的报道。约斯特写道:"这项实验的解释并不是显而易见的。"

将雄性发育描述为一种英勇的功绩，成功地走过了一条充满危险的道路。在一条很小却很强大的Y染色体的帮助下，睾丸强制实行了雄性气质。雄性胚胎要和与生俱来的雌性化倾向作用力进行抗争。①

约斯特(Jost)的研究以及其他关于激素的更加综合的科学研究所采用的措辞和理论结构似乎都反映了当时正在进行中的关于性别的社会辩论。双激素理论与不同性别占据不同领域这一观点相一致。科学家们认为每一种性别都是通过活跃的、受专门控制的过程形成的。就这样，双激素理论认为雄性和雌性发育都是需要说明原因的两种过程，雄性和雌性的平行观念似乎更加顺理成章地表明雄性和雌性的平等地位。相反，单激素理论则强调雄性发育艰险的本质，所采用的语言暗示着潜在的雌性气质对雄性构成的危险："雄性体内的雄性特点必须被强制实行……以便对抗哺乳动物体内根本性的雌性化倾向。"相反，雌性代表着自然的初始模板。因此，在约斯特(Jost)的理论中，雄性气质在身体生物学以及身体政治中都需要通过积极进取的行动来维护自身。②

雌性特质代表着一种身体上的缺失，而身体上的一种在场则界定了雄性特质，这一由来已久的观念与战后关于男子需要建立起男性气质，而女子则只需要被动顺应其自然倾向的理念一起，部分解释了为什么约斯特(Jost)和其他人会接

---

① 约斯特(Jost)的措辞随着时间的变化而变化。1954年，他写道，"胎儿睾丸"在正常的性别发育中"起着主要的作用"(隐含的意思：雌性之所以成为雌性是因为她们缺少睾丸)；1960年，他写道，(哺乳动物中的)无激素性别是雌性，睾丸可以防止雄性分化为雌性；1965年，他说雌性哺乳动物是"中性性别类型"；1969年，他说"成为男性是一个长期、不安、危险的冒险，它是一种抵抗与生俱来的女性化趋势的斗争"；最后，在1973年，约斯特写道，雄性特征……是由胎儿的睾丸激素强行施加到雄性身上，对抗哺乳动物身上与生俱来的雌性化倾向。雌性器官形成只是由于缺少睾丸，卵巢是存在还是缺失无关紧要。当20世纪80年代计算机术语进入语言之中时，研究人员对约斯特关于与生俱来的雌性化趋势的描述进行了更新，将雌性发育喻为一种"默认路径"。

② 约斯特(Jost)是法国人，我没有查看"二战"后在法国此类讨论的具体细节，不过，他的观点为国际社会所了解并讨论过，并且很快在美国得到了认可。科学知识的产生不仅涉及做实验和解释结果，而且要把某个特定的结果和解释放在恰当的地点、恰当的时间，以便让它在文化上容易被理解。单激素理论也同样呼应了19世纪的观念，认为妇女、儿童和非白种人更接近于自然。所有的种族和性别都会同样地发展到某个程度，但只有白人男性会继续发展，进入真正的成年期。

受一个尚未完全被证实的假设。[①] 关于女性缺失的这一未经探究的说法也解释了为什么约斯特(Jost)和其他人都没有进行大量、详细的实验去弄清楚,如果真的如阉割术数据所示,胚胎卵巢起了较为次要的作用,[②]那么到底是什么控制着雌性发育。如果雌性发育是一种自然的状态,只有雄性发育需要解释原因,那么"性别分化"这个词真正的意思就是"男性分化"。[③]

约斯特(Jost)关于女性是某种缺失的产物这一说法直至今天还存在。这些日

---

① 亚里士多德(Aristotle)写道:"女性之所以成为女性是因为缺乏某些品质。我们应该将女性本质视为遭受了某种天然的缺陷。"圣托马斯(St. Thomas)认为妇女是不够完美的男性,是次要的生物。在俄狄浦斯式的形成(becoming)剧情中,女性的心理必须顺应阴茎的缺失,而男人的心理必须调整,以适应对失去阴茎,从而回到某种根本的女性状态的恐惧。更多能够解释人们为什么会接受"女性=缺失,男性=在场"这一理论的原因可能包括所需的实验难度很大,细节很难获得,只有通过将注意力从更加容易、(从出版这方面考虑)能立即出成果的目标转移开去,而这样做需要大量的时间。科学成功的一个组成部分是能够在一个行进中的项目和深挖某个难题的重要性之间取得一种平衡的能力。一些尚未解决的实验结果包括:1) 约斯特(Jost)的切除术是否有可能实施得不够早,以至于无法探测切除胎儿卵巢所产生的效果;2) 注射的雌性激素可能使雄性发育雌性化并且促进雌性器官的生长;3) 虽然约斯特曾尝试用注射睾酮取代被切除的睾丸,但是他从来没有尝试过对切除的卵巢进行相应的实验;4) 他没有做研究去查明除卵巢之外可能产生雌性激素的来源,或者其他可能会支配雌性性分化的非雌性激素分化因子;5) 约斯特知道胎儿卵巢从很早就开始产生雌性激素,但似乎并不关心雌性激素的功能。来自母体或者来自胎儿卵巢的雌性激素可能在决定第二性征的过程中发挥着作用,这种可能性是否存在? 这一问题还没有完全得到解决。当然,在一些脊椎动物身上它"被认为在性腺分化过程中发挥着主要作用"。发现兔子胚胎卵巢开始产生大量雌性激素的时间和胚胎睾丸开始产生睾酮的时间完全相同。他们建议进一步进行研究,以明确这一胚胎雌性激素的功能。卡鲁(Kalloo)等人发现:"雌性激素受体的存在表明母体雌性激素可能在雌性外部生殖器的发育中发挥着直接的作用,这一论断对广为接受的观点提出了挑战,广为接受的观点认为雌性外部生殖器的发育是被动的,因为它可以发生在胚胎性腺激素缺乏的情况之下。"

② 格林(Greene)的结果表明雌性激素对雄性胚胎的雌性化发挥着作用,这一结果让许多人耿耿于怀。约斯特(Jost)继续指出,需要进一步实验来解决这种矛盾的结果。然而,慢慢地,对格林研究的参考引用以及进一步实验的倡议在约斯特的著述中消失了。到了1965年,单激素理论作为已经被完全证明的事实——而不是需要进一步试验验证的暂时性理论——出现在约斯特的著述中。虽然约斯特仍然认为雌性激素能使雄性胚胎雌性化,但他提出,注射的雌性激素并未主动地造成分化,而是损害了睾丸产生睾丸激素的能力,从而使胚胎"自然的"雌性化得以出现。1965年,约斯特仍然认为雄性和雌性发育的在场/缺失理论具有"不确定性"。虽然他能够提出一个看起来很清晰的解释,但这一解释的提出"不应当遮蔽新的关键实验的必要性"。不过,他并没有真正完成其1947年论文中所提出的所有实验。

③ 在1999年的一场关于默认发育概念的辩论中,一位爱维网会员写道:"也许雌性发育也依赖于某种激素——我们所知道的只是性腺激素并非必需。那二三十种可能存在但我们还未发现的激素该怎么说? 我年纪越大,就越觉得默认这玩意儿讲不通。我认为它没有任何意义,只不过是一个冒充有意义的短语而已。"不断有证据涌现,卵巢中发生的事件对调节性别分化很重要。然而,看上去确实很有可能的是,在小鼠体内雌孕激素和雌性激素都不是初始性别决定的主要作用力。

子，科学家们研究和刺激与卵巢或睾丸发育本身相关的基因。[①] 但是直到最近，雌性“就这么发生了”这一理念，即使是在最复杂的科学思想体系中都是一个重要的组成部分。有一篇科学论文的作者在讨论精子将第二条X染色体或者一条Y染色体送入卵子之后，某些特定的基因对卵巢或睾丸的发育所起的重要作用时[②]写道：“在一条Y染色体存在的情况下……性腺……成为睾丸……在睾丸缺失的情况下雌性……生殖器生长……因此性别的确定可以等同于睾丸形成的确定。”“在人类身上……女性是基本的性别，而男性则是被诱导的性别。因此性别的确定可以被认为等同于被确定为男性。”另一位科学家这样写道。“女性发育的路径，”第三位科学家写道，“一直被称作默认路径。”

保守观念认为女性的特质是被动和缺失。在性别发育模式中，能够战胜其他科学模式，并获得最终胜利的模式就是对这种保守观念借用得最多，并且最能适应这一观念的那个模式，不过，这个模式所做的不仅仅是巩固保守的观点。事实上，这一理念认为所有的胚胎一开始都是雌性，“自然的起始状态”是雌性的状态，雄性只是后来才添加的东西，这样的理念让一些女性主义者也备感欣喜。例如，女性主义科学作家纳塔莉·安吉尔(Natalie Angier)写道：“从生物学角度来看，女性不是亚军，女性是原作。我们是第一章，是第一段，是伊甸园真正的开创居民的后代。”女性初始状态这一比喻不仅在性别政治的竞技场中有着文化利益，它也同样开启了通往重要科学创见的大门。例如，从进化的角度来看，这一理念暗示着女性先于男性到达这个世界，男性从女性派生而来——这恰恰与亚当肋骨说相反。这一理念激发了很多有意思的研究，研究的主题包括Y染色体的进化，动物世界中所发现的各种性别体系类型等。

但是成也比喻，败也比喻。想想缺失比喻所引发的二元对立观念。如果女性的方案是符合自然的，这是否也将女性等同于自然，从而暗示着文化是男性的？如果女性特质可以渗透，并削弱男性特质，那么是否“维护男性特质就需要压制女

① 这个过程被称为初始性别决定过程。

② 一旦胎儿性腺出现，它可以产生诱导第二性征发育的激素——这是一个研究者们在20世纪30年代至50年代期间试图解决的问题，本章后面会回到这个问题上来。

性特质”?[1]

当约斯特(Jost)说“成为雄性是一种长期、不安、危险的冒险,它是一种抵抗与生俱来的雌性化趋势的斗争”时,他建构了一种叙事,在这一叙事中,冒险、风险以及英勇的成就都属于雄性。以约斯特(Jost)的叙事为基础,当下很多关于初始性别决定的记录基本忽略了雌性发育。在很长一段时间里,“性别决定”这个词一直“被看作等同于决定为男性”。[2] 我在这里以及其他地方都坚持认为,对这种观点的接受激发了大量关于雄性发育机制(包括基因及激素方面)的研究,但是很少有人曾执着地研究雌性发育机制。在 1986 年的一篇评论中,基因学家伊娃·艾彻(Eva Eicher)和琳达·L. 沃什伯恩(Linda L. Washburn)对性别决定研究进行了批评,因为这类研究“将睾丸组织的诱导形成过程描述为主动的……事件,而把卵巢组织的诱导形成过程描述为被动的(自动的)事件。卵巢组织的诱导无疑和睾丸组织的诱导一样,是个主动的、受基因所指引的发育过程……几乎没有任何文献讨论与未经分化的性腺受诱导形成卵巢组织的过程相关的基因”。直到 20 世纪 90 年代,雌性发育理论才开始出现。[3]

① 这个让女性主义者欢欣鼓舞的比喻也同样会加剧男性压迫。“西方文化,”心理学家海伦·黑斯特(Helen Haste)写道,“有着一个理性克服混乱力量的强大传统,这个传统和男性/女性之争是密切交织在一起的……一方不只是和另一方相对立,它需要战胜另一方。黑暗力量必须被挑战并且被征服。”本着类似的观点,女性主义历史学家卢德米拉·乔丹诺瓦(Ludmilla Jordanova)说启蒙运动是如何给我们带来了成对的词,如自然/文化、女人/男人、身体/精神、育儿/思维、感觉和迷信/抽象知识和思想、黑暗/光亮、自然/科学和文明等。

② 至少有一位和我通信的科学家对这一论断提出反对意见,但我认为这一论断是有依据的。许多胚胎学课本中都有一部分“性别决定”的内容,只讨论雄性发育。例如,卡尔森(Carlson)对“性别遗传决定”这个主题进行了讨论。他首先提出雌性在 Y 染色体缺失的情况下发育,然后将整个这部分用于讨论雄性发育。唯一一本以公平的方式讨论雄性和雌性发育的现代教科书是斯科特·吉尔伯特(Scott Gilbert)的作品。吉尔伯特的公共职务之一就是女性主义科学历史家,这绝非偶然。

③ 沃尔夫(Wolf)承认“雌性发育无疑不是自发的”,但除此之外他并没有对雌性发育进行讨论。辛克莱(Sinclair)的两篇文章讨论了睾丸决定路径,尽管这两篇文章承认卵巢和睾丸的决定过程中都有着深层的复杂性,但并没有对卵巢决定路径做出推断。卡佩尔(Capel)写道,默认这一说法“可能会起误导作用,因为它暗示雌性路径不是一个主动的、由基因控制的过程”。亨特(Hunter)用了一个段落介绍艾彻(Eicher)和沃什伯恩(Washburn)的假说,但是这六十六页长的一章的其余部分都在讨论睾丸决定基因。斯温(Swain)等人写道:“卵巢分化不可能是被动的,因为在 XX 生殖器脊状隆起发育刚开始时,基因表达就已经发生了变化。”目前只有三篇论文认为基因在雌性发育中起着积极活跃的作用。这类“性别分化”(而不是雄性分化)的描述仍然只占少数。

造成对雌性发育缺乏科学关注这一现象的原因并不仅仅是由于存在/缺失比喻的影响。事实上，其他比喻——尤其是关于支配基因（master genes）和开关（switches）[①]——以及动物本身也造成了雄性和雌性发育科学史的这一现状。例如，当某一位性别研究者寻找雌性激素对雌豚鼠发育的作用时，他发现注射雌性激素会使实验动物流产，这使得完成这一实验思路变得很困难。[②] 他便会决定，对于他的职业来说更为明智的做法是去实施一个更加可能在合理的时间内取得可供发表的实验结果的研究思路。

和大多数研究哺乳动物类固醇激素的科学家一样，约斯特（Jost）希望他的研究可以在实践上和理论上适用于人类。几乎从一开始，他就和关注人类发育的医学科学家进行交流。1949 年，利用他哥哥马克·约斯特（Marc Jost）博士提供的人脉关系，艾尔弗雷德·约斯特（Alfred Jost）访问了约翰·霍普金斯大学。在那里，他遇到了人类间性研究的先驱劳森·威尔金斯博士（Dr. Lawson Wilkins）。关于威尔金斯（Wilkins）医疗案例的热切讨论让威尔金斯（Wilkins）接受了约斯特（Jost）关于哺乳动物性别发育的单激素理论，威尔金斯（Wilkins）随即在他即将出版的关于人类性别畸形的著作中运用了这一观点。与此相应，约斯特（Jost）则注意到这个资深的、颇具名望的临床医生的肯定对于年轻的实验科学家来说是多么重要——见面时，约斯特（Jost）三十三岁，威尔金斯（Wilkins）五十五岁。

---

① “支配”基因假说在事情发展的过程中有着重大的影响。目前大部分关于初始性别决定的研究都认为 Y 染色体中包含着一种“支配基因”，那是一个开关，开启了发育过程。根据这一模式，只需要一个基因就可以决定雄性发育。其他人则认为发育是一个很多基因都起着关键作用的过程，而基因作用的时机准确也很重要。

② 米尔顿·戴蒙德（Milton Diamond）写道：“作为一名研究者，我在这个方面所尝试写的第一篇论文是想要研究雌性激素是否能够使雄性胚胎雌性化，就像雄性激素能够使雌性雄性化一样。我给怀孕的豚鼠注射雌性激素，无一例外总是导致胚胎死亡。这让我很失望，因为用这种方式是很难对行为进行研究的。”另一位研究者曾写信告诉我雌性激素对动物行为的影响很小，并且难以测量。这当然并不意味着它们不重要，但是如果你是一位助教，想要出成果，我希望你选择研究那些明显的效果，而不是难以察觉的效果。

所有这一切的核心：从双性恋到异性恋

受约斯特(Jost)性别发育默认模式影响的远不止生殖器研究和与性别相关的解剖学研究。到了20世纪50年代后期，科学家们已经在行为研究中借鉴了这一理念。他们认为，睾丸素事先对雄性大脑发出指令，让它为与性别相关的行为做好准备。雌性大脑是在没有睾丸素的情况下形成性别的。这一观念似乎十分符合约斯特(Jost)的身体结构发育过程理论。然而，与解剖相比，行为是一个更加难以把握的对象。尽管间性——包括人类和动物中的间性——带来了混乱，身体结构发育一直是一种衡量激素影响的相当清晰的方式。有睾丸或者卵巢，附睾或者输卵管，阴囊或者阴唇。但是关于性别行为的研究已经不再局限于解剖学问题，而涉及雄性气质、雌性气质、同性恋、双性恋和异性恋等问题。

双性恋

从20世纪30年代至50年代，性别问题研究委员会转而支持动物和人类性别行为研究。20世纪30年代，弗兰克·安布罗斯·比奇(Frank Ambrose Beach)作为年轻的科学家崭露头角，至40年代中期，比奇(Beach)已经形成了详尽的动物性别理论。在大学期间，比奇(Beach)就已经放弃一切了解人类心理的希望，认为“白鼠更简单些”，尽管他仍然想要解决心理学中的基本问题。为写博士论文，他进行试验，破坏大脑皮层的特定区域，研究是否能扰乱大鼠的母性行为。从这个研究到激素和性别行为研究只是小小的一跃。在“二战”期间以及“二战”之后，比奇(Beach)和其他动物心理学研究者完成了三项任务。[①] 他们详细描述了可以量化并且可以认定为具有雄性特点或雌性特点的行为，他们对于不同物种之间以及同一物种不同个体之间的行为差异形成了一定的观念，他们还研究了雌性激素、孕酮和睾酮对成年期性行为的影响。在综合这类实验结果后，他们发表了关于动物雌性和雄性起源的看法，而许多研究人员则很积极地将这一看法运用到人类身上。

在本书的讨论中，我强调比奇(Beach)研究的三个方面。第一，他坚持动物行为的多样性——在每一个性别内部、每一个物种内部以及不同的种和属之间所存在的多样性。第二，他针对动物行为采用我们今天称为系统研究法的方法，强调每一个身体内部不同的生理系统之间的相互作用，以及那些诱导或者允许某些特定行为的社会语境。第三，他在人类性别多样性这一话题上是个直言不讳的自由主义者。通过观察他的职业生涯和观念，我们可以再一次清楚地看到社会因素和科学因素是如何形成同一结构的一个部分的。

在极为多产的四年间，比奇(Beach)至少在十四篇科学论文中记录了他的大鼠性别研究结果。不出所料的是，他在雄鼠和母鼠交配行为的支配性方面发现了性别差异。对于实验心理学家来说，这些单独的动作每一个都提供了一个机会，可以将交配过程细分成更小的部分进行计数，并可以用来分析激素、环境和生活

---

① 比奇(Beach)写道："这个委员会为激素行为发展研究所提供的资助的重要性从来没得到过充分的认识……性别问题研究委员会决定鼓励研究大鼠的交配行为……或者已婚妇女达到性高潮的频率……这是一个勇敢的决定，最终为将激素作用研究普遍延伸为一个重要的行为范畴而开辟了道路。"从 20 世纪 30 年代晚期至 60 年代，不断发展的激素和动物行为研究直接并且有意识地以早期激素研究者们所试图解决的问题为基础。比奇列举了利利(Lillie)、穆尔(Moore)、马歇尔(Marshall)、希普(Heape)以及其他很多人，认为他们在早期对该领域做出了贡献。比奇在芝加哥大学读博士时，导师是卡尔 · S. 拉什利(Karl S. Lashley)。拉什利关于大脑机制和智力的研究，强调对大脑功能进行整体的认识，他的观点清楚地反映在比奇的研究和思维方式之中。比奇与一位内分泌学家讨论他关于脑损伤大鼠的研究结果，该内分泌学家提出脑损伤可能会干扰垂体分泌，因而影响性腺激素的分泌。比奇是这样描述这次会晤的："我一点儿都不明白他在说些什么，但是在读了点内分泌学后，我决定给我那些接受过脑部手术、被去性别化的雄性大鼠注射睾丸激素，看看会发生什么……嗨，真是没有想到！注射了睾丸激素的大鼠恢复了性欲，我以为我走上了通往诺贝尔奖的道路。"在美国，动物心理学领域被称为比较心理学。在欧洲，一个相关却不同的传统被称为行为学。在 20 世纪 50 年代，欧洲动物行为学对美国的比较心理学家产生过巨大的影响。

经历可能会产生的影响。[①] 对于每一种性别而言,与交配相关的这一组行为界定了雄性特质和雌性特质。[②] 然而,与性别之间的差异同样值得注意的是在每一种性别内部、在同一物种的不同实验室品种之间以及不同啮齿类动物之间所存在的显著的个体差异。比奇(Beach)认为,从神经学上来看,所有的动物都有双性恋的可能性。他想知道的是,是什么因素导致了特定的性别表现,无论这些表现是异性交配、雄性和雄性互爬、雄性脊柱前凸,还是雌性—雌性或雌性—雄性爬骑行为。

比奇(Beach)和其他动物性别研究人员不得不为他们的研究工作的重要性和正当性做辩护。在20世纪40年代和50年代,对人类发展的精神分析"环境"理论比行为的生物学解释受欢迎得多。尤其是在20世纪50年代,人类心理学深深地烙着精神分析法的印记。[③] 然而,对于比较动物心理学家们来说,弗洛伊德(Freud)似乎缺少定量的实验生物学依据,这着实令人沮丧。在美国,动物心理学在约翰·B. 沃森(John B. Watson)及其他人的带领下逐步形成和发展,而在欧洲,动物行为学家,如康拉德·洛伦茨(Konrad Lorenz),则通过对鸟类的铭记行为进行试验来引起人们对动物行为学这一概念的关注。他有一组很出名的照片,照片中小鸭和小鹅跟着他,就好像他是它们的父母,因为他是它们被孵化出来后见到的第一个会移动的对象,这组照片激发了许多美国人的想象力。一般情况下,人类心理学研究者和动物心理学研究者都强调经验和学习对行为塑造的重要性,同时他们也会结合本能和天生的欲望(如饥饿、性欲等)的理念。而内分泌学家和生理学家则希望钟摆回到生物学上来。[④] 此外,性本身对于高雅场合来说不

---

① 一位研究者写信告诉我:"对于行为主义者来说,这就是它美之所在,因为这其中有太多容易测量的东西。"即使是密切相关的物种,在细节之处也有所不同。

② 像筑巢、母鼠对幼鼠的照顾以及捍卫领地过程中的进攻性行为也界定了大鼠的雄性气质和雌性气质,但在这一时期,比奇(Beach)所关注的重点主要在于弄清交配行为的构成。

③ 伦德伯格(Lundberg)和法纳姆(Farnham)过于夸大了精神分析对日常生活的必要性。

④ 比奇(Beach)并不欣赏沃森(Watson)和行为主义者。1961年,他写道,"在我看来,似乎是到了重新审视这些问题的时候了,更多的注意力得放在受遗传影响的生物因素上,有可能是这些生物因素导致了"性别之间和种族群体之间的"差异"。

是一个合适的话题。[1] 这种不利的氛围或许可以解释为什么比奇(Beach)在他1942年一篇重要的论文中一开篇便采取攻势。“动物行为研究者们,”他写道,“常常会推测性兴奋的本质,而心理学思想流派通常是建立在对‘性欲’含糊不清的概念之上。”比奇(Beach)旨在将讨论建立在科学基础之上,并提供“人类行为的系统发育论解释”。

比奇(Beach)提供了一个多层次的、性别多样化的动物行为模式。他指出,许多脊椎动物生来就具有已完全形成的神经—肌肉循环系统(运动神经模式),这一系统是诱导和执行性行为所必需的。例如,雄性大鼠通常只有到了三十五天至八十天大时才会进行交配。但如果在早期注射睾丸激素,会诱发一系列成年雄鼠的行为。然而,虽然这证明了与生俱来的运动神经模式,但这并不能推及巨猿。在巨猿身上,似乎实践和经验对交配行为十分重要,这一事实对比奇(Beach)的“人类性生活的系统发育论解释”有着尤为重要的意义。

然而,生来具有最基本的循环体系是不够的——是因为比奇(Beach)认为在每一种性别之内都存在决定雄性和雌性交配反应的运动神经模式。一个模式是如何在某个特定的个体中占据主导地位的?通过分析性唤起的成分或许可以找到答案。比奇(Beach)强调,在这类分析中采用一种全面的方法。[2] 例如,性唤起源于大鼠个体的特定体格、[3]刺激对象的交配能力以及动物先前的经历。正如个体雄鼠在交配兴趣上各不相同,特定母鼠在它们的交配意愿上也不尽相同。要使

---

① 威廉·C. 扬(William C. Young)在一次回顾中写道:“激素与性别行为之间的关系这一课题在生物学、医学和社会学上十分重要,可是这一课题的研究一直没有得到和其重要性相应的力度。原因或许在于长期以来与性行为有关的任何活动一直都名声不佳。据我们的经验,在机构记录中以及研究计划申请报告的题目中,我们被要求慎用‘性’这个词。我们能清楚地记得,在科学会议和研讨会上,某些数据是否合适展示这个问题受到过质疑。”

② 他在1947年写道:“整体性方法的重要性在于,人们会设计一些生理实验来识别与某种特定的生殖器反射相关的神经路径,或去衡量某个腺体分泌物对交配反应发生的重要性,这些生理实验对我们了解性别行为做出了巨大的贡献。然而,只有当我们在更为广泛的背景——当这整个性模式出现在正常的动物身上——中时,这些实验结果的全部意义才会更为明显,这一点应该是显而易见的。”

③ “经验不足的雄鼠性唤起的难易程度存在着个体差异,这些个体差异构成了一个重要的因素,在试图界定交配行为的充分刺激时需要考虑进去。在一只雄鼠身上能够引发交配行为的刺激状况可能无法在同一物种另一个不那么容易兴奋的个体身上唤起交配反应。”

交配顺利进行，这两种因素都很重要。冷漠的母鼠和不够热情的雄鼠很可能无法顺利交配。然而，将一个低能量的雄鼠和一个交配意愿强烈的母鼠配对，则会擦出火花。[①]

比奇(Beach)对交配双方的偏好进行了分析。先前的经验很重要。长时间和其他雄鼠一起喂养的雄鼠进行交配的可能性远小于单独喂养或与母鼠一起喂养的雄鼠。感官很重要。发情的母鼠向雄鼠传递大量的刺激——动作、身体姿势、耳朵颤动、气味、味道、触觉，所有这一切都有助于让雄鼠兴奋起来，完成交配。如果让雄鼠失去五种感官中的一种，它仍然会交配，但如果剥夺一种以上的感官，雄鼠就很可能会失去兴趣。大脑——比奇(Beach)猜测是大脑皮质——对于交配也是必不可少的，虽然其中的原理还不是很清楚。[②] 最后但同样重要的一点是，激素很重要。激素可以通过增加对刺激信号(所有那些气味、耳朵的颤动以及蹦跳)的敏感性来增加动物整体的兴奋度。

睾丸激素和雌性激素在性方面所产生的效果并不具有特定性。例如，给没有经验的雄鼠注射睾丸激素会让它们激动不已，以至于试图与没有交配愿望的母鼠、年幼雄鼠、豚鼠交配！给母鼠注射睾酮也会增加其兴奋性，并使它们表现出雄性和雌性两种交配模式的倾向。但是，即使没有接受注射的母鼠有时也会表现出雄性交配模式。[③] 雌性激素也同样能在两种性别的大鼠身上诱导出雄性交配模式，当然，它之所以被称为雌性激素，是因为它能够让雌性啮齿类动物发情。比奇

---

① 明显的交配模式的出现由雄性的性兴奋难易程度和刺激方所提供的刺激的强度共同决定。一个极易兴奋的雄性可能会尝试着与刺激值相对较低的刺激方进行交配……一只不那么容易兴奋的雄性除了和发情的雌性进行交配之外，不会和其他刺激方进行交配。即使是给一只不容易兴奋的雄性提供发情的雌性，它也可能无法被唤起到能够进行交配的程度。在一群大鼠中，总是会有看上去对交配不感兴趣的雄鼠和母鼠，比奇(Beach)和其他研究者对这一事实进行了评论。最后，将这类动物从交配活动测试中剔除似乎成了惯例。

② 很显然，即使动物的皮层被切除，它们仍然可以交配。

③ 正常母鼠并不需要来自外部的睾丸激素以表现出雄性交配模式。比奇(Beach)和普丽西拉·拉斯奎因(Priscilla Rasquin)在性别隔离的群体中养殖母鼠，然后在四个交配周期中每天对它们进行测试。比奇和拉斯奎因得出了一些令人吃惊的结论：第一，他们指出他们的实验大鼠中绝大多数的母鼠都有着雄性交配模式所需要的大脑和肌肉结构；第二，他们的结论是相同的刺激——一只发情期的母鼠——可以诱使雄鼠和母鼠都表现出这种雄性模式；最后，他们指出卵巢激素并不控制母鼠的雄性交配行为。比奇于1938年首次公布了这些跨性别行为。

(Beach)坚持认为"在动物的激素状况和它所表现出的行为特点之间缺乏完全的相关性"。即使是大鼠,也不完全受它们的激素水平控制。"心理因素"很重要,尽管在程度上不及人类。①

在他1942年的一篇评论文章中,比奇(Beach)用一个图表来使拼图的各个小片组合成一体:感官输入、中枢神经系统的作用以及激素的功能(图8.1)。他假设有一个中枢兴奋机制(Central Excitatory Mechanism),这是一组神经细胞,从感觉感受体接收输入信息,并向执行雄性和雌性交配模式的神经回路发送输出信号。不同的输入信息感受体会刺激中枢兴奋机制中不同数量的神经细胞。因此,嗅觉可能比视觉更重要。但是在中枢机制中所产生的效果会累加。② 嗅觉本身或许不足以让大鼠兴奋到让信号离开中枢机制、刺激大鼠进行爬骑或脊柱前凸的程度。或者它足以刺激引发爬骑动作,却不会引发插入动作。但是从其他感觉感受体接受的刺激可以让兴奋超越顶点。在比奇(Beach)的图式中,激素扮演着三个

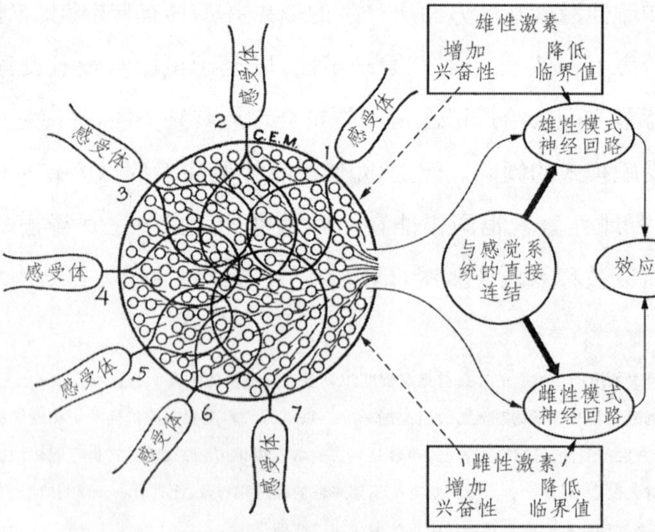

图8.1 比奇(Beach)关于激素影响行为的机制模型(Beach)

① 为了进一步证实他的观点,比奇(Beach)还援引了卡尔·穆尔(Carl Moore)早年和斯坦纳奇(Steinach)之间的辩论,尤其是穆尔所坚持的大鼠个体差异太大,不能用来表明激素存在或缺失的观点。

② 这个总的效果与拉什利(Lashley)对大脑功能的研究方法相一致。

角色。第一，它们可以直接作用于中枢兴奋机制，提高性兴奋水平。第二，它们可以降低刺激掌管雄性或雌性行为模式的神经回路所需的临界值。第三，它们可以直接影响感官。例如，比奇(Beach)猜测，睾丸激素会增加阴茎的触觉敏感性，[①]而阴茎的触觉感受器会将更为强烈的信号发回到中枢兴奋机制，进一步刺激大鼠的性兴奋度。

在比奇(Beach)的图式中，雄性和雌性之间的不同在于数量，而不在于性质。例如，雄性激素能刺激雌性爬骑和插入，但不像刺激雄性那么容易。例如，与一个不那么敏感或感受体较少的雌性相比，有着极其敏感的感官感受体的雌性到达性兴奋状态所需要的雄性激素或雌性激素较少。比奇(Beach)的假说很好地解释了为什么每一性别内部存在个体差异，为什么在某些条件下雄性和雌性会表现出雄性和雌性两种交配模式，以及为什么雄性激素和雌性激素可以在两种性别中诱发这两种模式中的任何一种。

比奇(Beach)早期的很多研究都是在纽约的美国自然历史博物馆进行的，不过到了1946年，他日益增长的名声使得耶鲁大学聘请他为心理学系的一员。以这个具有权威性的身份，他积极推广他关于动物性别的理念。1948年，比奇(Beach)在纽约发表了著名的“哈维演讲”。在强调雄性和雌性之间的相似性时，他指出：“雌性性行为背后的生理机制在所有雄性身上都可以找到，而雄性性行为背后的生理机制在所有的雌性身上也都存在……人类的同性恋行为反映了我们哺乳动物在本质上的双性恋特质。”比奇(Beach)写道，人类社会或许会谴责同性恋行为的不道德，可是人们不能援用自然作为理由：我们的哺乳动物祖先证明了同性恋是很自然的。

比奇(Beach)的动物研究与社会上更为广泛的关于人类性别的讨论交织在一起。他在“二战”前不久以及“二战”期间做了大部分关于动物双性恋的研究。“二战”一结束，他就开始将他的理念运用到人类身上，用他的话说，当时“公众对与性有关的问题的公开讨论和科学探索的态度如果说还不是很开明的话，至少已经相

---

① 后来他公布了能够证实这一直觉的实验。他继续强调要采用整体性方法：“有证据证明，雄性激素的作用受到一系列复杂的机制组合的调节，在这些机制中，所谓的龟头触觉功能只是其中的一个。”

当宽容了”。金西(Kinsey)发现男性和女性中广泛存在着双性恋现象,这一发现似乎大大加强了他研究的重要性。1946 年,比奇(Beach)承认参考了金西(Kinsey)当时尚未发表的实验结果,[①]但由于比奇(Beach)认识金西(Kinsey),并且是金西(Kinsey)研究中的被访者之一,[②]因此很有可能从 20 世纪 40 年代初期开始,他就已经在考虑关于人类的研究了。[③] 而金西(Kinsey)也一再地引用比奇(Beach)的动物研究,目的是为了在一整套典型哺乳动物生物学中找到人类行为的位置。[④] 战争本身让同性恋问题更加受到关注。同时,比奇(Beach)所做的大鼠实验表明存在着各种各样的性行为,而他也就性行为问题采访过不同的人。至少在 20 世纪 50 年代早期,比奇(Beach)的观点与美国国内讨论的基本元素相一致。

异性恋

在 20 世纪 50 年代,随着颂扬异性恋、声讨同性恋的“冷战”意识形态在美国占据主导地位,对动物行为更为限制性的解读开始得到关注并日益壮大。到了 1959 年,一种新型的啮齿动物出现了,它是明确的异性恋,并且与比奇(Beach)的大鼠相比,它更加受到性别角色的约束。一个新的理论表明,个体差异源自早期受到的激素影响。[⑤] 此外,这一理论几乎不去尝试着对行为做出综合性描述,而这种综合性描述在比奇(Beach)的研究中是十分明显的。相反,生物学家将生活经历从行为的生物学解释中剥离出来,将它当作一个令人尴尬的“小妹妹”——总是

---

① 比奇(Beach)写道,他文本中的某些观点以 A. C. 金西(A. C. Kinsey)博士慷慨提供的数据为基础,他对一万多人性行为所进行的广泛的采访研究将会出版。金西和比奇都受到了性别问题研究委员会的资助,金西在他 1948 年研究的引言中谈到了这件事。他们曾经碰过面,对共同的兴趣进行了讨论。

② 金西(Kinsey)采用私人访谈来收集数据。他亲自招募并培训采访者。

③ 在琼斯(Jones,1997)和加斯特霍恩—哈迪(Gasthorne-Hardy,1998)中,比奇案例谈到了他和金西(Kinsey)之间的友谊。金西于 1941 年第一次获得性别问题研究委员会的资助,随后每年都会获得更多的资助,直到 1947 年。

④ 在 1953 年出版的那册书中,金西(Kinsey)对比奇(Beach)提供动物研究的信息表示了特别的感谢。

⑤ 这项新研究的构筑者已经对个体差异做了很多研究,并且和他人一样得出结论,认为个体差异出现是因为每个身体——或者,按照科学家们的称呼,“培养基”——不同。他写道:“很明显,对于那些想要研究交配行为模式之间为什么会存在巨大差异的研究者来说,核心问题是识别哪些因素决定了受性腺激素影响的培养基的性质。”这篇文章将当时最新的大鼠研究引入精神病学领域。组织/激活理论在解释同一物种个体之间的差异时只会偶尔被用到,尽管在一开始正是这个问题促进了那些产生组织/激活理论的实验。

被提及,但从来没有真正被允许加入"大孩子们"的游戏之中。最后,随着研究者将约斯特(Jost)关于生殖器发育的观点运用到动物行为研究中,雌性气质成了一种缺失,而雄性气质则成了一场斗争。

要想追溯这一演变过程,威廉·C. 扬(William C. Young)是一个关键人物。扬(Young)在芝加哥大学获得了博士学位,其博士论文的选题是关于精子(从睾丸到外部世界)的输送。20 世纪 30 年代至 40 年代,在性别问题研究委员会的资助下,扬(Young)重点研究豚鼠的交配行为。① 他的座右铭是"观察、测量、记录",而他也确实是这么做的。他注意到雌豚鼠交配反应的周期性,详细记录了在发情周期中的什么时间特定的行为会产生和消失,并弄清雌性激素和孕酮的周期性变化与雌鼠交配反应的增强和减弱之间的关系。和大鼠一样,雌性豚鼠在发情时会脊柱前凸,"经常……伴随着喉部发出声音,追逐并爬骑其他雌鼠,甚至是雄鼠"。

尽管"除了不事后仰面打滚和清理生殖器外,雌性豚鼠会完成整个交配过程的一系列动作",扬(Young)和他的同事们对雌鼠这一异常行为表现出了某种矛盾的态度。一方面,他们将这种爬骑描述为雌性性冲动中正常的一部分,②而另一方面,他们称之为"正常雌性的同性恋行为"。在一组实验中,扬(Young)和他的同事们发现雌性激素和孕激素一同作用会诱导雌鼠做出爬骑动作,令他们吃惊的是,睾丸激素几乎没有这种效果。③

扬(Young)1941 年关于雌性哺乳动物交配行为的研究综述和比奇(Beach)1942 年的综述所涵盖的大多是同一个领域的内容。然而,扬(Young)在为这一复杂行为提出一个包罗万象的概括性理论时很犹豫。"内分泌、神经、遗传、个体发

---

① 扬(Young)所获得的资助是利利(Lillie)从性别问题研究委员会所获得的资金。虽然他也对其他动物,尤其是大鼠和猴子,进行过研究,并且他的一些学生重点研究灵长类动物,但是扬的大部分学术出版物致力于豚鼠行为研究。

② 他们写道:"在任何性冲动测量中,爬骑行为和接受交配的意愿都应该被视为性行为综合体中可分的组成部分,可以用任何被认为最合适的手段进行测量。

③ 在这种周期性依赖方面,雌性豚鼠和雌性大鼠不同。扬(Young)指出了前一章所讨论的挥之不去的困惑,这种困惑是由对所谓的雄性和雌性激素的期望所造成的:"在研究早期,我们预计是雌性激素—雄性激素,而不是雌性激素—孕酮,会激发爬骑行为。所用的雄性激素相对没有效果,这令人惊讶,但是雄性激素能够代替孕酮更加有效地诱导发情,而不是引发类似雄性的爬骑行为,这更加令人费解。"

育、营养、环境、心理、病理和年龄等因素……无疑还有其他的因素”都一起作用,产生交配行为。想要找出任何特定因素所起的作用几乎是不可能的。“不过……必须选择一些起始点……卵巢激素被选中了,不是因为它们一定是唯一的限制因素,而是因为它们是通过实验程序诱导发情的手段,也是可以用来阐明其他因素所起作用的手段。”换句话说,激素是“手段”(hook),是了解性别行为的入口。①

在他的职业生涯的第一阶段,扬(Young)主要研究的是雌性豚鼠,但在20世纪50年代,他和他的同事们把注意力转向了雄性豚鼠。首先他们仔细地描述并测量了雄性交配行为的五个方面:用鼻子蹭、嗅闻、轻咬、爬骑、插入和射精。② 他们一次又一次地观察到雄性行为的个体差异。有些雄性豚鼠性欲旺盛,而其他雄性豚鼠看起来对交配几乎不感兴趣。性欲低下的雄性豚鼠是否循环的睾丸激素就少呢?并非如此。这些研究者对性欲旺盛和性欲低下的个体进行阉割,然后给它们都注射同样浓度的睾酮,差异仍然存在。阉割前性趣十足的豚鼠在得到了丢失的激素后又重新有了十足的马力,但原先不温不火的家伙则还是不感兴趣,即使被注射了比原先浓度更高的睾丸激素。由于循环激素的量无法解释差异,扬(Young)便猜测在不同的动物体内,调节性行为的组织对激素的反应能力肯定不同。③

然而,这些调节组织是如何在一个雄性和另一个雄性之间有所不同的?在数年间,扬(Young)和他的学生们对遗传因素和经历因素都进行了研究。近交系和远交系动物之间的基因差异可以告诉我们其中的一些原委。早期和其他动物的交往经历很重要。在一些实验中,他们将新生动物幼崽和它们的兄弟姐妹分开——在生下来十天至二十五天内,让它们只和它们的母亲生活在一起,随后将

① 在这里,我们看到科学实践文化在起作用。只要是做科学研究,就需要一些可测量的出发点。扬(Young)和其他人一样,需要稳定的结果,以便获得资助、训练学生,并继续他的研究。换句话说,成功的科学实践并不一定会产生一种关于机体功能的不偏不倚的概述。它的确会产生精心设计的实验,可以提供具体的结果,为更加精心设计的实验铺平道路。

② 他们的观察还包括另一类被称为“其他”的交配反应。

③ “我们推测……个体之间的很多差异是由于组织的反应差别,而不是由于激素量的差别。”

它们完全隔离饲养。在一个雄性总是性欲低下的近交系品种中，如果在吃奶二十五天后完全隔离，则会造成性表现急剧下降，而在性欲旺盛的品种中，如果在十天大时断奶，之后完全隔离，则会严重抑制交配反应。结论是："与其他动物接触对于雄性豚鼠交配模式的发展有着组织形成的效果。"①

到了20世纪50年代后期，扬(Young)和他的同事们完成了对雄性和雌性交配行为的彻底而全面的研究。在扬(Young)、比奇(Beach)以及其他人自20世纪30年代开始所做的很多实验中，激素的表现似乎符合比奇(Beach)的假设。它们可以以某种方式让"原先已经组织形成的或由遗传和经验等因素决定的"潜在特质表现出来。但其他实验表明，在发育早期受到激素的作用可能会对行为产生长期的影响，而这些影响一开始并不明显，只有到了动物成年后才会表现出来。这些数据和比奇(Beach)的理论之间的矛盾没有得到解决。扬(Young)和他的同事们决定重新开始讨论激素的长期影响这一问题，他们的这一做法在具有雄性气概的大鼠的历史中开启了新的篇章。

1959年，当关于同性恋、共产主义和家庭的冷战言论处于其鼎盛时期之际，扬(Young)和他的三个比他更年轻的同事发表了如今已经成为经典的论文《产前注射丙酸睾酮对豚鼠体内调节交配行为的组织所产生的构造作用》(Organizing Action of Prenatally Administered Testosterone Proprionate on the Tissues Mediating Mating Behavior in the Guinea Pig)——以下简称扬(Young)1959年论文。其牵涉到的利害关系很多，而他们也深知这一点。产前雄性激素或雌性激素的作用具有"构造功效，而这一功效会在成年性行为的特点中得到反映"，这一发现意味着整个成年行为在很大程度上可以追溯到产前激素的化学作用。它还表明了

---

① 在这一时期，扬(Young)的研究小组开始更加严肃地考虑神经模式的早期构造和它们在另一时间受循环激素的激活之间的区别。在一篇论文中，他们写道："数据表明，丙酸睾酮起的是活化剂的作用，而不是性别行为的直接组织者的作用。性别行为的组织取决于和品种相关的变量、学习爬骑的机会。"当时扬还认为，雄性性行为的组织不像鸟类铭记一样"非常分明地被局限于早期一个关键时期"。1959年之后，扬和其他人开始坚持关键时期的重要性，而当他们一旦证明睾酮在产前所起的组织作用，便不提将豚鼠与同伴隔离所起的"组织"作用了。接受扬的训练的罗伯特·格伊(Robert Goy)也发现品种差异和经验对于雌性交配反应的组织很重要。由于后来研究者关注的重点放在雌性交配模式的组织过程中产前雌性激素(或者产前雌性激素缺乏)的影响上，因而这些研究结果颇具重要性。

激素对行为的重要作用和激素对身体结构发育的重要作用是相对应的。最后，明确的结果会“将注意力指向造成两性之间行为差异的可能根源，而这本身对于心理学和精神病学理论是十分重要的”。

这最后一句评论提到了约翰·汉普森(John Hampson)和琼·汉普森(Joan Hampson)关于人类性别差异发展的研究带着一个微妙却很重要的信号。(在第三章)我们谈到，20 世纪 50 年代，汉普森(Hampson)夫妇和约翰·莫尼(John Money)对被作为男性或女性抚养的间性人的发育进行了研究。汉普森(Hampson)夫妇与比奇(Beach)不同。比奇(Beach)显然认为人类同性恋行为是一系列自然的性行为中的一部分，而汉普森(Hampson)夫妇认为同性恋和易装癖是不正常的。[①] 通过引用汉普森(Hampson)夫妇的研究，菲尼克斯(Phoenix)等人表明他们不同意比奇(Beach)关于潜在双性恋的观点，而同时他们又认为豚鼠研究可能会通往发现同性恋生物学基础的道路。[②]

扬(Young)1959 年论文的发表对接下来几十年间激素和性行为的研究产生了很大的影响。作者们提出了一个理论——激素作用的组织/激活(organizational / activational，O/A)模式，这一理论将比奇(Beach)1942 年的综述发配到历史的犄角旮旯里去了。扬(Young)和他的同事们发现了什么？关于 O/A 模式他们最初是怎么说的？异性恋啮齿类动物——具有雄性气质的豚鼠或者具有雌性气质的大鼠——是如何取代双性恋动物成为关注的焦点的？

扬(Young)和他的同事们提出，在胎儿期或围产期激素组织构建中枢神经组

---

① 这篇论文比菲尼克斯(Phoenix)等人的论文晚发表了两年，扬(Young)是这篇论文所发表的那期杂志的编辑。因此，他和他的合作者当时已经阅读了该论文，并可以参考“印刷中”的该论文。

② 这场争论很复杂。例如，汉普森(Hampson)夫妇写道，他们“对人类雌雄同体现象所做的研究很有力地表明后天养育和社交学习对建立正常的性别角色……以及，照此类推，混乱的性心理具有极为重大的影响”。与此同时，他们并不完全排除遗传或身体构造所起的作用。但是，他们认为“证据非常有力地反对关于存在着先天的、预先形成的、遗传的行为规则的理论，不管是激素的还是其他的因素”。在扬(Young)的实验室内部，对实验结果的意义也有过辩论：“和扬相比，研究小组中更年轻的成员更加确信这是一种大脑的直接影响……在撰写论文之时，这是一个在实验室里激烈争论的问题，而最后给出的略显矛盾的观点也是在他们猜测所发生的事与他们实际上能够证明的东西之间的一种平衡。”

织,这样在青春期激素就能够激活特定的行为。他们给怀孕的豚鼠注射睾酮。[①]接受注射的母鼠生下雌性间性小鼠(研究人员在文章中称之为雌雄同体)。所有受到过睾酮作用的后代内部结构都有雄性化迹象,有些还长了雄性化的外生殖器。这些雌鼠长大后,在注射的雌性激素和孕酮的刺激下,进入发情状态所需的时间更长。它们脊柱前凸反应比未接触睾酮的参照组弱,并且"常常不会表现出喉部低声咆哮这一正常雌性脊柱前凸模式中很典型的一部分,而有些个体则从来不会表现出这种行为"。注射睾丸激素后,它们还会很热烈地爬骑其他豚鼠。除了脊柱前凸期间雌性豚鼠所发出的咆哮声,区分雌性和雄性的是数量,而非质量。例如,在一个实验中,89%的参照组雌性豚鼠在切除卵巢并注射激素后进入发情状态,而在胚胎期接受过睾酮注射、有着正常外生殖器的雌性豚鼠中这个比例是65%,在外生殖器雄性化的雌性中这个比例是22%,而在被阉割的雄性(这是另外一个参照组)中这个比例是38%。[②] 不会发情、进入发情状态所需时间更长、发情时间短、脊柱前凸反应时间短,以及在没有注射雌性激素/孕酮的情况下爬骑等都标志着雌性特质在减退,而雄性特质在增加。雄性特质和雌性特质变得互不相容,一方的增强便意味着另一方的减退。

---

① 我接受评论家们的批评意见,他们认为我早年关于这一问题的讨论在某些方面是错误的,尤其是我没能给予扬(Young)公正的历史评价,另外我断言菲尼克斯(Phoenix)等人声称存在一种大脑影响,而事实上他们更加谨慎,声称存在一种中枢神经系统影响。不过这篇论文可以用来展示自从组织/激活理论最初发表之后,它是如何从根本上被不断修改的,并且我还是坚持我的批评意见,即该模式遗漏了经验、遗传及个体差异。它不是比奇(Beach)所希望的那种整体性模式,也不是我在这一章和下一章所形成的整体性模式。

② 他们完成了四项基本实验:1) 他们给受过产前雄性激素作用的成年雌性豚鼠注射雌二醇和孕酮,对其交配反应的各个方面进行测量,结论是产前接触雄性激素会抑制脊柱前凸反应,但不会抑制类似雄性的爬骑行为;2) 他们测量产前雄性激素"永久性"影响,发现在豚鼠六个月到九个月大以及十一个月到十二个月大时存在这种影响(豚鼠的寿命为十年至十二年),他们的结论是"似乎能够永久性地……抑制雌性豚鼠表现性行为中雌性构成部分的能力";3) 他们给受过产前雄性激素影响的成年雌鼠注射睾酮,发现这些雌鼠对睾酮的反应能力比未受产前雄性激素作用的雌鼠更强(即更容易表现出雄性交配模式),他们的结论是"被注射丙酸睾酮的雌雄同体豚鼠表现出雄性行为的时间更早,程度也更强些,我们认为这是产前注射的丙酸睾酮对调节雄性行为的组织所起的作用,因此是其组织行为的表现";4) 他们研究了这些雌鼠的同胞成年雄鼠——这些雄鼠也曾受到过产前雄性激素的影响,在这些雄鼠身上他们没有发现产前睾酮注射有明显效果。在这里,我讨论了交配行为。论文的作者们很清楚存在其他具有性别差异的行为(例如,母性行为、筑巢、地盘入侵等),但扬(Young)和比奇(Beach)花了数十年用一种可以定量地测量和评估的方式来界定交配行为。

扬(Young)和他的同事们一开始研究的是雄性化的雌豚鼠,但很快他们就转而研究雄性豚鼠的雌性化。沿用约斯特(Jost)的在场/缺失逻辑,他们推断,如果增加睾酮能强制实现雄性特质,那么去除睾酮就应该可以使潜在的雌性特质得以展现。他们"在雄性激素的组织构造作用完成之前"阉割幼鼠或幼兔,并在其成年后注射雌性激素和孕激素混合物,试图诱导出"对正常雄性的爬骑所做出的雌性行为反应"。他们发现,未满十天就被阉割的雄性表现出雌性行为的频率更高,这种雌性行为在兔类中被界定为发情、脊柱前凸、摆耳、飞奔,以及蹲伏。阉割对雄性的脊柱前凸的影响比摆耳、飞奔和蹲伏等更大,这表明并非兔子雌性特质的所有方面的组织构造都相似。①

扬(Young)1959 年论文之所以特别,并非是因为它所得出的特定结果。早在整整十九年前,他和其他同事就已经发表了类似的实验结果,而且比奇(Beach)也从狗的实验中获取了相似的数据。② 事实上,重要的是科学家们对他们实验结果所做出的解释。这些作者们想要知道,让胚胎受到性激素的作用是否会对构成性行为基础的神经基质——那些他们认为在"中枢神经组织"中发现的基质——产生影响。③ 如果确实是这样,胎儿激素是否有可能将个体未来行为永久地决定为雄性或雌性?这些作者大量援引了约斯特(Jost)的研究。约斯特(Jost)的研究描述了胚胎中的苗勒抑制物质引起雌性部件的解体时,睾丸激素如何促进雄性生殖器的分化。在成年期,不管是卵巢,还是睾丸、子宫、附睾,都会对青春期荷尔蒙做出反应。这第二次反应是功能性的,而不是发育性的。扬(Young)和他的同事们认为"调节交配行为的神经组织"也必定会发生类似的情况。在胚胎阶段,这一组

---

① 之所以用大鼠进行这些研究,是因为大鼠和豚鼠之间存在着生物学差异,而这一差异有着重要的现实意义。豚鼠身上重要的构造和组织事件发生在子宫内,因为豚鼠是一种孕期很长的动物。然而,大鼠孕期较短,出生时尚未像豚鼠一样产生性别分化。扬(Young)和他的同事从未成功地对豚鼠进行产前(宫内)阉割手术,但在大鼠身上,他们可以对初生个体而不是怀孕的母鼠施行手术。此外,他们可以直接给实验动物而不是怀孕的母鼠注射激素。

② 在一篇自传性文章中,比奇(Beach)在"我几乎取得的发现"部分列举了早期发育期间激素的组织效应。他还在这篇文章中对其狗的实验进行了讨论。

③ 中枢神经系统是指大脑和脊髓。虽然他们怀疑大脑也涉及其中,但是这些作者是谨慎的不可知论者,因为他们没有这方面的证据。

织产生分化，或“朝着雄性化、雌性化的方向”进行组织构造，而在成年动物体内，激素“激活”了原先就已经被构造好的组织。

扬(Young)1959年论文中所形成的观点将约斯特(Jost)对激素和解剖的描述延伸到行为方面。产前睾酮“提高”了对成年期睾酮的“反应能力”，同时抑制了接受雌性激素/孕激素注射后“展现雌性构成”的能力。研究人员推测，睾丸激素扮演了双重角色。第一，它通过增加爬骑行为的频率而增强雄性气质。第二，它通过减少脊柱前凸的频率和持续时间来抑制雌性气质。雌性激素和孕酮在成年动物身上扮演着激素激活者的角色。言下之意就是，雌性行为是所有发育过程的基础。睾丸激素抑制雌性行为，在潜在的雌性系统之上强制实现雄性特质。①

扬(Young)的实验小组进一步援用解剖学类比来反驳比奇(Beach)及其他人先前关于成年期双性恋的观点。“这些研究者强调雄性化的豚鼠和大鼠”对所注射雄性激素的“反应能力增加”，似乎“将这一变化看作固有双性恋特质的表现……双性恋特质的存在只是一种假设。然而，我们认为成年期双性恋在神经组织上……以及生殖组织上……都是不均等的。”尽管有可能在成年动物身上诱导产生跨性别行为，但要做到这一点很难。同样援用生殖器构造的类比，他们注意到雄性和雌性都保留着存在于胚胎期的器官的痕迹，这类器官或许能够对成年期激素产生反应，但是这些残留器官的痕迹所做出的反应和完全形成的器官所做出的反应是极为不同的。通过将激素作用的解剖模式延伸到行为，作者们承认跨性别行为广泛存在，却降低了这些行为的重要性，为在生物学上将雄性和雌性描述

① 在不到十年的时间内，扬(Young)开始采用由约斯特(Jost)开创的在场/缺失观点。1967年，他写道：“这些具有两性异形性的特质很多……看起来都会因为恰当的雄性激素的影响而朝着雄性的方向发展，而在早期类固醇激素缺失的影响下朝着雌性的方向发展。”

为异性恋铺平了道路。[①]

他们大胆提出，其研究结果所适用的范围可能远远大于他们赖以收集数据的高度程式化的繁衍行为。[②] 他们拒绝接受心理学家关于“通过控制外部环境来塑造行为”的观点，认为所有的行为模式都有着潜在的生物学根源。在这个实例中，他们已证明睾酮“对组织构造性行为模式的中枢神经组织产生作用”。[③]

---

① 在20世纪60年代早期，扬（Young）继续就这个问题和比奇（Beach）、汉普森（Hampson）夫妇进行辩论。在1961年和1962年，性别问题研究委员会主办了两次会议，这是该组织在退出性别研究领域之前做出的最后举动，在那个时候，这项研究受到国家自然基金会和国家精神健康研究所的大力支持，以至于让性别问题研究委员会在这一领域显得不合时宜。在会议之后，性别问题研究委员会“向医学科学部主席建议在出自性别和行为会议的书付诸出版后解除性别问题研究委员会的职责”。比奇编辑了对这两次会议进行总结的一卷，就是在这本书中，我们看到了扬和汉普森的对话，而作为编辑的比奇很明显在煽动这场辩论。例如，针对汉普森即将问世的论文，扬这样说道：“我所说的‘双性恋’不是指……某个个体可以以同样的方式朝着一个方向或另一个方向行进。”这里是在向读者提起下一章中汉普森对于中性的描述。“我认为……临床文献中的证据”以及灵长类动物“将显示，在基因是雄性的个体中雄性特征占优势，而在雌性动物中雌性特征占优势……即使对人类来说，在个体出生前”就可能“已经为经验和心理因素的选择性反应设置好状态了”。扬继续写道。比奇两次对汉普森拒绝接受“性激素是个体性别角色和性心理取向唯一的作用因素”这一理念进行标记，引导读者回到扬的讨论之中。汉普森的结论是“个体的性别角色和取向，是作为男孩还是女孩，男人还是女人，不存在先天的、预先形成的本能基础……相反……心理性别在出生时尚未分化——这可以说是一种性的中立性……个体在成长过程的多种经验中，在心理上产生分化，成为男性或女性”。

② “必须考虑有这么一种可能性，即在动物行为中，单纯与性相关的范畴之外的雄性特质或雌性特质在胚胎及胎儿时期在某些激素物质的作用下有可能已经形成。”

③ 胎儿或围产期雌性激素作用是否有可能对发育中的雌性大脑产生作用，这个问题至今仍然存在争议。

广而告之

扬(Young)1959年论文使对激素和行为感兴趣的科学家们激动不已。到了20世纪60年代中期,研究文献中有很多论文证明组织/激活假说在大鼠、仓鼠、小鼠和猴子中是成立的。这一假说形成了一种理论,后来又成了一个概念。作为概念,它远远超出了交配行为的范畴。随着时间的流逝,科学家们将它应用到筑巢、母性关怀、攻击行为、户外活动、在转轮上的跑动、打闹、爱吃甜食这一习惯的养成(成年雌性大鼠比它们的同龄雄性更喜欢糖果)、因训练而形成的对某些味道的回避、迷宫学习,以及脑的不对称性等各个方面。一来组织/激活假说以约斯特(Jost)那已经被广为接受的身体结构发育理论为基础,二来这一理论显然具有广泛的适用性,另外它对异性恋发展的关注为社会所认可,所有这一切都是使它能够很快被接受的关键因素。①

扬(Young)的理念不仅在他自己的领域中设立了研究议题,在20世纪60年代,他还引领了行为理论的一次大转变。早年他和其他研究者强调的是个体(遗传)差异性、生理复杂性,以及性行为发展中环境因素的重要性,而现在社会科学

---

① 到了20世纪60年代后期,约翰·莫尼(John Money)和安克·埃尔哈特(Anke Ehrhardt)已经将这一范式运用到CAH女孩(第三章)的研究之中。在对他们的研究进行的科普性描述中,他们介绍了他们的观点,即产前接触雄性激素会使在子宫内的接触高水平睾丸素的胎儿的大脑男性化。莫尼和他的同事们认为,和豚鼠及大鼠一样,产前激素会诱导这些女孩们采用更加男性化风格的玩耍方式。也是在这个时期,德国内分泌学家冈瑟·多尔纳(Gunther Dorner)提出,组织/激活理论所提供的新的理念或许可以提供一种治疗同性恋的良方。引用那些证明围产期阉割术似乎可以防止大鼠大脑雄性化的实验,多尔纳希望这同样适用于人类。"这些结果,"他写道,"表明……在关键的时期注射雄性激素或许可以防止男同性恋现象发生。"

家们和生物科学家们响应他的号召，关注性别化行为的激素原因。扬（Young）自己发挥了很关键的作用——他指出，研究动物交配行为发展中激素的重要作用可以为揭示人类的状况提供线索。

在扬（Young）1961 年的综述《激素与交配行为》（The Hormones and Mating Behavior）中，人们可以看到他观念中的这个转变以及它在人类身上的运用。虽然他在这篇综述中详细叙述了早期一些能证明大鼠和豚鼠行为的个体差异的实验，以及一些证明经验在性行为发展过程中的重要性的研究，但是让他更感兴趣的似乎是产前荷尔蒙也影响着交配行为这一戏剧性的发现。他再次强调组织/激活理论可能具有的深远影响，认为它可以应用于一系列存在性别差异的非繁衍行为中。而且，虽然他承认“心理因素”影响人类性行为发展这一广为接受的理念，但他同时也展望了一个彻底的转变：如果如他所料，产前激素确实对很多行为产生影响，那么它将会“把……实验胚胎学家的研究……和”那些需要了解神经组织发育的“心理学家以及精神病学家的研究紧密地联系起来”。[①]

在扬（Young）生命的最后阶段（他于 1965 年去世），随着他以前的学生和博士后开始崭露头角，扬（Young）支持对学科范围进行重新组织，将动物以及人类行为研究包括进去。1964 年，在美国科学进步协会的官方刊物《科学》（*Science*）的封面文章中，扬（Young）、查尔斯·菲尼克斯（Charles Phoenix）和罗伯特·格伊（Robert Goy）写道：“我们不是在低估心理因素的影响（我们知道心理因素的影响很大），也不是说我们不需要仔细记录所观察到的行为，但是据我们的预计，我们

① 关于基因对雌性行为的作用扬（Young）是这样写的：“就像在雄性身上一样，在每一个被研究的行为的测量中都可以看到差异：对（激素）注射的反应能力……受诱导所产生的发情期的持续时间……最大脊柱前凸的持续时间，以及像雄性一样的爬骑动作的数量。”为了获得可用的数据，科学家们常常使他们的实验动物更加整齐划一。然后，从某种意义上来说，从事研究的科学家通过从他们的研究中系统地消除基因的多样性，从而制造关于性行为的典型描述。最近一篇关于当代商业化生产实验室大鼠的简短文章指出，商业公司为了能尽快地繁殖（从而提高利润率），已经对它们进行了选择。其结果就是，它们现在的平均体重几乎是二十年前体重的两倍，而且存活年限短了很多。毫无疑问，这一选育过程已经改变了我们“标准的”实验室大鼠的生理机能，以满足商业和实验的需要。以这些大鼠为基础的科学理论——尤其是，根据我的怀疑，那些和能量代谢相关的理论——是依照实验室而特别构建的。从这个意义上来说，我们已经“创造”了生物学，即，我们对试图发明药品、饮食方法，以及生物学理论进行概括时所依据的那些事实将来自一个奇特的生物，这种生物只服从于人类的选择，而不是自然的选择。

将越来越多地采用神经学家和生物化学家所用的材料和技术。"确实，到了20世纪60年代末，关于两性异形行为发展的知识已经发生了显著的转变。个体基因差异和社会交往(即使是对啮齿类动物而言)的重要性变得不那么受人关注。[①] 几乎没有人会提到这些产前已经被睾酮"构造组织过"的雄性仍然需要以社会交往为形式进行产后构造这一事实。因此，雄性和雌性啮齿动物的行为比以往显得更加模式化，同时也更为严格地受产前激素环境的决定，以这些啮齿类动物为样本的人类的行为也同样如此。

尽管许多杰出的研究人员都竭力避免单因素发育模式，但这样的情况还是发生了。在一次有人类发展专家参加的跨学科学术会议上，查尔斯·菲尼克斯(Charles phoenix)"希望产前雄性激素构造组织作用这一概念不会再次引发陈旧的遗传/环境之争，也不希望它被视为一种宿命论，让研究环境对正常性行为发展的影响变得没有必要"。可是组织/激活理论的推动者们无法将他们关于早期激素影响的研究结果与关于性行为的环境决定因素的研究结果结合起来。事实上，他们所采用的发育研究模式成了一个障碍。它和人体生理性别/社会性别理论遇到了同样的困难。发育和经验、先天和后天从来都不是相互独立的，而总是相辅相成的。因此菲尼克斯(Phoenix)这篇文章中结尾的那句话只是还原了一个他希望他自己和其他人可以避免的问题："我在这里所建议的是一种机制，通过这种机制，基因材料中所编码的信息被转化为形态，并最终转化为行为。"在这句话中，先有身体，而经验被加于身体之上。采用这样一个模式是永远不可能逃脱"陈旧的遗传/环境之争"的。

20世纪60年代，组织/激活理论开始深深地扎根，而到了20世纪70年代，为大家所接受的啮齿类动物的雄性气质和雌性气质的定义受到了抨击——抨击来自弗兰克·比奇(Frank Beach)和他的一些学生，他们中有一些人受到了新出现

① 当然，一些研究者还是继续认为与其他动物的交往和经验很重要，并继续以这一观点为基础设计实验。不过，这并不是占主导地位的范式，对这一领域内部和这一领域之外的许多人以及对一般公众来说，这另外的一种更复杂的方法其实是被忽视的。

的妇女解放运动的鼓舞。[1] 雌性激素在决定雄性和雌性行为过程中的作用再一次成为辩论的话题，并出现雄性气质和雌性气质同步，而非相反的可能性。[2] 作为迅速成为发表激素与性行为论文的重要园地的新刊物《激素与行为》(*Hormones and Behavior*)的创始编辑，在学术会议上，比奇(Beach)对组织/激活理论提出了批评和质疑。[3] 几乎没有人通过书面文字或者通过明确的实验对他的质疑进行迅速的回应。他自己之后也几乎陷入沉默——好像浪头如此之大，与那些持不同观

---

① 在20世纪60年代，比奇(Beach)对组织/激活论提出质疑，坚持成年期双性恋观点。他采用两种性别在出生前所形成的神经肌肉单位来对脊柱前凸数据进行解释："它们在两种性别体内都存在，它们在发育过程中的组织构造并不取决于性腺激素。"随着雄性的成熟，这些反射行为受到各种环境状况所释放出来的抑制的影响。

② 莫尼(Money)和埃尔哈特(Ehrhardt)对于妇女解放论者的评判颇感焦虑，他们认为这些妇女解放论者是不会喜欢他们所有的观点的。他们的书中也有着一条很奇怪的索引词条。在"妇女解放：可引用材料"这一词条下，他们列出了那些他们显然觉得是支持女性主义观点的条目的页面位置。心理学家理查德·多蒂(Richard Doty)写了一篇论文，在文中他呼吁研究者给雌性啮齿类动物提供更多"平等的机会"，而心理学家理查德·惠伦(Richard Whalen)则对他关于啮齿类动物性别形成的理论是否"存在性别歧视"表示担忧。在1976年为庆祝比奇(Beach)六十五岁生日而举办的研讨会上，他的学生莉奥诺·蒂费尔(Leonore Tiefer)发言，为当代研究提供了一个女性主义视角，这让比奇极为生气。后来，在比奇阅读了这篇讲稿后，他道了歉，并认为她的观点的确值得一听。

③ 在创刊后的第一个十年间，《激素与行为》(*Hormones and Behavior*)发表的研究论文中有整整80%都是关于激素与性别化行为的。比奇(Beach)指出，组织构造理论的支持者们对胚胎学的比喻太过痴迷，但扬(Young)和他的追随者们不能明确地说明被构造的究竟是什么。他还认为，雄性激素组织构造大脑(在这里特指雄性大脑)这一理念也很有问题，这意味着阉割会因此而打乱大脑(在这里特指雌性大脑)的构造。他想知道的是，一个被打乱构造的大脑意味着什么？他用一张经过修饰、声称能展示被打乱构造的神经路径的照片来说明他自己的观点。"好不容易才获得的关于性腺激素和行为之间关系的知识被丢失。许多理论家如此可悲、如此严重地受到亲神经论(其最终不可避免地会成为对大脑的狂热)的影响，以至于他们只能够严肃地考虑那些用神经学家的词汇表达的行为解读。"这个已经发表的研究让大家高度浓缩地见识了他著名的、犀利的机智。但是这种犀利的机智似乎并没有烧出一个洞来，触及组织构造理论的核心，据我(通过和当时在场的人的通信中)推测，他的话似乎只是让听者感到尴尬。比奇了解大家会如何对待他的观点。他写道："我比任何人都更加充分地意识到，很多读者会觉得我是在不自量力。"

点的人之间的私人联系如此珍贵，以至于像这样一位著名的科学家也难以逆水前行。[①]

不过，比奇(Beach)仍然坚持一种成年期双性恋发展模式，并得出这样的结论："雌性大鼠的神经系统能够调节除了射精之外所有的雄性反应。"他总结道，要想了解激素与行为之间的关系，与构建他所谓的"假想中的大脑机制"相比，对导致某一特定行为的直接因素进行研究会更好。然而，到了20世纪70年代，比奇(Beach)已经对人们所了解的"大脑最根本的双性恋特质"进行了修正。他同意扬(Young)的观点，认为具有雄性基因的个体身上的一系列雄性行为比雌性身上的这些行为更容易激活，而反之，对雌性来说也同样如此。此外，在两种性别中，雌性所储存的功能对雌性激素的刺激更为敏感，而一系列雄性行为则更容易对雄性激素有所反应。对于比奇(Beach)来说，"根本的双性恋特质"并不意味着不存在性别差异。

比奇(Beach)后来又发表了几篇论文，对产前性激素影响研究所采用的实验过程进行了批评，而其他人则更为仔细地研究了激素对生殖器发育的影响。[②] 然而，有一份报告指出新生儿雄性激素对大脑下丘脑部位造成了相当显著的结构差

---

① 在他自己对这个领域的历史梳理中，比奇(Beach)一直很谨慎地围绕着他早期的一些反对意见，而没有引用自己1971年的那篇论文。这部长达四百多页、为庆祝比奇六十五岁生日而出的书中所收录的文章涉及至少十七位比奇以前的学生当时所做的研究。提到比奇这篇批评性文章的只有一篇，而且只是提到了某个特定的事实，而没有提及批评意见本身。当然，这当中也有着一些微观的解释：1) 一些新型的生物化学家开始取而代之，而比奇对分子生物学所知甚少，所以他完全弄错了，但是那些对他极为敬重的年轻同事们不忍心公开地告知他这一点；2) 他的文章措辞激烈，已经超出了可以接受的标准，而人们选择了容忍，而不是对所受的侮辱进行反击。除了对语言上的含糊不清进行批评之外，比奇也考虑用另一种方式来解读早期激素注射实验的结果。他尤其关注的是关于睾酮组织决定了雄性和雌性交配行为的论断。比奇进一步坚持认为，无论早期激素对雄性产生何种影响，它们并没有永久性地抹去做出脊柱前凸动作所需的神经连结。也许正如他早年所指出的那样，产前激素会改变神经细胞对后来激素刺激的敏感度。但是(把雄性和雌性)比喻为相互排斥的永久电子回路似乎站不住脚。比奇援引了一个成年后接受阉割术的雄性大鼠的研究。根据组织/激活理论，这些雄性大鼠即使受到诱导发情的激素的刺激，也不应该表现出脊柱前凸，因为它们的大脑在出生前后已经被准确无误地雄性化了。的确，正常数量的雌性激素确实不会引起脊柱前凸。然而，如果将激素注射的时期延长，就会诱导这些被阉割的雄性做出脊柱前凸动作，次数几乎和处于发情期的雌鼠一样频繁。他写道："尽管产前和产后早期有睾丸激素存在，但是那些能够调节脊柱前凸行为以及其他一些辅助的接受交配反应的神经机制是在雄性大鼠的中枢神经系统中被组织构建的，这一点已经变得越来越清楚。"

② 哈特(Hart)得出结论：新生儿雄性激素的作用对阴茎发育以及中枢神经系统都会产生影响。

异，这似乎证实了组织构造假设。不过，事情比最初所设想的更为复杂。一次旨在创建激素和性别差异最高水平理论的研究会议的摘要是这样结尾的："尽管有证据否定了外围结构具有完全的决定性影响，但很显然性行为的充分表现部分依赖于足够的外围结构。如果我们观察到行为受到了抑制，在得出中枢神经系统是唯一的罪魁祸首之前，我们需要仔细地解读并且要很有把握。"

比奇(Beach)最终认可了产前荷尔蒙能永久性地影响大脑发育的证据。尽管如此，他依旧提醒任何愿意听取他观点的人，指出激素/行为的相互作用很复杂，由基因组成、个体当前的情绪和身体状况、个体的经历所决定。到了1981年，新生代激素研究者、心理学家哈维·费德(Harvey Feder)发现，用约斯特(Jost)的解剖研究做类比已"不再有帮助……甚至可能会起反作用"。在比奇(Beach)发表评论后的十年间，有越来越多的证据表明产前荷尔蒙影响着大脑结构。但是结构影响和行为之间的关系在当时仍然(到现在也还依旧)不明确。[①] 比奇(Beach)正确的地方在于他认为那些受抑制的行为的基本结构直到进入成年依旧存在的观点，扬(Young)正确的地方在于这些受抑制的行为需要特定的情况才能被启动。比奇(Beach)的一些评论没有经受得住时间的考验，关于组织/激活理论的问题仍然在不断出现。其中很多问题都或多或少地事关对性别差异进行概念化和实验研究的最佳方式。在20世纪70年代，妇女运动的深远影响也渗入了大鼠实验室。

解放雌性大鼠

在性保守年代，比奇(Beach)属于少数派，但是逐渐地，科学家们无法避免地

---

① 迈克尔·鲍姆(Michael Baum)1990年评价比奇(Beach)的评论文章时这样写道：比奇当年警告我们应该抵制诱惑，不能把所有由类固醇引起的行为变化都归结到中枢神经系统中的结构变化，具有讽刺意味的是，这一警告在20世纪90年代初的今天仍然具有一定的价值。虽然如今大多数研究者都认为，雄性激素对于雄性对成年期类固醇做出交配反应的能力所产生的影响很可能反应了神经系统中所发生的变化，但是迄今为止我们研究的各种哺乳动物的两性异形的大脑结构的清单很有限，我们无法在这目前有限的清单中对这些行为变化进行定位。此外，正如比奇指出的，围产期雄性激素对发育中的雄性生殖器官会产生影响，而类固醇所引起的交配行为变化的某些方面可能间接源自这种影响。巴尔萨泽(Balthazart)等人对鲍姆的观点呼应道："在所有的样本物种中……哪些大脑特征在早期类固醇的作用下进行分化，并能解释为什么类固醇行为激活效应存在性别差异？到现在我们还无法令人满意地识别这些大脑特征。"

听到贝蒂·弗里丹(Betty Friedan)等人所发出的政治、社会观点,弗里丹(Friedan)1963年的最佳畅销书《女性的奥秘》(*Feminine Mystique*)打破了郊区家庭田园牧歌式生活的神话。随着弗里丹(Friedan)在1966年创建全国妇女组织,其他争取社会变革的运动——人权运动、反战运动,以及随着1969年石墙暴动而开始的同性恋解放运动——得到了全国上下的关注。到1972年莫尼(Money)和埃尔哈特(Ehrhardt)出版他们在性别发育生物学研究上的突破性著作《男人和女人,男孩和女孩》(*Man and Woman, Boy and Girl*)时,妇女解放运动显然已经成为一股不容忽视的力量了。莫尼(Money)和埃尔哈特(Ehrhardt)明白他们无法让所有人满意。"倡导男性至上的人喜欢引用第六章的结果",声称胚胎激素影响大脑发育,"而忽略"对环境在性别认同形成过程中的重要性进行讨论的"第七章和第八章","相比之下,妇女解放的倡导者会重点关注第七章和第八章,而忽略第六章"。

1974年,心理学家理查德·多蒂(Richard Doty)发表了一篇题为《为解放雌性啮齿动物而呐喊:啮齿类动物的求偶和交配》(A Cry for the Liberation of the Female Rodent:Courtship and Copulation in Rodentia)的文章。多蒂(Doty)是在弗兰克·比奇(Frank Beach)的指导下完成他的博士后研究的。他指出,对雌性本身的研究还远远不够。在20世纪60年代,《比较和生理心理学杂志》(*Journal of Comparative and Physiological Psychology*)上所发表的关于大鼠交配的文章只有20%将重点放在雌鼠身上,另外68%的文章只研究雄鼠,而12%的文章对雄性和雌性都进行了研究。① 多蒂(Doty)还对实验室评估性别行为的标准体系提出批评,这一批评很重要,因为这种评估是那些支持组织/激活理论的实验的关键所在。②

---

① 多蒂(Doty)还指出,嗅觉很可能是交配行为一个非常关键的方面,对行为的视觉构成所进行的研究完全忽视了嗅觉的作用。这意味着,调节某些激素作用的有可能是气味的变化或气味反应的变化,而不是大脑或中枢神经系统的变化。这一考虑和比奇(Beach)对于激素对外周感觉系统所起作用的兴趣相类似。

② 多蒂(Doty)并不是第一个提出这一观点的人。例如,惠伦(Whalen)和纳德勒(Nodler)就曾呼吁对雌性交配意愿进行更好的实验定义:"如果将交配意愿定义为阴道中精子的存在,那么一些注射雌性激素的雌性有交配意愿;如果将交配意愿定义为很快、很容易诱发脊柱前凸反应,那么自发的交配意愿和受激素诱导的交配意愿就会受到抑制。"

图 8.2　解放雌鼠(Alyce Santoro)

在寻找观察雄性性行为的最佳途径的过程中，大多数科学家试图让受测雌性的行为保持稳定。他们通常将雄性大鼠放进小的观察笼子里，给它们时间到处闻嗅，让它们逐渐适应环境。在雄性大鼠感觉舒适自在之后，科学家会让雌性大鼠出场。雄鼠可能会爬骑几次，而母鼠会以脊柱前凸姿态拱起背，允许雄鼠插入和射精。一个大鼠实验助手写道，有经验的雄鼠对程序如此熟悉，变得如此兴奋，以至于“最终当母鼠出场时，雄鼠不再检查她是否处在发情期”，而是直接试图爬骑。[①] 即使在今天，大多数研究人员也尽量减少母鼠的变数，经常使用环形实验室，使母鼠无法退进角落阻止爬骑。激素研究通常采用有交配经验的雄鼠，因为没有交配经验的雄鼠在交配前的行为，包括爬骑，都取决于雌鼠对它的鼓励（我实在忍不住将这一观察结果看作人类中由年长的女性引导年轻男子进入性成年期这一传统在啮齿类动物中的变化形式）。[②]

事实上，当实验者给予雌鼠以选择权时，有趣的事情发生了。多蒂(Doty)记录了一些雌鼠想要交配的实验——雌鼠必须通过推动栏杆来表达渴望接触雄鼠的愿望。在这种情况下，雌鼠调整它们性接触节奏（并因此而调整那些雄鼠性接触的节奏）的方式，或许能更为准确地反映在野生环境中的行为。改变测试的情形也会影响产前或围产期激素作用实验的结果。心理学家罗杰·戈尔斯基

① 如果雌性不是处于发情期，即使是体格大得多的雄性也无法成功地与之交配。有几位研究者曾向我强调，雄性啮齿类动物无法成功地与不愿意交配的雌性完成交配，有些物种的雌性有可能攻击，甚至杀死不受欢迎的求偶者。

② 在野外，不愿交配的雌性会躲在它的洞穴中，而感兴趣的雄性试图引诱它出来。在测试笼子里无处可逃时，雌鼠可能会反击、尖叫并撕咬雄性。

(Roger Gorski)描述了这样一个实验，在实验中，他先是允许在围产期接受过雄性激素注射的雌鼠适应它的测试区域。根据组织/激活理论，产前雄性激素注射理应抑制了雌鼠的脊柱前凸反应——而这一反应是测量它雌性气质的依据。事实上，当注射过雄性激素的雌鼠被直接放入有一只雄鼠在等待的测试区域时，情况确实是这样。但当戈尔斯基(Gorski)等雌鼠仔细查看了它的新笼子数小时后再让实验雄鼠出场时，他发现"大多数雌鼠表现出很高的LQ(Lordosis Quotient，脊柱前凸商数，雄鼠让雌鼠产生脊柱前凸反应所需爬骑的次数除以爬骑总次数所得出的测算标准)"。雄性激素对雌鼠大脑所产生的永久性构造组织影响似乎消失了。[①] 戈尔斯基(Gorski)指出，他的结果表明接受雄性激素注射的雌鼠的雄性化与具体情形相关。

产前激素注射的效果取决于实验测试情形，这并非70年代唯一一个对组织/激活理论提出质疑的发现。以弗兰克·比奇(Frank Beach)为首的一些研究人员对盛行的啮齿类动物的雄性气质和雌性气质模式提出质疑。比奇(Beach)提出雌性异性恋交配行为由三个部分构成：吸引力(它对雄鼠产生多少吸引力)、感知力(某只特定的雄鼠对它有多少吸引力，它是否主动鼓励雄鼠的交配反应)和接受力(雌鼠被动接受交配的意愿)。[②] 在标准的实验室设置中，实验者通常只测量雌鼠行为中被动的接受力那一部分。但一些实验表明，产前荷尔蒙可能会影响接受力，但不改变感知力和吸引力。[③] 因此，比奇(Beach)认为，任何将激素与行为联系起来的好的理论都应考虑到这种复杂性。

研究人员对组织/激活理论所提出的另一个同样重要的质疑围绕着一个更为广泛的问题：雄性气质和雌性气质之间存在着什么样的关系？如果动物(或人)极具阳刚气(不论以何种衡量标准)，这是否意味着从定义上来说他或她没有雌性气

① 在扬(Young)去世后不久，举办了一次纪念他的研讨会。比奇(Beach)在研讨会上发言，指出要证明某种特定的神经表现的缺失是很困难的。这个实验似乎很好地证明了他的观点。在某些情况下，脊柱前凸反应缺失很可能是没有了，因为产生这一反应所需的神经基质在早期睾丸激素注射过程中遭到抑制。但是在有些实验情况下会有积极的结果——频繁的脊柱前凸——出现，从而表明了神经基质终究还在。

② "行为变量定义和测量上相应的进步，"他写道，"并没有随着内分泌技术快速的精密化和复杂化而到来。"

③ 最近的研究清楚地表明，感知行为和接受行为会对成年期具有激活作用的不同激素做出反应。

质？又或许雄性气质和雌性气质是单独的存在，能够独立于彼此地产生变化（前面说过，早期的实验表明，产生脊柱前凸反应的雄性同样可以作为父亲繁殖后代）？有一些个体是如何同时既具有雄性气质又具有雌性气质的？

扬（Young）1959 年论文暗示着雄性气质和雌性气质是分级的、相互排斥的反应。一只豚鼠越具有雌性气质，它就越不具有雄性气质。比奇（Beach）的另一个学生、心理学家理查德·惠伦（Richard Whalen）发现，对于大鼠来说情况并不如此简单。只要条件合适，他可以制造出既爬骑又表现出高频率脊柱前凸反应的雄鼠和雌鼠。换言之，雄性反应和雌性反应并不是相互排斥的，而是具有科学家们所谓的“正交”的关系（图 8.3）。后来，惠伦（Whalen）和弗兰克·约翰逊（Frank Johnson）通过控制激素的剂量以及刺激的次数，证明雄性化过程本身有着至少三个独立的生理构成，从而使事情变得更加复杂。惠伦（Whalen）提出了一种大鼠性别的正交模式，他认为在这一模式中雄性气质和雌性气质会独立于彼此地产生变

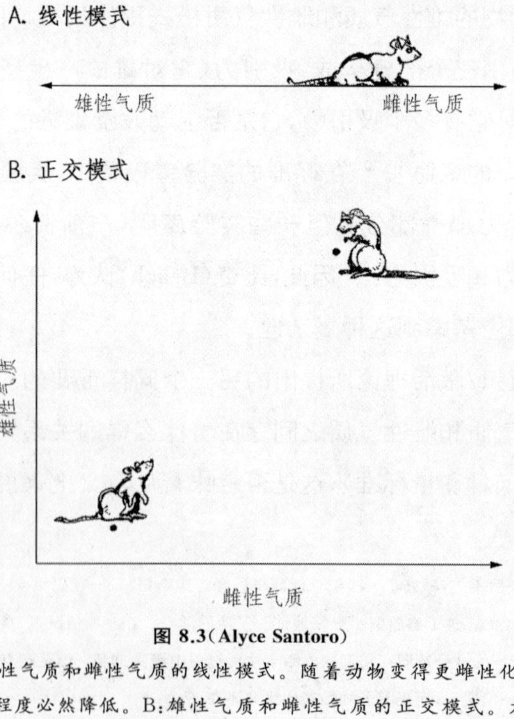

图 8.3（Alyce Santoro）

A：雄性气质和雌性气质的线性模式。随着动物变得更雌性化，它的雄性化程度必然降低。B：雄性气质和雌性气质的正交模式。右上角的动物表现出很多雌性特征以及很多雄性特征。左下角的动物仅仅表现出少许雌性特征或者少许雄性特征。

化。同一个动物可以既很雄性化又很雌性化，可以很雌性化但一点都不雄性化（或相反），或者可能在这两个标尺上得分都很低。

女性主义者认为被动性不能界定雌性气质，雄性和雌性的行为表现出明显的重叠，比奇(Beach)的研究以及他学生的研究呼应了女性主义者的这一观点，而其他研究人员似乎也从中汲取了同样的想法。例如，在惠伦(Whalen)公布正交模式的同年，心理学家桑德拉·贝姆(Sondra Bem)通过设计一个标尺来衡量男性气质和女性气质在人类身上相互独立的变化而推广了雌雄同体理念。当时两人对对方的研究都一无所知，这表明独立的雄性气质和雌性气质这一概念“在当时可以感觉到”，虽然惠伦(Whalen)和贝姆(Bem)是如何想到这个观点的确切途径现在仍然无法明确。[①]

科学家们效仿惠伦(Whalen)，对他们的术语进行修正。去雌性化指的是在基因上是雌性的动物个体身上雌性典型行为（如脊柱前凸）的抑制，而雄性化被用来指基因上是雌性的动物个体身上雄性典型行为的增强。类似的术语被应用于基因上是雄性的动物，对于它们来说，去雄性化处理会减少雄性典型行为出现的频率，而雌性化处理则会增加雌性的典型行为。这些字眼带来了意想不到的效果，“促进大家对自发的双性恋提出问题，而在一个不同的理论框架中这些问题很可能会被忽视”。[②]

20 世纪 70 年代关注的重点是人类雌雄同体，它有着妇女运动的喧嚣，以及刚刚出现的同性恋权力运动的身影，这个时代的大气候凸显了科学家们在构想啮齿类动物性生物学的方式中所存在的一些问题。原来，即使是在生物化学层面上，性别差异也远远谈不上明确。事实上，在 20 世纪 70 年代，生物化学家们意识到

① 贝姆(Bem)和惠伦(Whalen)1974 年发表的文章之间有着惊人的相似之处：两人都注意到雄性气质和雌性气质的相互独立性。惠伦写道：“贝姆和我并没有就我们当时提出的观点进行过交流。一定是因为时机正好。”贝姆写道：“我想除了直接的接触之外……时代精神或许是必须考虑的另一个猜测……我很肯定，在你问及的时期我从未见过惠伦，也没有和他交谈过。”

② 他们注意到激素研究所获得的新的声望：“虽然关于不同性别组织的生物学起因依然有着合理的、严肃的争论……但是激素假说已经赢得声望，甚至允许用这些假说来研究人类性行为问题，在数十年前，临床工作者是不会被轻易给予这样的权限的。”

睾酮这个最雄性化的分子通常只有(通过一个被称为芳构化反应的生化进程)转变为雌性激素后才能够对大脑的发育产生影响！这个现象同样让人很难将这些类固醇激素当作特定的性激素,而发现这一现象的科学家们的反应和 20 世纪 30 年代对在种马尿中发现雌性激素作用的反应相似:他们称芳构化是矛盾的,或者令人惊讶的。不过,尽管如此,他们的注意力仍回到了性别发展过程中雌性激素的作用上。①

同性恋大鼠

在整个 20 世纪 80 年代,社会科学家们转向生物学来解释人类的性行为方式,而生物学家们则发现他们自己的研究范式受到社会对人类性别多样性的新的接受和定义的影响。1981 年,研究者艾伦·贝尔(Alan Bell)、马丁·温伯格(Martin Weinberg)和休·哈默史密斯(Sue Harmmersmith)发表了一份题为《性偏好:在男性和女性中的形成》(*Sexual Preference: Its Development in Men and Women*)的研究报告。他们采访了数百名同性恋者,获取了关于过去经历、家庭生活、与父母和兄弟姐妹及其他人的关系等方面的信息。然而,没有哪个单一因素会明显导致同性恋。尽管这些作者没有研究同性恋现象的生物构成,但他们用了篇幅不长的一章专门讨论生物学问题,指出产前激素可能会影响大脑的发育。同样,对人体内分泌学和性别发展感兴趣的医学研究人员既效仿激素和动物发育研究,也对这一研究做出了贡献,他们常常在研讨会上与啮齿类动物研究者进行交流。那些与神经内分泌学领域联系更加密切的人一直在把人类间性现象——尤

① 脑细胞中含有一种叫芳香化酶的酶,将睾酮转化为雌性激素。最近的研究表明,发育中的雄性小鼠下丘脑中芳香化酶的活跃度比雌性小鼠大脑中芳香化酶的活跃度要高。这意味着一些雄性行为可能源自雄性大脑中的雌性激素水平比雌性大脑中的雌性激素水平高！芳香化酶系统不是均匀分布在整个大脑,关于性类固醇以不同的分子表现形式所起的多重而复杂的作用,以及那些让它们产生转变的酶和那些对它们的合成起作用的不同的大脑区域,都还没有取得统一的认识和统一的假说。虽然转换假说导致了一波对雄性体内各种器官的雌性激素生成进行研究的浪潮,但是只有极少数研究人员似乎注意到这些结果也需要用雄性和雌性发育的在场/缺失理论进行重新评价。1978 年,一位研究人员提出一个问题:"雌性的性别分化是由激素调节的吗?"而在 1984 年,另一位研究人员再次指出"雄性和雌性体内的性分化都取决于激素"。

其是CAH女性和AIS男性——当作那些被注射雄性激素或被阉割的大鼠和豚鼠在人类中的实验同类，来试图创建产前激素影响理论。

随着新的、更为复杂的人类同性恋行为理论开始在公共辩论中逐渐成形，研究动物行为的研究人员突然开始重新评估他们自己的啮齿类动物性别实验。20世纪40年代，当比奇(Beach)提出啮齿类动物天生具有双性恋倾向时，他的意思是雌性有着在交配中表现得像雄性的可能性。这意味着它们可能会追逐、爬骑别的动物，不管对方是什么性别。同样，雄性有可能表现出一些对雌性动物来说更为典型的行为，包括摇耳朵和脊柱前凸。因为做出脊柱前凸动作的雄性可能会精力充沛地爬骑并授精繁育后代，而做出爬骑动作的雌性也可能会交配并怀孕产子，因此比奇(Beach)认为潜在的系统是双性的。[①] 当时，金西(Kinsey)曾警告说，将同性恋和双性恋这些术语用于动物是“令人遗憾的”，会引导临床医师严重曲解动物实验。[②] 确实，在过去的几十年间，金西(Kinsey)的担忧被证实了。动物性别研究和人类性别研究被无可救药地混为一谈。

20世纪80年代，医学研究人员较为积极地提出人类同性恋行为源自产前所接触到的激素在数量上或质量上出了错。他们认为，在动物身上这一点已经得到了证明。但是同性恋权利运动的发展为这场全国性的大讨论贡献了新的术语。在同性恋生活的本质变得更加明显的同时，动物研究中也出现了巨大的分歧。让我们以下面这个观念为例：在被其他动物爬骑时，脊柱前凸的雄鼠表现出同性恋行为，而爬骑的雄鼠表现的是异性恋行为。如果将这一类比用于人类，会让人认为男—男伴侣中只有一个是同性恋，但我们通常认为当两个男人发生性关系，两者就都是同性恋。[③] 这一类比对于雌鼠来说是成立的——只有爬骑的雌鼠被视为同性恋或双性恋。尽管关于人类女—女伴侣，这一观点在20世纪20年代十分典

---

① 比奇(Beach)强调雌性爬骑是一种正常状态，并敦促研究者将它作为一种典型的雌性行为来研究。他还推断，人类有着同性吸引所需的神经机制，虽然他认为彻底的同性恋是由复杂的文化和经验所造成的。

② 金西(Kinsey)等人写道：“一些研究者已经证明注射性腺激素可能会改变动物出现行为反转的几率……许多临床医生认为这项研究意味着性激素控制着某个个体的行为是异性恋还是同性恋。这当然是毫无依据的解释。”

③ 这是一种具有文化特性的态度。例如，在许多拉美国家的文化中，只有在性关系中被动接受的男性才被看作同性恋。

型，但到了20世纪80年代，我们认为同性伴侣中的两人都是同性恋。很快科学家们就对将动物的模式运用到人类身上是否明智展开了激烈的辩论。[①]

20世纪80年代，"性取向"和"性偏好"这两个词常常成为"同性恋"一词的替代品。这些词似乎更礼貌、更温和，同时因为避开了具有倾向性的"同性恋"一词，它们对同性恋权利运动也大有裨益。从修辞上来说，人们可以向以性取向或性偏好为依据所产生的歧视发起抗争。但是这些词语又包含着一些新的概念，这些新的概念随之又让科学家们进行了重新组合。到了80年代末，实验心理学家伊丽莎白·阿德金斯—里甘(Elizabeth Adkins-Regan)提出将"性偏好或性取向"运用于动物研究很重要。她指出，大部分关于啮齿类动物激素和生殖行为的研究没有对性取向或性偏好进行测试，因为试验动物从未有过选择的机会。[②] 此外，选择测试本身也需要对交往偏好和性偏好加以区别。例如，生活在一个清一色雌性或清一色雄性的群体中，只在繁殖季节才交配的动物很可能会偏好同性交往，尽管它们的交配偏好绝对属于异性恋。

随着人类同性恋行为的文化意识的改变，大鼠实验也同样产生了变化。我自己对1978年～1998年间发表在《激素和行为》(*Hormones and behavior*)杂志上的文章所做的统计表明，第一篇在标题中使用"性取向"一词的文章出现在1983年，第二篇出现在1987年，而从那时至1998年间，又有六篇研究(动物的)选择、偏好或取向的论文问世。研究啮齿类动物偏好所采用的实验设计没有给动物提供选择，为了弥补这一问题，一群荷兰动物行为学家为大鼠性取向研究专门设计了一种新的测试系统。他们将一个开放的笼子分成三个隔间。在中间的隔间，试验动物可以自由地走动，可以选择坐在其他两个隔间中的一个附近(有时也进入其中的一个隔间)，这两个隔间中，第一个隔间里装着性活跃的雄鼠，而第二个隔间里则装着发情中的雌鼠。实验动物可以选择和所谓的刺激动物中的一个或另一个待在一起，也可以选择独处。如果雄鼠和雌鼠待的时间更长，它就是异性恋，

---

① 引起这场辩论最大的起因莫过于西蒙·勒维(Simon LeVay)1991年发表的论文了。

② 她指出，那些将动物实验结果应用于人类的医学研究人员常常看不到这种区别，尽管过去有很多动物研究者都明确地表达了这种区别。

而花更多的时间和雄性刺激动物待在一起，则表明它是同性恋。在此设计中，大鼠也可以表达双性恋或无性恋的选择。在20世纪40年代，啮齿类动物是“双性恋”。在(同性恋的)20世纪90年代，啮齿类动物有了“偏好”和“取向”，它们是做出爬骑动作还是脊柱前凸动作则无关紧要了。① 我们又一次看到实验和文化共同制造了科学知识，②而这种混合而成的知识又对人们关于人类同性恋问题的社会辩论产生了影响。

了解大鼠的性

假设我们不是试图将我们自己从文化中脱离出来(这毫无可能)，声称我们科学家可以以某种方式创建一种价值中立的知识，而是去拥抱我们的文化所在；假设我们努力创造关于啮齿类动物性别特定的理论，把从基因到文化(当然这里是鼠文化)的一切都作为产生成年行为的一个不可分割的体系的一部分。这种叙事将更像“龙与地下城”，而不是“小红帽”的故事。这种叙事的各元素已经存在于科学文献之中，我们需要做的就是把它们聚集起来。

---

① 在一项研究中，研究人员切除了成年雌性的卵巢，然后给它们注射了睾酮或者孕酮，其中注射的睾酮已经经过化学上的改变，以防止它转化为雌性激素。接受这种睾酮注射的雌性大鼠更倾向于与雄性交配，但是没有脊柱前凸反应，而孕酮注射会引起接受性行为(脊柱前凸)以及感知性行为(蹦跳和快速跑动)，但并不能引起对雄性的性偏好。因此，在雌性大鼠体内，性偏好的机制和实际交配行为的机制不同。此外，产前雄性激素似乎对雌性大鼠的性取向没有产生影响。相反，成年期激素环境与大鼠先前的经验相互作用。

② 弗朗西恩·德·扬(Francien de Jonge)和她的同事们切除了成年雌性大鼠的卵巢，这些成年雌性大鼠中有一些以前有过交配经历，另一些则没有。随后他们通过注射睾丸激素(或者给参照组注射普通的油)来诱导性行为。没有交配经验的雌鼠在注射了睾丸激素的情况下更喜欢雄性的陪伴，但在没有注射睾丸激素的情况下则没有这种偏好，而先前爬骑过其他雌鼠的那些雌鼠，无论给它们注射的是油还是睾丸激素，都仍然更偏好雌性。反之，如果它们以往是和雄性进行交配，那么它们注射睾丸激素后不会显示特定的性偏好。虽然成年期激素和先前的经验对雌性实验室大鼠的性取向起着关键作用，但是在雄性实验大鼠身上，产前激素有着更大的重要性。朱莉·巴克(Julie Bakker)完成了一系列实验，证明那些在出生时睾丸激素转化成雌性激素的过程受到阻碍的雄性大鼠后来很有可能成为双性恋或无性恋。让这些雄性大鼠保持原样，并放置于合适的光/暗周期中，它们会在测试雄鼠和测试雌鼠之间来回跑动，既表现出交配行为的变化，也表现出性偏好的变化。在成年期，雌性激素会在这类雄鼠身上诱发同性恋倾向，而睾丸激素似乎会引发更高程度的双性恋倾向。巴克也证明，对于雄性大鼠来说，从断奶到成年期，与同伴隔离对性偏好没有影响，尽管这种隔离会大大损害性表现。但是，成年期与同伴的交往确实会影响雄性大鼠的性取向。注射芳香化酶抑制剂的雄性大鼠需要和它们潜在的交配对象进行身体接触才能够与参照雄鼠区分开来。

组织/激活理论的大致轮廓是这样的。在(豚鼠)产前期或(大鼠) 围产期,激素(通常是睾丸激素,但是有些人认为雌性激素能起同样的作用)永久性地影响大脑发育。以某种方式(尽管是以何种方式目前还不清楚),大脑中的神经结构开始专门作用于将来的行为,如爬骑或脊柱前凸(图 8.4)。青春期会击中并激活原先组织构造好的神经通道,这些行为开始显现。比奇(Beach)、扬(Young)以及很多追随他们脚步的优秀的动物行为学家都知道这一构想是静态的、过于简单的,未能将发育中的动物和它所处的环境结合起来。他们为何没有提出一个更为动态的啮齿类动物的性别理论?

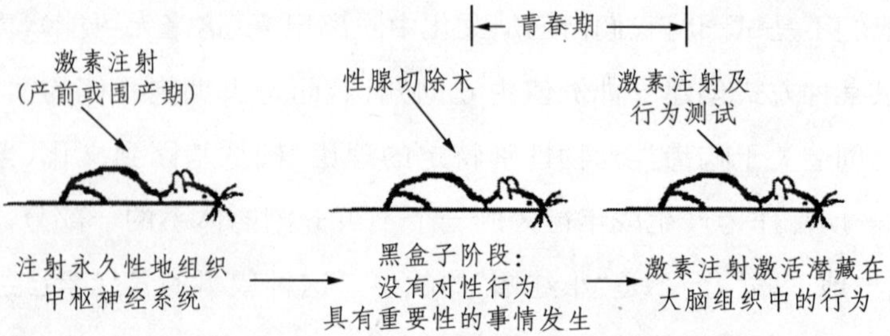

图 8.4　激素和行为的组织/激活理论的实验设计和阐释概述

实验是有的,缺的是意愿和理论。只要人们坚持认为在先天和后天之间的相互作用中,在某个发育初期是自然开始了这一切,而只是到了后来的后天养育才会进行些小修小补,那么问题就无法解决。科学家们常常谈到"倾向"(predisposition):这是一种经验和社会交往可以稍做改变的自然倾向,但是改起来多少会有些难度。有一篇综述对猕猴性别差异的社会和激素影响之间的相互作用进行了认真的回顾,得出的结论是先天因素离不开后天因素,而后天因素也需要先天因素。这已经近乎正确了,但先天/后天的二元对立论依旧存在。我的建议是我们改变我们的视线(有点像是戴上 3D 眼镜),以便我们将先天和后天作为一个不可分割的、动态的系统。这样一种发展心理学的系统方法并不是新事物,只是很少被报道而已。[①]

① 心理学家吉尔伯特·戈特利布(Gilbert Gottlieb)总结了他一生关于鸟类行为发展(如铭记等)的研究,并将系统理论传统运用于他的研究结果。这是本好书!

动物是在环境中成长发育的。在子宫内，这个环境包括母亲的生理特质。母亲身体的化学特质源自其行为。它吃了什么？它有没有遇到压力？它的激素如何回应这些经历？出生之前的生活经历或许还取决于一个动物有几个同胞兄弟姐妹，甚至取决于它是否被夹在异性兄弟姐妹之间。此外，胚胎自身的活动和自发的神经反应也可能影响其发育。但那只是开始。啮齿类动物有很多的兄弟姐妹，兄弟姐妹的数目和类型会影响到它们出生后的行为。同样产生影响的还有它们与母亲的交流。从产前到断奶及幼年玩耍乃至进入青春期和成年期，整个生命周期都提供了很多经历，这些经历对啮齿类动物性反应的发展十分关键(图 8.5)。

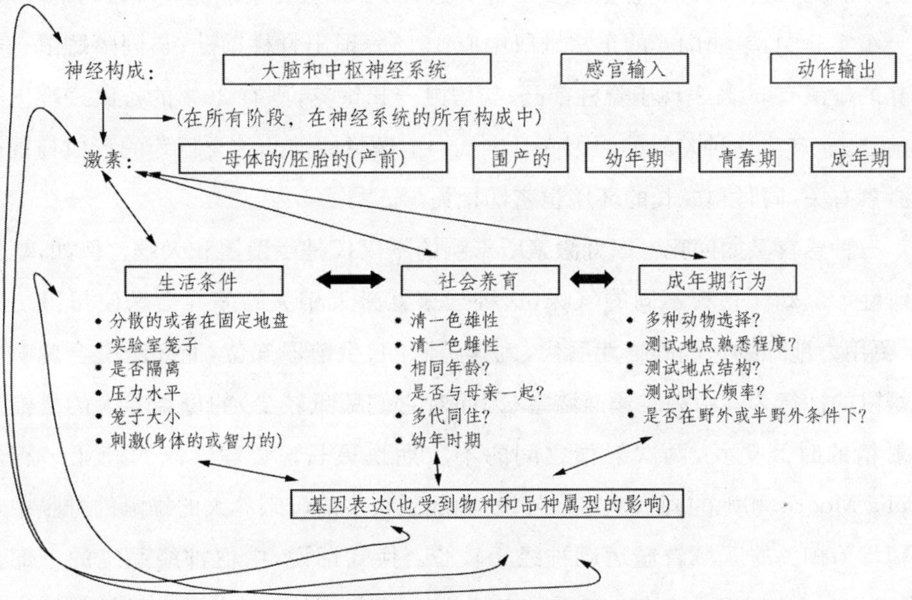

图 8.5　啮齿类动物的行为发展

生活经历和激素是如何共同产生成年期行为的？一些具体的例子可以说明这一点。在一篇经典的组织/激活论文中，哈里斯(Harris)和莱文(Levine)报告说，接受激素注射的雌性有着更小、更圆以及在其他方面有着异常的阴道开口，其他人发现所有在围产期受过雄性激素影响的雌鼠都有着封闭的阴道，而且大部分(91%)阴蒂增大。此外，受过睾丸激素影响的雌性体形大于未受睾丸激素影响的雌性。这种身体上的差异很容易导致不同的学习经历。体形更大的雌性或许更容易学会爬骑，而阴蒂增大的雌鼠或许会发现某些形式的性活动令它感到格外愉悦。例如，德·扬(de Jonge)提供了一些证据，证明只有在有性回报的情况下孕激素才会影响雌鼠的交配兴趣。封闭的阴道可能会使雌鼠不太容易接受其他动物的爬骑尝试，从而导致幼年时学习经历较少，降低成年期脊柱前凸反应。然而，严格地按时间注射化学物质的动物有着看起来正常的外生殖器，但表现出的行为已有所改变。因此，行为的改变不仅仅是由生殖器的改变所引起的。

比奇(Beach)、扬(Young)和其他许多人已经提供了丰富的证据，证明在交配行为的发展过程中社会交往的重要性。单独饲养的动物会出现性无能，光有个室友是不够的，同伴的种类也很重要。养育过程中，哪些要素能促进性行为的发展？在一组实验中，单独饲养的正常雄鼠中有15%表现出脊柱前凸；与同龄雌鼠一起饲养的雄鼠有50%表现出脊柱前凸；与雄鼠一起饲养，则有30%的雄鼠表现出脊柱前凸。[①] 产生这种差异的原因尚且未知。但像脊柱前凸这类行为的形成与围产期激素有关，同时和成长的环境也密切相关。

五种感官又如何呢？睾丸激素所影响的不仅仅是生殖器和大脑。例如，雄性和雌性大鼠幼仔有着不同的气味，这种与睾丸激素相关的差异会诱使母鼠更频繁、更用力地舔舐它们的雄性后代，尤其是肛门、生殖器部位，而舔舐又会影响成年雄鼠的性行为。由鼻腔通道堵塞(因而对它们舔舐较少)的母亲养大的雄鼠达到射精的时间更长，两次射精之间的不应期也更长。心理学家西莉亚·穆尔(Celia Moore)和她的同事们还报告说，由舔舐较少的母亲养大的雄鼠的脊髓中与射精行为相关的区域脊髓运动神经元较少。换句话说，中枢神经系统的一部分(脊髓的一个特定区域)的发育受母亲行为的影响。这里睾丸激素只是起间接的

---

① 例如，将不处于排卵期的雌性大鼠和有交配经验的雄鼠放在一起时，它们不会交配。但是连续三个月这样和雄鼠同处之后，这60只雌鼠中有18只对雄鼠的爬骑做出反应。

作用(会对刺激母鼠舔舐的幼鼠气味有影响)。[①]

年轻的雄鼠也比雌鼠花更多时间去清洁它们的生殖器,而这额外的刺激会加速通往青春期的旅程。同样,如果雌性小鼠所待的地方有着某些能加速青春期出现的气味,它们会成熟得更快些。换句话说,大鼠个体自身的生长部分取决于它的行为。先天和后天在这一点上不是相互独立的。盐和水的平衡,幼鼠腿部伸展以及尿的排放——这其中每一点在雄性和雌性幼崽身上都有所不同——都会影响舔舐行为。大脑似乎是受早期激素作用影响的诸多元素中的一个。有些元素是身体结构方面的,有些是生理方面的,有些是行为方面的,而有些则是同伴交往方面的。它们都成为一个统一系统的一部分。

激素注射也会影响大脑之外的肌肉以及神经的发育。例如,雄鼠有着勃起和射精所必需的三条肌肉,与阴茎相连。从脊髓长出的神经细胞连接着这些肌肉。肌肉和神经积累这些肌肉实现性功能所需要的雄性激素。在雌鼠体内,这些肌肉中的一条在出生后很快会退化,除非它在特定的时期能接收到雄性激素。我们不知道受睾丸激素调节、在雌鼠爬骑行为中所产生的变化是否与这条肌肉的存在有关,但我们所清楚的是,雄鼠有多少性活动会影响运动神经元的大小,而这些运动神经元会支配这些肌肉的运动。在这个例子中,"是性行为的差异引起了大脑结构的差异,而不是大脑结构的差异引起了性行为的差异"。[②]

大鼠的多元文化主义又如何呢?同样,比奇(Beach)、扬(Young)和其他人在

---

① 西莉亚·穆尔(Celia Moore)将早期睾酮注射的效果描述为一个网状结构或者一个小瀑布。她的模型没有线性连接。在早期,激素对气味腺和大脑产生作用,随之会改变肝的生理性状、生殖结构和肌肉的发育,在这个过程中,受影响的器官数目会增加。最后母亲的舔舐、整个身体的尺寸、玩耍、探索以及自我清洁等行为都和激素作用产生相互的影响。因此,行为源自生理学、解剖学和行为之间连接的交叉。例如,母亲的舔舐会引起诸多因素——如小鼠的气味、小鼠的排尿和闭尿、小鼠的伸腿动作、母亲与位置相关的水盐平衡以及母亲受小鼠气味吸引等——之间的相互关系,同时母亲的舔舐行为也是由这种相互关系所产生的。这些关系很复杂,而且很分散。激素成为网状结构的一部分,这个网状结构首先包括了经验、大脑、外周肌肉以及一般的生理性状。

② 产前或围产期睾酮注射会减弱甲状腺功能,影响肝脏,并导致各种各样的生殖系统异常。

数年前就证明了,不同的基因特质会表现出不同的性活动模式。[①] 一种充分的性行为模式必须包含个体的遗传差异,并考虑较长一段时间内与母亲交流所产生的影响,以及在与同窝幼崽、同笼伙伴和性伙伴的交往中所获得的经验。在最近几年里,只有德·扬(de Jonge)和她的同事们的研究以及穆尔(Moore)的研究在这个更为复杂的框架中分析了激素对行为的影响,但即使是他们的研究,也发生在极度简单化的环境——实验室——里。激素对交配行为的影响是在受到限制的实验室条件下得出的结论,我们无法保证这个结论能用来很好地解释自然种群。

组织/激活理论对出生后不久到青春期之前这段时间内激素可能产生的影响几乎可以忽略不计。从出生到青春期这段时间内激素是否重要,这一点会因为物种的不同而有所不同。对于有些物种来说,卵巢激素可能或多或少会对与性别相关的行为的发展产生持续的影响,直至青春期。雌鼠以及被阉割过且在青春期之前的不同时间被植入卵巢的雄鼠,其雌性交配行为测量值都较高。接受卵巢植入的动物在青春期体重较轻,这一结果与卵巢被植入的时间长度成正比。此外,产后发育期的分泌会改变成年母鼠对雌性激素的反应。

虽然许多哺乳动物起初有一段不连续的睾丸激素敏感时期,但也有些哺乳动物是没有的。例如,猪从出生开始直至青春期都会对睾丸激素产生反应,所注射的激素对行为的影响随时间增长而不断增长。由于幼猪崽经常参与雄性—雄性和雄性—雌性组合的性玩耍,经验和激素一起产生成年性行为这一点就显得尤其可能。对于大鼠来说,雄性交配反应以及对其他雌鼠的兴趣的增加有可能源自成年期特定的性经验,也有可能源自发育期或青春期初期的激素注射。[②] 简言之,在个体的一生中特定激素循环的水平不同,对神经系统的结构和功能产生影响,这一事实使得我们有必要采用纵观一生的方法去研究激素对于神经结构中存在的

---

① 索德斯滕(Södersten)描述了大鼠的一个品种,在这个品种的大鼠中,未经处理的雄性表现出相当程度的脊柱前凸反应,而脊柱前凸通常被认为是一种雌性所特有的行为,而范·德·波尔(van de Poll)和他的同事们则报道了一个在攻击行为方面没有表现出任何激素诱导的变化的品种。最后,勒特格(Luttge)和霍尔(Hall)以及麦吉尔(McGill)和海恩斯(Haynes)则讨论了小鼠对睾丸激素注射所起反应的品种差异。

② 这一结果和杰拉尔(Gerall)等人的报告相一致,杰拉尔等人的报告指出,在青春期前后,如果雄性或雌性大鼠体内有卵巢,便会在这些大鼠成年后引发雌性行为。

性别差异的形成起什么样的作用。对动物发育采用生命周期和系统理论,就不会忽略从出生到青春期之间的那几个星期,一个更为完整的理论开辟了新的实验前景,而这些实验前景在组织/激活理论的统治之下则不那么容易被人注意。

在一篇关于神经系统的性别分化的文章中,神经解剖学家 C. 多米尼克·托兰—阿勒安德(C. Dominique Toran-Allerand)写道:“人们一般认为,在有限的(关键的)胚胎晚期或产后早期的神经分化期内,睾丸雄性激素对发育中的中枢神经系统产生诱导式或构造式的影响,在这一时期神经组织极具可塑性,会永久性地、不可逆转地对这些激素做出反应。”在 1959 年论文中,扬(Young)和他的同事们在对接受注射的豚鼠进行两次测试后就结束了他们的实验,这两次测试一次是在六个月到九个月大,另一次是在一岁时。然而,豚鼠的寿命可以长达八年。对豚鼠在不同的激素和经验条件下所进行的交配行为还没有做终生的、纵向的研究。几乎所有采用类似方式进行的啮齿类动物研究都是这样的情况,尽管所声称的永久性对于大鼠这类寿命通常只有一到两年的动物或许会更准确些。[①]

青春期后紧接着几个月内所出现的行为可能会随着后来的生活经验而改变。例如,围产期注射雄性激素的雌鼠在某些情况下出现脊柱前凸反应的频率和强度会降低。然而,大量的测试可以克服这种变化。同样,睾丸激素通常可以在发育正常的雌鼠身上激活爬骑行为。正如一位评论家所言:“这些行为最基本的‘布线’仍然存在……从这个意义上说,比奇(Beach)对围产期类固醇激素可以改变神经系统的基本结构这一理念提出质疑是对的。”

“永久性”这一概念还面临着很多其他的困难。激活效应最初被认为是暂时的,只能持续几个小时至几天时间。相比之下,永久性的组织构造活动理应持续一生。在实践中,这却意味着几个月到一年左右时间。但持续几周而非几天或几个月的激素影响又该如何归类?在鸣鸟和哺乳动物研究中有各种类似案例。在这些例子中,即使在成年期,特定的大脑结构也会对激素的变化做出反应,因为激素的增加而增大、因激素的减少而缩小。如果大脑可以持续几周甚至几个月地改

① 一个通信者阅读了这一评论后曾加以嘲笑,认为做长期的研究是浪费时间,因为他坚信结果不会有什么变化。考虑到当前关于神经可塑性的海量信息,我相信长期的、控制环境变量的研究是非常合适的。

变结构,以便对激素刺激做出反应,这也就为那些认为经验可以发挥重大作用的理论敞开了大门。即使是啮齿类动物,也会长时间参与和同伴的游戏,这些活动会影响神经系统和未来行为的发展。游戏活动改变激素水平,发育中的大脑可以对这种变化做出反应,这个理念至少看起来是合理的。[①] 毕竟,激素系统会对经验做出十分敏锐的反应,无论这经验是以营养、压力还是性活动的形式(在这里我还只是列举了几种可能性而已)。因此,不仅组织构造作用和激活作用之间的区别变得模糊,所谓的由生物性和社会性塑造的行为之间的界线也同样变得模糊。

人类是学习者,并以此为荣。可以认为我们是所有动物中思想最复杂的(我无意冒犯巨猿,如果它们会说话,或许会与我们争论)。因此,我们关于高级哺乳动物性行为发展最重要、最有影响力的理论居然忽略了学习和经验,这似乎颇具讽刺意味。灵长类动物与其他物种之间激素合成的控制是不同的,[②]因此我们有理由认为,研究非灵长类动物性别行为的激素基础所能够揭示的关于灵长类动物(包括人类)的东西,即使有的话,也是少之又少。在我开始最后一章讨论人类性别理论之际,我想提一个涉及面更广的主张:我们从啮齿类动物实验中所得出的理论即使对啮齿类动物本身也是不充分的。

---

① 索尔(Thor)和霍洛韦(Holloway)对幼鼠与同伴玩耍的研究进行了综述。

② 例如,成年雌性大鼠的垂体通过定期或周期性的分泌控制生殖周期。与此相反的是,雄性大鼠的垂体通过源源不断的激素控制生殖行为。围产期睾丸激素似乎会永久性地抑制接受注射的雌性大鼠的周期性,而对初生雄鼠进行阉割则会在成年雄鼠体内形成周期性起作用的垂体。然而,在灵长类动物中,产前激素对垂体功能的影响不是永久性的。因此在大鼠和灵长类动物之间,垂体生理性状的性别差异的形成是不一样的。在灵长类动物中,成年期的功能调整是有可能的。

9　性别体系：走向人类性别理论

一个科学家小时候的肖像

让我们看一个生于1944年的孩子的例子，这个孩子后来成了位科学家。她两岁时的一幅肖像照（图9.1）——一手对着光线拿着装满水的试管，另一只手抓着一个量杯——是否提供了证据，证明她早期就表现出天生爱好测量和分析，证明她具有引领她走向研究实验室的基因？或者这照片证明了她那身为女性主义者的母亲决心为她幼小的女儿找到非传统的玩具？随着孩子逐渐长大，她的母亲开始写关于自然的儿童书籍，这个小女孩和她的兄弟（后来也成了一名科学家）在林间散步时学习如何发现苔藓、蕨类、蘑菇和昆虫窝。在她读研究生时，她父亲写了一部关于雷切尔·卡森（Rachel Carson）的传记。是科学基因还是环境？每一种解释都符合逻辑，但也无法证明其中任何一个答案是正确的。[①]

对于很多思考这个女孩的人生道路的人来说，性别并非远离表象。她早期对青蛙和蛇的兴趣使她被标记为一个假小子，这个标签如今被一些社会科学家解读为异常男性气质的早期迹象。她十一岁时，和她一起参加夏令营的朋友为她写的墓志铭——"纪念安妮（Anne），她更喜欢昆虫，而不是男孩"——或许预示着她将来会是个同性恋。但是那年夏天，她痛苦地迷恋上了夏令营一个年轻的男辅导员，到了她二十二岁时，她因为爱和渴望结了婚。只是在几年以后，那篇为十一岁

---

① 例如，或许她的基因构成与她的环境同步，从而两者朝着同一方向推进。或者，如果她想要穿粉红色的衣服，并且讨厌树林，又会怎么样呢？有没有可能是母亲的压力让她和她的布娃娃分了手？又或者，如果她从小在纽约长大，生她的父母对自然界如何运转毫无兴趣，又会怎么样呢？她内心那个科学家是否会遭受弗吉尼娅·伍尔夫（Virginia Woolf）在《一间自己的房间》（*A Room of One's Own*）中如此悲伤地描述的莎士比亚妹妹一样的命运呢？我们没有办法理清这些可能性，因此关于起源的猜测就和关于胼胝体的辩论一样，始终不仅仅属于科学领域，也同样属于政治领域。

图 9.1　一个初露头角的科学家？(Philip Sterling)

女孩写的墓志铭才显示出其预言性。

这个小女孩不喜欢布娃娃，她把蛇和青蛙当宠物养，长大后开始对异性感兴趣，后来又逐渐对同性感兴趣。我们如何来解释她的生活，或者任何人的生活？对善分析者或同性恋者的基因问题进行猜测或许可以很好地充当聚会闲聊的话题，或给那些急切地想要解释为什么某人成了“这个样子”的人带来些安慰。但是，将基因与环境、先天与后天分离，是一个科学上的死胡同，是一种思考人类发展的糟糕的方式。我倒是建议我们听听哲学家约翰·杜威(John Dewey)和阿瑟·本特利(Arthur Bently)的话，他们半个世纪前就"主张将很多……按常规来看好像是由不可调和的领域所组成的东西放在一起考量的权利"。

在本书中，我已经证明了关于解剖学和生理学的医疗和科学知识是如何获得社会性别的。我从外部的生殖器性别开始，向内部移动，从大脑到身体化学，并最终到达一些相当无形的东西：(啮齿类动物的)行为。然而，事实证明，如果不考虑动物的社会历史和当下的环境，我们就无法理解深层的行为生理学。这符合莫比乌斯带这一形象，当我们到达与化学相关的分析层面(这也就意味着基因)时——即，当我们处于我们旅程的最内部时，我们突然间不得不考虑最外部的因素：动物的社会历史是什么？测试仪器的结构是什么？为何特定的基因特质只在一定的条件下才对激素刺激做出反应？莫比乌斯带外侧表面上起着推动作用的问题是：关于身体的知识是如何获得社会性别的？而在表面内部起积极作用的问题则是：社会性别是如何成为身体事实的？换句话说就是：原本属于社会性的东西是如何成为物质的东西的？要回答内部这个问题需要一篇像书一样长的文章，因此在这最后一章中，我只是为将来的研究提供一个框架。

要想成功地研究性别的具体体现过程，必须采用三个基本原则。第一，先天/后天是不可分割的。第二，有机体——人类以及其他生物——是从受精到死亡的主动的过程、移动的目标。[①] 第三，没有哪一个单独的学术或临床学科能为我们理解人类的性行为提供正确的或最佳的方式。许多人——从女性主义批评理论家到分子生物学家——的见解对于理解生理功能的社会本质是必不可少的。

---

① 哲学家艾尔弗雷德·诺思·怀特黑德(Alfred North Whitehead)写道："'有机体'这个概念有两种含义……微观意义和宏观意义。微观意义涉及……个体经验统一体的实现过程。宏观意义涉及世界本身的既定性……那既限制了实际的事件，又为之提供机会的顽固的事实……在我们的经验中，我们从本质上来说来自我们的身体，而我们的身体就是关于直接相关的过去的顽固事实。"和一些生物学家一样，我认为怀特黑德的过程哲学是思考有机体最适当的方式。

基因“就是”我们?

我们生活在一个基因中心论的世界。“基因‘就是’我们”的习惯是如此深深地根植于我们的思维中,以至于不可能有别的想法。我们把我们的基因看作发展的蓝图,一种只需从生命之书中读取的线性信息。在我们看的电影中,要创造一头霸王龙,一个大前提就是我们需要从成为化石的蚊子中分离出 DNA 序列(DNA 要想成为霸王龙需要一个蛋,这个在《侏罗纪公园》中可以清楚地发现的细节则在混乱中丢失了)。我们几乎每天都能从新闻中听到,人类 DNA 分子排序的研究已经引领我们远离那些造成乳腺癌、糖尿病、帕金森病等的基因。当今的人类遗传学研究者们可以做其余的事,比如,“发现”那些会导致酗酒、羞怯以及同性恋的基因。

就算这些科学家自己十分谨慎,不会将一切都归结于基因,可是对新的科学发现的大众演绎版省掉了语言的微妙和精确。例如,当迪安·哈默(Dean Hamer)和他的同事们发表证据,证明一些男性同性恋者拥有位于 X 染色体上相同区域的 DNA 时,他们用词相当谨慎。“基因在男性同性恋取向中的作用”“受基因影响”,以及“与性取向相关的位点”之类的词汇在论文中比比皆是。[1] 然而,这种谨慎并没有延伸到刊登哈默(Hamer)小组报告的《科学》(*Science*)杂志同一期的其他页上。同一期的“研究新闻”部分是这样写的:“同性恋基因的证据:一种基因分析……揭示了 X 染色体上的一个区域似乎包含着导致同性恋的一条或多条

① 这一实验结果使它置身于大量关于复杂行为的基因论断之中,这些论断一直都处于争议之中,而赖斯(Rice)等人并没能在实验中重复这一结果。

基因。"两年后，一份更为大众化的刊物《普罗维登斯杂志》(*The Providence Journal*)中的一页上提到了"同性恋基因研究"和"精神分裂症基因调查"这两个标题。

可是，谈论同性恋基因或导致其他一些复杂行为的基因意味着什么？这样的用词，或者哈默(Hamer)和他的同事们更为谨慎的语言，是否加深了我们对人类性别行为的理解？我想这种用语不仅不能解释手头的问题，还给了我们知识上的白内障。①

对基础的遗传生理学进行简要的回顾就能说明为什么会是这样：只有在我们称为细胞的发育体系的语境下，我们才能了解基因的功能。一个细胞中，大部分蛋白质序列信息可以在位于细胞核里的 DNA 中找到。DNA 本身是一种大分子，由被称为碱基的相互连结的化学物质组成。② 遗传信息在 DNA 分子中并不是连续的。含有蛋白质部分遗传代码的一段(被称为外显子)可能会连结到一个非代码区域(被称为内含子)。在基因信息可以用于蛋白质构造之前，细胞必须为 DNA 的编码和非编码区域制造一个 RNA 模型。然后酶剪掉内含子，将外显子连结起来，成为一个包含某一特定蛋白模板的线性序列。制造蛋白质需要其他特定类型的 RNA 分子和许多不同蛋白质之间的协同作用。

为简便起见，我们有时会说基因制造了蛋白质，但也正是这种简便的说法让我们陷入了麻烦。裸露的 DNA 无法制造蛋白质。它需要很多其他分子——特殊的 RNA——来将氨基酸携带到核糖体并且将它固定下来，就像老虎钳一样，这样其他蛋白质才能将它与隔壁的邻居连结起来。蛋白质也帮着将 DNA 信息从细胞核中运输出来，进入细胞质，帮助 DNA 解旋，以便其他分子可以在第一时间解读

---

① 一个由行为科学家参加的、重点关注"基因如何设置行为"这个问题的研讨会这样写道："未来的研究将会得出这样的结论，即基因产品只是所有的行为决定因素中一个很小的部分。另一个很小的部分将会被识别为相对简单易懂的环境因素。然而，最重要的是，绝大多数的决定因素在于基因因素和环境因素之间尚且无法预知的相互作用。"虽然这个小组仍然使用相互作用论的语言，但他们的结果和结论都坚定地认为，动态系统将为理解基因和行为之间的关系提供更好的途径。

② 有四种不同碱基，当三个一组时，可以提示细胞向一种被称为核糖体的结构中引入某种特定的氨基酸，而核糖体本身又由几种蛋白质和另外一种被称为核糖体 RNA 的基因产品组成。在核糖体上，其他分子、RNA 以及蛋白质一起合作，将不同的氨基酸连成线性序列，这些线性序列被称为蛋白质。蛋白质的组装发生在细胞之内、细胞核之外。

其信息并剪接 RNA 模板。总之，DNA 或者说基因并不制造基因产品，复杂的细胞才能制造基因产品。把纯的 DNA 放在一支试管里，它只会待在里面，几乎永远静止不动。把 DNA 放进一个细胞中，它可能做任何数量的事情，而这在很大程度上取决于我们所说的这个细胞当前的状况以及近期的历史。换句话说，一个基因起作用或不起作用，取决于它自己所处的微观世界。新的研究显示，多达八千个基因可以在一个受到发育性刺激的细胞中得以表达，这证明了这个微观世界是多么的复杂。①

发展，套用哲学家艾尔弗雷德·诺思·怀特黑德(Alfred North Whitehead)的话来说，是一个移动的目标。当一个有机体从一个单个受精卵细胞发展而来，它之前发生的事情都是基础。用个类比，让我们看一看在一片杂草丛生的空地上是如何重新长出一片森林的。一开始出现的是一年生草本和木本植物，几年之后四处会散长出雪松、柳树、山楂树以及刺槐。这些树的生长需要充足的阳光，因此当它们长得更大时，它们会有很大的树荫，以至于它们自己的幼苗都无法生存。但白杨很适应雪松和它的伙伴们所创造的条件。最后，白杨和其他树木创造了凉爽、树叶覆盖的森林地面，铁杉、云杉、红枫和橡树的幼苗能够在地面上茁壮成长。这一切最终为铁杉、山毛榉和糖枫的生长创造了条件。这些新的树又会反过来创造一个适合它们自己幼苗茁壮成长的小气候，一个被称为顶级森林的稳定的树木群最后终于形成了。这样一系列的生长变化规律并非源于雪松、山楂和柳树基因中的某个生态程序，"相反，它通过不同的"活着的有机体"之间一连串复杂、随机的(可以从统计学上进行研究的随机过程)相互作用而产生"。

M. C. 埃施尔(M. C. Escher)的研究提供了一个很有用的类比。在 20 世纪 40 年代早期，他制作了一系列木刻，旨在将一个平面划分为相互连接的图形。这些图像的两个特点有助于我们看到发展系统理论是如何运用于细胞和发育的(图 9.2)。首先，当人们盯着图像看时，鸟儿跳入视线，然后鱼浮现出来。两种动物图像都在，但人们在一个特定时刻的聚焦方式会让其中一种动物比另一种更容易被

① 发展论者们只是到了现在才思考如何处理和分析这种复杂性，有些甚至想要借助联结主义模式！此外，遗传学家已经越来越意识到，即使是那些我们通常认为遗传结构和表型之间"单纯的"1∶1 关系的基因，其表达也很复杂。

图 9.2 埃施尔(Escher)的对称图 E34B

看见。其次,每条线同时勾勒一条鱼和一只鸟的轮廓。如果埃施尔(Escher)要改变鸟的形状,鱼也会跟着改变形状。因而,它用的是细胞生理学的系统理论。基因(或细胞或有机体)和环境就像鱼和鸟。改变其中一个,就会改变一切。看到其中一个,也就能看到一切。

细胞的社会化

神经细胞和大脑

因而，基因是作为一个复杂的细胞的一部分而起作用的，有着自己重要的历史。而细胞又是作为庞大的、紧密相联的群体而运作的，这些群体在一个复杂的、功能上统一的身体内部形成了相互协调的器官。正是当我们在这一层面上审视身体内部的细胞和器官时，我们才能够开始初步认识到身体外部发生的事件是怎样被吸纳进我们的血肉之躯中的。

就在进入20世纪后不久，印度的牧师J. A. 辛格(J. A. Singh)“营救”了两个孩子——他给她们取名叫阿玛拉(Amala)和卡玛拉(Kamala)，这两个女孩从婴儿时期开始就由一群狼养育。[①] 这两个女孩俯身用四肢跑得比其他人用双腿跑得快。她们具有明显的夜间活动特点，嗜好生肉和腐肉，在喂食时间可以与咆哮的狗很好地沟通，以至于狗允许她们从同一个碗里吃东西。很显然，这些儿童的身体——从骨骼结构到神经系统——因为与非人类动物一起成长而产生了巨大的变化。

大脑和神经系统具有可塑性，这对于神经科学家们来说已经越发清晰，尤其是在过去的二十年间，而对野孩子的观察又使这一点更为引人注目。整个身体结构——以及神经细胞、目标器官和大脑之间不那么明显的物理联系——不仅在出生之后，甚至在进入成年期后，都会产生变化。最近，即便是成人大脑也不会出现

---

① 诺斯克(Noske)对这些孩子是被“捕获了”还是被“解救了”这一伦理问题进行了讨论。

新的细胞这一教条也已经像渡渡鸟一样绝迹了。当身体的神经系统对外部信息和经历做出反应并予以吸纳时，往往会导致身体结构上的变化。

社会交往引起神经系统的物理变化的例子比比皆是。有两类研究似乎与理解人类性行为的框架尤其相关。一类研究涉及神经细胞的发育和可塑性，以及它们在中枢和外周神经系统中的联系。[①] 另一类研究关注的是神经细胞受体的变化，这些神经细胞受体有可能和像5-羟色胺这样的神经递质或者像雌性激素和雄性激素这样的类固醇激素紧密联系，而这些神经递质和类固醇激素又可能激活某一组特定细胞的蛋白合成装置。这些例子展示了神经系统和行为是如何作为一个社会系统的一部分而发展形成的。

科学家有时会通过干预一个或另一个组成部分的基因功能来干扰这类系统。从分析的角度来看，这样做类似于拿掉一个火花塞来看它是否会妨碍内燃发动机的运行，以及是如何妨碍的。例如，科学家们制造出缺乏5-羟色胺受体基因的老鼠，并对它们被扭曲的行为进行观察。[②] 但是，尽管这类实验提供了细胞如何起作用、如何交流的信息，但是他们无法解释老鼠是如何在特定的社会环境下形成特定的行为的。[③]

---

① 在过去几年间，关于除人类之外的脊椎动物的可塑性的例子一直在不断增加。我们很有必要把这一研究纳入性别发展理论中去。在我看来，从一些实验结果——例如对成年异性恋男性和女性与同性恋男性和女性的认知进行比较研究——中出现的前后一致的模式得出结论，认为“产前性激素是一系列范围广泛的性别典型特征的重要决定因素，这种做法是不可取的”。

② 但请记住，这是多么的困难——属于同一基因品种的小鼠在不同的实验室中会有不同的表现。

③ 在一个剧烈的活动期后，单个神经细胞形状可以发生非常迅速的形态学变化（在三十分钟内）。长期行为的改变可能与所谓神经组合体——即一群群相互联系的细胞——的结构和关系的改变有关。以个子矮小的西伯利亚仓鼠为例。和很多生活在野外的动物一样，雄性仓鼠会形成成熟的睾丸，并在一定的季节交配，但是它们的生殖腺会在“低迷期”萎缩并且不再产生精子。虽然白天时间短，可以引起成熟性腺的衰退，但也只有在没有有交配意愿的雌性仓鼠以及幼鼠的情况下才会产生这样的作用。饮食也能影响模式。白天的长度、同伴发出的信号、饮食等都是一些环境信号，能对下丘脑——即大脑中与调节、影响行为的激素信号相关的部位——产生直接影响。鸟类也有同样的情况发生。交配的频率也会影响中枢神经系统。心理学家马克·布里德洛夫（Marc Breedlove）对大鼠脊髓神经进行了研究，重点关注那些与勃起和射精有关的神经。与不喜交配的雄性大鼠相比，性活跃的雄性大鼠某些脊髓神经中的神经细胞更小一些。这种观点在我们试图解释像勒维（LeVay）所提供的实验结果这样的信息时很重要，勒维的实验结果表明同性恋和异性恋男性下丘脑部位的细胞分组略有不同。我们无从知道是这种差异引起了行为，还是行为引起了这种差异。鉴于人类性欲的复杂性，我怀疑后一种解释可能性更大。

社会经验是如何影响性别的神经生理学的？比较神经生物学家 G. 埃雷特(G. Ehret)和他的同事们在雄鼠父亲行为研究中提供了一个例子。当幼鼠挪得离窝太远时，从未和这些幼鼠有过接触的雄鼠不会出于一个好父亲的心态把它们叼回来，但是只要和幼鼠待在一起过，哪怕只有几个小时或一天，雄鼠都会不断地将幼鼠叼回来。埃雷特(Ehret)和他的同事们发现早期和幼鼠接触使大脑几个区域中的雌性激素受体束增加，而使一个区域的受体束减少。[①] 换句话说，育儿的经历有可能改变了鼠爸爸大脑的激素生理结构，以及照顾幼鼠的能力。

人类的大脑同样具有可塑性，这个观念最近已经开始进入大众媒体，这让我们可以去想象那些使性别化的经历成为性别化的身体的机制。环境信号刺激新的脑细胞生长，或者让原有的脑细胞建立新的联系。在出生时，人类的大脑相当不完整。神经细胞和身体其他部位之间的很多联系是暂时的，至少需要一些外部刺激使之稳固下来。在大脑的某些区域，未经使用的神经连结会在生命最初的十二年中逐渐衰退。因此，早期的身体和认知经验影响大脑结构的形成，[②]甚至出生前的肌肉运动也会对大脑的发育产生影响。

大脑使神经连结“稳固下来”的一种方式是通过在单个神经纤维周围产生脂肪鞘，这被称为髓鞘。在出生时，人类大脑中的髓鞘还没有全部形成。虽然大部分髓鞘的形成会在生命的第一个十年间持续进行，但是即使到了那个时候，大脑也还没有完全固定。在生命的第一个十年和第二个十年间，髓鞘的数量会再增加两倍，而在第四个十年至第六个十年间还会再增加 60%。[③] 这让一生中身体可以

---

① 具体而言，终纹床核、海马、下托、外侧隔核、嗅区和梨状皮层，以及视前区域内侧床核和下丘脑弓状核中受体束增加。中脑脑室周围灰色区的雌性激素受体束细胞减少。

② 最近另一动物研究的例子：神经生物学家埃里克·克努森(Eric Knudsen)给幼年仓鸮提供了棱镜，因而扭曲了它们早期的视觉体验，这导致这些接受试验的仓鸮成年后视觉领域产生永久性的变化。他写道：“在生命早期学习异常关联的行为会留下持久的印迹……使不寻常的功能连结在成年期根据需要被重新确立，甚至当这些连结所代表的关联已经很长时间不用时亦是如此。”

③ 关于这一论断有两个注意事项。第一，这项研究只是研究了生命的七个十年。我预测，随着我们寿命的增加，关于新的髓鞘形成的发现会继续延伸。第二，贝内斯(Benes)等人只研究了大脑的一个特定区域——海马区。大脑并不是所有区域都有着同样的发育模式，但我猜测，未来对大脑不同区域进行研究会越来越多地证明大脑的发育贯穿一生这个具有普遍性的结论。

吸纳与性别相关的经历这一观念听上去具有其合理性。

最后一点（至少对本项讨论而言），[①]大群的细胞可以改变它们连结的模式——或者按照大脑科学家们的话来说是"架构"。多年来，神经解剖学家们已经做了实验，来研究当他们刺激身体的某个外部部位时，大脑的哪个部分会做出反应。触摸脸部会让某些皮层的神经细胞兴奋起来，触摸手和单个手指会影响不同的神经细胞，而触摸双脚刺激的则是其他神经细胞。教科书经常用一幅叠加在大脑皮质上的畸形躯体（被称为小人）的卡通来总结这类实验。科学家们曾经认为，幼年之后小人的形状不再改变。但在一系列以其他灵长类动物为对象的实验之后，这种观点已经有了极大的转变。

最近一项研究对弦乐器演奏者的左手手指在大脑皮质上的表现与和他们在年龄、性别上相匹配，但是没有演奏过弦乐器的参照组进行了比较。弦乐器演奏者不断地动左手的第二个至第五个手指。与未演奏过弦乐器的人以及音乐家自己的右手相比，[②]第二个至第五个手指的左手小人明显更大。或者以那些从小就失明，后来成为成功的盲文阅读者的人为例。他们盲文阅读手指的手在大脑中的表现增大了，这在我们的意料之中。不过他们的大脑做出了一个更加令人吃惊的重新调整。他们征用了大脑皮层中一个视力正常的小人来处理视觉信息的区域（即所谓的视觉皮层），并用它来处理触觉信息。

对于音乐家和那些生来就失明的人来说，皮层的重构很可能发生在童年阶段，这一事实证实了一件我们已经知道的事情：儿童有着巨大的学习能力。然而，这类研究证明大脑中的物质结构会对外部影响做出反应，这拓展了我们关于学习的理念。这一认识彻底粉碎了那些维护大脑和身体之间区别的企图，以及将身体作为行为先导的企图。相反，他们证实，环境和身体共同产生了行为，试图让其中的一个要素优先于另一个要素是不恰当的。[③]

---

① 关于神经可塑性的研究，尤其是成人神经的可塑性研究，还刚刚开始。我期待随着研究的继续进行，我们将发现更多的神经可塑性机制。

② 这一发现与一项猴子研究的结构非常符合，该研究证明，如果训练猴子反复使用一只手的中指，这只猴子的皮层代表区会产生变化。

③ 巴哈尔罗（Baharloo）等人认为音乐家们在音高方面发展得很好，这跟早期的音乐训练有关。

以盲文使用者和音乐家为对象的研究证明了年轻人的大脑具有可塑性，但是成人的大脑结构也同样可以改变吗？答案来自对幻肢的奥秘这一现象的研究，幻肢现象一直吸引着人类大脑的研究者，其中包括从神经外科医生到现象学家。截肢者常常会觉得缺失的部分依旧存在。起初病人会觉得幻肢的形状和缺失的部分很像。然而，随着时间的推移，所感知的形状会发生变化。与真正的肢体不同，幻肢感觉更轻，像是中空的，就如同一个幽灵一样，幻肢似乎可以穿越固体的物品。①

一个失去一只手的人在嘴唇受到轻轻的刺激后可能会"感觉到"那只失去的手，轻轻地触摸脸可能会使某个失去一条手臂的人"感觉到"那缺失的肢体，这种现象被称为"牵涉性感觉"。最近一系列研究试图对这种感觉进行解释，研究发现，是原先专门控制现在缺失肢体的小人区域被邻近区域——在上述例子中就是将外部刺激连结到脸部的皮层区域——"接管"了。而负责那只好手的小人的尺寸也增加了，这个很可能是由于失去一只手后需要更多使用这只好手而做出的反应。尽管大脑皮层的重新布局或许并不能解释所有的幻肢现象，但它确实提供了戏剧性的实例，证明成人的大脑结构如何对新情况做出反应。②

这一切与性别差异的发展以及人类性别表现有何关系？到目前为止，所形成的答案极度含糊，部分原因在于我们一直对个体成分考虑过多，而对发展系统考虑不够。保罗·阿恩斯坦(Paul Arnstein)，一个致力于研究学习和慢性疼痛之间的生理联系的执业护士，写道："由于中枢神经系统充分融合、不断变化的结构，以及化学介质的协调一致，使研究人员未能抓住中枢神经系统真正的本质。每一种知觉、思维、情绪、动作和社会交往都会改变大脑的结构和功能。单单是另外一种生命有机体的存在就可能对思维和身体产生深远的影响。"我们只有在学会如何对这"交响乐"(这里作者用的是双关语，和前面的"协调一致"用的是同一个词"symphony"——译者注)和它的观众同时进行研究之后，才能开始理解社会性别和生理性别是如何进入身体的。

---

① 格罗斯(Grosz)对早期生理学家如何解释这一现象进行了讨论。

② 这些知识促进了一些培训项目的发展，这些项目针对的是因中风而失去肢体功能的人。

性解剖结构与繁衍

在我们的一生中,大脑作为包括从神经细胞到人际交往在内的一个动态的、发展的系统的一部分,会产生变化。从理论上来说,我们可以将类似的概念运用到性腺和生殖器上。胎儿发育期所形成的性腺和生殖器官会在童年时期继续生长并改变形状,受诸如营养、健康状况及偶发事件的影响。在青春期,解剖性别范围扩大,不仅包括生殖器的分化,还包括第二性征,而这不仅仅取决于营养和健康状况,还取决于体育活动的程度。例如,训练长跑的女性身体脂肪会减少,当低于某一脂肪蛋白比,月经周期会停止。因此,性腺结构和功能对锻炼和营养水平做出反应,而且当然会在生命周期中产生变化。

随着年龄而变化的不仅仅是性生理——同样变化的还有性解剖结构。我不是在说阴茎会缩小或者卵巢会消失,而是说一个人的体质、解剖功能,以及一个人如何体验自己的性别身体,这些会随着时间的推移而产生变化。我们理所当然地认为新生儿、二十五岁的人和八十岁的人的身体不同。可是我们仍然会用静态的眼光来看待解剖性别。在整个生命周期中所发生的变化都是作为一个生物文化系统的一部分而发生的,在这一系统中细胞和文化对彼此进行构建。例如,竞技体育会使运动员以及更多模仿他们的公众都通过一个既自然又人为的过程来重塑身体。之所以说它是个自然的过程,是因为改变饮食和锻炼模式会改变我们的生理和身体结构。之所以说它是个人为的过程,是因为文化习惯帮助我们决定应该以什么样的外表作为目标,以及如何能最佳地实现这一目标。此外,疾病、事故或者手术——从手术变性者所经历的转变,到包括乳房缩小或增大以及阴茎增粗等在内的各种(应用于第二性征的)程序——都可以改变我们的解剖性别。我们认为解剖结构恒定不变,但事实上它并非如此。同样,那些源自我们身体结构、功能以及内在和外在形象的人类性别的各个方面,也都不是恒定不变的。

在整个生命周期中,生殖繁衍也会改变。随着我们的成长,我们从生殖不成熟时期进入一个有可能生育的时期。我们可能会有孩子,也可能不会真的有孩子(或者说就此而言真正具有生殖能力),我们选择何时、以何种方式生孩子将对我们的经历产生重大影响。是在二十岁还是四十岁成为母亲,在异性恋夫妇关系中、单亲，或是在女同性恋伴侣关系中，成为母亲不是一种单一的生物学经历。它会因为一个人的年龄、社会环境、总体的健康状况和经济来源等的不同，而在情感上、生理上有所不同。身体以及身体在生育时所处的环境是不可分割的实体。在这里，我们通常认为是静态的东西在整个生命周期中会产生变化，只有用生物文化系统的方式才能够理解。[①]

在他们的《重新思考先天性》(*Rethinking Innateness*)一书中，心理学家杰弗里·埃尔曼(Jeffrey Elman)和他的同事们探讨了为什么有着复杂的社会生活的动物出生后要经历长时间的不成熟时期，这似乎会带来很大的危险："脆弱、依赖、消耗父母和社会的资源。""在所有灵长类动物中，"他们注意到，"人类成熟所需要的时间最长。"他们的回答是：长时间的发育会让(历史的、文化的和身体的)环境有更多的时间塑造影响发育中的有机体。事实上，处于一个社会系统内的发育是人类性别复杂性的必要条件。形式和行为只有通过一个动态的发育系统才可能出现。我们的心理将外部连接到内部(反之亦然)，因为我们多年的发育是在融入社会系统的情况下发生的。[②]

---

① 扬(Young)以及拉普(Rapp)对怀孕期胎儿成形过程以及胎儿窥诊新技术对孕期胎儿成形过程所带来的影响进行了分析。

② 埃尔曼(Elman)和他的同事们承认他们借鉴了其他系统理论家们的理论。很显然，动态系统发展的观念中汇集了很多知识流派的思想。这些日子里，一些心理学家和许多神经生物学家已经瓦解了身体和心理之间的区别。一位爱维网撰稿人写道："我们之所以使用心理学语言(意图、目标、动机、计划等)，唯一的原因就是因为我们根本不知道如何用神经生理学术语来谈论这些状态……那些认为从理论上来说社会/文化/环境的影响不能简单地被归结为生物学影响的环境论者/相互作用论者所使用的是一种与科学不相称的话语。"其他心理学家不同意这种生物帝国主义论。有一个人对上述爱维网撰稿人的这一观点回应道："'心理语言'的关键之处在于它正式确认了一种方式，这是人类有意识地逐步发展出来的方式，对个人内心意识和其不完美的社会交换这一些明确的现实进行切割……我们所谓的客观'科学'的观察和观念其实寄生于人们分享主观经验的能力之上……就是因为我们可以最终地、见效地让大脑、基因等的身体描述重新与对经验的描述对应起来，前者才能真正告诉我们一些对人类有用的东西。"在这一章中，我所用的"心理"(psyche)和"思想"(mind)可以互换。传统上来说，根据《牛津英语词典》(*Oxford English Dictionary*)，"心理"(psyche)的意思是"人和其他生物身上使之具有生命力的原则……区别于其物质载体——肉体(soma)或身体(body)"；在心理学中，这个词的意思是"(尤指对整个人产生影响的)有意识和无意识的想法和情感"。

为小女孩——也为小男孩，感谢上天

社会性别的过程

“所有这些关于细胞、大脑和器官发育的玩意儿确实令人着迷，”一个沮丧的家长可能会对我说，“但是我还是想知道为什么我的小男孩四处乱窜，发射着想象中的激光枪，而我的小女孩则更喜欢跳绳。”许多爱维网参与者都提出了类似的质疑，援引那些表明性别差异会在早期出现的研究——这些研究，在他们看来，显然支持先天差异的观点。我如何能够在无数家长的观察以及社会学家和发展心理学家们用系统方法对性别习得所进行的诸多研究之间进行调和呢？在此我要把这个拼图现已存在的碎片拼起来。

“性别，”有些社会学家认为，“是一种与情景有关的成就……不仅仅是一种个体属性，而且是一种在与他人的互动交流中完成的东西。”儿童和成人都是通过他人的直接反馈而学习“做性别”(do gender)的。同学、父母、老师，甚至是大街上的陌生人都会评价一个孩子的穿衣方式。一个穿裤子的男孩符合社会规范，而穿裙子的男孩就不符合社会规范了，而且他立刻就能听到这个反馈！就这样，性别永远都不仅仅是个体的，而是涉及一小群人之间的交流。性别涉及制度规则。如果一个装扮成女人的男同性恋者走在街上，他很快就会明白他已经背离了性别规范。同样是这个人，当他在一家同性恋酒吧里参与另一套不同规则的亚文化时，则会受到赞美。此外，我们“做性别”是“做差异”的一部分。我们确定的身份除性别之外还包括种族、阶级等，我们会根据我们在种族和阶级等级中的不同位置而用不同的方式“做性别”。

在美国和欧洲，男孩和女孩在学龄前就开始有不同的表现。到了中学阶段，每个群体都认为另外那个群体有“虱子”，但在荷尔蒙极度旺盛的那些年间，他们会出于性和社交的需要而回到对方身边。作为成年人，他们在相互重叠但又有性别区分的社会习俗之中生活和工作。作为老年人，他们再一次被分开，这一次是被男性和女性不同的死亡率分开。关于儿童如何习得性别，发展心理学家、社会学家和系统理论家们已经有了一些诱人的结果，尽管要获取关于生命周期其余部分的类似信息还有待未来的学者来完成。[①]

从传统上来说，心理学提供了三种认识性别发展的方法：弗洛伊德(Freud)精神动力学、社会学习和认知发展。在弗洛伊德(Freud)看来，孩子对自己的生殖器官的意识会产生性幻想，而这又会使其对一个适当的成年人产生认同感，形成适当的性别角色。社会学习论的倡导者重点关注成人对婴儿生殖器的意识，这一意识会导致不同的强化行为，提供恰当的性别榜样，从而形成性别角色和身份。[②] 认知理论同样从他人对孩子生殖器的意识出发。这之后是对孩子进行归类，从而形成性别身份，最后是恰当的性别角色的习得。女性主义社会科学家们对这些范例一一加以运用，以制造关于性别差异形成的信息。过去的一个主要目标是为女性的发育提供更好的解释，因为上述三种理论最初所提供的主要都是关于男孩如何成为男人的叙事。然而，最近有一些女性主义者的声音已经开始质疑这一领域的结构本身，要求对差异做出更为复杂的解释，并且回归到男性—女性相似性研究。[③] 在此我尤其借助了认知和社会学习论研究者的研究。无论用的是哪种特定的方法，其目标始终是认识自我的发展：“行为、经验和认同，包括性欲和性对象的选择，这些都是相对稳定或固定的，或者至少……(是)身份的一个基本的或主要的‘核心’。”

---

① 对人类整个生命周期的发展研究在过去大约二十年间已经自成一派。埃尔德(Elder)对此进行了全面的回顾。

② 洛特(Lott)和马鲁索(Maluso)写道：“用普遍的学习原则来解释人类社会行为，这是所有社会学习观点的核心，是使各不相同的方法能够统一起来的因素。”伯西(Bussey)和班杜拉(Bandura)介绍了一种理论，该理论将学习和认知方法结合起来，并且强调社会性别需要用一生来完成。

③ 一个例外就是凯斯勒(Kessler)和麦克纳(McKenna)具有远见的研究。他们在人们刚刚开始把性别看作一种社会构建的年代就提出了一个成熟的性别建构理论。

在我们看来,性别与性行为通常是人类生存的普遍特征。难道这种表面上的普遍性就一定意味着人类的性行为和性别是天生的,只在表面上受到社会经验的影响吗?只要看一下另一种显然看起来很普遍的人类行为——微笑——的发展,我们就会认识到这种提问的方式是错误的。[①] 新生儿有一种简单的微笑:脸部放松,同时嘴的两侧向外、向上伸展。相同的"微笑"在二十六周的胎儿脸上就已经可以看到。这表明,最初一套基本的神经连结已经形成,使一个发育中的人即使在子宫内也可以条件反射性地"笑"。就新生儿而言,微笑会在快速眼动(REM)睡眠状态下自发地发生,但在一开始并非是一种情感表达的模式。

至出生后两周,微笑开始在婴儿醒着的时候偶尔出现,微笑时会有更多身体部位参与其中。嘴唇上翘得更厉害,"脸颊肌肉收缩,眼睛周围的皮肤会皱起"。三个月大的婴儿醒着的时候微笑得更频繁,而且他们的微笑并非是随意、突然出现的表情,而是对环境刺激做出的反应。等婴儿到了半岁至两岁大的时候,微笑和各种各样其他面部表情——惊讶、愤怒、激动——混杂在一起。此外,面部表情也变得更加复杂 并且存在个体差异。伴随微笑出现的动作可能会是"皱鼻子、下巴向下张开、眨眼、急促喘气以及扬起眉毛等,这些动作有助于表达包括愉悦到恶作剧等在内的各种情感"。就这样,在两年时间内,微笑在外形(以及外形所隐含着的肌肉、神经等的运用)、发生的时机,以及和其他情感表达动作的关联方面都产生了变化。微笑不是微笑、不是微笑——在这里我笨拙地模仿一下格特鲁德·斯坦(Gertrude Stein)。

支配微笑的肌肉和神经在发育,并且变得更加复杂,与此同时,微笑的功能以及诱发微笑的社会语境也在经历着同样的发展和变化。刚出生时,瞌睡和感官输入的减少会诱发微笑,很快婴儿就会用微笑对熟悉的嗓音和声音做出回应,而对触摸的反应则不那么有规律。至六个星期大时,婴儿的微笑大多发生在醒着的时候,是对视觉信号做出的反应。到了三个月至六个月大时,婴儿更有可能对其妈妈微笑,而不是对没有生命的物体微笑。而到了一岁时,"微笑能起各种交际作

---

① 关于人类发展的几种过程或系统方法在细节上有所不同,但是其中没有一种方法对社会性别进行充分的讨论。

用，包括想要卖萌或恶作剧的企图”。一开始，微笑似乎是一个简单的反射性反应，但随着时间的推移，它产生了复杂的变化——不仅仅是就所涉及的神经和肌肉而论，从另一个方面来看也是这样，即什么社交情形会诱发微笑，以及孩子如何使用微笑作为一个复杂的交际体系的一部分。就这样，一种生理反应“被社会化”，不仅从有意识地使用这个方面来看，从实际的身体部位本身(即用到了哪些神经和肌肉，是什么刺激了它们)这一方面来看也是这样。

将微笑反应作为一个发展的系统看待，这使我们能够放弃诸如“微笑是天生的、遗传的”这样毫无意义的论断，而用认真设计的实验研究取而代之，这些研究“系统地改变那些……可能会”在生活周期的不同阶段“影响微笑的形式、时机和功能……的条件”。心理学家艾伦·福格尔(Alan Fogel)和他的同事们用他们关于微笑反应的研究形成了一个他们称之为情绪动态系统视角的理论。[①] 首先，他们认为情绪是关联性的，而不是个体性的。例如，婴幼儿微笑是对其他人或物体的回应。第二，他们认为情绪是自我组织的、稳定的系统。不过稳定并不意味着

---

① 心理学家埃丝特·西伦(Esther Thelen)和她的同事已经在婴儿基本动作技能发展研究中运用了这些观点。传统上来说，心理学家认为婴儿的发育会经历一系列阶段，其中神经肌肉发育先于新能力——如爬行或行走——的获得。传统主义者推测，神经肌肉发育是按照一个受基因驱动的计划而进行的。与此相反，西伦提供证据，证明行走所需要的神经肌肉连结在出生时就已经存在，婴儿不会行走，是因为他们支撑结构的其他方面——例如骨骼和肌肉的力量——还未发育到可以支撑身体重量的程度。举个例子，婴儿爬行并不是“人类必经的阶段”，而是“个别婴儿所发现的在特定的力量和姿势控制水平条件下解决获取远处他们想要的物品的临时办法”。西伦并不认为对个体的强调与物种的相似之处存在矛盾。她写道：“因为人类也有着同样的身体结构，受到相同的生物力学……约束，相同的运动问题的解决方法也会趋于一致。我们都发现要用走路而不是跳跃的方式(尽管我们的步态风格因人而异)。”后面这些特殊性都是作为孩子之前在和环境的相互作用中所采用的动作中的一部分发展而来的。西伦和她的同事把发展变化看作“稳定状态、不稳定状态和阶段转变的一系列过程”。认识到这些阶段转变或不稳定时期仍在进行之中，这对于物理和心理治疗都十分重要，因为这些都是行为更有可能产生变化的时期。这类稳定化过程的技术术语是“定型化”(canalization)，这个词是由C. H. 沃丁顿(C. H. Waddington)首先应用于胚胎发育，但有一些发展心理学家现在把它用于行为发展。西伦用了一个沃丁顿风格的定型化示意图来阐述她的观点。变化在整个一生中都可能发生，而且总是伴随着对当前系统的去稳定化，之后是一个不稳定时期——一个探索的阶段，并最终开始一种新的模式。婴儿生活在一个丰富的环境中，吸收来自视觉、听觉、触觉、味觉等方面的信息，肌肉、关节和皮肤感受器等可以感受到活跃的身体所接受的不断变化。和越来越多的发展心理学家一样，西伦拒绝接受结构和功能之间的二元论。相反，“重复周期的感知和行动会在没有预先存在的大脑或遗传结构的情况下产生新的行为形式”。西伦列出了发展理论的六个目标：1) 了解新奇事物的根源；2) 在整体规律性和局部多样性、复杂性以及与语境相关的特异性之间进行协调；3) 在很多解释层面上整合发展数据；4) 对行为的发展提供具有生物学合理性但并不过于简单化的描述；5) 了解局部的过程如何导致整体性结果；6) 为实证研究的产生和阐释建立理论基础。

永久。因此在婴儿身上引发微笑反应的视觉因素会稳定三个月至四个月，但最终会被一个新的稳定的系统所取代，这个新的系统会涉及婴儿和妈妈(或其他照顾者)之间各种形式的身体交流。①

动态发展系统研究几乎没有被用于人类性别发展研究，但其适用性似乎是显而易见的。首先，我们需要停止寻找性别行为和性别习得的普遍原因，而更多地去了解个体差异(并从中吸取经验)。其次，我们需要更加认真地思考如何将性和性别作为一个发展系统的一部分来加以研究。再次，我们使用“环境”这个词的时

---

① 福格尔(Fogel)等人对此进行了深入的探讨。其他研究能够很好地契合福格尔的理论，这些理论之所以吸引我，是因为它们认为情绪是作为一个系统而发展的，这个系统既是生理性的，同时又是关系性的。杰尔姆·卡根(Jerome Kagan)和他的同事们在每个婴幼儿身上所具备的个体差异和他们在童年期、成年期性格特质的后续发展之间建立起联系。在他们看来，性格就如同微笑的发展形成一样，是作为神经活动的一个组成部分而出现的，儿童和其环境将它转化为可识别的行为模式。例如，卡根提出了“受抑制型”气质类别，是由“四个月大时运动很不活跃，对陌生的事件几乎不会产生哭的反应，在一岁至两岁期间对不合常规的事件产生亲近、无畏的反应”发展而来。他认为新生儿的运动活跃程度是复杂的基因和环境相互作用的产物。这里所使用的术语可能会令人非常困惑。研究者、报告者和外行经常混淆诸如“遗传的”(genetic)、“生物的”(biological)和“先天的”(inborn)这类术语。从技术上来讲，一个遗传的原因是生物学差异的一种形式。先天的东西可能是DNA中的遗传，或者它也可能是子宫内对胎儿产生影响的东西。“环境”(environment)这个词也可能指子宫内发生的事件。例如，感染风疹病毒可能会对发育中的胎儿产生永久性的损伤。这种损伤是环境性的，不是遗传性的，但它也是生物性的，因为它干扰了胚胎的发育。“环境”这个词也可以指父母的强化、示范、同伴的交往等出生后的因素造成的影响。他指出：“发展，是一项合作性的任务，没有任何行为是基因的头等、直接的产物。”卡根对每一位母亲自称已知的情况提供了一个系统的描述：儿童自从出生的那一刻起就有不同的性格。个体性格特点在整个生命周期都会发展和改进。这一描述中有着对人类性学研究的两点重要贡献。第一，个人差异性至少和属于某个特定的类别，如男或女，一样重要；第二，行为的总体特征(即个性)的发展贯穿整个生命周期。早期的某一特定模式不一定会成为后来的某种具体模式。这一领域的大多数研究者所研究的都是群体差异。那些对这种做法提出批评的人认为群体差异研究抹杀了群体内部的可变性，而这种群体内部的可变性常常会和群体之间的差异一样大，甚至更大。此外，这种方法把类型固定了下来。例如，“女性”这一类别出现了，而不是更加具有区分度的类型，如“四十多岁的白人中产阶级女性”。洛特(Lott)和马鲁索(Maluso)指出，性别问题是一个复杂的范畴，因为它始终是一个综合体的一部分，这个综合体包括种族、阶级和个体经验(家庭、兄弟姐妹排行等)。这使得性别对行为的预测相当不可靠。他们写道：“我们依据模式化表达对性别‘做出’的性别预言往往会失败，尤其是在其他社会类型或个人属性更加突出或相关的情况下更是如此。然而，我们的社会制度继续坚决支持这些刻板印象，对行为进行总括，从而维护两性在权力和特权上的不平等。”卡根确实对性别差异进行了研究。他报道说，那些在九个月和十四个月大时表现为受抑制型的女孩中大约有15%在二十一个月大时变得十分胆小，而反应程度低的男孩则很少会随着时间的推移而变得更为胆小。他(依据一些证据)推测，原本很小的个性性别差异随着时间的推移被放大，因为“父母们不自觉地会以不同的方式对待儿子和女儿，产生更多长大后更胆小的女孩”。

候到底是什么意思,在这一点上我们需要更加具有想象力、更加具体一些。目前,我认为我们对人类性别发展的环境构成要素几乎是一无所知,但福格尔(Fogel)和其他人所提供的理念——行为会经历不稳定时期(指行为更容易发生变化的时期)以及稳定时期(指行为看上去固定的时期)——对我们很有帮助。

我们倒确实是有了一些基础。自从20世纪80年代中期以来,有几组发展心理学家已经就性别提出了一系列相互关联的问题:关于性别(身体部位),孩子们了解些什么?是在什么时候了解的?这样的了解是否和与性别相关的行为——如不同的玩耍模式等——相对应或对其产生影响?事情的大致轮廓已经开始浮现。心理学家引入了图式或图式加工的概念,图式或图式加工使儿童能够运用基本知识来选择“恰当”的游戏、伙伴和行为。根据这一思路,儿童将自我意识融合到处于发展中的性别图式中去,这个过程——就和微笑的发展形成一样——需要数年时间,在这一过程中他们会采用特定的性别角色。一个很合理的(同样也是可验证的)猜测便是,在这段时间内,某些身体性别表现形式(例如“像一个女孩子一样扔东西”)稳定下来。但是——也如同微笑的发展形成一样——稳定性并不一定意味着永久,这一点通过观察超级女孩小联盟球队就很清楚了。

只要观察过年幼孩子认识世界的样子,任何人都会看到图式在起着作用。例如,我记得当我那蹒跚学步的侄女指着一个大致轮廓像猫头鹰脸的钟时,“猫头鹰!”她得意地宣布。我记得我当时十分惊讶,她的故事书所呈现的都是细致刻画这些夜行鸟类的图片,而她居然能够认出一个没有具体五官特点的形象。但是她内化吸收了猫头鹰的图式,使她能够依据极少量的信息就认出了这种鸟。贝弗莉·法戈(Beverly Fagot)和她的同事们对年龄在1.75岁至3.25岁之间的孩子的性别图式进行了研究。他们交给孩子们一项“性别任务”——将成人和儿童的照片正确地分为“妈妈”“爸爸”“男孩”“女孩”四种类别。年纪小一些的孩子(那些平均大约2岁的孩子)无法通过测试,也就是说,他们显然对性别没有有效的概念。然而,年长一些的孩子(那些平均大约2.5岁的孩子)能够正确地将成人和儿童分类。此外,那些已经形成男孩—女孩类别的儿童在行为上与那些未形成这一概念的孩子不同。例如,年长一些的孩子喜欢相同性别的游戏小组,而通过分类测试的女孩子相对来说不那么具有攻击性。

法戈(Fagot)和莱因巴克(Leinbach)也对1.5岁大的孩子在家的情况进行了观察。在这个年龄,他们既无法通过性别分类测试,也不会按照性别分类参与游戏。等到孩子们2.25岁大的时候,大约有一半(被称为早分类者)可以准确地对男孩和女孩进行分类。早分类者和晚分类者之间会出现两点差异。第一,"那些今后会成为早分类者的孩子的父母对性别分类玩具游戏做出更加肯定及否定的反应",并且到了2.25岁大时,"早分类者会比晚分类者表现出更多传统的性别分类行为"。[①] 到了4岁大时,早分类者和晚分类者在对性别模式化游戏的偏好方面已经没有差别。但是早分类者对于性别固定模式具有更强烈的意识。法戈(Fagot)和她的同事得出结论,认为"儿童性别图式的建构反应和体现了家庭环境中的行为、认知和情感维度"。[②]

小学时,我曾经骑着自行车去上学,在纽约郊区风光里边骑行边思考。有一个问题一度让我特别关注。我知道男孩留短头发,女孩留长发,而婴儿出生时没有头发。令我感到困惑的是,成年人怎么会那么厉害,一下子就能宣布新生儿的性别?当然,我知道关于生殖器的事。我有一个哥哥,在我四五岁之前,我们一直一同沐浴。我偶尔也会瞟到父亲裸体时候的样子。但我从来没有将这类信息和关于宣布新生儿性别的困惑联系起来。然后,在大约10岁的时候,有一天我从学校骑车回家时,答案就这么突然出现在我的脑海中。"原来那就是他们怎么会知道的原因。"我想。当我现在回顾当时的情景,透过女性主义理论模糊的纱,我意识到作为一个孩子,早在我清晰地认识性别的很多年前,性别就已经清楚地存在

---

① 才9个月大的婴儿就能感觉到成年男性和女性面孔的不同,但是他们给他人或自己归类的能力要再过一段时间才能形成。法戈(Fagot)和莱恩巴克(Leinbach)根据所选择玩具的种类(例如,洋娃娃还是交通玩具)、与成人的交流以及好斗程度对行为进行评级。等儿童满2.25岁时,不管孩子是属于早分类者还是晚分类者,孩子的父母对性别模式化游戏做出肯定或否定反应的频率已经没有什么不同。

② 勒维(LeVay)发现,某些父母社交类型会与孩子身上较高的性别图示化程度相关。母亲在外工作的女孩有较强的性别灵活性,这和家里兄弟姐妹少的孩子情况一样。看电视娱乐节目的男孩对性别角色更加清楚,而看电视教育节目的女孩子则有着较强的性别角色灵活性。因此,许多因素会对2.8岁至5岁大的幼童的性别角色图式的强度和严格程度产生影响。

于我的视野之中。[1]

我并非唯一一个感到困惑的人，只不过我解决这一困惑比较慢。至少在美国，小孩子们最初的、基本的性别图式所依据的是性别的文化标志，而不是他们对生殖器差异的了解。在一项研究中，心理学家桑德拉·贝姆(Sandra Bem)先向3岁、4岁和5岁大的孩子出示一个裸体男孩或裸体女孩的照片，然后又出示同一个孩子穿着男孩或女孩衣服的照片。3岁以下的孩子很难将裸体的孩子区分为男孩或女孩，却能成功地运用社会线索——衣服和发型——来对穿着衣服的孩子进行分类。[2] 一旦对生殖器有所了解，3岁、4岁和5岁大的孩子中约有40%可以准确地识别所有照片中孩子的性别。然而，其余的孩子还没有获得性别恒常性概念，也就是说，他们利用发型和着装等性别信号来决定谁是男孩、谁是女孩。这也意味着这些儿童中有一些人认为他们可以通过着装而变成另外的那种性别。他们自身的性别身份还未固定下来。

儿童对身体结构恒常性的理解似乎并不影响性别角色的喜好。相反，早期的性别图式显得至关重要。“首先，儿童学会了对两性进行分类，只有到了后来他们才会表现出对性别类型玩具和伙伴强烈的倾向性，并对玩具和服装的性别差异有所了解。”尽管孩子在形成性别模式化偏好的过程中并不需要性别恒常性这一概念，但具有这类知识会加强这种偏好的程度。很可能“那些能够对性别进行分类但并不明白身体结构恒常性的儿童还不是很确信他们将会一直停留在某一个性别群体之中”。与上述研究结果一致的是，年长的孩子(6岁至10岁大的孩子)比年幼的孩子做出更大程度的模式化性别判断。不出意料的是，他们首先学会的是联想与自身性别相关的特征，后来才会将他们对另一性别的期望稳定下来(图9.3)。

---

① 发展心理学家使用“性别恒常性”这一术语来描述一个孩子不受衣服或发型等线索的影响而辨别一个人的性别的能力。关于这种性别恒常性是在什么时候、如何形成的，目前尚存在争议。

② 贝姆(Bem)用的是短头发孩子的照片，但在制作性别典型的照片时，他给他们戴上了与性别相称的假发。

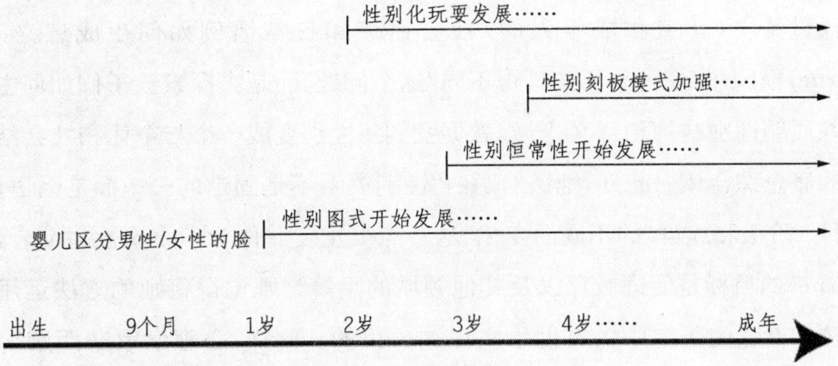

图 9.3　性别特征的发展阶段(Erica Warp)

从个体到体制再回到个体

到了孩子们成为小学和中学社交场合中游刃有余的成员时，他们知道他们要么是男孩，要么是女孩，并希望继续保持。有了性别意识的孩子如何"做性别"？社会学家巴里·索恩(Barrie Thorne)在《性别扮演：学校里的女孩和男孩》(*Gender Play*:*Girls and Boys in School*)这项重要的研究中，为对年长一些的孩子进行研究，建立起了一个基本的方法上的框架。她写道，她"对于研究孩子们生活中的性别问题时所使用的'性别社会化'和'性别发展'框架"越来越不满意。索恩(Thorne)抱怨说，关于性别社会化的传统观念所认定的是一种从强(强大的成年人)到弱(被动的、作为接受方的孩子)的单向交流，即使承认儿童具有一定程度的能动性，但社会科学家们还是将他们定义为接受者，是受成年人和周围环境文化作用的人。成年人具有"完全社会行动者的地位"，而孩子们则是"不完整的、正在形成过程中的成人"。索恩(Thorne)认为，对社会科学家们来说，"不是将孩子看作下一代的成年人，而是一系列制度习俗中的社会行动者"，或许会更好。最后一点，也是最重要的一点，传统的性别社会化框架把重点放在对个体的展开上。而索恩(Thorne)则相反，在她的研究中，她选择把"群体生活——社会关系、社交情景的组织和意义、儿童和成年人在日常交往中创造及再造性别时所采用的集体惯例等”——作为起点，也就是说，她将一个系统及其过程作为起点。[①]

通过关注（儿童和成年人的）社会语境和日常惯例如何生成意义，索恩(Thorne)摆脱了“女孩和男孩是否不同”这个问题，而是去探索孩子们如何主动地创造并质疑性别结构和意义。[②] 她敦促我们将性别变成一个与个体和社会结构都相关的概念综合体。此外，她认为明白“性别关系不是固定的……而是因语境（包括人种、阶级和族群）的不同而变化”这一点很重要。作为一个女性主义者，索恩(Thorne)的目标是促进教育以及其他领域的平等。她觉得将她的方法运用到关于男孩和女孩的研究中去有助于实现这一目的。同样，心理学家辛西娅·加西亚—科尔(Cynthia García-Coll)和她的同事提出将儿童性别研究与人种、族群和社会阶级研究结合起来。[③]

动态系统理论学家艾伦·福格尔(Alan Fogel)等在理论上提出了性别是如何从身体外部移动到体内，而发展心理学家和社会学家，如索恩(Thorne)、法戈(Fagot)、贝姆(Bem)、加西亚—科尔(García-Coll)等，则展示了体制性别以及种族和社会阶级等属性是如何成为个体行为系统的一部分的。事实上，性别在社会体制中以及个体内部都有所表现。社会学家朱迪思·洛博(Judith Lorber)提供了欧美在这一区别方面的路线图（表 9.1）。性别的体制成分反馈到个体的各个方面，个体在体制和个体性别的语境下对性别生理学进行阐释。主观的性自我始终出现在这个复杂的性别体系之中。洛博(Lorber)辩称（我也赞同她的观点）：“作为一种社会制度，性别是一个创造可辨识的社会地位的过程，为的是便于权利和责任的分配……作为一个过程，性别创造了界定‘男人’和‘女人’的社会差异……

① 1998 年，乔迪思·里奇·哈里斯(Judith Rich Harris)的著作在媒体中引起了很大的震动，因为她认为同伴社会化很重要。她对索恩(Thorne)以及很多其他心理学家已经知道了很长时间的东西做出了一个极端的论断。《新闻周刊》(*Newsweek*)1998 年 9 月 7 日刊的封面故事就是关于这本书的。麦克黑尔(McHale)等人介绍了近年关于兄弟姐妹的排行、性别、父母的态度等家庭内部因素影响的研究。

② 索恩(Thorne)不是唯一一个对继续进行差异性研究是否具有实用性提出质疑的人。

③ 加西亚—科尔(García-Coll)等人提出了七种新的研究方法：1) 重点关注那些已经被统一包装为“人种”、族裔、社会阶级以及性别的那些社会、心理过程；2) 审视语境如何影响儿童对社会类别的理解；3) 审视儿童生活中社会类别的交叉和界线；4) 审视儿童如何参与构建、使用、抵制社会类别；5) 审视社会身份如何影响儿童的目标、价值观、自我概念，以及行为的参与；6) 将“人种”、族裔、社会阶级，以及性别作为发展的现象加以研究；7) 对类型本身加以研究。

带有社会性别特征的交流模式逐渐获得更多的层面:具有社会性别特征的性别,育儿方式,以及在儿童时期、青少年时期和成年时期的工作行为等。"[①]因此,洛博(Lorber)以及其他女性主义社会学家和心理学家指出,这种对主体自我的关注并非"仅仅"针对人类心理学和生理学。相反,事实上,具有社会性别的个体存在于一个刻着各种不平等权利的深深烙印的社会体制之中。

尽管洛博(Lorber)将体制性别和个体性别联系起来,但她的目标并不是为了揭示个体性别是如何真正地接受体制性别的。不过,社会学家和历史学家的研究可以为今后的研究提供有用的路线图。[②] 让我们以调查社会学家金西(Kinsey)以及他的追随者们的研究为例。对人们进行调查,以便更多地了解人类性别,这是一件需要慎重对待的事情。一方面,人口调查为我们提供了关于社会性别和生理性别的信息,这些信息对于(包括贫困问题和公共健康等)政策的制定十分重要。[③]但另一方面,当我们创建一些能让我们计数的类别时,我们也在促使人类新的类别的产生。

让我们以一个看似简单的问题为例:美国有多少男同性恋者和女同性恋者?要回答这个问题,我们首先必须决定谁是同性恋者,谁是异性恋者。我们是否依

---

① 洛博(Lorber)也很谨慎地提出,性别不是唯一一个社会产生的二分法。她也关注了其他一些问题,如种族和阶级。据推测,主观身份不是以加法的方式获得的,在后来新加的种族和阶级矩阵中,性别会逐渐开始有不同的含义。心理学家和社会学家之所以重点关注性别,是出于两个积极的原因:性别二分法很早就已经得以确立,现在它是很多(如果不是所有)文化产生社会组织的方式中一个主要的组成部分。当然,在一个像种族和阶级二分法这些关于人类生存的方面也很突出的社会中,之所以对这些问题的研究相对缺乏,这其中也存在着一些消极的原因——种族主义和阶级主义。

② 在一次女性主义理论家所进行的辩论中,政治科学家玛丽·霍克斯沃思(Mary Hawkesworth)写道:"关于历史、语言、文学、艺术、教育、媒体、政治、心理学、宗教、医学、科学、社会、法律和职场中的性别问题的讨论已经成为当代女性主义研究的主要内容。"我同意所有这些知识领域都有可能有助于我们将身体作为一个生物、社会、文化体系来加以认识。在这里,我所援用的例子来自社会学和历史学领域。

③ 从凯瑟琳·B. 戴维斯(Katherine B. Davis)关于狱中妇女的研究(见第六章),到现今城市和农村中同性恋交往的发生频率研究,社会科学家们一直想要获得能够用来指导重要的社会政策制定的信息。犯罪是否和性别相关?我们是否可以获得性活动和性网络的真实模式,以帮助我们阻止艾滋病和其他性传播疾病的蔓延呢?青少年怀孕率真的在增加吗?如果真是这样,是什么原因?要想得到这些问题的答案并不容易,通过大规模调查方法获取信息会受到限制,而我们能够得到的任何结论总是会受到这些限制的修正和限定。

据身份认同做出决定？如果确实如此，我们就会只统计那些（至少对他们自己）说“我是个同性恋者”或“我是个异性恋者”的人。也有一些男人认为自己是彻底的异性恋者，但每年会喝醉一两次，到一家同性恋酒吧，和几个男人发生性关系——后来又表示因为他们对这种性爱的渴望如此容易通过偶然的几次性关系就得到满足，以至于他们认为不需要告诉他们的妻子或者给自己贴上“同性恋”的标志，我们是否应该将这些人统计在内呢？① 我们是否应该为双性恋单独创建一个类别？我们又该怎样界定真正的双性恋者？② 一个在青春期早期和另一个男性尝试过一两次性爱，但自那以后就一直只和女性进行性爱的男子是不是双性恋？那些在监狱里是同性恋，但在监狱外不是同性恋的人是不是双性恋？③

表 9.1 洛博（Lorber）的性别分类

作为一种社会制度，性别的构成包括：	对于个体，性别的构成包括：
社会性别状态：社会认可的性别以及对于从行为、手势、语言、情感及身体等方面体现这些性别的期望	生理性别类型：在产前、出生时或者重构手术后被认定的个体
性别化的劳动分工	性别身份：个体作为劳动者或家庭成员对自我所具有的性别化认识
性别化的亲属关系：每一种性别状态的家庭权力和责任	性别化的婚姻及生殖状态：完成/不完成被允许/被禁止的交配、受孕、生子以及亲属角色
性别化的性规则：对于不同性别状态所规定的不同性欲及性行为的规范模式	性别化的性取向：受社会和个体规约的与性相关的欲望、感情、做法及身份认同

① 或者那些不用“性”（sex）这个词来描述同性恋交往的人又如何呢？他们和他们的妻子过性生活，和其他男人“鬼混”（fool around）。

② 加伯（Garber）对双性恋进行了讨论。罗思布拉特（Rothblatt）和伯克（Burke）对用过于简单化的类别描述性偏好会产生什么样的问题进行了讨论。

③ 这类同性恋并不一定是种“替换活动”（displacement activity）。我们只需要读一读监狱传记这一类书，就可以发现那些在监狱中真正坠入爱河，但在监狱外有着异性恋爱情生活的男性。伯克曼（Berkman）描写了在狱中和其他男性陷入爱河的感人故事。埃玛·戈德曼（Emma Goldman）长期的恋人伯克曼描写了自己在狱中所发生的两次深厚感情。我们很难把这些行为仅仅看作排解性需求的方式。

续　表

作为一种社会制度，性别的构成包括：	对于个体，性别的构成包括：
性别化的个性：对于不同性别状态所规定的不同性欲及性行为的规范模式所规约的特质的总和	性别化的个性：内化的社会规范性情绪，由家庭结构和育儿方式组织构建
性别化的社会制约：对遵循规范的行为进行正式或非正式的肯定和回报，对不遵从规范的行为进行指责和医疗化	性别化的过程："做性别"——学习和实施符合性别身份的行为的社会惯例，即形成一个性别身份
性别意识形态：为性别状态辩护，通常会引发关于自然（生物学）差异的争论	性别信念：对性别意识形态的吸收或抵制
性别形象：性别在象征性语言及艺术作品中的文化体现	性别表现：通过衣着、化妆、修饰，以及永久性的或可逆的身体记号展现自己是个有性别的个体

通过回答这些问题，调查社会学家创建了一些我们可以用来对性体验进行组织管理的类别。当社会学家创建关于人类性别的"客观"信息的时候，他们提供了对个体有用的类别。比如，"金西（Kinsey）6"现在已经成为美国文化的一部分，对一些个体的心理构建有所帮助，而那些一年一次喝醉后发生同性性行为的男子则不需要认为自己是个同性恋，因为他没有一种对男子的"偏好"或"取向"。① 所有这一切并不意味着调查社会学家就可以关门大吉了。事实上，他们所创建的信息十分重要。但我们必须始终牢记，调查必然会吸收以往关于社会性别和生理性别的理念，同时也会创建一些新的对社会制度和个体都极具影响的类别。

不仅是社会学家，历史学家也同样对体制性别和个体性别的结构及认识起了

---

① 性学家们（在这里我所指的主要是研究人类性行为的社会学家和心理学家）在获得资金做研究时会遇到政治上的困难，其根本原因是因为人们担心对类别进行命名以及询问人们这些类别是否适合他们会在实际上创造这些所讨论的行为。主流学者以及政治家们对人类性行为研究抱有极大的疑虑。在20世纪60年代，没有学术期刊愿意发表马斯特斯（Masters）和约翰逊（Johnson）具有创新性的人类性反应生理学研究。前些年，临床心理学私人执业医师辛西娅·杰恩（Cynthia Jayne）也无法说服一本重要的心理学杂志接受她关于女性性高潮和性满意度的研究，尽管有一本性学杂志立即采用了这篇文章。由于他们的研究经常受到攻击，被认为不道德，性研究人员常常采用自卫的姿态。这一事实也极大地影响了这一领域的知识现状。正如杰恩写道："存在一条狭窄的小道，性研究人员必须走在这条小道上，一边需要回应那些不当的批评，一边要引导并产生评论以确保这一领域的健康以及持续、专业的发展。"

促进作用。心理学家小乔治·埃尔德(George Elder, Jr.)写道:“人类生活总是根植于社会特定的历史时期、特定的地点,这些历史时期和地点影响着人类生活的内容、模式和方向……不同年龄、不同角色的人以不同的方式去体验各种历史变化。”历史学家杰弗里·威克斯(Jeffrey Weeks)将这一理念运用于人类性别研究,提出我们应该对性别表现的社会生产体系的五个方面进行研究。[①] “亲属和家庭”体系以及“经济和社会变化”(如城市化、不断增长的女性经济独立以及消费经济的增长)[②]既构建了又促进了不断变化中的人类性别表达形式。新的“社会规定”类型也同样如此,而这些新的社会规定可能会以宗教或法律的形式得以表达。威克斯(Weeks)所谓的“政治时刻”,即“做决定时的政治语境——是否立法、是起诉还是忽略——对于促进性政权的转变会很重要”,而且对个体性别表现也起着至关重要的作用。最后,威克斯(Weeks)援引了他所谓的“抵制文化”。比如,石墙,这个同性恋权利运动的象征性创始事件所发生的地点归根到底是一家酒吧,是男同性恋者出于社会目的而非政治目进行聚会的地方。尽管最终那些自认为是同性恋的人采取了传统的政治手段——投票、游说以及政治行动委员会,但是原先就存在着一些私密空间,同性恋亚文化在这些私密空间中形成,正是这些私密空间的存在让人们看到哪些是他们可以联合起来实施政治变革的潜在盟友,从而使这样的活动成为可能,而与此同时,这些私密空间也修正着后来被称为同性恋性行为的这种特质在个体身上的体现。[③]

理解技术史也是理解当代性别体系的个体体现的关键。让我们以变性人这一类别为例。在19世纪,变性人是不存在的。诚然,当时有男子假扮成女子,反

---

① 威克斯(Weeks)并不认为这些是唯一的类别,而是把它们当作一套指导方针。

② 埃文斯(Evans)写道:“在消费资本主义中公民社会的国家渗透的意思是,资本统治已经不再建立在一个以再生劳动力为目的而被殖民化的公民社会中,相反,公民社会被国家以再生消费者为目的而进行殖民化,这些消费者就是‘个人需要被永久性地改变方向以符合市场需要的男人和女人’,执着地追求自己的性别,‘他们通过(性别)这一介质试图定义自己的个性,并形成自我意识’。”

③ 昌西(Chauncey)对纽约男同性恋私密空间和文化的形成历史进行了详细的介绍。

之亦然。[1] 但是现代变性人，采用外科手术和激素来改变他们出生时所长的生殖器的人，如果没有必要的医疗技术是不可能存在的。当变性人为了获得医学认可并且得到激素及外科手术治疗而让他们的医生相信他们已成为他们即将成为的那个性别的典型一员时，作为一种身份或类型的变性人才出现。[2] 也只有到了那个时候，医生才会同意创建一个变性人可以采用以便取得手术治疗的医学类别。

---

① 莱斯莉·范伯格(Leslie Feinberg)呈现了一段关于穿异性服装、采用跨性别身份的人的精彩历史，指出在很多情况下，那些违背性别划分的人也会从事其他革命行动，如农民反抗、宗教起义等。她的书有了突破性的创新，煞费苦心地把历史碎片拼接起来。虽然它属于新的社会运动开始时期典型的"被还原的历史"，但是它对历史学家们提出了一个挑战，号召他们更加深入地去研究她所挖掘出来的那些事例。

② 医学人类学家玛格丽特·洛克(Margaret Lock)同意这个观点。她写道：文化中对身体的大部分描述都不会"考虑技术科学所创造的材料所带来的巨大变化，也不会考虑这对于主体性、表现以及日常生活中的各种利害关系会有什么影响"。

俄罗斯套娃

一面是关于性别化知识的产生过程，另一面是性别在身体内的实现过程，是不是存在某种简单的方法，可以用来理解这个具有两面性、把两方面联系起来的过程？[①] 虽然没有哪个比喻是完美的，但俄罗斯套娃一直让我很着迷。每当我拆开外面的娃娃时，我总是满怀期待地等着看里面是否还有更小的娃娃。随着这些娃娃越来越小，我惊叹于这工艺的精湛，能够生产出越来越小的娃娃。但是，要去展示这些娃娃是一种困境。我是否应该把每个娃娃单独摆放，从大到小排列起来，以便让人看得到？这样的展示令人愉悦，因为它显示了最大那个娃娃的每一个组成成分，但无法让人满意，因为每一个娃娃虽然都能被看见，却是空的。嵌套的复杂性不见了，随之一同消失的还有这个被组装的构造所带来的乐趣、工艺和美。对套娃这一系统的了解不是来自能看到每一个单独的娃娃，而是来自组装和拆卸的过程。

我发现俄罗斯套娃有助于我们理解人类性行为的各个层面，从细胞层面到社

---

① 我尝试着为人类性别发展体系提供一个直观的图谱，我的这一尝试受到了科学研究学者彼得·J. 泰勒(Peter J. Taylor)的研究的启发。第一条工作原理是，社会过程和自然过程是不可分割的。第二条工作原理是，不同的探寻方法会为复杂的难题提供重要的见解。泰勒将系统方法运用于两个不同的例子，其中一个涉及生态系统，而另一个涉及精神疾病——严重的抑郁症。以一个墨西哥村庄里的土壤侵蚀过程为例。泰勒说，要想研究这一问题，就必须同时考虑该地区的社会和政治历史、农业和生态（"自然"因素，如降雨、土壤结构等）特点、当地的社会和经济制度的性质以及区域人口变化等。传统上来说，学者们会对这些因素中的每一个进行研究，就好像它们是独立的实体。然而，泰勒将它们呈现为与垂直的潦草难认的字迹交叉的平行水平线。这些潦草难认的字迹代表着一些事件，如对山羊的放牧以及梯田的使用等的规定等，这些事件会改变那些平行线条的性质。要想准确地了解当前的形势，就必须查看所有四条线以及它们的相互关联。

会和历史层面(图 9.4)。[①] 学者们可以为了展示其中某一个娃娃或者对其进行更为详细的研究而把系统拆开。但是单个的娃娃是空心的，只有整个组合才有意义。与其木制对应物不同的是，人类套娃随着时间的变化而改变形状。变化可能发生在其中任何一个层面上，但是由于整个组合必须能组装成一个整体，改变其中一个组件娃娃，就会使相互关联的体系——从细胞到制度——都改变。

图 9.4　用俄罗斯套娃呈现的有机体(Erica Warp)

社会历史学家和比较历史学家书写过去，来帮助我们理解为何以特定的方式构架现在(即最外层的娃娃)，而大众文化分析家、文学批评家、人类学家以及一些社会学家则向我们讲述我们当下的文化(第二大娃娃)。他们分析我们的整体行为，探究个人和制度如何相互影响，并记载社会变化。另一些社会学家和心理学家探索个体关系和个人发展(第三大娃娃)，而一些心理学家则讨论关于思维或心理(第四大娃娃)的问题。作为将发生在身体之外的事件与发生在生物体(第二小

① 在许多年前，胚胎学家保罗·韦斯(Paul Weiss)使用了一个类似于俄罗斯套娃横截面的发展图表，尽管他并没有使用套娃这个隐喻。他所包括的生物层面比我的更多，但想法是十分相似的。也有其他人曾用更加复杂的图表来直观地再现人类的发育。他们运用杜威(Dewey)和本特利(Bentley)的交易观念来描述"环境中的有机体"系统，他们用融合层面的方式来描述这一系统。这些融合层面范围包括从生物个体内部的活动到韦普纳(Wapner)和德米克(Demick)所谓的"世界系统中的人"。

的娃娃)之内的事件联系起来的场所(或者,有些人更喜欢称之为活动)[1],思维起着重要而特殊的作用。大脑是一个关键的器官,它将信息从身体外部传输到体内,并再传回到身体外部。各类神经学家不仅试图研究大脑作为一个整体的器官如何运作,并且也在试图研究单个的细胞是如何起作用的。事实上,细胞成了有机体中所能发现的最后的那个小娃娃。[2] 在不同的器官中,专门的细胞起着专门的功能。它们还会作为一个系统而工作,它们的过往历史以及周围环境会激发信号,刺激特定基因,促成(或者不促成)细胞的活动。

用俄罗斯套娃作为一个框架可以表明,历史、文化、关系、心理、有机体和细胞等都是对生理性别和社会性别的形成和意义进行研究的合适位置。发展系统理论,不管是运用于组装套娃还是它的子单元,都可以提供思考和实验的脚手架。将那些更小的套娃组装进一个大娃娃之中,需要将源自生物组织和社会组织各个不同层面的知识整合起来。细胞,个体,个体以家庭、伙伴群体、文化、国家形式构建的群体以及他们的历史都为人类性行为知识提供了来源。不考虑所有这些组成成分,我们就无法理解人类性行为。要想完成这样一项任务,学者如果以跨学科团队进行研究会做得很好。例如,虽然要求所有的生物学家都精通女性主义理论,或者要求所有的女性主义理论家都必须精通细胞生物学是不合理的,但是要求每一团队中的学者认识到在一个单一的学科内进行研究,所获得的知识具有其局限性,这一点确实是合理的。只有不分等级的、多学科的团队才能够得到关于人类性别更为完整,或者如桑德拉·哈丁(Sandra Harding)称为“不那么错误”的知识。

---

① 杜威(Dewey)和本特利(Bentley)用“皮肤外”(extradermal)和“皮肤内”(intradermal)这两个词来表达这一观念。他们对于“心理”(the mind)这一理念也非常谨慎。他们写道:“在当代心理学和社会学中仍在使用的作为‘行动者’(actor)的‘心理’,是原来那个具有自我行动能力的‘灵魂’被剥除掉其不朽性后的,它已经变得枯萎而任性。作为一个非正式措辞中的初级词汇,‘心理’‘精神’是很好的词,可以用来表示一个有待研究的领域,或者至少是个一般性的局部区域,在这一点上它无可非议。‘心理’(mental)、‘官能’(faculty)、‘智商’或那些不是作为负责行为的行动者的东西都是骗人的,而作为这样一种‘心理’的替代品的‘大脑’则更加糟糕。这样的词在一个原本是个问题的地方插入了一个名称。”我所使用的心理(mind/psyche)这一观念,是作为我们可以审视的过程的占位符,而不是对一种机制的描述。

② 当然,这些细胞中还有更小的单位——细胞器、分子等,但是,细胞是最后一个能独立运作的单位系统。细胞核和它的基因不能在细胞之外创造一个有机体。

我不会天真地认为明天大家就会冲出来，加入跨学科研究小组，并修正他们关于科学知识本质的观念体系。但是关于性别差异和性行为的公开争论还是会继续出现。同性恋者能改变吗？我们是否生来就是那样？女孩可以做高层次数学研究并在物理科学中具有很强的竞争力吗？每当这些或者相关的困惑浮现时，我希望读者能重新回到这本书里来寻找更新、更好的方式，去认识这些需要解决的问题。

女性主义理论家唐娜·哈拉韦(Donna Haraway)曾写道："生物学是以其他方式进行的政治学。"[①]本书对这一论断的真实性提供了广泛的论证。我相信我们将通过生物学的争论为我们的政治观念继续战斗。我希望我们在此过程中永远不要忘记，我们关于人体生物学的论辩同时也是关于社会和政治平等问题以及变革的可能性的道德、伦理和政治论辩。它所牵涉的东西就是这么些，不会更少。

---

① 这是对"灵长类动物学是其他方式的政治"的另外一种说法。